Kinderarbeit in den Medien

Die Beschäftigung von Kindern als Darsteller und Werbeträger unter Berücksichtigung völker- und unionsrechtlicher Aspekte

Von

Till Christian Nierhoff

Vincit Veritas D&H

Duncker & Humblot · Berlin

Die Rechtswissenschaftliche Fakultät der FernUniversität in Hagen
hat diese Arbeit im Jahre 2024 als Dissertation angenommen.

Bibliografische Information der Deutschen Nationalbibliothek

Die Deutsche Nationalbibliothek verzeichnet diese Publikation in
der Deutschen Nationalbibliografie; detaillierte bibliografische Daten
sind im Internet über http://dnb.d-nb.de abrufbar.

Satz: 3w+p GmbH, Rimpar
Druck: CPI books GmbH, Leck
Printed in Germany

ISSN 2747-9021
ISBN 978-3-428-19485-8 (Print)
ISBN 978-3-428-59485-6 (E-Book)

Gedruckt auf alterungsbeständigem (säurefreiem) Papier
entsprechend ISO 9706 ♾

Verlagsanschrift: Duncker & Humblot GmbH, Carl-Heinrich-Becker-Weg 9,
12165 Berlin, Germany | E-Mail: info@duncker-humblot.de
Internet: http://www.duncker-humblot.de

TILL CHRISTIAN NIERHOFF

Kinderarbeit in den Medien

Abhandlungen zum deutschen und internationalen Arbeits- und Sozialrecht

Band 26

Meinen Eltern

Vorwort

Die vorliegende Arbeit wurde im Wintersemester 2024/2025 von der Rechtswissenschaftlichen Fakultät der FernUniversität in Hagen als Dissertation angenommen. Rechtsprechung und Literatur sind bis Mai 2024 berücksichtigt. Vereinzelt wurden Aktualisierungen noch bis Dezember 2024 vorgenommen.

Besonders danken möchte ich Frau Prof. Dr. Kerstin Tillmanns für die Anregung zum Thema dieser Arbeit und die herausragende Betreuung und Förderung während des gesamten Entstehungsprozesses. Ihr habe ich mein Interesse an Rechtsfragen der Kinderarbeit und die Freude am wissenschaftlichen Arbeiten zu verdanken. Herrn Prof. Dr. Andreas Haratsch danke ich für die zügige Erstellung des Zweitgutachtens.

Frau Bernadette Boehl und Herrn Robert Dormanns danke ich für die sorgfältige Durchsicht des Manuskripts.

Diese Arbeit entstand während und nach meiner Zeit als wissenschaftliche Hilfskraft und Mitarbeiter am Lehrstuhl für Bürgerliches Recht, Arbeitsrecht und Rechtsvergleichung an der FernUniversität in Hagen. Meinen dortigen Kolleginnen und Kollegen danke ich für drei schöne Jahre, für viele Gespräche und wertvolle Anregungen.

Schlussendlich gilt mein besonderer Dank meiner Ehefrau Charlotte. Ohne ihren stetigen Rückhalt und die bedingungslose Unterstützung wäre diese Arbeit nicht entstanden und fertiggestellt worden.

Meinen Eltern verdanke ich alles. Ihnen ist diese Arbeit gewidmet.

Berlin, im Dezember 2024 *Till Christian Nierhoff*

Inhaltsverzeichnis

3. Kapitel

Kinderarbeit in den Medien im nationalen Recht 46

5. Kapitel

Durchsetzung und Überwachung des Kinderrechtsschutzes in den Medien 208

Abkürzungsverzeichnis

a. A.	andere Ansicht
ABl.	Amtsblatt der Europäischen Union
AcP	Archiv für die civilisitische Praxis
a. E.	am Ende
a. F.	alte Fassung
AG	Amtsgericht
ALR	Allgemeines Landrecht für die Preußischen Staaten
Alt.	Alternative
Anl.	Anlage
AnwBl	Anwaltsblatt
AP	Arbeitsrechtliche Praxis
APuZ	Aus Politik und Zeitgeschichte
ArbR	Arbeitsrecht
ArbZG	Arbeitszeitgesetz
ARP	Arbeitsrecht in Recht und Praxis
Art.	Artikel
ASR	Articles on the Responsibility of States for Internationally Wrongful Acts
AT	Allgemeiner Teil
AÜG	Arbeitnehmerüberlassungsgesetz
AuR	Arbeit und Recht
AVR	Archiv des Völkerrechts
BA	Bundesagentur für Arbeit
BAG	Bundesarbeitsgericht
BayObLG	Bayrisches Oberstes Landesgericht
BB	Betriebs-Berater
Bd.	Band
BDGVR	Berichte der Deutschen Gesellschaft für Völkerrecht
BeckOGK	Beck'scher Online Großkommentar
BeckOK	Beck'scher Online Kommentar
BeckRS	Beck-Rechtsprechung
ber.	berichtigt
BFH	Bundesfinanzhof
BGB	Bürgerliches Gesetzbuch
BGH	Bundesgerichtshof
BHR	Bulletin of Human Rights
BR-Drs.	Bundesratsdrucksache
BT-Drs.	Bundestagsdrucksache
BVerfG	Bundesverfassungsgericht
BVerfGE	Entscheidungen des Bundesverfassungsgerichts
Cal. Fam. Code	California Family Code
Cal. Lab. Code	California Labour Code

CEACR	Committee of Experts on the Application of Conventions and Recommendations
CESCR	Committee on Economic, Social and Cultural Rights
Cong. Rec. – House	Congressional Record of the House of Representatives
CR	Computer und Recht
CRC	Committee on the Rights of the Child
DB	Der Betrieb
dies./ders./dass.	dieselbe/derselbe/dasselbe
DKHW	Deutsches Kinderhilfswerk
DKJ	Diskurs Kindheits- und Jugendforschung
DNotZ	Deutsche Notar-Zeitschrift
DÖV	Die Öffentliche Verwaltung
DStZ	Deutsche Steuer-Zeitung
DVBl	Deutsches Verwaltungsblatt
EAS	Europäisches Arbeits- und Sozialrecht
ECOSOC	United Nations Economic and Social Council
ECSR	European Committee of Social Rights
EFG	Entscheidungen der Finanzgerichte
EGMR	Europäischer Gerichtshof für Menschenrechte
EGV	Vertrag zur Gründung der Europäischen Gemeinschaft
Einl.	Einleitung
EL	Ergänzungslieferung
EMRK	Europäische Menschenrechtskonvention
ErfK	Erfurter Kommentar
EU	Europäische Union
EuArbRK	Kommentar zum europäischen Arbeitsrecht
EuG	Gericht der Europäischen Union
EuGH	Europäischer Gerichtshof
EUR	Euro
EuR	Europarecht Zeitschrift
EuZW	Europäische Zeitschrift für Wirtschaftsrecht
EWG	Europäische Wirtschaftsgemeinschaft
f./ff.	folgend/folgende
FamFG	Gesetz über das Verfahren in Familiensachen und in den Angelegenheiten der freiwilligen Gerichtsbarkeit
FamRZ	Zeitschrift für das gesamte Familienrecht
FLSA	Fair Labour Standards Act
FPR	Familie Partnerschaft Recht
FR	FinanzRundschau
FS	Festschrift
FW	Fachliche Weisungen
GG	Grundgesetz
GRC	EU-Grundrechtecharta
GRUR-Prax	Gewerblicher Rechtsschutz und Urheberrecht, Praxis im Immaterialgüter- und Wettbewerbsrecht
GVBl.	Gesetz- und Verordnungsblatt Bayern
GV-NRW	Gesetz- und Verordnungsblatt Nordrhein-Westfalen
GYIL	German Yearbook of International Law

HGR	Handbuch der Grundrechte
HK-ArbR	Handkommentar Arbeitsrecht
HRG	Handwörterbuch zur deutschen Rechtsgeschichte
HuV	Humanitäres Völkerrecht Informationsschriften
IAK	Internationale Arbeitskonferenz
ICJ-Rep.	Report of the International Court of Justice
IGH	Internationaler Gerichtshof
ILC	International Law Commission
ILCon	International Labour Conference
ILO	International Labour Organization
IStR	Zeitschrift für europäische und internationale Steuer- und Wirtschaftsberatung
JAmt	Das Jugendamt
JArbSchG	Jugendarbeitsschutzgesetz
JFG	Jahrbuch für Entscheidungen in Angelegenheiten der freiwilligen Gerichtsbarkeit
JIM	Medien, Information, Medien
JMS- Report	Jugend Medien Schutz-Report
JPA	Journal of Personality Assessment
JURA	Juristische Ausbildung
JZ	JuristenZeitung
KG	Kammergericht
KindArbSchV	Kinderarbeitsschutzverordnung
KJug	Kinder- und Jugendschutz in Wissenschaft und Praxis
krit.	kritisch
KRK	Kinderrechtskonvention
Ldr.	Landrecht Buch
LG	Landgericht
Lit.	Literatur
LJIL	Leiden Journal of International Law
LT-Drs.	Landtag-Drucksachen
m. Anm.	mit Anmerkungen
MittBayNot	Mitteilungen des bayrischen Notarvereins
Mot	Motive
Mrd.	Milliarden
MRM	MenschenRechtsMagazin
MüKo	Münchener Kommentar
m. w. N.	mit weiteren Nachweisen
NJOZ	Neue Juristische Online Zeitschrift
NJW	Neue Juristische Wochenschrift
NJW-RR	Neue Juristische Wochenschrift Rechtsprechungs-Report
NK ArbR	Nomos-Kommentar Arbeitsrecht
NK-GRC	Nomos-Kommentar EU-Grundrechtecharta
NLMR	Newsletter Menschenrechte
No.	Number
n. v.	nicht veröffentlicht
NVwZ	Neue Zeitschrift für Verwaltungsrecht
NZA	Neue Zeitschrift für Arbeitsrecht

NZA-RR	Rechtsprechungs-Report Arbeitsrecht
NZFam	Neue Zeitschrift für Familienrecht
OLG	Oberlandesgericht
OVG	Oberverwaltungsgericht
RGA	Reallexikon der Germanistischen Altertumskunde
RGBl.	Reichsgesetzblatt
RGZ	Sammlung der Entscheidungen des Reichsgerichts in Zivilsachen
RL	Richtlinie
Rn.	Randnummer
RNotZ	Rheinische Notar-Zeitschrift
RW	Rechtswissenschaft
S.	Seite/Satz
SGB	Sozialgesetzbuch
Slg	Sammlung der Rechtsprechung des Gerichtshofes und des Gerichts Erster Instanz
s. o.	siehe oben
SR	Soziales Recht
St. Rsp.	Ständige Rechtsprechung
s. u.	siehe unten
UAbs.	Unterabsatz
UCLA ELR	University of California Los Angeles Entertainment Law Review
UN Doc.	Drucksache der Vereinten Nationen
UN GA	United Nations General Assembly
UPJLE	University of Pennsylvania Journal of Labour and Employment Law
UPLR	University of Pennsylvania Law Review
Urt.	Urteil
U.S.C.	United States Code
USD	US-Dollar
v.	vom/von
Verf.	Verfasser
VG	Verwaltungsgericht
VGH	Verwaltungsgerichtshof
vgl.	vergleiche
VJIL	Virginia Journal of International Law
Vol.	Volume
Vorb.	Vorbemerkung
VSSAR	Vierteljahresschrift für Sozial- und Arbeitsrecht
WRP	Wettbewerb in Recht und Praxis
WVK	Wiener Vertragsrechtskonvention
z. B.	zum Beispiel
ZaöRV	Zeitschrift für ausländisches öffentliches Recht und Völkerrecht
ZESAR	Zeitschrift für Europäisches Sozial- und Arbeitsrecht
ZEuS	Zeitschrift für Europarechtliche Studien
ZIP	Zeitschrift für Wirtschaftsrecht

1. Kapitel

Einführung

A. Gegenstand und Ziel der Untersuchung

„Kinder gehören in die Schule, statt in Minen, in Fabriken oder auf Feldern zu schuften.“[1]

„Child labour has no place in today’s world.“[2]

In weiten Teilen der Gesellschaften westlicher Industrienationen dürften diese Aussagen weitgehende Zustimmung finden. Kinderarbeit ist geächtet und ihr grundsätzliches Verbot durch ein detailliertes System nationaler und internationaler Regeln juristisch abgesichert. Nichtsdestotrotz ist die von Kindern verrichtete Arbeit in einigen Teilen der Welt nach wie vor ein erheblicher Wirtschaftsfaktor. Allen internationalen Bemühungen zum Trotz ist Kinderarbeit nach wie vor ein weltweit auftretendes Phänomen. Nicht umsonst hatte die International Labour Organization (ILO) das Jahr 2021 zum internationalen Jahr zur Abschaffung der Kinderarbeit erklärt.[3] Typischerweise werden mit dem Begriff der Kinderarbeit schwere körperliche Tätigkeiten, zum Beispiel in Minen, in der Landwirtschaft oder der Textilindustrie verbunden, die erhebliche negative Auswirkungen auf die Gesundheit haben. Es handelt sich um die „klassischen“ Ausprägungsformen von Kinderarbeit, die seit Jahrhunderten existieren. Den Kampf gegen diese Formen der Kinderarbeit hat die internationale Gemeinschaft längst aufgenommen. Die einschlägigen Konventionen der ILO weisen einen nahezu universellen Ratifikationsstand auf.[4]

Fernab von dieser, in der deutschen und internationalen Rechtswissenschaft umfangreich ausgeleuchteten Problematik,[5] existiert aber eine Industrie, die eben-

---

[1] Bundesarbeitsminister *Hubertus Heil* anlässlich des Welttages gegen Kinderarbeit am 12. 6. 2021, https://www.bmas.de/DE/Service/Presse/Pressemitteilungen/2021/deutschland-uebernimmt-mehr-verantwortung-bei-bekaempfung-kinderarbeit.html [zuletzt geprüft am 24. 3. 2024].

[2] UN-Generalsekretär *Antonio Guterres* am 12. 6. 2022 via X, https://twitter.com/antoniogu terres/status/1535815148920655873 [zuletzt geprüft am 24. 3. 2024].

[3] https://endchildlabour2021.org/overview/ [zuletzt geprüft am 24. 3. 2024].

[4] https://www.ilo.org/dyn/normlex/en/f?p=1000:11300:0::NO:11300:P11300INSTRU MENT_ID:312327 [zuletzt geprüft am 24. 3. 2024].

[5] Vgl. als Ausschnitt der umfangreichen Forschungsliteratur zu den jeweils einschlägigen Regelungen in Bezug auf die „klassischen“ Formen der Kinderarbeit *Dorsch*, Die Konvention der Vereinten Nationen über die Rechte des Kindes, 1994; *Abramson*, in: Alen u. a.; *Würth/*

falls systematisch auf die Mitwirkung von Kindern angewiesen ist. Es handelt sich um die Medienindustrie. Kinder spielen Hauptrollen in Fernsehserien, nehmen an Castingshows teil, treten auf Theaterbühnen auf und teilen ihr Leben mit ihren Followern in sozialen Netzwerken. Hinter den kindlichen Bemühungen stehen nicht selten die eigenen Eltern, die in der Vermarktung ihres Kindes häufig, neben Prominenz und Ruhm, eine erhebliche Einnahmequelle für die eigene Familie sehen. Kinder werden, von der Öffentlichkeit weitestgehend unbemerkt, zu Versorgern ihrer Eltern. Die Mitwirkung von Kindern in den Medien wird selbstverständlich hingenommen und selten hinterfragt. Trotz der weitreichenden öffentlichen Sichtbarkeit und Präsenz von Kindern in den Medien scheinen die damit einhergehenden rechtlichen Fragen und potenziellen Risiken für das betroffene Kind in der wissenschaftlichen Diskussion bisher wenig bis keine Rolle zu spielen.[6] Obwohl in der Medienindustrie im Jahr 2024 weltweit ein Umsatz von schätzungsweise 1.482 Mrd. EUR erwartet wird,[7] wird die Arbeit von Kindern in diesem Bereich den zuständigen Behörden kaum gemeldet.[8] Belastbare Zahlen zu Art um Umfang der Tätigkeit von Kindern in den Medien fehlen dementsprechend. Einen Erklärungsansatz für diesen Befund kann ein Blick auf die Historie der kinderarbeitsschutzrechtlichen Gesetzgebung liefern. Die Mitwirkung von Kindern an Filmaufnahmen und Theateraufführungen wurde lange Zeit als unverzichtbar und für das Kind sogar förderlich angesehen. Exemplarisch für diese Sichtweise sei auf die nachstehende Äußerung des Mitglieds des US-Repräsentantenhauses im Gesetzgebungsverfahren des „Fair Labour Standards Act", Charles Kramer, aus dem Jahr 1937 verwiesen:

> „Children make pictures beautiful–Shirley Temple in Wee Willie Winkie, Jackie Coogan in The Kid, Jackie Cooper in Our Gang, Freddie Bartholomew in Captains Courageous, and many others. Look at all of these children. Do they impress you as being worked? By far, no. But they are exceedingly more intelligent and even more so than some of those who are trying to enforce a child-labor law; yet this law would apply to every child outside of

Simon, APuZ 2012, 28; *Noguchi*, IJCR 2002, 355; *Schrader*, Nachteilige Kinderarbeit, 2008; *Rossa*, Kinderrechtskonvention, 2013.

[6] Eine Ausnahme bilden hier die Arbeiten von *Garbas*, DKJ 2009, 91 und *Bieber-Delfosse*, Vom Medienkind zum Kinderstar, 2002. Am Beispiel von Kinderarbeit in der digitalen Welt ist in letzter Zeit allerdings etwas Bewegung in die wissenschaftliche Diskussion gekommen. Zu nennen sind hier insbesondere *Alberts*, Die rechtliche Bewertung der Tätigkeit von Influencern, 2021; *Lemmert*, Die Vermarktung des Kindes im Influencer-Marketing, 2022 und *Brandt*, Minderjährigenschutz in sozialen Netzwerken, 2024. Aber auch das Deutsche Kinderhilfswerk hat sich hier positioniert: *Meergans*, in: DKHW, S. 5 ff. Zur familienrechtlichen Einordnung des sogenannten „Sharentings" *Dannecker*, Die Grenzen der elterlichen Sorge bei der Veröffentlichung von Bildern und Videos des eigenen Kindes in sozialen Netzwerken und auf Video-Sharing-Plattformen, 2024.

[7] Damit sind alle Kommunikationskanäle, über die Inhalte verbreitet werden, gemeint, https://de.statista.com/outlook/amo/medien/weltweit#umsatz [zuletzt geprüft am 24. 3. 2024].

[8] *Rodriguez u. a.*, Study on Child Labour and Protection of Young Workers in the European Union, 2008, S. 23.

filmland; yet in filmland, without children, that charm and sweetness will be lost to the world."[9]

Bis heute lässt sich der Blick auf die Präsenz von Kindern in den Medien mit den Ausführungen von Kramer aus dem Jahr 1937 vergleichen. Vielfach manifestiert sich die Sichtweise, bei der Mitwirkung von Kindern an Medienproduktionen handele es sich allein um eine Freizeitgestaltung ohne jegliche negative Relevanz für die Entwicklung und Gesundheit des Kindes.[10] Aus diesem Grund beschränken sich die bisher existierenden Maßnahmen häufig auf den passiven Schutz von Kindern in der Medienwelt.[11] Als Beispiel für die gesetzgeberische Aktivität auf diesem Gebiet sei die Richtlinie 2018/1808 des Europäischen Parlaments und des Rates genannt, deren ausgewiesenes Ziel es u. a. ist, Kinder im digitalen Raum vor Gefahren effektiver zu schützen.[12]

Das Recht auf effektiven Datenschutz, auf informationelle Selbstbestimmung oder der Schutz vor sexuellen Inhalten sind zu Recht drängende Themen im Zusammenhang von Kindern in den Medien. Die aktive Partizipation an der Medienindustrie und die daraus resultierenden Konsequenzen wurden bislang allerdings kaum in den Blick genommen.

Diese Lücke zu schließen, ist Ziel der vorliegenden Untersuchung. Am Beispiel von Kinderschauspielern in Film, Fernsehen und Theater und der Tätigkeit von Kindern im Influencer-Marketing soll das Phänomen der Kinderarbeit in den Medien einer einheitlichen rechtlichen Bewertung zugeführt und unter den bestehenden rechtlichen Rahmen subsumiert werden. Zugleich sollen die Risiken einer solchen Tätigkeit für das Kind aufgezeigt werden. Unter Berücksichtigung völker-, unions-, arbeits-, familien- und zivilrechtlicher Gesichtspunkte wird schließlich der Frage nachgegangen, in welchem Umfang sich Kinderarbeit in den Medien in einem rechtsfreien Raum bewegt und welcher und wenn ja inwiefern Regelungs- und Reformbedarf besteht.

---

[9] Cong. Rec. – House 82, 1937, S. 1780, https://www.govinfo.gov/content/pkg/GPO-CRECB-1937-pt2-v82/pdf/GPO-CRECB-1937-pt2-v82.pdf [zuletzt geprüft am 24.3.2024].

[10] Mit Verweis auf Aussagen von Eltern bekannter Kidfluencer *Meergans*, in: DKHW, S. 9 f.

[11] Vgl dazu die Inhalte der EU-Kinderrechtsstrategie, *Europäische Kommission*, EU-Kinderrechtsstrategie, COM (2021) 142 final, S. 18 ff.

[12] Vgl. Erwägungsgründe 21, 28, 29, 34, 51 und 60 der Richtlinie (EU) 2018/1808 des Europäischen Parlaments und des Rates vom 14. November 2018 zur Änderung der Richtlinie 2010/13/EU zur Koordinierung bestimmter Rechts- und Verwaltungsvorschriften der Mitgliedstaaten über die Bereitstellung audiovisueller Mediendienste (Richtlinie über audiovisuelle Mediendienste) im Hinblick auf sich verändernde Marktgegebenheiten, ABl. L 303, 69.

B. Gang der Untersuchung

Um sich der Kinderarbeit in den Medien nähern zu können, werden zunächst in einem ersten Kapitel die verschiedenen relevanten Begrifflichkeiten einer Definition zugeführt und die zu untersuchenden Erscheinungsformen präsentiert. Aufgrund der hier vorliegenden umfangreichen soziologischen und medienwissenschaftlichen Wechselwirkungen erfolgt dies anhand eines kursorischen Überblicks.

Das zweite Kapitel befasst sich aus einer arbeits- und familienrechtlichen Perspektive mit der Analyse des nationalen Rechts. Zweck dieser Betrachtung ist zum einen die Darstellung der weitreichenden familienrechtlichen Implikationen und zum anderen die Einordnung in die arbeitsrechtliche Systematik. Schwerpunkt ist die Subsumtion der Kinderarbeit in den Medien unter das arbeitsrechtliche Vertragsverhältnis zwischen Arbeitgeber und Arbeitnehmer.

Im dritten Kapitel wird sich der Kinderarbeit in den Medien aus einer internationalen Perspektive genähert. Anhand der einschlägigen Regelungen des Unions- und Völkerrechts wird festgestellt, ob es sich bei den eingangs dargestellten Erscheinungsformen um von der internationalen Gemeinschaft grundsätzlich verbotene Kinderarbeit handelt. Dabei liegt stets der jeweilige Fokus auf den Einwirkungen der völker- und unionsrechtlichen Normgehalte auf das nationale Recht.

Das vierte Kapitel thematisiert und bewertet schließlich die Existenz und Effizienz von Mechanismen, mit denen die in den vorherigen Kapiteln festgestellten Kinderrechte in den Medien durchgesetzt werden können. Dem grundsätzlichen Aufbau der Untersuchung folgend, beginnt auch diese Analyse zunächst mit dem nationalen Recht, um sodann auf die Durchsetzungsmöglichkeiten des Völkerrechts einzugehen.

Die Untersuchung schließt mit einer zusammenfassenden Schlussbetrachtung der wesentlichen Ergebnisse.

2. Kapitel

Kinderarbeit in den Medien im Kontext subjektiver Kinderrechte

Insbesondere junge Menschen, die in eine medialisierte Welt hineingeboren wurden, nutzen die Medien- und Kommunikationsangebote der heutigen Zeit exzessiv. So soll die „digitale Volljährigkeit", also die aktive Nutzung digitaler Medien, heutzutage bereits im Alter von ungefähr zehn Jahren beginnen.[1] Heranwachsende beschränken sich dabei nicht mehr nur auf den bloßen Konsum von Medien, sondern wirken, nicht erst durch die Verbreitung des Webs 2.0, immer öfter aktiv mit.[2] Durch die enorme Chance zur Selbstverwirklichung und die finanziellen Möglichkeiten hat sich ein Markt gebildet, der Kinderarbeit begünstigt und fördert.

Bevor eine eingehende rechtliche Analyse des Phänomens der Kinderarbeit in den Medien möglich ist, sind zunächst einige allgemeine Begriffsbestimmungen und Erläuterungen notwendig. Zunächst soll eine kurze Darstellung wichtiger Begrifflichkeiten einschließlich ihrer historischen Entwicklung erfolgen. Ferner soll gezeigt werden, dass junge Menschen zwar seit jeher eine aktive Rolle in den Medien spielen, die Gefahren aber, insbesondere durch die Verbreitung des Internets als vorherrschendes Massenmedium, in den letzten Jahren gestiegen sind.[3]

A. Begriffsbestimmung

Aufgrund divergierender Begriffsverständnisse müssen die Begriffe des Kindes und der Kinderarbeit für die Zwecke dieser Untersuchung definiert werden.

---

[1] *Erdemir*, Kinder- und Jugendschutz in Wissenschaft und Praxis 2018, 39; *Schmahl*, in: Kinderrechte, S. 375.

[2] Als Beispiel für die Entwicklung des sog. Influencer-Marketings als neue Werbeform im Web 2.0 vgl. die Darstellung bei *Alberts*, Die rechtliche Bewertung der Tätigkeit von Influencern, 2021, S. 24 ff.

[3] So hat auch die ILO festgestellt, dass der internationale Fortschritt zur Abschaffung der Kinderarbeit über alle Erscheinungsformen hinweg aktuell stagniert, *ILO/UNICEF*, Child Labour – Global Estimates 2020, Trends and the Road Forward, S. 8.

I. Der Begriff des Kindes

Der Begriff des Kindes bezeichnet in der Rechtssprache entweder ein Abstammungsverhältnis ohne Rücksicht auf das Lebensalter zur Bestimmung der Verwandtschaft (wie z. B. § 1592 BGB) oder den ersten Lebensabschnitt eines Menschen. Im Folgenden wird, sofern nicht anderweitig gekennzeichnet, die letztere Bedeutung zugrunde gelegt.[4] Die gemeinhin mit dem Begriff „Kindheit" umschriebene Zeitspanne im Leben eines Menschen kann nicht statisch eingegrenzt werden, sondern ist abhängig von verschiedenen insbesondere kulturellen und wirtschaftlichen Faktoren.[5] Auch die biologische Entwicklung eines Menschen vom Kind zum Erwachsenen ist ein Prozess, der kaum klar abgrenzbar ist. Die Schutzbedürftigkeit eines jungen Menschen divergiert im Einzelfall stark.[6] Insbesondere in westlichen Gesellschaften hängt der Status eines Menschen als Kind entscheidend vom Lebensalter ab.[7] Für Kinder gelten demnach besondere Vorschriften, die ihrer Schutzbedürftigkeit Rechnung tragen.[8] Demgegenüber werden in einigen, insbesondere ärmeren und durch die Landwirtschaft geprägten Gesellschaften auch heute noch Menschen jüngsten Alters als vollwertige Arbeitskräfte angesehen. Das aus der Arbeit dieser Menschen generierte Einkommen ist für die Familie vielfach überlebensnotwendig. So weist die Region Subsahara den höchsten Anteil arbeitender Personen im Alter von fünf bis 17 Jahren weltweit auf (23,6 %).[9] 60 % der arbeitenden Bevölkerung unter 17 Jahren sind dabei in einem Alter zwischen fünf und elf Jahren und leben zu 80 % in ländlichen Gebieten.[10] Diese Personen gelten hier nicht als besonders schutzbedürftig. Insofern unterscheidet sich der Begriff der Kindheit je nach gesellschaftlichem Verständnis und stellt einen normativen und keinen deskriptiven Begriff dar.[11]

Ausgangspunkt für eine möglichst trennscharfe Abgrenzung der Phase der Kindheit von der Phase des Erwachsenseins ist somit das konkrete Maß an Schutzbedürftigkeit eines jungen Menschen. Eine erschöpfende Darstellung der komplexen Beziehung zwischen soziokulturellen Gegebenheiten einerseits und Kinderrechten andererseits würde dieser Arbeit, deren Zweck die juristische Dar-

---

[4] Vgl. für die Methodik auch *Schrader*, Nachteilige Kinderarbeit, 2008, S. 75 ff.

[5] So *Schrader*, Nachteilige Kinderarbeit, 2008, S. 75.

[6] *Grootaert/Kanbur*, ILR 1995, 187, 188.

[7] Vgl. z. B. im deutschen Sozialrecht § 7 SGB VIII. Für die Altersgrenze von 16 Jahren im Recht des Vereinigten Königreichs s. Section 55 des Child Support Acts 1991, Supplement No. 38, S. 397.

[8] Z. B. § 5 JArbSchG und die Begründung zum Gesetzentwurf, BT-Drs. 7/2305, S. 25.

[9] *ILO/UNICEF*, Child Labour – Global Estimates 2020, Trends and the Road Forward, S. 29.

[10] *ILO/UNICEF*, Child Labour – Global Estimates 2020, Trends and the Road Forward, S. 29 ff. Vgl. auch *Ochaíta/Espinosa/Calvo*, IJCR 2000, 15, 19.

[11] *Honig*, Entwurf einer Theorie der Kindheit, 1999, S. 29; *Bethke*, Das Übereinkommen der Vereinten Nationen über die Rechte des Kindes und seine Umsetzung in der Bundesrepublik Deutschland, 1996, S. 13.

stellung des konkreten Phänomens der Kinderarbeit in den Medien ist, indes nicht dienen. Daher erfolgt an dieser Stelle nur ein zusammenfassender Überblick.

1. Entwicklungsgeschichte

a) Ursprünge des Begriffs des Kindes

Der Begriff „Kindheit" ist eine Errungenschaft der Neuzeit.[12] Während im Frühmittelalter zwar bereits rudimentäre, auf alttestamentarischen Botschaften beruhende Vorstellungen von Menschenrechten existierten,[13] ging die Forschung lange davon aus, dass es das heutige Konzept von Kindheit im Sinne einer rechtlich klar definierbaren Grenze in dieser Zeit nicht gab.[14] Kinder im heutigen Sinne wurden nach dem früheren Forschungsstand in dieser Epoche überwiegend als „kleine Erwachsene" ohne eigene ihrem Entwicklungsstand entsprechenden, Rechte angesehen.[15] Die neuere Kindheitsforschung geht davon aus, dass junge Menschen im Mittelalter und der frühen Neuzeit früher ihren Weg in die Erwachsenenwelt fanden als heute.[16] Trotz dieser früheren Reife wurde dennoch von familiärer Seite schon auf altersbedingte Besonderheiten, z.B. bei der Aufgabenzuteilung im Haushalt, Rücksicht genommen. Wissenschaftliche Einigkeit besteht darin, dass es in dieser Phase zumindest keine allgemein verbindliche Grenze gab, nach der ein Mensch bis zu einer gewissen Altersphase als besonders schutzbedürftiges Kind angesehen wurde.[17] Schon auf regionaler Ebene galten unterschiedliche Grenzen, die je nach Region, kultureller Entwicklung und Bevölkerungszusammensetzung stark divergierten.[18] Gemeinsamkeiten bestanden allerdings darin, dass das einer Ehe entstammende Kind,[19] solange es der Hausgemeinschaft angehörte, der vollständigen personen- und vermögensrechtlichen Gewalt des Vaters unterstand.[20]

---

[12] *Schmahl*, Kinderrechtskonvention, Einl., Rn. 1. Anders: *Wapler*, Kinderrechte und Kindeswohl, 2015, S. 9.

[13] Vgl. dazu *Honnefelder*, in: Menschenrechte, S. 11: Die Botschaft des Alten Testaments habe mittelalterliche Theologen demnach dazu bewogen, Grundsätze des Naturrechts und des Gewissens weiterzuentwickeln. Diese Grundsätze mündeten im säkularen Gedanken von Menschenwürde und Menschenrechten.

[14] *Ariès*, Geschichte der Kindheit, 1978, S. 92.

[15] *Humbert*, The Challenge of Child Labour in International Law, 2009, S. 15 m.w.N.

[16] *Cunningham*, Die Geschichte des Kindes in der Neuzeit, 2006, S. 50.

[17] So im Ergebnis auch *Wapler*, Kinderrechte und Kindeswohl, 2015, S. 9ff.

[18] *Olechowski*, in: HRG, Mündigkeit, S. 1. Eingehend *Schrader*, Nachteilige Kinderarbeit, S. 77ff. m.w.N.

[19] Die Rechtsstellung unehelicher Abkömmlinge stellte sich grundlegend anders dar: Diese Personen hatten eine verminderte Rechtsstellung, der Sachsenspiegel erklärte sie sogar für rechtlos, vgl. Sachsenspiegel Ldr. I 38, abgedruckt in: *Schmidt-Wiegand*, Sachsenspiegel, 1993, S. 131.

[20] *Schwab*, in: HRG, Kind, S. 2 zitiert nach HRGdigital, www.HRGdigital.de/HRG.kind [zuletzt geprüft am 24.3.2024].

Im Verlauf des Hoch- und Spätmittelalters wirkten sich Veränderungen der Familienstruktur auch auf die Rechtslage des Kindes aus: Die Strafgewalt des Vaters bildete sich zu einem bloßen Züchtigungsrecht zurück und die Befugnis, das Neugeborene auszusetzen, entfiel.[21] Im Übrigen richtete sich das Bedürfnis nach umfassender Personen- und Vermögenssorge von Abkömmlingen durch den Vater nach der Mündigkeit. Diese wurde zunächst individuell nach körperlichen Merkmalen, später nach Altersstufen bestimmt.[22] Es handelte sich nicht um die Erlangung vollständiger Geschäftsfähigkeit nach heutigen Maßstäben. Die Mündigkeit war stets auch davon abhängig, dass die nach dem Alter mündige Person aus der „Munt" ihres Vaters entlassen wurde. Die Altersschwelle wurde je nach Region mit zehn, zwölf oder 15 Jahren erreicht.[23] Bei Söhnen erfolgte diese Entlassung durch die sogenannte Abschichtung, also die Begründung eines eigenen Hausstandes.[24] Töchter erlangten eigene Mündigkeit hingegen in der Regel nicht. Wurden sie verheiratet, endete zwar die väterliche Munt, jedoch begann gleichzeitig die Munt des Ehemanns.[25]

Mit der Rezeption des römischen Rechts entwickelte sich in Deutschland eine Einteilung junger Menschen in „infantes" (bis sieben Jahre), „impuberes" (sieben bis 14 Jahre) und „puberes" (14 bis 25 Jahre). Die Mündigkeit wurde in diesem Zusammenhang mit der Volljährigkeit gleichgesetzt.[26] Teilweise trat die Volljährigkeit aber auch mit dem Erreichen des 24. Lebensjahres ein.[27] Eine einheitlich verbindliche Altersgrenze für die Bestimmung des Kindheitsbegriffs kann daher in dieser Epoche nicht festgestellt werden.

b) Der Begriff des Kindes im 18. und 19. Jahrhundert

Auch im 18. und bis in das 19. Jahrhundert hinein konnte sich zunächst kein einheitlicher Begriff des Kindes in Deutschland durchsetzen. Das Lebensalter als rechtliche Kategorie stellte im 18. Jahrhundert nur einen Anhaltspunkt neben mehreren menschlichen Eigenschaften dar, deren Summe im Ergebnis den rechtli-

---

[21] Vgl. eingehend zu dieser Entwicklung *Schwab*, in: HRG, Kind, S. 1 zitiert nach HRG-digital, www.HRGdigital.de/HRG.kind [zuletzt geprüft am 24. 3. 2024]. Sachsenspiegel Ldr. I 20, abgedruckt in: *Schmidt-Wiegand*, Sachsenspiegel, 1993, S. 116 f.

[22] *Olechowski*, in: HRG, Mündigkeit, S. 1 zitiert nach HRGdigital, www.HRGdigital.de/HRG.muendigkeit [zuletzt geprüft am 24. 3. 2024].

[23] *Olechowski*, in: HRG, Mündigkeit, S. 1, zitiert nach HRGdigital, www.HRGdigital.de/HRG.muendigkeit [zuletzt geprüft am 24. 3. 2024].

[24] *Olechowski*, in: HRG, Abschichtung, S. 1 f., zitiert nach HRGdigital, www.HRGdigital.de/HRG.abschichtung [zuletzt geprüft am 24. 3. 2024].

[25] *Roth*, in: RGA, S. 307 f.; *Olechowski*, in: HRG, Mündigkeit, S. 1, zitiert nach HRGdigital, www.HRGdigital.de/HRG.muendigkeit [zuletzt geprüft am 24. 3. 2024].

[26] *Olechowski*, in: HRG, Mündigkeit, S. 1, zitiert nach HRGdigital, www.HRGdigital.de/HRG.muendigkeit [zuletzt geprüft am 24. 3. 2024].

[27] Eingehend zu dieser Altersgrenze schon *Eckhardt*, ZRG GA 1941, 1, 4 ff.

chen Status eines Menschen bestimmte.[28] Während später in den gemeinrechtlichen Gebieten das Erreichen des 25. Lebensjahres für die Volljährigkeit maßgeblich war, galt im sächsischen und französischen Rechtsbereich die Altersgrenze von 21 Jahren und in Preußen nach § 26 Allgemeines Landrecht für die Preußischen Staaten (ALR I)[29] eine Grenze von 24 Jahren.[30] § 25 ALR I definierte Kinder als Personen, welche das siebte Lebensjahr noch nicht, und Unmündige als solche, die das vierzehnte Lebensjahr noch nicht vollendet haben. Nachdem Preußen am 9. 12. 1869 mit § 1 des Gesetzes über das Alter der Großjährigkeit die Grenze von 21 Jahren übernahm,[31] kam diese nach Gründung des Deutschen Reiches durch Gesetz vom 17. 2. 1875[32] auch allgemein zur Geltung.[33] Damit bestand erstmals eine allgemeinverbindliche Altersgrenze für die Bestimmung der Minderjährigkeit in Deutschland.

2. Der Begriff des Kindes im geltenden Recht

Im Völkerrecht ist der Begriff des Kindes uneinheitlich definiert. So stellt Art. 1 UN-Kinderrechtskonvention (KRK)[34] auf das 18. Lebensjahr ab, aber nur „soweit die Volljährigkeit nach dem auf das Kind anzuwendende Recht nicht früher eintritt." Der Eintritt der Volljährigkeit divergiert allerdings in den Staaten erheblich und tritt je nach staatlicher Regelung zwischen neun und 18 Jahren ein.[35]

Das Übereinkommen Nr. 138 der ILO[36] definiert den Begriff des Kindes nicht explizit. Es bestimmt vielmehr ein Mindestalter für die Zulassung zur Beschäftigung oder Arbeit. Dieses liegt gem. Art. 2 III bei 15 Jahren. Für Länder, in denen Wirtschaft und schulische Einrichtungen noch ungenügend entwickelt sind („insufficiently developed"), sieht Art. 2 IV unter Umständen ein Mindestalter von 14 Jahren vor.

---

[28] *Duve*, in: Brendecke/Fuchs/Koller, Die Autorität der Zeit in der frühen Neuzeit, S. 93 f.

[29] Allgemeines Landrecht für die Preußischen Staaten vom 1. Juni 1794 – Erster Theil, https://opinioiuris.de/quelle/1622 [zuletzt geprüft am 24. 3. 2024].

[30] *Eckhardt*, ZRG GA 1941, 1.

[31] Gesetz über das Alter der Großjährigkeit vom 9. Dezember 1869, in Kraft getreten am 1. 7. 1870, Gesetz-Sammlung für die Königlich Preußischen Staaten 1869, S. 1177.

[32] Gesetz betreffend das Alter der Großjährigkeit vom 17. Februar 1875, in Kraft getreten am 1. 1. 1876, RGBl. I 1875, S. 71.

[33] Vgl. *Eckhardt*, ZRG GA 1941, 1.

[34] Übereinkommen über die Rechte des Kindes, BGBl. 1992 II, S. 121 ff.

[35] So liegt das Volljährigkeitsalter für Mädchen im Iran nach Art. 1210 des Civil Codes bei neun Mondjahren, vgl. die englische Übersetzung, abrufbar unter https://www.refworld.org/en/download/102142 [zuletzt geprüft am 24. 3. 2024]. In den meisten westlichen Staaten liegt der Eintritt der Volljährigkeit dagegen bei 18 Jahren; vgl. § 2 BGB oder Section 1(4) des britischen Family Law Reform Acts, https://www.legislation.gov.uk/ukpga/1969/46/data.pdf [zuletzt geprüft am 24. 3. 2024]. Vgl. auch *Schrader*, Nachteilige Kinderarbeit, 2008, S. 81 f.

[36] Übereinkommen über das Mindestalter für die Zulassung zur Beschäftigung, BGBl. 1976 II, S. 201 ff.

Das Übereinkommen Nr. 182 der ILO[37] definiert in Art. 2 alle Personen unter 18 Jahren als zu schützende Kinder. Die gleiche Grenze legt Art. 1 I des Übereinkommens des Europarates über die Ausübung von Kinderrechten[38] an.

Das nationale Recht definiert den Begriff des Kindes im arbeitsrechtlichen Kontext im Einklang mit europarechtlichen Vorgaben[39] in § 2 I JArbschG. Danach gilt im jugendarbeitsschutzrechtlichen Sinne als Kind, wer noch nicht 15, als Jugendlicher, wer noch nicht 18 Jahre alt ist (Abs. 2). Die Einstufung hat Konsequenzen für die Zulässigkeit der Beschäftigung von Personen des jeweiligen Alters. Mit Vollendung des 18. Lebensjahres gelten die Regelungen des JArbSchG demnach nicht mehr.[40]

Im Recht der Kinder- und Jugendhilfe gilt im nationalen Recht als Kind dagegen, wer noch nicht 14 Jahre alt ist, als Jugendlicher, wer 14, aber noch nicht 18 Jahre alt ist, vgl. § 7 I Nr. 1, Nr. 2 SGB VIII.

3. Fazit

Der Begriff „Kind" wurde und wird in rechtsgeschichtlicher Perspektive sowie im internationalen Vergleich unterschiedlich definiert, insbesondere an verschiedenen Altersgrenzen festgemacht. Größtmögliche Einigkeit besteht darin, dass ein Mensch im Alter von unter 18 Jahren als Kind behandelt werden muss.[41] Dies wird in Hinblick auf das nationale Recht dadurch gestützt, dass das JArbSchG ausdrücklich auch Personen im Alter von bis zu 18 Jahren, die keine Kinder, sondern Jugendliche sind, unter Anknüpfung an die Volljährigkeit, schützt. Andererseits erkennen sowohl das Völkerrecht als auch innerstaatliche Rechtsordnungen im Bereich des Arbeitsschutzrechts eine Schwelle von 15 Jahren an, ab der eine Person unter bestimmten Umständen einer Arbeit nachgehen und daher nicht mehr als Kind bezeichnet werden kann.[42] Für den Fortgang dieser Untersuchung wird insofern mit Blick auf die divergierenden Minderjährigkeits- und Arbeitsschutzschwellen in verschiedenen na-

---

[37] Übereinkommen über das Verbot und unverzügliche Maßnahmen zur Beseitigung der schlimmsten Formen der Kinderarbeit, BGBl. 2001 II, S. 1290 ff.

[38] Europäisches Übereinkommen über die Ausübung von Kinderrechten, BGBl. 2001 II, S. 1075.

[39] Art. 1 ff. Richtlinie 94/33/EG des Rates vom 22. Juni 1994 über den Jugendarbeitsschutz, ABl. L 216/12.

[40] *Lakies*, JArbSchG, § 2 Rn. 1 ff.

[41] Das Übereinkommen Nr. 182 der ILO, das diese Altersgrenze festlegt, haben 187 Staaten ratifiziert, https://www.ilo.org/berlin/presseinformationen/WCMS_752497 [zuletzt geprüft am 24.3.2024].

[42] Vgl. auch zum britischen Rechtskreis *Hobbs/McKechnie/Lavalette*, Child Labour: A World History Companion, 1999, Stichwort: Definition of Child Labour, S. 55 f.

tionalen Rechtsordnungen und auch im Sinne einer statistischen Vergleichbarkeit[43] als Kind bezeichnet, wer noch nicht 18 Jahre alt ist.

II. Der Begriff der Kinderarbeit

Ähnlich verhält es sich mit dem Begriff der Kinderarbeit im Allgemeinen. Der Duden bezeichnet Kinderarbeit als „von Kindern zu Erwerbszwecken verrichtete Arbeit."[44] Eine einheitliche Definition im Rechtssinne gibt es nicht. Während Stimmen in der Literatur den Begriff der Kinderarbeit in einem engen Sinne als Erwerbstätigkeit von Kindern zum Zweck der Gewinnerzielung verstanden wissen wollen,[45] fasst die ILO jede Tätigkeit unter den Begriff der Kinderarbeit, die ihrer Natur oder den Umständen des Einzelfalls nach dazu geeignet ist, Schaden für die Gesundheit, Sicherheit oder Wertvorstellungen („morals") des Kindes zu verursachen. Ausnahmen bestehen für Tätigkeiten, die als „light work" im Sinne von Art. 7 Übereinkommen Nr. 138 zulässig sind, und solche, die nicht unter das Übereinkommen Nr. 182 fallen.[46] Diese weite Definition wurde erstmals auf der 18. Internationalen Konferenz der Arbeitsstatistiker zum Thema Kinderarbeitsstatistik entwickelt und angenommen.[47]

Würde man die enge Begriffsdefinition anlegen, so käme es für die Einordnung entscheidend auf den ökonomischen Nutzen an. Dies würde alle unbezahlten Tätigkeiten im eigenen Haushalt von vornherein ausschließen. Da aber der größte Teil der von Kindern verrichteten Tätigkeiten im eigenen Haushalt stattfindet und daher nicht zwangsläufig auch vergütet wird,[48] ist eine solch enge Begriffsdefinition ver-

---

[43] Siehe Resolution II in Bezug auf die statistische Darstellung der Kinderarbeit *ILO*, Report of the 18th International Conference of Labour Statisticians, ICLS/18/2008/IV/FINAL, S. 56 ff. Obwohl in der Zwischenzeit eine neuere Resolution der internationalen Konferenz der Arbeitsstatistiker aus dem Jahr 2018 vorliegt, nutzen die meisten Staaten noch die vorstehend genannte Resolution für ihre statistischen Erhebungen; an der Alterschwelle der Kindesdefinition hat sich indes auch durch die neue Resolution nichts geändert, *ILO/UNICEF*, Child Labour – Global Estimates 2020, Trends and the Road Forward, Fn. 1.

[44] „Kinderarbeit" auf Duden online, https://www.duden.de/rechtschreibung/Kinderarbeit [zuletzt geprüft am 24.3.2024].

[45] *Haar*, Kinderarbeit in Deutschland, 2020, S. 3. In Nuancen anders, aber auch auf den wirtschaftlichen Wert der Arbeit bezugnehmend: *Zenke*, nach dem Kinderarbeit dann vorliegt „wenn das Motiv zur Arbeit aus der materiellen Not der gesamten Familie resultiert", BT-Drs. 11/6082, S. 3.

[46] *ILO/UNICEF*, Child Labour – Global Estimates 2020, Trends and the Road Forward, S. 18.

[47] *International Labour Organization*, Report of the 18th International Conference of Labour Statisticians, ICLS/18/2008/IV/FINAL, S. 58; vgl. auch *Dünnweller*, in: 20 Jahre UN-Kinderrechtskonvention, S. 95 f.

[48] *International Labour Organization*, World Report on Child Labour 2018, S. 37 ff.

fehlt. Insofern ist für diese Untersuchung der weite Kinderarbeitsbegriff der ILO anzulegen.[49]

III. Der Begriff des Mediums

Der Begriff des Mediums ist vielschichtig. In den wissenschaftlichen Definitionsansätzen wird jeweils auf verschiedene weitere Begriffe, die wiederum selbst definitions- und auslegungsbedürftig sind, verwiesen.[50] Als fachsprachlicher Begriff erschien der Begriff des Mediums im Deutschen erstmals im 16. Jahrhundert und hatte dort die Bedeutung „Vermittelndes“ oder „Zwischenmittel“.[51] Dieses wahrnehmungstheoretische Begriffsverständnis hatte sich zuvor in der lateinischen Gelehrtensprache etabliert.[52] Neben dem wahrnehmungstheoretischen Medienbegriff entwickelten sich weitere Erklärungsansätze, die sich aus naturwissenschaftlichen, philosophischen oder kulturwissenschaftlichen Erwägungen ableiten.[53] So können einerseits im Sinne eines möglichst weiten Begriffsverständnisses jegliche Materien, die eine Verbindung zu und eine Auswirkung auf den Menschen haben, als Medien bezeichnet werden, die Botschaft selbst ist das Medium.[54] Medien in diesem Sinne sind danach auch mit dem Begriff der Relationen zu beschreiben.[55] Andererseits hat sich jenseits der anhaltenden medienwissenschaftstheoretischen Begriffsdebatte[56] ein Medienbegriff herausgebildet, der sich an einem technischen Verständnis orientiert. Es handelt sich um einen Übergang von dem ursprünglichen wahrnehmungs- zu einem kommunikativ-informationell beherrschten Medienbegriff.[57] Medien sind danach die klassischen Kommunikationsmedien Zeitung, Fernsehen, Hörfunk und Film.[58] In Ansätzen findet sich dieses Begriffsverständnis auch in der umgangssprachlichen Verwendung wieder. In Anlehnung an die modernen Massenmedien definiert etwa der Duden den Medienbegriff als „Einrichtung, organisatorischer und

---

[49] Vgl. auch dazu eingehend mit einer ähnlichen Definition *Schrader*, Nachteilige Kinderarbeit, 2008, S. 90 ff.

[50] So etwa *Winkler*, MEDIENwissenschaft 2004, 9; *Mersch*, Medientheorien zur Einführung, 2013, S. 9 ff.; *Maletzke*, Kommunikationswissenschaft im Überblick, 1998, S. 50 ff.

[51] *Hoffmann*, in: Schröter, Handbuch Medienwissenschaft, S. 14.

[52] *Hoffmann*, in: Schröter, Handbuch Medienwissenschaft, S. 14.

[53] Im Einzelnen *Hoffmann*, in: Schröter, Handbuch Medienwissenschaft, S. 13 ff.

[54] *McLuhan*, Understanding Media, 2010, S. 7 ff.; *Maletzke*, Kommunikationswissenschaft im Überblick, 1998, S. 51 f.

[55] *Swertz*, in: Meder/Allemand-Ghionda/Uhlendorff, Handbuch der Erziehungswissenschaft Band III/2, 751, 767 f.

[56] Vgl. für einen Überblick zum Meinungsstand *Maletzke*, Kommunikationswissenschaft im Überblick, 1998, S. 52 ff.; *Pürer*, Publizistik- und Kommunikationswissenschaft, 2003, S. 210 f.; *Hoffmann*, in: Schröter, Handbuch Medienwissenschaft, S. 18 ff.

[57] *Mersch*, Medientheorien zur Einführung, 2006, S. 26 f.

[58] So etwa mit Kritik an der „unzulässigen Verkürzung“ des Medienbegriffs durch diese Definition *Pürer*, Publizistik- und Kommunikationswissenschaft, 2003, S. 208 f.

technischer Apparat für die Vermittlung von Meinungen, Informationen, Kulturgütern; eines der Massenmedien Film, Funk, Fernsehen, Presse." Zusätzlich fallen unter diesen Begriff auch die sogenannten „Neuen Medien", also die „Gesamtheit moderner (untereinander vernetzbarer) Techniken im Bereich der Unterhaltungselektronik, Datenverarbeitung und Telekommunikation."[59] Auch wenn eine solche „Minimaldefinition"[60] dem Bedürfnis der Wissenschaft nach operationalisierbaren Begriffsmerkmalen des Medienbegriffs[61] nicht gerecht werden kann, wird sie für die Zwecke dieser Untersuchung doch für ausreichend erachtet. Denn die im Folgenden darzustellenden Erscheinungsformen des Einsatzes von Kindern sind allesamt dem Feld der Massenmedien im Sinne des skizzierten technischen und umgangssprachlichen Medienbegriffs zuzuordnen.

B. Die Entwicklung von subjektiven Kinderrechten

Nachdem die für diese Untersuchung notwendigen Begrifflichkeiten definiert werden konnten, ist es im Folgenden erforderlich, das Verbot der Kinderarbeit im Kontext subjektiver Kinderrechte zu beleuchten, um sodann auf spezielle Ausprägungen eingehen zu können.

I. Ursprünge in der Reformpädagogik

Die Entwicklung zum heutigen sozial-kulturellen Verständnis der Kindheit als Lebensabschnitt, der im besonderen Maße der Ausbildung und persönlichen Entwicklung und nicht der Arbeit gewidmet sein soll,[62] begann im 16. und 17. Jahrhundert und setzte sich im Laufe des 20. Jahrhunderts zunehmend durch.[63] Zuvor wurden Kinder mit Beginn der industriellen Revolution nicht nur als für manche körperlichen Tätigkeiten physisch geeigneter angesehen, auch ihre geringere Entlohnung sorgte für einen regen Einsatz von Kinderarbeitern.[64] Jedoch gab es bereits

---

[59] „Medium" auf Duden online, https://www.duden.de/rechtschreibung/Medium_Vermittler_Traeger [zuletzt geprüft am 24.3.2024].

[60] So *Hoffmann*, in: Schröter, Handbuch Medienwissenschaft, S. 13.

[61] *Maletzke*, Kommunikationswissenschaft im Überblick, 1998, S. 31 ff.

[62] *Humbert*, The Challenge of Child Labour in International Law, 2009, S. 16; s. auch Art. 2 ILO Minimum Age Convention (1919) Nr. 5, in der es heißt: „Children under the age of fourteen years shall not be employed or work in any public or private industrial undertaking, or in any branch thereof, other than an undertaking in which only members of the same family are employed."

[63] *Schmahl*, Kinderrechtskonvention, 2017, Einl., Rn. 1.

[64] Kinder wurden insbesondere aufgrund der beengten Platzverhältnisse in Flözen und Gängen bevorzugt unter Tage eingesetzt, *Bönig*, APuZ 2012, 3, 5 f.; *Cunningham*, Die Geschichte des Kindes in der Neuzeit, 2006, S. 134.

im 19. Jahrhundert rudimentäre gesetzliche Bestrebungen, die Lage von arbeitenden Kindern allgemein zu verbessern.[65] Mit dem „Preußischen Regulativ“,[66] das 1871 in die Gewerbeordnung aufgenommen wurde,[67] begann zwar die Kinderschutzgesetzgebung in Deutschland, jedoch stand weniger das Kind als vielmehr die Erhaltung seiner Arbeitskraft oder seine Verfügbarkeit als Teil des Militärs zur Landesverteidigung im Mittelpunkt der Debatte.[68]

Entscheidende Vordenker einer Entwicklung, die dazu führte, dass Kinder zu einer eigenständigen Personengruppe geworden sind, deren Perspektive von staatlichem Handeln einbezogen und gewürdigt wird,[69] waren Anfang des 20. Jahrhunderts zum einen die Reformpädagogin Ellen Key und zum anderen der Kinderarzt Janusz Korczak.[70] Key proklamierte in ihrem im Jahr 1900 erschienenen gleichnamigen Werk das „Jahrhundert des Kindes“. Zwar sah sie das Kind als eigenständiges Individuum an, dessen Erziehung sich an den altersspezifischen Besonderheiten zu orientieren hat, das einzige Recht des Kindes sei allerdings das, seine Eltern frei zu wählen, um nicht in eine disharmonische Ehe hineingeboren zu werden.[71] Bei diesem von Key proklamierten Recht handelt es sich im Ergebnis allerdings um ein Recht der Erwachsenen, ihre Partner nach eugenischen Gesichtspunkten frei zu wählen und das Zusammenleben frei auszugestalten,[72] sodass von einem subjektiven Kinderrecht nach heutigen Maßstäben nicht die Rede sein kann.[73]

Vermutlich von Keys Werk inspiriert,[74] vertrat Janusz Korczak Anfang des 20. Jahrhunderts in seinem Werk „Wie man ein Kind lieben soll“ einen subjektivistischeren Ansatz. Korczaks Intention war es, Kindern einen ihren besonderen Bedürfnissen gerecht werdenden sozialen Status zuzuerkennen.[75] Kindheit stelle nicht nur das Übergangsstadium hin zum Erwachsensein, sondern eine auf die Zukunft ausgerichtete Lebensphase dar, in der Kinder als selbstbestimmte Individuen und nicht nur

[65] Eingehend zu der Entwicklung in Deutschland *Dörr*, MRM 2004, 141 ff.

[66] Regulativ über die Beschäftigung jugendlicher Arbeiter in Fabriken vom 9. März 1839, Gesetz-Sammlung für die Königlich Preußischen Staaten 1839, S. 156.

[67] Gewerbeordnung für das Deutsche Reich vom 1. Oktober 1869, RGBl. 1883, S. 177. Siehe dazu auch *Krappmann*, in: Kinderrechte, S. 41.

[68] *Kaufhold*, AuR 1989, 225, 227.

[69] Vgl. dazu *Marthaler*, Erziehungsrecht und Familie, 2009, S. 46 ff.

[70] *Schmahl*, Kinderrechtskonvention, 2017, Einl., Rn. 1; *Krappmann*, in: Kinderrechte, S. 39 f.; *Bethke*, Das Übereinkommen der Vereinten Nationen über die Rechte des Kindes und seine Umsetzung in der Bundesrepublik Deutschland, 1996, S. 19 ff.; vgl. im Einzelnen eingehend zu den Biographien und Beiträgen Keys und Korczaks *Veerman*, The Rights of the Child and the Changing Image of Childhood, 1992, S. 75 ff.

[71] *Key*, Das Jahrhundert des Kindes, 1900, S. 13 ff.

[72] *Key*, Das Jahrhundert des Kindes, 1900, S. 33 ff.

[73] So auch *Wapler*, Kinderrechte und Kindeswohl, 2015, S. 76 f.

[74] *Veerman*, The Rights of the Child and the Changing Image of Childhood, 1992, S. 93.

[75] *Korczak*, Wie man ein Kind lieben soll, 1973.

als Objekte der Fürsorge Erwachsener angesehen werden.[76] Eine klare Definition subjektiver Kinderrechte blieb allerdings auch das Werk Korczaks schuldig.

II. Entstehung von subjektiven Kinderrechten auf völkerrechtlicher Ebene

Aus dem zuvor skizzierten objektiven Verständnis der Kindheit heraus entwickelte sich ein ausdifferenziertes System an verschiedenen Normen, die Kinder auch als subjektiv Schutzberechtigte in den Blick nehmen. Im Folgenden soll daher ein kurzer Überblick über diese Entwicklungen am Beispiel des Völkerrechts gegeben werden. Das Völkerrecht stellt gerade im Bereich des hier interessierenden Menschenrechtsschutzes in vielen Bereichen einen universell gültigen Grundwertekanon dar, der exemplarisch für die globale Entwicklung in vielen Staaten steht.[77]

Bereits zu Beginn des 20. Jahrhunderts existierten internationale Übereinkommen zum Schutz von Kindern. Die im Jahr 1919 im Rahmen des Versailler Friedensvertrages in Kraft getretene Verfassung der ILO erkannte zwar bereits, dass eine Abschaffung („abolition") der Kinderarbeit notwendig ist.[78] Hinter dieser generellen Abschaffung jeglicher Kinderarbeit, die die Mitgliedstaaten ausweislich der Präambel als besonders dringend („special and urgent") erachteten, steckte allerdings die Überlegung, dass arbeitende Kinder als Gefahr für die Wiedereingliederung heimkehrender Soldaten des ersten Weltkrieges in den Arbeitsmarkt angesehen wurden.[79] Eine Ächtung von Kinderarbeit im Sinne eines subjektiven Rechts kann insofern in dieser Regelung nicht gesehen werden. Das gleiche gilt für die im selben Jahr verabschiedete und 1921 in Kraft getretene Minimum Age Convention Nr. 5 der ILO.[80] Diese richtete sich lediglich an den industriellen Sektor und klammerte zudem weite Teile der Beschäftigung von Kindern aus (Art. 2).

Als Auftakt eines Kodifikationsprozesses von Kinderrechten im internationalen Recht wird daher gemeinhin die Genfer Erklärung des Völkerbundes von 1924

---

[76] Vgl. auch *Wapler*, Kinderrechte und Kindeswohl, 2015, S. 77.

[77] Vgl. die Wiener Menschenrechtserklärung, in der sich die 171 UN-Mitgliedstaaten zu einer universellen Geltung der Menschenrechte bekannten, Vienna Declaration and Programme of Action, 12.7.1993, UN-Doc. A/CONF.157/23, Nr. I.5; hierzu auch *von Arnauld*, Völkerrecht, Rn. 612.

[78] *International Labour Office*, The Labour Provisions of the Peace Treaty, Annex, Art. 427, S. 13 f.

[79] *van Daalen/Hanson*, in: Gironde/Carbonnier, The ILO @ 100: Addressing the Past and Future of Work and Social Protection, S. 134 f.

[80] Convention Fixing the Minimum Age for Admission of Children to Industrial Employment Official Bulletin, Vol. 1, S. 430 ff.

angesehen.[81] In Art. 4 der Genfer Erklärung hieß es: „The child must be put in a position to earn a livelihood, and must be protected against every form of exploitation".[82] Dies kann angesichts der nach wie vor weltweit verbreiteten Kinderarbeit als Hauptform der wirtschaftlichen Ausbeutung[83] als eine erste Positionierung der Staatengemeinschaft zur Ächtung von Kinderarbeit gedeutet werden, ohne dass die Begrifflichkeit klar genannt oder definiert worden wäre.

Bei der Genfer Erklärung handelte es sich trotz ihres damaligen enormen Erfolgs[84] insgesamt eher um ein Zeichen des guten Willens. Das Wirken der bei der Formulierung der Erklärung federführenden Kinderkommission des Völkerbundes wurde aufgrund der Angst der Mitgliedstaaten vor einer Einmischung in innerstaatliche Angelegenheiten mit Misstrauen und Kritik beobachtet, sodass die Genfer Erklärung insgesamt nicht über den Status einer politischen Absichtserklärung hinauskam.[85] Insbesondere formulierte sie keine ausdrücklichen subjektiven Rechte des Kindes, sondern richtete sich – nach den damals noch vorherrschenden gesellschaftlichen und rechtlichen Vorstellungen – an Erwachsene, die für das Kind als rechtliches Objekt die Sorge zu tragen hatten.[86] Mit der Auflösung des Völkerbundes verlor zwar auch die Genfer Erklärung ihre Grundlage, jedoch wirkten die ihr zugrundeliegenden Ideen fort und dienten den nachfolgenden Kinderrechtsinstrumenten als Inspiration und Rechtsquelle.[87]

So zeigte die Erklärung über die Rechte des Kindes vom 20. 11. 1959[88] erstmals einen umfassenden Katalog der für Kinder relevanten Rechte auf.[89] Wie die Genfer Erklärung des Völkerbundes war jedoch auch die Kinderrechtserklärung der Ver-

---

[81] *Bethke*, Das Übereinkommen der Vereinten Nationen über die Rechte des Kindes und seine Umsetzung in der Bundesrepublik Deutschland, 1996, S. 38 f.; *Krappmann*, in: Kinderrechte, S. 37 m. w. N.

[82] League of Nations Official Journal 1924, Special Supplement No. 21, S. 43.

[83] *Schmahl*, Kinderrechtskonvention, 2017, § 36 Rn. 4. Auch die KRK hat Kinderarbeit als Hauptform der wirtschaftlichen Ausbeutung erkannt; vgl. Art. 32 KRK, in dessen authentischer englischen Fassung es heißt: „State Parties recognize the right of the child to be protected from economic *exploitation* and from performing any work that is likely to be hazardous or to interfere with the child's education, or to be harmful to the child's health or physical, mental, spiritual, moral or social development." (Hervorhebung durch Verfasser).

[84] Die Genfer Erklärung wurde von insgesamt 50 Mitgliedstaaten des Völkerbundes angenommen; *Walters*, A History of the League of Nations, 1969, S. 187.

[85] *Stöcker*, Zeitschrift für die Vereinten Nationen und ihre Sonderorganisationen 1979, 90; *Walters*, A History of the League of Nations, 1969, S. 186.

[86] *Detrick*, A Commentary on the United Nations Convention on the Rights of the Child, 1999, S. 13; eingehend *van Bueren*, The International Law on the Rights of the Child, 1998, S. 7 f.

[87] *Schmahl*, in: Kinderrechte, S. 56.

[88] *UN GA*, Resolution 1386, Declaration of the Rights of the Child, UN Doc. A/RES/1386 (XIV) (20. 11. 1959).

[89] Kinder haben danach z. B. das Recht auf besonderen Schutz („special protection", Art. 20); ferner sollen Entscheidungen, die Kinder betreffen, stets mit Rücksicht auf das Kindeswohl („best interest", Art. 3) getroffen werden.

einten Nationen noch als eine unverbindliche Deklaration anzusehen. Diese war nach wie vor von der paternalistischen Sichtweise geprägt, dass Kinder primär Objekte staatlicher und elterlicher Schutzverpflichtungen ohne eigene relevante subjektive Rechte sind.[90] Die einstimmige Annahme des Erklärungsentwurfs durch die UN-Generalversammlung verlieh der Kinderrechtserklärung im Vergleich zu der Genfer Erklärung allerdings besonderes moralisches und politisches Gewicht.[91]

Die Stellung des Kindes als Objekt staatlichen Handelns ohne eigene subjektive Rechte hielt sich im Wesentlichen auch nach Verabschiedung der Erklärung über die Rechte des Kindes von 1959 noch knapp weitere 20 Jahre. Erst im Jahr 1978 sorgte ein polnischer Entwurf eines Kinderrechtsübereinkommens, der von Österreich, Bulgarien, Kolumbien, Jordanien, Senegal und Syrien unterstützt wurde, für einen Paradigmenwechsel.[92] Anlass war eine von der Generalversammlung im Jahr 1976 verabschiedete Resolution, die das Jahr 1979 als das internationale Jahr des Kindes proklamierte.[93] Der vorgelegte Entwurf wurde zunächst von der Staatengemeinschaft als untaugliche Grundlage für eine international rechtsverbindliche Konvention zurückgewiesen.[94] Der überarbeitete Entwurf,[95] der Kinder nicht mehr als Objekte, sondern als eigenständige Rechtssubjekte ansah,[96] diente schließlich als Grundlage für die Ausarbeitung des auch heute noch wirksamen Übereinkommens über die Rechte des Kindes.[97] Der Wortlaut von Art. 19 II des Entwurfs lautete: „The State Parties to the present Convention recognize that the child shall not be employed in any form of work harmful to his health or his moral development, or in work dangerous to his life or which would interfere with his normal growth, and undertake to subject to legal punishment persons violating this law."[98] Somit enthielt der Entwurf erstmals auch ein ausdrückliches Verbot solcher Arbeit, die als schädlich für die Gesundheit oder das Aufwachsen von Kindern angesehen werden kann. Diese Erwägungen mündeten in der völkerrechtlichen Regelung des Art. 32 KRK, die in Deutschland seit dem 5.4.1992 in Kraft ist.[99]

---

[90] *Beigbeder*, in: Weiss/Daws, The Oxford Handbook on the United Nations, S. 511 f.

[91] *van Bueren*, The International Law on the Rights of the Child, 1998, S. 12.

[92] Vgl. zum Text des Entwurfs *ECOSOC*, Question of a Convention on the Rights of the Child, UN Doc. E/CN.4/L.1366/Rev.1 (14.2.1978).

[93] *UN GA*, Resolution 31/169, International Year of the Child, UN Doc. A/RES/31/169 (21.12.1976). Vgl. ausführlich zum Entstehungsprozess *Reiding*, The Netherlands and the Development of International Human Rights Instruments, 2007, S. 249 ff.

[94] Vgl. *Detrick*, A Commentary on the United Nations Convention on the Rights of the Child, 1999, S. 16.

[95] *ECOSOC*, Question of a Convention on the Rights of the Child, UN Doc. E/CN.4/1349.

[96] *Beigbeder*, in: Weiss/Daws, The Oxford Handbook on the United Nations, S. 513.

[97] *Schmahl*, in: Kinderrechte, S. 57.

[98] *ECOSOC*, Question of a Convention on the Rights of the Child, UN Doc. E/CN.4/1349 (10.3.1988).

[99] Vgl. hierzu ausführlich 4. Kapitel A. II. 1.

III. Fazit

Die Existenz spezifischer subjektiver Kinderrechte ist keine Selbstverständlichkeit, sondern das Ergebnis eines langwierigen Prozesses, sowohl auf innerstaatlicher als auch auf internationaler Ebene. Gleiches gilt für die Akzeptanz der individuellen und von Erwachsenen abweichenden Bedürfnisse von Kindern, aus denen sich auch ein besonderes Schutzbedürfnis ergibt. Diese Erkenntnis ist für die Beurteilung des Einsatzes von Kindern in den Medien entscheidend.

C. Erscheinungsformen von Kinderarbeit in den Medien

Kinder sind selbstverständlicher Teil der Medienlandschaft. Empirische Daten zur Anzahl von in den Medien mitwirkenden Kindern in Deutschland existieren indes auf Bundesebene nicht.[100] Dennoch gibt es verfügbare Zahlen zu den bewilligten Anträgen der Arbeitsschutzbehörden nach § 6 JArbSchG, woraus sich Anhaltspunkte ergeben, die auf eine gestiegene Bedeutung von Kindern für Medienproduktionen hindeuten.[101] Das Beispiel Nordrhein-Westfalen zeigt hier gerade im Bereich der Medienbranche die gewachsene Bedeutung. Während die Arbeitsschutzbehörden im Jahr 2007 noch 628 solcher Bewilligungen erteilten, lag die Zahl der Bewilligungen im Jahr 2022 schon bei 1029.[102] Ähnliche Entwicklungen sind auch exemplarisch für das Land Berlin zu beobachten. Hier stieg die Zahl der Bewilligungen im Jahr 2022 auf 1286 (2015: 1160).[103] Diese offensichtlich gestiegene Bedeutung von mitwirkenden Kindern an Medienproduktionen soll im Folgenden anhand der relevantesten Erscheinungsformen der klassischen Kinderdarsteller in Film und Fernsehen, in der Werbung und des Influencer-Marketings beispielhaft dargestellt werden. Die Me-

---

[100] Vgl. für Zahlen für Westeuropa und Asien den „Statistical Brief" der ILO aus dem Jahr 2021, https://endchildlabour2021.org/wp-content/uploads/2021/11/Statistical-profile-ECA-region-281121_SH-.pdf [zuletzt geprüft am 24.3.2024].

[101] Gemäß § 6 JArbSchG kann die zuständige Behörde Ausnahmen vom grundsätzlichen Verbot der Kinderarbeit für bestimmte Veranstaltungen im Bereich Werbung, Theater, Musik, Film, Fernsehen, Rundfunk und Fotoaufnahmen bewilligen. Vgl. eingehend zu den Voraussetzungen von § 6 JArbSchG *Lakies*, JArbSchG, § 6 Rn. 1 ff.

[102] *Ministerium für Arbeit, Gesundheit und Soziales NRW*, Jahresbericht 2007, S. 6, https://www.mags.nrw/system/files/media/document/file/jb_nrw2007.pdf [zuletzt geprüft am 24.3.2024]; Jahresbericht 2022, S. 14, https://www.mags.nrw/system/files/media/document/file/nw-jahresbericht_2022_gem_lasi_stand042023.pdf [zuletzt geprüft am 24.3.2024]. Der Rückgang der Bewilligungszahlen im Jahr 2020 ist mit pandemiebedingten Sondereffekten zu erklären.

[103] *Senatsverwaltung für Arbeit, Soziales, Gleichstellung, Integration, Vielfalt und Antidiskriminierung*, Jahresbericht 2022, Tabelle 6, https://www.berlin.de/sen/arbeit/beschaeftigung/arbeitsschutz/aeltere-beitraege/produktorientierte-darstellung-der-taetigkeiten-1318394.php#headline_1_5 [zuletzt geprüft am 24.3.2024]; *dies.*, Jahresbericht 2015, S. 77, https://www.berlin.de/sen/arbeit/_assets/beschaeftigung/arbeitsschutz/jahresbericht_2017.pdf?ts=1705017668 [zuletzt geprüft am 24.3.2024].

dienlandschaft ist vielfältig, sodass auch über die hier dargestellten Erscheinungsformen hinaus eine Mitwirkung von Kindern denkbar ist.[104]

I. Kinderdarsteller

Der Einsatz von Kindern als Darsteller in Film, Fernsehen und Theater erfreut sich seit jeher großer Beliebtheit. Von frühen Märchenerzählungen bis hin zu modernen Produktionen bleiben Kinder stets als Akteure präsent.[105] Grund für diese ungebrochene Popularität, die sich in den vergangenen Jahren durch Verbreitungsformen wie das Internet noch verstärkt hat,[106] sind zum einen die besonderen kindlichen Ausdrucksformen und Sichtweisen, die als Bereicherung für die Aufführung empfunden werden. Bereits im Jahr 1907 schrieb Robson in einem Artikel für die New York Times: „The Charm of the Child is its Childishness."[107] Zum anderen treibt der Anspruch der Realitätsabbildung Medienschaffende jeglicher Art an, Kinder in die jeweiligen Produktionen einzubeziehen.[108]

Noch häufiger als in klassischen Film-, Fernseh- und Theaterproduktionen werden Kinder als Darsteller in der Werbewirtschaft eingesetzt.[109] Nicht nur haben Kinder in der Werbung, sei es in Film und Fernsehen oder in Fotoaufnahmen, aufgrund der hohen Identifikationswahrscheinlichkeit einen erheblichen Einfluss auf rezipierende andere Kinder, auch auf Erwachsene wirkt solche Werbung aufgrund evolutionsbedingter biologischer Prozesse anziehend.[110] Der Einbezug dieser Zielgruppe in die Produktion spezifischer Werbung gilt somit als Garant zur Erreichung des jeweiligen Werbeziels.[111]

Ein im Vergleich zu den klassischen Schauspielformen neues Phänomen stellt in diesem Zusammenhang die Mitwirkung von Kindern an sogenannten realitätsnahen

---

[104] Vgl. für die Darstellung verschiedener Einzelmedien im medienwissenschaftlichen Kontext *Schröter*, Handbuch Medienwissenschaft, S. 215 ff.

[105] *Baumann*, Minderjährige in den Medien, 2019, S. 23.

[106] *Frauenrath*, Grüner Bote 2010, 295; *Garbas*, DKJ 2009, 91, 92.

[107] *Robson*, Happy Experiences of the Child Who Acts, and His Beneficent Influence on Grown-Up Actors Upsets Old-Fashioned Theories, NY Times, 15. 1. 1907, Section P, S. 1.

[108] So ebenfalls *Robson*, NY Times, 15. 1. 1907, S. X 1 mit einer nach heutigen Maßstäben erstaunlich unkritischen Sichtweise, wenn sie ausführt „I have never yet seen the child who did not enjoy the work in a play". Vgl. auch *Bieber-Delfosse*, Vom Medienkind zum Kinderstar, 2002, S. 140 ff.

[109] Dieses Phänomen wurde bereits im Jahr 1993 beobachtet: *Aufenanger*, Kinder im Fernsehen – Familien beim Fernsehen, 1993, S. 83 ff.

[110] Vgl. eingehend *Bieber-Delfosse*, Vom Medienkind zum Kinderstar, 2002, S. 89 ff.

[111] *Bieber-Delfosse*, Vom Medienkind zum Kinderstar, 2002, S. 89.

Produktionen dar.[112] Im Gegensatz zu den klassischen Film- und Fernsehproduktionen bedienen sich diese vermeintlich wahrer Lebensgeschichten und erzeugen den Anschein, dass das wahre Leben authentisch abgebildet wird. Die Protagonisten treten zu Unterhaltungszwecken unter ihren wahren Identitäten auf.[113] Auch hier spielen Kinder mit großer Resonanz regelmäßig eine entscheidende Rolle.[114] Es liegt auf der Hand, dass auch in Reality-TV-Produktionen zur gewünschten Dramatisierung und Erfüllung von Rollenerwartungen beim Zuschauer auf Inszenierungen und Drehpläne zurückgegriffen wird, sodass starke Übereinstimmungen mit den eingangs beschriebenen Formen der Darstellung in (fiktiven) Film- und Fernsehproduktionen zu erkennen sind.[115]

Diesem auf Seiten der Medienindustrie wirtschaftlich motivierten Bedürfnis zur Einbindung von Kindern in die Produktion stehen indes nicht zu unterschätzende Risiken für die darstellenden Kinder gegenüber. Infolge der durch die Mitwirkung an Medienproduktionen zwangsläufig einhergehende Prominenz entstehen bisweilen Störungen in der Persönlichkeitsentwicklung bis hin zu Gesundheitsschädigungen in späterem Alter.[116] Auch aus arbeitsmedizinischer Perspektive bestehen erhebliche Belastungs- und Risikofaktoren für das Kind. Gerade Kinder in schulpflichtigem Alter sind einem hohen Stresslevel hinsichtlich der Vereinbarkeit von Produktion und Schule einerseits und der Freizeitgestaltung andererseits ausgesetzt.[117] Auch kann der oftmals eng getaktete Produktionsablauf für Belastungen sorgen.[118]

II. Influencer-Marketing

Mit dem Aufstieg des Internets zum vorherrschenden Massenmedium und der Entstehung sozialer Netzwerke veränderte sich auch die Mediennutzung. Nach einer Studie des Medienpädagogischen Forschungsverbandes Südwest verbrachten deutsche Schüler im Alter von zwölf bis 19 Jahren im Jahr 2021 wochentags durchschnittlich 204 Minuten täglich im Internet.[119] Der größte Anteil der Online-

[112] *Baumann* gliedert diese realitätsnahen Produktionen in sogenannte „Reality-TV-Formate", „Dokutainment-Dokumentationen" und „Casting-Formate", *Baumann*, Minderjährige in den Medien, 2019, S. 32.

[113] *Baumann*, Minderjährige in den Medien, 2019, S. 31 ff.

[114] So haben erfolgreiche Casting-Formate wie „The Voice" oder „Deutschland sucht den Superstar" mittlerweile eigene „Kids"-Ausgaben, *Baumann*, Minderjährige in den Medien, 2019, S. 32; so auch *Garbas*, DKJ 2009, 91, 101.

[115] *Baumann*, Minderjährige in den Medien, 2019, S. 33. Vgl. auch zum Format „Super Nanny" LG Bielefeld, Urt. v. 18.9.2007 – 6 O 360/07, NJW-RR 2008, 715, 716.

[116] Dies z. B. durch eine signifikant erhöhte Wahrscheinlichkeit für eine drogen- oder alkoholindizierte Suchtproblematik, *Rapport/Meleen*, JPA 1998, 484, 502. S. auch *Baumann*, Minderjährige in den Medien, 2019, S. 27 ff.

[117] *Theis*, KJug 2005, 122, 123.

[118] *Bieber-Delfosse*, Vom Medienkind zum Kinderstar, 2002, S. 262 f.

[119] *Medienpädagogischer Forschungsverband Südwest*, JIM-Studie 2022, S. 25.

nutzung entfiel dabei auf die Nutzung des Messengerdienstes „Whatsapp“ und Unterhaltung.[120] Doch auch die aktive Teilnahme an sozialen Netzwerken ist für Kinder attraktiv. Gerade soziale Netzwerke bieten die Möglichkeit des aktiven Austauschs der Nutzer untereinander. Dies geschieht, abhängig von der konkreten Ausgestaltung der jeweiligen Plattform, im Regelfall durch das öffentliche Teilen von Informationen durch den Nutzer selbst.[121] Waren die Formen dieser Kommunikationsinhalte, verglichen mit den klassischen Massenmedien Fernsehen und Radio, ursprünglich auf eine lineare Rezeption angelegt, eröffneten sich mit den individuellen Partizipationsmöglichkeiten des Webs 2.0[122] mit stark gestiegenen Nutzerzahlen[123] auch attraktive wirtschaftliche Möglichkeiten. Da sich Konsumenten in den vergangenen Jahren vermehrt Werbebotschaften in klassischen Massenmedien entzogen haben, hat insbesondere die Werbebranche das Potential für Zwecke der Verbreitung passgenauer Ansprachen der Zielgruppen erkannt.[124] Eine entscheidende Rolle bei der Verbreitung dieser Botschaften spielen die sogenannten Influencer.

1. Begriff und Ausprägungen

Influencer sind Personen, die in sozialen Netzwerken wie Instagram, YouTube, Snapchat oder Tiktok ein hohes Ansehen genießen.[125] Ein Kriterium zur Bestimmung dieses Ansehens ist die Anzahl der sog. Follower. Als Follower werden solche Personen bezeichnet, die die jeweiligen Beiträge des Influencers angezeigt bekommen.[126] Für potenzielle Werbepartner entscheidend ist, abhängig vom jeweiligen Werbeziel, die Reichweite und der Einfluss des Influencers. Da sich beides stets auf eine bestimmte werberelevante Zielgruppe bezieht und nicht die bloße Zahl der Follower allein entscheidend ist, kann keine allgemeingültige quantitativ bezifferbare Definition des Begriffs des Influencers erfolgen. Vielmehr ist stets eine Ein-

---

[120] *Medienpädagogischer Forschungsverband Südwest*, JIM-Studie 2022, S. 27.

[121] Zur Definition *Brunckhorst/Sterzinger*, DStR 2018, 1743; *Mielau/Schmiegelow*, in: YouTube und seine Kinder, S. 109.

[122] Begriffsbildend *O'Reilly*, What Is Web 2.0 – Design Patterns and Business Models for the Next Generation of Software, https://mpra.ub.unimuenchen.de/4580/1/MPRA_paper_4580.pdf [zuletzt geprüft am 24.3.2024].

[123] Im Januar 2024 nutzten rund 5 Mrd. Menschen weltweit soziale Netzwerke. Dies entspricht schon im Vergleich mit dem Vorjahr einem Zuwachs von 5,6 %, https://datareportal.com/reports/digital-2024-deep-dive-5-billion-social-media-users [zuletzt geprüft am 24.3.2024].

[124] *Alberts*, Die rechtliche Bewertung der Tätigkeit von Influencern, 2021, S. 33 f. Zu den Formen der Zusammenarbeit im Influencer-Marketing vgl. *Müller*, in: Influencer Marketing, S. 38 ff.

[125] *Klickermann*, MMR 2020, 150; *Alberts*, Die rechtliche Bewertung der Tätigkeit von Influencern, 2021, S. 24 m.w.N. Zur Entwicklung des Influencer-Marketings vgl. *Bencetic*, in: Influencer Marketing, S. 3.

[126] *Mallick/Weller*, WRP 2018, 155; *Troge*, GRUR-Prax 2018, 87.

schätzung im Einzelfall anhand des ausgeübten Einflusses (englisch: „influence"), der sich in einer im jeweiligen Bereich erkennbaren Meinungsbildung und Konsumentscheidung der Zielgruppe manifestiert, erforderlich.[127] Nach der Beratungs- und Forschungsgruppe Goldmedia ist jedenfalls als Influencer anzusehen, wer mehr als 10.000 Follower auf der jeweiligen Plattform aufweist.[128]

Die Einbindung von Influencern erfolgt in fast jeder denkbaren Produktkategorie und in vielfältiger Art und Weise.[129] Die Zahl der Unternehmen, die den Einsatz von Influencern als Marketinginstrument planen, steigt stetig.[130] Gleichzeitig wächst auch der Einfluss des Influencer-Marketings auf den Produktabsatz. Einer Studie des Bundesverbands Digitale Wirtschaft (BVDW) zufolge hat im Jahr 2020 mehr als jeder fünfte Deutsche (21,6 %) schon einmal ein Produkt gekauft, weil er es zuvor online bei einem Influencer gesehen hat. Dies stellt eine Steigerung von knapp drei Prozent im Vergleich zum Jahr 2019 (19 %) und im Vergleich zu 2018 von gut fünf Prozent (16 %) dar.[131] In der Altersgruppe der 12- bis 19-Jährigen gaben 40 % der Befragten an, im Jahr 2022 schon einmal etwas gekauft zu haben, weil es ein Influencer empfohlen hat.[132] Ein Grund für den großen Erfolg dieser Werbestrategie ist die direkte Ansprache der Follower mit Werbebotschaften, die von diesen als private Empfehlungen empfunden werden.[133] Knapp die Hälfte der Befragten in der Altersgruppe der 12- bis 19-Jährigen empfanden im Jahr 2022 Werbung von Influencern ehrlicher als Fernsehwerbung.[134] Daher findet die Werbebotschaft unabhängig von dem jeweils beworbenen Produkt und der Werbezielgruppe stets eingebettet in eine alltägliche Situation aus dem vermeintlichen Privatleben des Influencers statt.[135] Vergütet werden die Influencer seitens der Unternehmen re-

[127] So auch *Alberts*, Die rechtliche Bewertung der Tätigkeit von Influencern, 2021, S. 25; eingehend *Maatz*, Influencer Marketing, 2021, S. 87 ff.; *Lammenett*, Praxiswissen Online-Marketing, 2021, S. 132.

[128] Studie der Goldmediagruppe, https://www.goldmedia.com/en/news/info/article/influencer-marketing-auf-dem-weg-zum-milliardenmarkt/. *Bencetic* unterscheidet zwischen sogenannten „Micro-Influencern" (10.000 bis 50.000 Follower), „Macro-Influencern" (50.000 bis 1.000.000 Follower) und „Superstars" (über 1.000.000 Follower), *Bencetic*, in: Influencer Marketing, S. 4 ff.

[129] *Troge*, GRUR-Prax 2018, 87.

[130] *Mallick/Weller*, WRP 2018, 155, 156; *Bundesverband Digitale Wirtschaft (BVDW)*, Umfrage Influencer Marketing in Unternehmen 2021, S. 5, https://www.bvdw.org/fileadmin/user_upload/BVDW_Umfrage_Influencer_Marketing_2021.pdf [zuletzt geprüft am 24.3.2024].

[131] https://www.horizont.net/marketing/nachrichten/bvdw-studie-so-glaubwuerdig-sind-influencer-aus-sicht-der-deutschen-182550 [zuletzt geprüft am 24.3.2024].

[132] *Medienpädagogischer Forschungsverband Südwest*, JIM-Studie 2022, S. 38. Hierzu auch *Brandt*, Minderjährigenschutz in sozialen Netzwerken, 2024, S. 28 ff.

[133] *Henning-Bodewig*, WRP 2017, 1415, 1415; *Lemmert*, Die Vermarktung des Kindes im Influencer-Marketing, 2022, S. 20; *Bencetic*, in: Influencer Marketing, S. 3.

[134] *Medienpädagogischer Forschungsverband Südwest*, JIM-Studie 2022, S. 38.

[135] *Alberts*, Die rechtliche Bewertung der Tätigkeit von Influencern, 2021, S. 25; *Lettmann*, GRUR 2018, 1206, 1209.

gelmäßig provisionsbasiert oder auf Basis der Anzahl der Klicks, die ein entsprechender Werbebeitrag auf der jeweiligen Plattform erhält.[136]

Zusammenfassend zeichnet sich das Influencer-Marketing im Vergleich zu den klassischen Formen der linearen Werbeansprache also dadurch aus, dass reichweitenstarke und einflussreiche Personen in sozialen Netzwerken genutzt werden, um durch eine angeblich beiläufige oder unterschwellige Produktplatzierung die Glaubwürdigkeit und Authentizität der eigenen Marke zu erhöhen.[137]

2. Kinder als Influencer am Beispiel der Plattform YouTube

Die im Rahmen der klassischen Film- und Fernsehwerbung aufgeführten Erkenntnisse in Bezug auf den Einsatz von Kinderdarstellern sind im Wesentlichen auch auf Kinder im Influencer-Marketing anwendbar. Nicht nur sind diese noch leichter für Werbeansprachen in sozialen Netzwerken zugänglich als Erwachsene,[138] sie sind auch wichtige Akteure für die Platzierung von Werbung für Gleichaltrige. Kinder, die aktiv als Influencer in sozialen Netzwerken tätig werden, werden häufig auch „Kidfluencer" genannt.[139]

In Abgrenzung von einer aktiven eigenen Nutzung sozialer Medien und eigener Interaktion mit den Followern, bezeichnet der Begriff „Sharenting", zusammengesetzt aus den englischen Begriffen „to share" und „parenting", den Auftritt des Kindes auf einem Profil der Eltern.[140] Die Eltern fungieren dabei als Accountinhaber und treten auch selbst in Erscheinung. Zentraler, wenn auch nicht aktiv handelnder Akteur auf diesem Profil ist regelmäßig aber das Kind, das als Bindeglied zwischen den Eltern und den Followern und als zentrales Thema des Profils auftritt. So werden auf entsprechenden Profilen z.B. Brettspiele, Action-Figuren oder Spielzeugfahrzeuge vermarktet.[141] Die Eltern erzielen somit durch die Ausübung ihres Sorgerechts

---

[136] Auf der Plattform YouTube kann mit einer durchschnittlichen Vergütung von 80 EUR pro 1.000 Aufrufen gerechnet werden. Vgl. im Einzelnen *Funke*, Influencer Marketing, 2019, S. 171 ff.

[137] So etwa auch *Maatz*, Influencer Marketing, 2021, S. 106 ff.; *Deges*, Quick Guide Influencer Marketing, 2018, S. 34 f.

[138] Nach einer Studie aus dem Jahr 2016 entscheiden sich in der Zielgruppe der 14- bis 19-Jährigen 50 % für ein Produkt, weil es von einem Influencer empfohlen wurde, *Funke*, Influencer Marketing, 2019, S. 27 f. Siehe auch *Götz*, FamRZ 2019, 573, 574.

[139] *Herberger*, CR 2022, 32; *Masterson*, UPLR 2021, 1, 3. Vgl. auch den Beitrag der Medieninititiative „Schau Hin!" zur Thematik der Kidfluencer, https://www.schau-hin.info/grundlagen/kinder-influencer-social-media-erfolg-aus-dem-kinderzimmer [zuletzt geprüft am 24. 3. 2024].

[140] Eingehend zu diesem Phänomen *Lorenz*, K&R 2021, 322; *Dannecker*, Die Grenzen der elterlichen Sorge bei der Veröffentlichung von Bildern und Videos des eigenen Kindes in sozialen Netzwerken und auf Video Sharing-Plattformen, 2024, S. 5 ff.

[141] *Vizcaíno-Laorga/Martínez Pastor/Ángel Nicolás Ojeda/Atauri Mezquida*, Media Research 2021, 99, 113.

einen kommerziellen Erfolg.[142] Die Grenze zwischen dem Auftritt des Kindes in Sharentingformaten und der Tätigkeit als eigenständiger Kidfluencer ist fließend. Häufig beginnt die „Karriere" eines erfolgreichen Kidfluencers als Teil des elterlichen YouTube-Kanals und entwickelt sich erst nach einer gewissen Zeit zu einem eigenständigen Auftritt des Kindes.[143] Aufgrund dieser im Einzelfall nicht klar zu bestimmenden Definition und der Tatsache, dass die zu behandelnden Rechtsfragen sowohl für das Sharenting als auch für Kidfluencer im Wesentlichen die gleichen sind, wird im Folgenden der Begriff „Kidfluencer" für beide Phänomene synonym verwendet.

Dass es sich bei dem Einsatz von Kidfluencern keinesfalls um ein Randphänomen handelt, wird mit Blick auf die Dimensionen deutlich. Der zehnjährige US-Amerikaner Ryan Kaji stand mit seinem YouTube-Kanal „Ryan's World", mit 12,2 Mrd. Aufrufen, 31,5 Mio. Abonnenten und geschätzten Einnahmen in Höhe von 28 Mio. USD im Jahr 2021 auf Platz sieben der erfolgreichsten YouTuber der Welt.[144] Auch die zehnjährige in der Ukraine geborene US-Amerikanerin Eva Diana Kidisyuk erreicht mit ihrem YouTube-Kanal „Kids Diana Show" über 119 Mio. Abonnenten und hat im Jahr 2024 mit der Präsenz in verschiedenen sozialen Netzwerken und dem Verkauf von Merchandise geschätzt 62 Mio. USD verdient.[145]

Auch in Deutschland lässt sich das Phänomen beobachten. Der YouTube Kanal „Mileys Welt", auf dem das Leben der damals elfjährigen Miley Henle dokumentiert wird, zählte im Jahr 2019 zu den Top-Fünf der erfolgreichsten Kanäle in Deutschland. Das reichweitenstärkste Video wurde insgesamt 72 Mio. Mal aufgerufen.[146] Der Kanal zählt Anfang des Jahres 2024 rund 922.000 Follower und beschäftigt sich laut der Kanalbeschreibung mit „Freizeitbeschäftigungen aller Art. Ausflüge und Freizeitbeschäftigungen, Urlaub, spielen zu Hause, Spielzeuge, Shopping, Schminken, Singen, Tanzen, Challenges, oder einfach nur Spaß haben."[147]

Neben Werbeeinnahmen aus Produktplatzierungen in Beiträgen auf sozialen Netzwerken und, im Falle von YouTube, einer Vergütung durch das Google Adsense-Programm,[148] vermarkten erfolgreiche Kidfluencer oftmals auch eigene Produkte.[149]

---

[142] *Lemmert*, Die Vermarktung des Kindes im Influencer-Marketing, 2022, S. 22 ff.

[143] So der Kanal „Alles Ava", deren Protagonistin bereits im Kleinkindalter von ihren Eltern gefilmt wurde, https://www.YouTube.com/c/AllesAva/videos?view=0&sort=da&flow=grid [zuletzt geprüft am 24.3.2024].

[144] https://www.forbes.com/sites/abrambrown/2022/01/14/the-highest-paid-youtube-stars-mrbeast-jake-paul-and-markiplier-score-massive-paydays/?sh=450c14491aa7 [zuletzt geprüft am 24.3.2024].

[145] https://manofmany.com/entertainment/highest-paid-youtubers [zuletzt geprüft am 24.3.2024].

[146] https://www.presseportal.de/pm/52884/3913305 [zuletzt geprüft am 24.3.2024].

[147] https://www.YouTube.com/c/MILEYSWELT/about [zuletzt geprüft am 24.3.2024].

[148] Der Influencer erhält durch vor seinen Videos geschaltete Werbung einen Betrag, der sich an den Klickzahlen orientiert, https://www.google.com/intl/de_de/adsense/start/ [zuletzt geprüft am 24.3.2024].

Belastbare Zahlen zu Einnahmen der Kidfluencern existieren insbesondere in Deutschland nicht, jedoch scheint zumindest im Fall von „Mileys Welt“ der YouTube-Kanal den Lebensunterhalt der gesamten Familie zu finanzieren. Beide Elternteile haben ihre jeweilige Berufstätigkeit aufgegeben, um sich vollkommen auf die Produktion neuer Inhalte und die Vermarktung des Kanals konzentrieren zu können.[150] Im Fall von „Ryan's World“ dürfte dies angesichts der ungleich höheren Reichweite und des erheblichen Professionalisierungsgrades ohnehin zutreffen. Es liegt auf der Hand, dass die Risiken für diese Kidfluencer im Wesentlichen die gleichen sind, die auch für Kinder in klassischen Medienproduktionen bestehen. Speziell im Influencer-Marketing sind eine Vielzahl von unterschiedlichen Rechtsgütern, wie das Recht des Kindes auf eine digitale Entwicklung oder auf ein Privatleben, betroffen.[151] Im weiteren Verlauf der Untersuchung wird insbesondere auf solche Beeinträchtigungen eingegangen, die sich aus der Einordnung der Medientätigkeit als unzulässige Kinderarbeit ergeben können.

III. Fazit

Kinder stellen in der Medienlandschaft eine nicht zu unterschätzende Größe dar. Neben den Entwicklungsmöglichkeiten für das Kind selbst besteht auch in wirtschaftlicher Hinsicht großes Potential. Gerade diese Dimension bedingt allerdings auch Risiken für die Entwicklung, das allgemeine körperliche und psychische Wohlbefinden des Kindes und dessen Beziehung zu den eigenen Eltern. Obwohl aktuelle belastbare Zahlen zum Ausmaß von in den Medien tätiger Kinder bisher fehlen, kann von einer hohen Dunkelziffer ausgegangen werden. Dies rechtfertigt einen genaueren Blick auf das Phänomen.

---

149 *Masterson*, UPLR 2021, 1, 7. Auch der YouTuber *Kaji* verkauft in seinem eigenen Fanshop lizensiertes Spielzeug, https://ryansworldshop.com/collections/shop-all [zuletzt geprüft am 24.3.2024].

150 *Meergans*, in: DKHW, S. 7 f.

151 Vgl. für eine Übersicht über die potenziell betroffenen Rechtsgüter die Darstellung bei *Lemmert*, Die Vermarktung des Kindes im Influencer-Marketing, 2022, S. 28 ff.

3. Kapitel

Kinderarbeit in den Medien im nationalen Recht

Der aktuelle Stand der Kinderarbeit ist in Deutschland, aber auch in der EU, weitestgehend unerforscht.[1] Flächendeckende statistische Daten existieren nicht oder bieten nur einen sehr rudimentären Überblick. Der letzte offizielle Bericht zur Kinderarbeit in Deutschland wurde von der Bundesregierung im Jahr 2000 vorgelegt.[2] Laut diesem Bericht lägen keine aussagekräftigen Erkenntnisse oder repräsentative Erhebungen zum Stand der Kinderarbeit in Deutschland vor. Dies hat sich bis heute nicht geändert. In den Bundesländern wurden immerhin zwischen 1989 und 2000 jeweils eigenständige repräsentative Umfragen zum Ausmaß der Kinderarbeit durchgeführt. Danach lag die Quote derjenigen schulpflichtigen Kinder, die während des laufenden Schuljahres zeitweise einer Erwerbstätigkeit nachgegangen sind, zwischen 42 und 51,8 %.[3] Obwohl Deutschland im Vergleich zu Regionen in Südostasien und Afrika im Bereich der „klassischen" und weit verbreiteten Kinderarbeit eine untergeordnete Rolle zu spielen scheint,[4] wird anhand der verfügbaren Datenlage deutlich, dass gerade im Bereich der Medien auch in Deutschland eine Zunahme der Mitwirkung von Kindern zu beobachten ist.[5] So vielfältig und verbreitet wie die Bandbreite möglicher Einsatzmöglichkeiten von Kindern in den Medien ist, so kompliziert stellt sich bisweilen die Rechtslage in Bezug auf die Vertragsbeziehungen im Einzelnen dar. Je nach Erscheinungsform sind Eltern, Kinder, Werbepartner und Produktionsunternehmen mit bisweilen stark divergierenden individuellen Interessen involviert. Insofern besteht das Bedürfnis nach Klarheit und Systematisierung der rechtlichen Beziehungen.[6] Das folgende Kapitel wird zeigen, dass sich die Tätigkeit von Kindern in den Medien im Umfang der hier beschriebenen Erscheinungsformen keinesfalls im rechtsfreien Raum bewegt[7] und dass auch die komplexen Beziehungen der Akteure untereinander, die regelmäßig

[1] *Tillmanns*, in: Schlachter/Heinig, § 18 Rn. 2; *Rodriguez u. a.*, Study on Child Labour and Protection of Young Workers in the European Union, 2008, S. 10 ff., 91 f.

[2] BT-Drs. 14/3500, S. 4.

[3] *Liebel*, Kindheit und Arbeit, 2020, S. 196 ff.; *Garbas*, DKJ 2009, 91, 95.

[4] Mit „klassischer" Kinderarbeit ist insbesondere die Arbeit in der Landwirtschaft gemeint, *ILO/UNICEF*, Child Labour – Global Estimates 2020, Trends and the Road Forward, S. 13.

[5] S. o. 2. Kapitel C.

[6] So auch *Herberger*, RdA 2021, 273.

[7] Diese Erkenntnis rückt am Beispiel von Influencern auch langsam in das Bewusstsein der Öffentlichkeit, *Leeb/Maisch*, ZUM 2019, 29.

von besonderen familiären Dynamiken geprägt sind,[8] einer rechtlichen Einordnung zugänglich sind. Für diese Zwecke soll aufgrund der unüberschaubaren Vielzahl von Familienkonstellation aus Vereinfachungsgründen von der des im Haushalt beider Elternteile lebenden und von beiden Elternteilen gleichermaßen erzogenen vollzeitschulpflichtigen Kindes ausgegangen werden.

Ausgangspunkt für die Betrachtung der Rechtslage in Bezug auf die rechtlichen Beziehungen ist die Betrachtung der Motivationslage von in den Medien tätigen Kindern. Denn Kinder können einerseits aus eigenem Antrieb in den Medien tätig werden, andererseits können aber auch die Eltern Treiber einer entsprechenden Entwicklung sein. Gerade bei jüngeren Kindern erfolgt der Drang, sich in den Medien zu präsentieren, in der Regel nicht aus eigenem Antrieb. Oftmals sind die Eltern die treibende Kraft hinter den Auftritten ihrer Kinder.[9] Dieses bewusste oder unbewusste Drängen des Kindes in die Öffentlichkeit kann aus einer Vielzahl von Gründen erfolgen. Regelmäßig wird den Eltern solcher Kinder der Vorwurf gemacht, eigene Wünsche und Erwartungen auf das Kind zu projizieren.[10] Eine amerikanische Studie aus dem Jahr 1998 kam zu dem Ergebnis, dass das durchschnittliche Verhältnis zwischen Eigen- und Fremdmotivation bei den Kindern, die in der Film- und Werbebranche bereits Fuß gefasst hatten, bei 60 % Eigenmotivation zu 40 % Fremdmotivation liege.[11]

Im Bereich des Influencer-Marketings sind die Eltern regelmäßig für das Management der Kanäle, die Verwaltung der Einnahmen und die Produktion der Videos verantwortlich.[12] Im Gegensatz zu den klassischen Formen von Kinderdarstellern benötigen Eltern weder Kontakte in die Film- oder Werbeindustrie noch benötigen die Kinder spezielle schauspielerische Fähigkeiten, um Berühmtheit zu erlangen. Notwendig sind einzig ein Profil in einem sozialen Netzwerk, eine Vermarktungsidee und etwas Glück, denn Unternehmen und Agenturen sprechen geeignete Influencer gezielt über die sozialen Netzwerke an.[13] Auch im Falle von „Mileys Welt“ ist im Impressum neben einer professionellen Agentur, die neben Musikern auch Komiker und andere Influencer vermarktet,[14] der Vater, Robert Henle, als Verantwortlicher des Kanals angegeben.[15] Dies ist nicht ausschließlich der Tatsache geschuldet, dass Kinder unter 16 Jahren das Netzwerk YouTube ohne Zustimmung eines Erzie-

---

[8] Im Einzelnen *Bieber-Delfosse*, Vom Medienkind zum Kinderstar, 2002, S. 296 ff.

[9] Für das Influencer-Marketing *Herberger*, jM 2020, 442, S. 445; *Meergans*, in: DKHW, S. 7.

[10] *Baumann*, Minderjährige in den Medien, 2019, S. 31 f.

[11] *Rapport/Meleen*, JPA 1998, 484, 500 ff.; *Baumann*, Minderjährige in den Medien, 2019, S. 30.

[12] *Götz*, FamRZ 2019, 573, 574.

[13] *Masterson*, UPLR 2021, 1, 3.

[14] https://www.kontaktkraft.de/#kuenstler [zuletzt geprüft am 24. 3. 2024].

[15] https://www.youtube.com/c/MILEYSWELT/about [zuletzt geprüft am 24. 3. 2024].

hungsberechtigten nicht nutzen dürfen,[16] sondern dürfte in erster Linie der Verwirklichung wirtschaftlicher Interessen der Familie dienen.[17]

A. Medientätigkeit auf familienrechtlicher Grundlage

Die Tätigkeit von Kindern in den Medien kann auf verschiedenen juristischen Konstruktionen beruhen. Zunächst kommt eine Mitarbeit auf familienrechtlicher Grundlage in Betracht. Im Anschluss wird unter 3. untersucht, ob eine Einordnung der Kinderarbeit auf vertraglicher Grundlage möglich ist.

I. Mitwirkungspflicht, § 1619 BGB

Als gesetzliche Anknüpfung kommt zunächst die Pflichtmitarbeit aus § 1619 BGB in Betracht. Das Kind hat, solange es dem Hausstand der Eltern angehört und von ihnen erzogen und unterhalten wird, den Eltern in einer seinen Kräften und seiner Lebensstellung entsprechenden Weise in ihrem Hauswesen und Geschäft Dienste zu leisten. § 1619 BGB leitet sich insofern aus dem Grundsatz der beiderseitigen Beistands- und Rücksichtnahmepflichten zwischen Eltern und Kind aus § 1618a BGB ab.[18] Als solche wurzeln die Mitarbeitspflichten auch nicht im Arbeitsrecht, sondern finden ihre Grundlage ausschließlich in der familienrechtlichen Eltern-Kind-Beziehung. Folge dieser Einordnung ist, dass auch die ansonsten in Frage kommenden schuldrechtlichen Vorschriften auf die Mitwirkungspflicht unanwendbar sind, sofern nicht explizit arbeits- oder dienstvertragsrechtliche Vereinbarungen getroffen werden.[19] Die Vorschrift trägt der besonderen Rolle der Familie als Ort von Dienst- und Arbeitsleistungen Rechnung. Die sonst notwendig werdende Formalisierung des Eltern-Kind-Verhältnisses, durch eine arbeits-, sozial- und steuerrechtliche Erfassung, soll vermieden werden.[20]

Nach § 1619 BGB ist das Kind nur zu Dienstleistungen im „Hauswesen" und „Geschäft" der Eltern verpflichtet. Der Begriff „Hauswesen" bezieht sich dabei auf den weit auszulegenden organisatorisch-räumlichen Bereich als Basis des familiären Zusammenlebens.[21] Unter „Geschäft" ist jede selbstständig ausgeübte Erwerbstä-

[16] Vgl. die Nutzungsbedingungen der Plattform YouTube, https://www.youtube.com/static?template=terms [zuletzt geprüft am 24.3.2024].

[17] *Raab*, brand eins 2019, 84, 86.

[18] *Coester-Waltjen*, Familienrecht, § 55 Rn. 2.

[19] *Peschel-Gutzeit*, FPR 2008, 471, 476. Zur Frage, ob die Dienste aus § 1619 BGB Unterhaltscharakter aufweisen, *Enderlein*, AcP 200. Bd., 2000, 565.

[20] *Pöcker*, in: BeckOK BGB, Stand: 1.2.2024, § 1619 Rn. 1.

[21] *Lugani*, in: Staudinger BGB, § 1619 Rn. 29. Zu § 1617 BGB a.F. auch schon *Günther*, Das Rechtsverhältnis zwischen Bauer und mitarbeitendem Sohn, 1966, S. 25 ff.

tigkeit ohne Rücksicht auf deren Art verstehen.[22] Umgekehrt besteht eine Mitwirkungspflicht bei abhängiger Arbeit nicht, da die Mithilfe in diesem Fall dem Arbeitgeber und gerade nicht den Eltern zugutekommt.[23] Hinsichtlich der Art der Mitwirkung besteht nicht von vornherein eine Beschränkung. Die von dem Kind geschuldeten Mitwirkungshandlungen können demnach, abhängig vom jeweiligen Einzelfall, der konkreten Bedarfslage der Eltern und den Fähigkeiten, Kenntnissen und Qualifikationen des Kindes, mannigfaltiger Natur sein.[24] Frühestmögliche Altersgrenze für den Beginn der Mitwirkungspflicht ist im Regelfall die Vollendung des 12. Lebensjahres.[25] Ansprüche auf Vergütung des Kindes kommen in einer rein familienrechtlich ausgestalteten Mitwirkung nicht in Betracht.[26] Es handelt sich allerdings auch nicht um eine unentgeltliche Leistung.[27] § 1619 BGB macht gerade die Mitwirkungspflicht des Kindes von dem Unterhalt bzw. der Erziehung seiner Eltern abhängig, sodass die Dienste des Kindes bereits in dem korrespondierenden Recht auf Unterhalt ihre Anerkennung finden.[28]

Die Tätigkeit von Kindern in den Medien auf Veranlassung der Eltern könnte auf den ersten Blick ein solcher Fall der Mitwirkung am „Hauswesen“ im Sinne von § 1619 BGB darstellen. Denn das Kind trägt sowohl als Darsteller in Film, Fernsehen und klassischer Werbung als auch im Influencer-Marketing durch die Einnahmen entscheidend zur wirtschaftlichen Situation der gesamten Familie bei. Ein entsprechender räumlich-organisatorischer Zusammenhang mit der Familie dürfte, wollte man sich auf diesen Standpunkt stellen, ebenfalls anzunehmen sein. Sofern die Eltern ihre Kinder, wie im Fall von „Mileys Welt“, hauptberuflich vermarkten und dies im Ergebnis die wirtschaftliche Haupttätigkeit darstellt[29], könnte es sich auch um die Mitwirkung an einer selbstständigen Erwerbstätigkeit im „Geschäft“ handeln. Denn wenn die Haupttätigkeit eines oder beider Elternteile das Management des Kindes, die Verwaltung einer entsprechenden Social Media Präsenz oder die Vertretung bei Vertragsverhandlungen darstellt, dann leistet das Kind im Sinne dieser Tätigkeit auch Dienste.

---

[22] BGH, Urt. v. 3.5.1967 – IV ZR 33/66, FamRZ 1967, 449 f.; *Fenn*, Die Mitarbeit in den Diensten Familienangehöriger, 1970, S. 145; *von Sachsen-Gessaphe*, in: MüKoBGB, § 1619 Rn. 20.

[23] Vgl. näher mit Ausnahmen bei erfolgsbezogenem Entgelt *Fenn*, Die Mitarbeit in den Diensten Familienangehöriger, 1970, S. 145 ff.

[24] Mit Ausnahme von Vermögensleistungen, die unter Umständen in den Tatbestand von § 1618a BGB fallen sollen, *Lugani*, in: Staudinger BGB, § 1619 Rn. 28.

[25] OLG Frankfurt a.M., Urt. v. 2.7.2015 – 12 U 170/13, BeckRS 2016, 04872 Rn. 30; *Kienemund*, in: BeckOGK BGB, Stand: 1.2.2024, § 1619 Rn. 26.

[26] So schon RG, Urt. v. 7.11.1907 – IV 116/07, RGZ 67, 56, 58; RG, Urt. v. 18.5.1920 – II 46/20, RGZ 99, 112, 115; *Günther*, Das Rechtsverhältnis zwischen Bauer und mitarbeitendem Sohn, 1966, S. 27.

[27] So statt vieler *Zecca-Jobst*, in: Soergel BGB, § 1619 Rn. 9 ff.

[28] So bereits in Bezug auf den Ehegattenunterhalt BGH, Urt. v. 25.9.1962 – VI ZR 244/61, NJW 1962, 2248 f.; *Enderlein*, AcP 200. Bd., 2000, 565, 582.

[29] S. o. 2. Kapitel C. II. 2.

Dieser Annahme steht jedoch der Sinn und Zweck der Vorschrift entgegen. § 1619 BGB dient dem Schutz familieninterner Beziehungen und soll Dienstleistungen in diesem Bereich in rechtlicher Hinsicht vereinfachen.[30] Unabhängig von der Altersgrenze von 12 Jahren, aufgrund derer sich Eltern jüngerer Kinder von vornherein und unabhängig von der Ausgestaltung der Tätigkeit nicht auf § 1619 BGB berufen können, dürften die hier interessierenden Erscheinungsformen der Tätigkeit von Kindern in den Medien schon nicht dem familieninternen Bereich zuzuordnen sein. § 1619 BGB zielt in erster Linie auf tatsächliche Unterstützungsleistungen von Kindern im elterlichen Haushalt. Eine Tätigkeit in den Medien erfordert dagegen eine Disposition über das eigene Persönlichkeitsrecht in erheblichem Maße und mit Außenwirkung.[31] Zudem muss sich die Mitwirkungshandlung auf die Tätigkeit der Eltern selbst beziehen und nicht erst die Möglichkeit zur Ausübung einer Tätigkeit der Eltern bieten.[32] Wenn allerdings die Tätigkeit der Eltern durch das Kind erst ermöglicht wird, kann von vornherein keine Dienstleistung im Sinne von § 1619 BGB vorliegen. So liegt der Fall allerdings bei der Kinderarbeit in den Medien. Erst dadurch, dass das Kind durch sein Tätigwerden eine gewisse Popularität erlangt, können die Eltern im Bereich Vermarktung, Management und Beratung arbeiten und damit eine ggf. ausschließliche wirtschaftliche Einnahmequelle zum Lebensunterhalt für die Familie schaffen.

Nach alledem kann § 1619 BGB als Ausprägung des gesetzlichen Anspruchs der Eltern auf Mitwirkung gegen das eigene Kind somit nicht anwendbar sein.

II. Unterhaltsarbeit

Als weitere gesetzliche Grundlage für die Tätigkeit eines Kindes in den Medien können die Regelungen über die Unterhaltsarbeit dienen.[33] Danach sind Verwandte in gerader Linie verpflichtet, sich einander Unterhalt zu gewähren (§ 1601 BGB). Die Erfüllung dieser Unterhaltsverpflichtung erfolgt grundsätzlich durch die „Entrichtung einer Geldrente“ (§ 1612 I 1 BGB), im Ausnahmefall in anderer Art, sofern es der Unterhaltsverpflichtete verlangt und besondere Gründe einen solchen Naturalunterhalt rechtfertigen (§ 1612 I 2 BGB). Aufgrund der stärkeren Einschränkung des Unterhaltsberechtigten in seiner persönlichen Freiheit reicht die Entscheidung

---

[30] *Pöcker*, in: BeckOK BGB, Stand: 1.2.2024, § 1619 Rn. 1. Diese Auffassung deckt sich auch mit den Erwägungen des historischen Gesetzgebers, der mit der Regelung des damaligen § 1617 BGB „die mit einer Abrechnung zwischen den Eltern und dem Kinde verbundenen Unzuträglichkeiten“ vermeiden wollte, *Mugdan*, Materialien IV, 1899, S. 1170. Zum Teil wird der Zweck von § 1619 BGB aber auch in der Beistandspflicht der zusammenlebenden Familienmitglieder untereinander oder in einem Unterhaltsbeitrag des Kindes gesehen. Vgl. zum Streitstand *Lugani*, in: Staudinger BGB, § 1619 Rn. 9 ff.

[31] Am Beispiel Kidfluencer *Herberger*, RdA 2021, 273.

[32] *Zecca-Jobst*, in: Soergel BGB, § 1619 Rn. 7.

[33] Begriffsbildend *Motsch*, FamRZ 1966, 220, 224.

zur Gewährung von Naturalunterhalt aus bloßen Zweckmäßigkeitserwägungen heraus nicht aus. Vielmehr bedarf es solcher Gründe, die erheblich schwerer wiegen als die Interessen des Berechtigten, den Unterhalt in Geld zu erhalten.[34]

1. Medientätigkeit als Beitrag zum Elternunterhalt

Neben der Konstellation, dass Eltern ihren Kindern gegenüber unterhaltspflichtig sind, kann sich aus § 1601 BGB auch eine Unterhaltspflicht der Kinder gegenüber ihren Eltern ergeben.[35] Wie bei allen anderen Unterhaltsansprüchen sind auch beim Elternunterhalt die allgemeinen Unterhaltsregelungen über Bedarf, Bedürftigkeit und Leistungsfähigkeit zwischen Verwandten anwendbar.[36] Damit besteht grundsätzlich auch die Möglichkeit, dass das Kind den Unterhaltsanspruch seiner Eltern durch (Natural-)Mitarbeit, z.B. bei Werbeaufzeichnungen, erfüllt (§ 1612 I S. 2 BGB). Die Vorschrift des § 1612 II S. 1 BGB, nach der den Eltern ein Bestimmungsrecht hinsichtlich der Art und Zeit des Unterhalts eingeräumt wird, ist in dieser Konstellation nicht anwendbar. Nach dem Wortlaut der Regelung soll diese ausschließlich im Verhältnis der unterhaltspflichtigen Eltern zum unterhaltsberechtigen Kind greifen. Denn das Bestimmungsrecht erwächst aus dem elterlichen Erziehungsrecht gegenüber dem Kind[37] und kann deshalb im umgekehrten Verhältnis des unterhaltspflichtigen Kindes nicht anwendbar sein.

Dieser Gedanke beleuchtet indes lediglich die Rechtsfolgenseite des Elternunterhaltsanspruchs. Auf tatbestandlicher Seite ist in erster Linie die Bedürftigkeit des Unterhaltsberechtigten und die Leistungsfähigkeit des Unterhaltspflichtigen erforderlich (§ 1602 BGB). Bedürftigkeit liegt vor, wenn der Unterhaltsberechtigte seinen Bedarf ganz oder teilweise aus zurechenbaren eigenen Mitteln nicht befriedigen kann.[38] In den hier angesprochenen Fällen ist fraglich, ob eine solche Bedürftigkeit im Sinne des § 1602 BGB vorliegt. Zwar bietet die Karriere des eigenen Kindes den Eltern regelmäßig die Aussicht auf ökonomischen Erfolg und soziales Prestige,[39] jedoch ist schon fraglich, ob diese Umstände zu einer Bedürftigkeit nach § 1602 BGB führen können. Bedürftigkeit ist nicht mit Mittellosigkeit gleichzusetzen. Entscheidend ist vielmehr, ob Einkünfte auch durch Ausübung einer Erwerbsarbeit, Sozialleistungen oder durch zumutbare Nutzung oder Verwertung des Vermögens erzielt werden könnten.[40] Solange die Mittel des unterhaltsberechtigten

[34] *Langeheine*, in: MüKoBGB, § 1612 Rn. 21.

[35] Eingehend *Hauß*, Elternunterhalt, 2020, S. 5 ff.; *Seiler*, FF 2014, 136; *Klinkhammer*, in: Wendl/Dose, § 2 Rn. 900 ff.; rechtsvergleichend *Frank*, FamRZ 2009, 649, 651 f.

[36] *Born*, MDR 2015, 554.

[37] So explizit OLG Karlsruhe, Beschl. v. 4.8.1976 – 3 W 38/76, NJW 1977, 681.

[38] *Born*, MDR 2015, 554. Zur Beurteilung der Leistungsfähigkeit des unterhaltspflichtigen Kindes *Reinken*, NJW 2013, 2993, 2995 ff.

[39] *Breucker/Wüterich*, in: Handbuch Fußball-Recht, Kap. 9 Rn. 85.

[40] BGH, Urt. v. 8.7.1981 – IVb ZR 593/80, NJW 1981, 2805; Urt. v. 19.12.1989 – IV b ZR 9/89, NJW 1990, 709, 711; *Klinkhammer*, in: Staudinger BGB, § 1602 Rn. 12.

Elternteils ausreichen, um den eigenen Bedarf zu decken, ist er im Verhältnis zum unterhaltspflichtigen Kind nicht bedürftig.[41] Dies gilt insbesondere im Falle der Berechtigung zur Inanspruchnahme von steuerfinanzierten Sozialleistungen, wie dem Bürgergeld (§§ 7, 19 SGB II) oder Sozialhilfe (§§ 17, 19 SGB XII). Sofern die Voraussetzungen eines Anspruchs auf Sozialleistungen vorliegen, handelt es sich bei diesen Mitteln um vorrangig einzusetzendes unterhaltsrechtliches Einkommen.[42] Für die Eltern besteht im Verhältnis zum Kind eine Obliegenheit zur Realisierung dieser Leistungen, bei deren Verletzung eine fiktive Zurechnung erfolgen kann.[43] Unterhaltsansprüche sozialleistungsberechtigter Personen gehen unter bestimmten Voraussetzungen nicht auf den Leistungsträger über (§ 33 II SGB II, § 94 Ia SGB XII). Grund für diese Obliegenheit zur vorrangigen Inanspruchnahme von Sozialleistungen, die insofern eine Abweichung vom Grundsatz der Subsidiarität der Sozialhilfe darstellt,[44] ist die finanzielle Entlastung von unterhaltsverpflichteten Angehörigen bis zur Einkommensgrenze.[45] Dies ändert gleichwohl nichts an der Existenz des Unterhaltsanspruchs gegen das Kind. Ein solcher wird durch die vorrangig in Anspruch zu nehmenden Sozialhilfeleistungen lediglich überlagert.

Ob eine Bedürftigkeit auf Seiten der Eltern und damit die Unterhaltsverpflichtung des Kindes vorliegt, ist somit nach den Umständen des Einzelfalls zu beurteilen. Das Kind trägt durch die Tätigkeit in den Medien zum Familieneinkommen insgesamt bei. Aufgrund der lukrativen wirtschaftlichen Aussichten für die Eltern geben diese ggf. ihre jeweilige Berufstätigkeit auf, um sich ganz auf die Vermarktung des Kindes zu konzentrieren. Die Annahme von Bedürftigkeit kann in einem solchen Fall naheliegen. Zumindest zu Beginn der Karriere des Kindes dürften Einnahmen, die zur Deckung des Lebensunterhalts ausreichen, noch nicht zu generieren sein. Gleichzeitig überschreitet auch das Einkommen des Kindes die Einkommensgrenze nicht, sodass die Eltern auf das staatliche Sozialleistungssystem zurückgreifen müssten.

In jedem Fall kann aber das Kind unabhängig von dem Erreichen der Einkommensgrenze und der konkreten wirtschaftlichen Situation der Eltern aus Gründen fehlender Leistungsfähigkeit nicht gegenüber seinen Eltern unterhaltspflichtig sein. Fehlende Leistungsfähigkeit liegt dann vor, wenn der zu Unterhalt Herangezogene bei Berücksichtigung seiner sonstigen Verpflichtungen außerstande ist, ohne Gefährdung seines angemessenen Unterhalts den Unterhalt zu gewähren (§ 1603 I BGB). Im konkreten Fall ist die Besonderheit darin zu sehen, dass das Kind selbst gegenüber seinen Eltern als bedürftig gilt und somit unterhaltsberechtigt ist (§§ 1601, 1602 BGB). Doch selbst bei erheblichen eigenen Einnahmen des Kindes

---

[41] *Selg*, in: BeckOGK BGB, Stand: 1.2.2024, § 1601 Rn. 81.

[42] *Reinken*, in: BeckOK BGB, Stand: 1.2.2024, § 1601 Rn. 49.

[43] OLG Brandenburg, Beschl. v. 2.1.2007 – 9 UF 159/06, NJOZ 2007, 4143, 4148; OLG Oldenburg, Urt. v. 18.11.2003 – 12 UF 69/03, NJW-RR 2004, 364; OLG Hamm, Beschl. v. 30.1.2004 – 11 WF 207/03, NJW 2004, 1604; *Reinken*, NJW 2013, 2993, 2995.

[44] Dazu *Niedermeyer*, in: BeckOK Sozialrecht, Stand: 1.3.2023, § 9 SGB I Rn. 5 ff.

[45] BT-Drs. 14/4595, S. 73.

aus einer Medientätigkeit fehlt es an der Leistungsfähigkeit zum Elternunterhalt. Bei diesen Einnahmen handelt es sich um überobligatorische Einkünfte, deren Heranziehung zu Unterhaltszwecken ein Verstoß gegen Treu und Glauben (§ 242 BGB) darstellen würde.[46] Überobligatorisch ist eine Tätigkeit jedenfalls dann, wenn für das Kind keine Erwerbsobliegenheit besteht und diese insofern unterhaltsrechtlich unbeachtlich ist.[47] In den hier betrachteten Fallkonstellationen besteht keine solche Erwerbsobliegenheit. Kinder, die unter 15 Jahre alt sind, dürfen gem. §§ 2 III, 5 I, 7 JArbSchG ohnehin nicht beschäftigt werden, sodass eine Erwerbsobliegenheit zur Deckung des Unterhaltsbedarfs der Eltern schon von vornherein ausscheidet. Aber selbst bei ausnahmsweise erlaubter Tätigkeit (§ 5 II, III JArbSchG) liegt eine Erwerbsobliegenheit nicht vor, wenn Schulpflicht besteht oder das Kind sich in einer Berufsausbildung befindet. Eine solche Tätigkeit stellt sich aufgrund der fehlenden Erwerbsobliegenheit als unzumutbar im Sinne von § 1577 II BGB dar.[48] Das aus dieser Tätigkeit erzielte Einkommen kann daher keine Berücksichtigung finden. Im Ergebnis besteht somit aus diesen Gründen regelmäßig keine Leistungsfähigkeit des Kindes und auch kein Mitwirkungsanspruch der Eltern gegen das Kind.

Dieser Befund ergibt sich auch aus systematischen Gesichtspunkten. Im Gegensatz zum Kindesunterhalt ist der Unterhaltsanspruch der Eltern aus Gründen des Schutzes der wirtschaftlichen Leistungsfähigkeit des Kindes mit Blick auf die Rangfolge aus § 1609 Nr. 6 BGB schwächer ausgestaltet.[49] Eine Inanspruchnahme des Kindes bedürftiger Eltern soll nachrangig erfolgen. Ferner besteht der Sinn und Zweck des Elternunterhaltsrechts gerade in der Absicherung pflegebedürftiger älterer Elternteile gegenüber ihren volljährigen Kindern, die ihrerseits bereits berufstätig sind und familiäre (Unterhalts-)Verpflichtungen zu erfüllen haben.[50] Kinder sind somit von der Elternunterhaltsverpflichtung weder in den Blick genommen noch als leistungsfähig anzusehen.

2. Wirksamkeit einer elterlichen Bestimmung zur Erfüllung des Unterhaltsanspruchs durch Mitarbeit im Betrieb des Kindes

Schließlich könnte sich die Tätigkeit der Eltern als Erfüllung des Unterhaltsanspruchs des Kindes (§ 1601 BGB) darstellen. Im Verhältnis der Ehegatten zuein-

[46] Zu überobligatorischen Einkünften und deren Rechtsfolgen im Kindesunterhaltsrecht BGH, Beschl. v. 10.7.2013 – XII ZB 297/12, NJW 2013, 2897 m.w.N.

[47] BGH, Beschl. v. 15.2.2017 – XII ZB 201/16, NZFam 2017, 312.

[48] Vgl. zu den Kriterien der Unzumutbarkeit *Beutler*, in: BeckOK BGB, Stand: 1.2.2024, § 1577 Rn. 20.

[49] Vgl. BGH, Urt. v. 26.2.1992 – XII ZR 93/91, NJW 1992, 1393, 1394f.; Urt. v. 23.10.2002 – XII ZR 266/99, DNotZ 2003, 285, 286ff.; Urt. v. 19.3.2003 – XII ZR 123/00, FPR 2003, 499, 500ff.; Urt. v. 21.4.2004 – XII ZR 326/01, FPR 2004, 522, 524f.; *Dose*, FamRZ 2013, 993; *Seiler*, FF 2014, 136.

[50] Vgl. die Beschlussempfehlung des Ausschusses für Arbeit und Soziales des Deutschen Bundestags zum Angehörigen-Entlastungsgesetz v. 6.11.2019, BT-Drs. 19/14868.

ander besteht die Möglichkeit, Unterhaltsverpflichtungen gegenüber dem Kind durch Arbeit im Betrieb des jeweils anderen Ehegatten zu erfüllen, sofern der Betrieb die wesentliche Quelle des Familienunterhalts bietet und auf die Mitarbeit des jeweiligen Ehegatten angewiesen ist.[51] Erwächst diese Unterhaltsarbeit im Verhältnis der Ehegatten untereinander aus den Grundsätzen des Familienunterhalts (§ 1360 BGB),[52] besteht für den Unterhaltsanspruch des Kindes eine solche ausdrückliche Regelung nicht. Gemäß § 1612 II BGB steht den Eltern eines unverheirateten Kindes jedoch das einseitige Bestimmungsrecht der Art der Unterhaltsleistung zu, sofern auf die Belange des Kindes ausreichend Rücksicht genommen wird. Dieses Bestimmungsrecht stellt insofern eine Abweichung von dem gesetzlichen Regelfall der Leistung einer Geldrente zur Erfüllung des Unterhaltsanspruchs (§ 1612 I 1 BGB) dar. Nach § 1612 II BGB kann grundsätzlich der Elternunterhalt auch durch Sachleistungen erfüllt werden.[53] Die Grundsätze der Unterhaltsarbeit zur Erfüllung eines familienunterhaltsrechtlichen Anspruchs zwischen Ehegatten sind, trotz des Fehlens einer mit § 1360 S. 2 BGB vergleichbaren Regelung im Kindesunterhaltsrecht, auch auf den Kindesunterhalt anwendbar. Denn das elterliche Bestimmungsrecht gegenüber minderjährigen, unverheirateten Kindern[54] folgt bereits aus dem elterlichen Erziehungsrecht.[55] Dieses ist, wie die Fürsorgeverpflichtung und die Pflicht zur ehelichen Lebensgemeinschaft zwischen Ehegatten aus § 1353 BGB auch, Ausfluss von Art. 6 I bis III GG.[56] Dass sich aus der grundsätzlichen Fürsorgeverpflichtung der Ehegatten untereinander, die sich gem. § 1353 BGB in erster Linie auf tatsächlichen Schutz und Beistand bezieht,[57] auch eine der kinderunterhaltsrechtlichen Vermögenssorge ähnliche vermögensrechtliche Rechtsfolge ableitet, wird anhand der Unterhaltsverpflichtung aus § 1360 S. 1 BGB deutlich. Es liegt somit nahe, den Naturalunterhalt auch in Form von Unterhaltsarbeit im Verhältnis des Unterhaltsanspruchs des Kindes gegen seine Eltern anzuerkennen.[58] Folge dieses Befundes ist, dass Eltern ihre Unterhaltsverpflichtungen gegenüber ihrem minderjährigen, unverheirateten Kind im Grundsatz auch durch eine Mitarbeit im Betrieb des Kindes erfüllen können, sofern die Medientätigkeit des Kindes einen entsprechenden finanziellen Nutzen für die Familie hat.

---

[51] So schon *Eißer*, FamRZ 1961, 49, 50; *Kropholler*, 1969, 241, 248 f. Siehe auch *Coester-Waltjen*, Familienrecht, 2020, § 20 Rn. 17 ff.; *Gergen*, FPR 2010, 298, 299. Zu den Auswirkungen auf § 844 II BGB *Moritz*, VersR 1981, 1101; *Lieb*, Ehegattenmitarbeit, 1970, S. 144 ff.

[52] Allgemein zum Familienunterhaltsanspruch und seiner Pfändbarkeit *Braun*, AcP 195. Bd., 1995, 311; *Balthasar*, FamRZ 2005, 85; *Haumer*, FamRZ 1996, 193.

[53] *Reinken*, in: BeckOK BGB, Stand: 1. 2. 2024, § 1612 Rn. 6.

[54] Hier handelt es sich um den Kindheitsbegriff im abstammungsrechtlichen Sinne, sodass aus Gründen der Verständlichkeit in diesem Abschnitt ausnahmsweise eine Unterscheidung zwischen minderjährigen und volljährigen Kindern vorgenommen werden muss.

[55] *Klinkhammer*, in: Staudinger BGB, § 1612 Rn. 23.

[56] Vgl. *Uhle*, in: BeckOK GG, Stand: 15. 1. 2024, Art. 6 Rn. 14 ff.

[57] *Coester-Waltjen*, Familienrecht, § 18 Rn. 49.

[58] So im Ergebnis auch schon *Fenn*, Die Mitarbeit in den Diensten Familienangehöriger, 1970, S. 33.

Die Unterhaltsbestimmung kann nach allgemeiner Ansicht durch die Eltern formfrei, auch konkludent, in Gestalt einer empfangsbedürftigen Willenserklärung ausgeübt werden.[59] Die umstrittene Frage, ob das Bestimmungsrecht bei einem minderjährigen Kind ausschließlich gegenüber dem Kind selbst[60] oder ausschließlich gegenüber dem gesetzlichen Vertreter[61] ausgeübt werden kann, hat im Fall der dem Idealbild des BGB entsprechenden Familie von zusammenlebenden Eltern keine praktische Bedeutung. Die Unterhaltsbestimmung wird in diesem Fall konkludent in der konkreten Praktizierung der Unterhaltsgewährung zu sehen sein.[62]

a) Bedürftigkeit des Kindes

Wie generell im Unterhaltsrecht ist aber auch für den Unterhaltsanspruch des Kindes gegen seine Eltern die Bedürftigkeit des Kindes festzustellen (§ 1610 BGB). Nach überwiegender Auffassung könne jedenfalls bei minderjährigen Kindern von vornherein vom Vorliegen von Bedürftigkeit im Sinne von § 1602 BGB ausgegangen werden.[63] Minderjährige Kinder sollen grundsätzlich außerstande sein, ihren Lebensbedarf selbst zu decken.[64] Eine solche Bedürftigkeit könnte im Falle von erheblichen Einnahmen durch eine Medientätigkeit im Einzelfall aber grundsätzlich entfallen. Jedoch gelten auch im Falle des gegenüber seinen Eltern unterhaltsberechtigten Kindes entgegen § 1602 II BGB spiegelbildlich – hier im Rahmen der Bedürftigkeitsprüfung – die Grundsätze überobligatorischer Einkünfte. Sofern das Kind der Vollzeitschulpflicht nach den entsprechenden Schulgesetzen unterliegt, besteht keine Erwerbsobliegenheit des minderjährigen Kindes, sodass das Einkommen aus dieser Tätigkeit nicht auf den Bedarf angerechnet werden kann und das Kind trotz seiner Einnahmen aus einer Medientätigkeit als bedürftig angesehen werden muss.[65]

b) Der Unterhaltsbestimmung entgegenstehende Belange des Kindes

Einer Bestimmung der Eltern, dass der Unterhaltsanspruch des Kindes in Form von Mitarbeit im Betrieb des Kindes geleistet werden soll, stehen aber die Belange

---

[59] BGH, Urt. v. 9.2.1983 – IV b 354/81, NJW 1983, 2198, 2199; *Langeheine*, in: MüKoBGB, § 1612 Rn. 39; *Reinken*, in: BeckOK BGB, Stand: 1.2.2024, § 1612 Rn. 10; *Klinkhammer*, in: Wendl/Dose, § 2 Rn. 37.

[60] OLG Hamm, Urt. v. 9.12.1963 – 4 Ss 1089/63, FamRZ 1964, 582.

[61] *Coester-Waltjen*, Familienrecht, 2020, § 47 Rn. 21; *Langeheine*, in: MüKoBGB, § 1612 Rn. 40.

[62] So auch *Coester-Waltjen*, Familienrecht, 2020, § 47 Rn. 21.

[63] Vgl. *Reinken*, in: BeckOK BGB, Stand: 1.2.2024, § 1602 Rn. 109.

[64] *Wendtland*, in: BeckOGK BGB, Stand: 1.2.2024, § 1610 Rn. 7; *Reinken*, in: BeckOK BGB, Stand: 1.2.2024, § 1610 Rn. 3 ff.; *Langeheine*, in: MüKoBGB, § 1610 Rn. 7.

[65] OLG Frankfurt, Beschl. v. 15.7.2015 – 5 UF 50/15, FamRZ 2016, 1174; OLG Düsseldorf, Beschl. v. 17.6.2010 – II-8 WF 117/10, FamRZ 2010, 2082.

des Kindes selbst entgegen. Die Umkehrung der wirtschaftlichen Verantwortung für die Familie und die damit einhergehende Belastung führt im Einzelfall zu einem Verstoß gegen das Kindeswohl. Eine entsprechende Unterhaltsbestimmung der Eltern dürfte daher unwirksam sein.

Gemäß § 1612 II 1 BGB ist die Wirksamkeit der Bestimmung der Art der Unterhaltsleistung an die Rücksichtnahme auf die Belange des Kindes im Sinne einer umfassenden Interessenabwägung gekoppelt. Am Maßstab dieser Abwägung hat sich auch durch das Gesetz zur Änderung des Unterhaltsrechts (UÄndG)[66] nichts geändert. Das UÄndG hat in diesem Zusammenhang lediglich verfahrensrechtliche Änderungen herbeigeführt, die nicht gleichzeitig zu einer Änderung des Prüfungsmaßstabs für die Bestimmung der Wirksamkeit der elterlichen Anordnung führen sollten, sodass die von der Rechtsprechung zu § 1612 II BGB a.F. aufgestellten Grundsätze weiterhin berücksichtigt werden können.[67] Entscheidend ist danach nicht bloß ein Überwiegen kindlicher Belange. Vielmehr müssen schwerwiegende Gründe vorliegen, die der festgelegten Art der elterlichen Unterhaltsbestimmung entgegenstehen.[68] In Zweifelsfällen ist von der Wirksamkeit der Bestimmungsausübung auszugehen.[69] Aufgrund der vielfältigen, im Rahmen einer solchen Gesamtabwägung in Betracht kommenden Aspekte des Einzelfalls können pauschale Erwägungen, die Umstände der konkreten Einzelfallsituation nicht berücksichtigen, nicht angestellt werden. Exemplarisch für die hier angesprochenen Fallgruppen soll daher das finanzielle Interesse der Eltern auf der einen und das Kindeswohl auf der anderen Seite berücksichtigt werden. Gerade das finanzielle Interesse der Eltern genießt einen hohen Stellenwert und soll letztlich die gesamte Familie vor wirtschaftlicher Überforderung durch den ansonsten zu leistenden Barunterhalt schützen.[70] Das Recht auf eine selbstbestimmte Lebensführung des Kindes, das von der Rechtsprechung grundsätzlich als abwägungsrelevant angesehen wird und dem finanziellen Interesse der Eltern entgegenstehen kann,[71] steht gerade minderjährigen Kindern grundsätzlich jedoch nicht zu. Diese unterstehen der elterlichen Sorge, die ein entsprechendes Interesse an einer selbstbestimmten Lebensführung, auch aus Gründen der gegenseitigen Rücksichtnahme (§ 1618a BGB) und der Pflicht zum

---

[66] Gesetz zur Änderung des Unterhaltsrechts v. 21.12.2007, BGBl. 2007 I, S. 3189 ff.

[67] BT-Drs. 16/1830, S. 26.

[68] OLG Karlsruhe, Beschl. v. 23.1.2015 – 2 UF 276/14, NJOZ 2015, 1281; OLG Brandenburg, Beschl. v. 21.5.2008 – 9 WF 116/08, NJW 2008, 2722.

[69] OLG Brandenburg, Beschl. v. 21.5.2008 – 9 WF 116/08, NJW 2008, 2722; zu § 1612 II BGB a.F. BGH, Urt. v. 27.4.1988 – IVb ZR 56/87, NJW 1988, 1974, 1975; BGH, Urt. v. 3.12.1980 – IVb ZR 537/80, NJW 1981, 574, 576.

[70] BGH, Urt. v. 3.7.1973 – VI ZR 60/72, NJW 1973, 1653; OLG Karlsruhe, Beschl. v. 23.1.2015 – 2 UF 276/14, MDR 2015, 401.

[71] BGH, Urt. v. 3.12.1980 – IVb ZR 537/80, NJW 1981, 574, 576; BayObLG, Beschl. v. 19.5.1999 – 1Z BR 188/98, NJWE-FER 1999, 318.

Einfluss auf die Lebensführung des Kindes (§ 1626 BGB), überlagert.[72] Eine Grenze ist da zu sehen, wo die Eltern das Erziehungsrecht missbrauchen oder dieses in einer dem Kindeswohl massiv widersprechenden Weise ausüben.[73]

Gerade eine solche dem Kindeswohl widersprechende Ausübung des Erziehungsrechts liegt aber in den hier interessierenden Fallkonstellationen vor. Bei dem hauptberuflichen Management des Kindes in den Medien durch die Eltern verkehrt sich die von § 1612 II BGB in den Blick genommene Situation in das Gegenteil. Das gesetzlich von gegenseitigen Rücksichts- und Beistandsverpflichtungen geprägte Eltern-Kind-Verhältnis (§ 1618a BGB) wandelt sich in diesen Fällen in ein Verhältnis, das von gegenseitiger finanzieller Abhängigkeit gekennzeichnet ist. Das in den Medien tätige Kind erwirtschaftet den Großteil der familiären Einnahmen und sichert die finanzielle Existenz seiner Eltern. Zwar ist das Kind auch nach der gesetzlichen Konzeption des Unterhaltsrechts als von den Eltern finanziell abhängig anzusehen. Jedoch obliegt den Eltern nicht nur die Personen- und die Vermögenssorge für das Kind (§ 1626 I BGB), sondern auch die Sorge für die Familie als Ganzes (§ 1360 BGB). Diese Verpflichtung zur finanziellen Sorge besteht nicht nur zwischen den Ehegatten, sondern gem. § 1360a BGB auch gegenüber dem Kind als Teil der Familie.[74] Ob es sich dabei um einen unmittelbar aus § 1360 BGB erwachsenen eigenständigen Anspruch des Kindes gegen seine Eltern handelt, ist dabei nicht relevant.[75] Entscheidend ist allein, dass die Pflicht zur Vermögenssorge der Familie nicht einseitig auf das Kind übertragen werden kann. Dies wird mit Blick auf die Genese des Kindeswohlprinzips, das an verschiedener Stelle einfachgesetzlich normiert ist (z.B. in §§ 1697a I, 1626, 1627 BGB), deutlich.

Das Kindeswohl umfasst das körperliche, geistige oder seelische Wohl des Kindes.[76] Eine trennscharfe Konkretisierung des Kindeswohls als Rechtsbegriff vorzunehmen, stellt sich allerdings als schwierig dar.[77] Diese Schwierigkeit besteht im Wesentlichen darin, dass der Begriff des Kindeswohls als Generalklausel für eine Vielzahl von Wertvorstellungen und sich ändernden Anschauungen über die kon-

---

[72] *Gerlach*, in: BeckOGK BGB, Stand: 1.2.2024, § 1612 Rn. 134. Anders stellt es sich hingegen bei volljährigen Kindern dar, BayObLG, Beschl. v. 23.9.1987 – 1 Z 35/87, FamRZ 1987, 1298, 1299.

[73] *Gerlach*, in: BeckOGK BGB, Stand: 1.2.2024, § 1612 Rn. 70.

[74] *Triebs/Sitzmann*, in: Schulz/Hauß, § 1360 Rn. 3; *Schumann*, in: MüKoFamFG, § 1360 Rn. 8.

[75] Für einen solchen Anspruch *Coester-Waltjen*, Familienrecht, 2020, § 21 Rn. 2f.; *Schrade*, FamRZ 1957, 342, 347. Dagegen BGH, FamRZ 2016, 1142, 1143; *Bäumel*, in: Göppinger/Wax, Rn. 925f.

[76] Zum Kindeswohlbegriff ausführlich *Coester*, Kindeswohl als Rechtsbegriff, 1983; *Wapler*, Kinderrechte und Kindeswohl, 2015, S. 252ff.; zu den rechtsphilosophischen und ethischen Grundlagen des Kindeswohlbegriffs eingehend S. 309ff.; s. auch *Jokisch*, in: Henrich/Althammer, § 1666 BGB Rn. 43f.; *Volke*, in: MüKoBGB, § 1666 Rn. 48.

[77] *Diederichsen*, FamRZ 1978, 461, 467; *Mnookin*, FamRZ 1975, 1, 3.

kreten Bedürfnisse des Kindes offensteht.[78] Notwendig ist daher eine umfassende Betrachtung aller das Kind betreffenden Lebensumstände unter Berücksichtigung der Art und Weise der Eingebundenheit in die familiäre Struktur.[79] Ein dafür wesentliches Element des Kindeswohls ist der Kindeswille, da eine Entscheidung über das Kindeswohl das Kind in seinem eigenen Rechtskreis unmittelbar betrifft.[80] Das Kind ist kein bloßes Objekt von Sorgerechtsentscheidungen.[81] Grenze des elterlichen Erziehungsrechts ist somit der durch diese Gesamtbetrachtung gewonnene Gehalt des Kindeswohls im Einzelfall. Denn die Eltern können gem. dem aus Art. 6 II 1 GG erwachsenen Elternrecht frei von staatlichen Einflüssen eigenverantwortlich darüber entscheiden, wie sie die Erziehung des Kindes gestalten.[82] Es handelt sich insofern um keine Freiheit im Sinne einer Selbstbestimmung der Eltern, sondern um eine Freiheit zum Schutz des Kindes.[83] In Fällen, in denen das Kind durch seine Tätigkeit nicht mehr selbstbestimmt ist, sondern durch die Berufsaufgabe der Eltern in die jeweilige Medientätigkeit gezwungen wird und ihm folglich faktisch keine andere Wahl bleibt, schützen die Eltern das Kind nicht. Das Kind wird zum alleinigen Versorger der Familie, kann nicht mehr frei über seine Freizeitgestaltung bestimmen und tritt in einem von Werbekunden, Geschäftspartnern und Leistungsdruck geprägten Umfeld seinen Eltern gegenüber. Mithin liegt eine Gefährdung des Kindeswohls vor. Der dann von Eltern häufig vorgebrachte Einwand, ihr Kind betrachte die Tätigkeit nicht als Belastung, sondern als Teil seiner selbstgewählten Freizeitgestaltung,[84] kann nicht zu einem abweichenden Ergebnis führen. Zwar stellt der Wille des Kindes nach den oben aufgestellten Grundsätzen einen für die Beurteilung des Kindeswohls abwägungsrelevanten Aspekt dar, dieser ist jedoch stets im Gesamtkontext des Einzelfalls zu sehen. Die Rechtsprechung sieht in der „Parentifizierung“ des Kindes durch den mit den Eltern durchgeführten „Rollentausch“ eine das Kindeswohl gefährdende Überforderung.[85] Die Eltern haben das Wohl des Kindes sicherzustellen. Das Kind darf sich nicht für das Wohlergehen seiner Eltern

[78] Der Kindeswohlbegriff ist dennoch kein „mißratenes deskriptives Tatbestandsmerkmal“, *Coester*, in: 6. DFGT, 39; *Coester*, NZFam 2016, 577, 579 m. w. N.

[79] OLG Saarbrücken, Beschl. v. 6.11.2009 – 9 WF 93/09, FamRZ 2010, 823; *Wapler*, Kinderrechte und Kindeswohl, 2015, S. 253.

[80] BVerfG, Beschl. v. 27.6.2008 – 1 BvR 311/08, Rn. 30; BVerfG, Beschl. v. 30.8.2014 – 1 BvR 1409/14, NZFam 2014, 1043, 1044 f. Eingehend zu Bedeutung und Gewicht des Kindeswillens *Coester*, Kindeswohl als Rechtsbegriff, 1983, S. 266 ff.

[81] *Coester*, Kindeswohl als Rechtsbegriff, 1983, S. 255 ff.

[82] BVerfG, Urt. v. 9.2.1982 – 1 BvR 845/79, BVerfGE 59, 369, 384.

[83] Z. B. BVerfG, Urt. v. 1.4.2008 – 1 BvR 1620/04, NJW 2008, 1287, 1288.

[84] Vgl. *Wong*, „It's not play if you're making money“: how Instagram and YouTube disrupted child labor laws, https://www.theguardian.com/media/2019/apr/24/its-not-play-if-youre-making-money-how-instagram-and-youtube-disrupted-child-labor-laws [zuletzt geprüft am 24.3.2024].

[85] OLG Karlsruhe, Beschl. v. 16.10.2017 – 18 UF 123/16, NZFam 2017, 1132, 1135 f.; OLG Brandenburg, Beschl. v. 15.2.2016 – 10 UF 216/14, BeckRS 2016, 3544 Rn. 31 ff.; OLG Hamm, Beschl. v. 27.6.2011 – 8 UF 63/11, BeckRS 2012, 2315.

verantwortlich fühlen, denn es fehlt ihm grundsätzlich an der Einsichtsfähigkeit und den Handlungsmöglichkeiten, die Lebensgrundlage der gesamten Familie sicherzustellen.[86]

Dass das Kind faktisch zum Ernährer der Familie wird, stellt allerdings noch keinen Grund dar, Mitarbeit auf familienrechtlicher Grundlage abzulehnen. Vielmehr kommt es auch in dieser Situation auf eine Abwägung im Einzelfall an.[87] Ist aber ein solcher Rollentausch zwischen Eltern und Kind festzustellen, spricht aufgrund des hohen Verantwortungsgrades und der zeitlichen und finanziellen Belastung viel dafür, auch eine Gefährdung der Kindesinteressen anzunehmen.

Im Ergebnis widerspricht die Bestimmung der Eltern, den Unterhaltsanspruch des Kindes durch die Mitarbeit im (Medien-)Betrieb des Kindes zu erfüllen, dem Kindeswohlprinzip und ist mithin unwirksam. Die bisweilen vertretene Ansicht, dass die Unterhaltsbestimmung beider Eltern gegenüber einem minderjährigen Kind nur ganz ausnahmsweise und unter besonders krassen und entwürdigenden Bedingungen unwirksam sei,[88] ist in dieser Pauschalität somit nicht haltbar.

3. Zwischenfazit

Die Unterhaltsarbeit dient insgesamt nicht als taugliche rechtliche Konstruktion, die Tätigkeit von Kindern in den Medien zu erfassen. Die Grundsätze des Elternunterhalts sind in ihrer rechtlichen Konzeption schon dem Grunde nach nicht anwendbar, denn sie nehmen die Situation des (pflege-)bedürftigen Elternteils in den Blick. Ähnliches gilt für die Unterhaltsarbeit als Form des Kindesunterhalts. Auch wenn die Eltern regelmäßig ein Interesse an der Verbesserung der finanziellen Situation der gesamten Familie und damit auch des Kindes haben dürften, widerspricht eine entsprechende Tätigkeit im Dienst des Kindes zu Unterhaltszwecken dem Kindeswohl. Dies bedeutet allerdings nicht, dass die entsprechend tätig gewordenen Eltern stets die Ausbeutung des Kindes im Blick haben. Vielmehr steht häufig die Sichtweise im Vordergrund, auch im Interesse des Kindes mit geringem Aufwand den Lebensunterhalt der gesamten Familie zu bestreiten. Diese Sichtweise vermag aber nichts daran zu ändern, dass die Medientätigkeit des Kindes und der damit verbundene Druck dem Wohl des Kindes nicht entsprechen. Eine solche Unterhaltsbestimmung muss vor diesem Hintergrund als unwirksam bewertet werden.

---

86 *Burghart*, in: BeckOGK BGB, Stand: 1.2.2024, § 1666 Rn. 66.

87 BGH, Urt. v. 6.11.1990 – VI ZR 37/90, NJW 1991, 1226, 1227. Zur Mitarbeit eines bereits erwachsenen Haussohns BGH, Urt. v. 7.12.1971 – VI ZR 153/70, NJW 1972, 429, 430.

88 *Schrade*, FamRZ 1957, 342, 346.

B. Medientätigkeit auf vertraglicher Grundlage

Schließlich kann das Kind auf vertraglicher Grundlage in den Medien tätig werden. Hier kommen verschiedene Konstellationen in Betracht. Zum einen kann das Kind direkt auf vertraglicher Grundlage zu seinen Eltern tätig werden. Zum anderen kommen mittelbare oder unmittelbare vertragliche Bindungen zu Dritten, wie Produzenten, Theatern oder Werbepartnern in Betracht. Nachfolgend sollen daher die möglichen rechtlichen Beziehungen des Kindes aufgezeigt, systematisiert und bewertet werden.

I. Vertragsbeziehungen im Eltern-Kind-Verhältnis

Die Eltern fungieren als vorrangige Bezugspersonen des Kindes und Träger der elterlichen Sorge. Insofern ist zunächst die Medientätigkeit auf einer vertraglichen Grundlage im Eltern-Kind-Verhältnis zu beleuchten. Eltern agieren zum Teil als Regisseure und Manager ihrer Kinder, stellen Dreh- und Tagespläne auf, organisieren die Termine und halten Kontakt zu Werbepartnern,[89] sodass die Beurteilung dieses Verhältnisses insbesondere nach klassischen arbeitsrechtlichen Kategorien nahe liegt. Gerade bei Vertragsverhältnissen, an denen Minderjährige beteiligt sind, sind die besonderen rechtlichen Bestimmungen zum Kinder- und Jugendschutz zu beachten, die sich auch auf den Abschluss und die Beurteilung von arbeitsrechtlichen Vertragsbeziehungen auswirken.

Bevor die konkreten arbeitsrechtlichen Vertragsbeziehungen beleuchtet werden können, ist daher zunächst auf die grundsätzliche Zulässigkeit des Abschlusses arbeitsvertraglicher Beziehungen zwischen Eltern und Kind einzugehen. Rechtsbeziehungen zwischen Eltern und Kind bewegen sich stets im Spannungsverhältnis zwischen familien- und schuldrechtlichen Vorschriften. Gegen die grundsätzliche Zulässigkeit arbeitsrechtlicher Vertragsbeziehungen zwischen Familienmitgliedern bestehen zumindest bei Kindern, bei denen die Voraussetzungen von § 1619 BGB vorliegen, nach allgemeiner Auffassung keine Bedenken.[90] Verträge zwischen Familienangehörigen entsprechen der gesetzlichen Konzeption, wie § 1629 II BGB,

---

[89] Vgl. *Herberger*, RdA 2021, 273, 274.

[90] So schon *Lotmar*, Arbeitsvertrag, 1902, S. 256; *Rosin*, Das Recht der Arbeiterversicherung, 1893, S. 168 ff.; *Günther*, Das Rechtsverhältnis zwischen Bauer und mitarbeitendem Sohn, 1966, S. 29 f.; *Fenn*, Die Mitarbeit in den Diensten Familienangehöriger, 1970, S. 34 ff. Zu früher vorgetragenen Einwänden gegen die Zulässigkeit arbeitsvertraglicher Rechtsbeziehungen zwischen Familienangehörigen aus Gründen der Unvereinbarkeit familien- und arbeitsrechtlicher Bindungen, *ebenda*, S. 242 ff. Siehe auch BGH, Urt. v. 6. 11. 1990 – VI ZR 37/90, NJW 1991, 1226, 1227 m. w. N. Steuerrechtlich BFH, Urt. v. 9. 12. 1993 – IV R 14/92, NJW 1994, 3374. Für die insofern übereinstimmende Auffassung der aktuellen Literatur *von Sachsen-Gessaphe*, in: MüKoBGB, § 1619 Rn. 34 f.; *Pöcker*, in: BeckOK BGB, Stand: 1. 2. 2024, § 1619 Rn. 6; *Lugani*, in: Staudinger BGB, § 1619 Rn. 62; *Zecca-Jobst*, in: Soergel BGB, § 1619 Rn. 1; *Kienemund*, in: BeckOGK BGB, Stand: 1. 2. 2024, § 1619 Rn. 41.

der auf den Ausschluss der elterlichen Vertretungsmacht bei Rechtsgeschäften u. a. mit dem eigenen Kind gem. § 1824 I BGB verweist, oder § 10 III BBiG, der solche Verträge im Bereich der Berufsausbildung explizit vorsieht, verdeutlicht. Insbesondere ergibt sich auch nicht ausdrücklich oder aus dem Sinn und Zweck von § 1619 BGB eine Einschränkung der zivilrechtlichen Vertragsfreiheit.

Keine solch ausdrückliche Positionierung lässt sich aber bei Kindern erkennen, deren Tätigkeit gerade nicht unter die familienrechtlichen Mitarbeitstatbestände fallen. Wenn aber die dargestellten familienrechtlichen Wechselwirkungen bereits bei Arbeitsverträgen mit Kindern, deren Tätigkeit die Voraussetzungen z. B. von § 1619 BGB erfüllen, der Zulässigkeit solcher Verträge nicht entgegenstehen sollen, dann muss dies in Fällen, in denen die familienrechtlichen Mitarbeitstatbestände nicht eingreifen, erst recht gelten.[91] Denn hier bestehen schon keine konkurrierenden familienrechtlichen Mitarbeitspflichten, die die arbeitsrechtlichen Vertragsbeziehungen überlagern könnten. Die Tatsache, dass im geltenden Recht ansonsten keine ausdrücklichen Vorschriften bestehen, die solche Vertragsbeziehungen einschränken könnten, spricht dies für die uneingeschränkte Geltung der Vertragsfreiheit auch im Eltern-Kind-Verhältnis.[92] Vor diesem Hintergrund kommen hier die allgemeinen Vorschriften über den Abschluss und die Wirksamkeit eines Arbeitsvertrages, insbesondere §§ 611a ff. BGB, zur Anwendung. Für die Beurteilung des Vorliegens und der Ausgestaltung arbeitsvertraglicher Rechtsbeziehungen, insbesondere hinsichtlich der Abgrenzung zur familienrechtlichen Mitarbeit, ist eine Betrachtung der Umstände im konkreten Einzelfall unter Beachtung des Parteiwillens erforderlich.[93]

Bei partiell geschäftsfähigen Kindern (§ 106 BGB) stellt sich die Frage nach dem Verhältnis zu den vertretungsbefugten Eltern. Der Abschluss eines Arbeitsvertrages ist für diese nicht lediglich rechtlich vorteilhaft, sodass es grundsätzlich einer Zustimmung des gesetzlichen Vertreters bedarf (§ 107 BGB). Steht das Kind bei Abschluss eines Arbeitsvertrags potenziell auf Arbeitnehmerseite, kann der gesetzliche Vertreter gem. § 113 I BGB das Kind zur Begründung eines Arbeitsverhältnisses in Erweiterung seiner Geschäftsfähigkeit ermächtigen. Das Kind gilt im Falle einer solchen Ermächtigung als unbeschränkt geschäftsfähig. Eine konkludente Ermächtigungsausübung gegenüber dem Kind ist im Gegensatz zu § 112 BGB möglich.[94] Auf der anderen Seite können die Eltern das Kind direkt beim Abschluss eines entsprechenden Arbeitsvertrages vertreten. In beiden Fallgruppen besteht die Schwierigkeit in der Anwendbarkeit von § 181 BGB.

---

[91] Vgl. mit dem Argument, das arbeitsrechtlich typische Unterordnungsverhältnis finde in familienrechtlichen Rechtsbeziehungen gerade seine Entsprechung *Günther*, Das Rechtsverhältnis zwischen Bauer und mitarbeitendem Sohn, 1966, S. 29. Vgl. auch mit der Einschränkung, es müssten besondere Umstände vorliegen, um ein Arbeitsverhältnis im Eltern-Kind-Verhältnis anzunehmen *Nikisch*, Arbeitsrecht I, 1961, S. 113.

[92] So auch bereits *Fenn*, Die Mitarbeit in den Diensten Familienangehöriger, 1970, S. 240.

[93] BGH, Urt. v. 6. 11. 1990 – VI ZR 37/90, NJW 1991, 1226, 1227; *von Sachsen Gessaphe*, in: MüKoBGB, § 1619 Rn. 34 f.

[94] Statt vieler *Klumpp*, in: Staudinger BGB, § 113 Rn. 19.

1. Willenserklärung des Kindes

Sofern der Arbeitsvertrag von den Eltern als Vertreter des Kindes auf der einen Seite mit sich selbst auf der anderen Seite abgeschlossen wird, steht der Wirksamkeit eines solchen Vertrages § 181 BGB entgegen. Gemäß §§ 1629 II, 1824 BGB ist eine Vertretung des Kindes unzulässig, sofern der Betreuer von der Vertretung ausgeschlossen ist. Gemäß § 1824 II BGB bleibt § 181 BGB unberührt. Bei dem Abschluss eines entsprechenden Arbeitsvertrages stehen die Eltern insofern auf beiden Seiten des Vertrages und schließen diesen mit sich selbst im Namen des Kindes.[95] Somit besteht die für die Anwendung von § 181 BGB typische Interessenskollision. Ein dementsprechend abgeschlossener Vertrag ist, zumindest bei einer ausdrücklichen elterlichen Vertretung des Kindes, unwirksam.

Die Eltern können das Kind ferner zum Abschluss eines Arbeitsvertrages ermächtigen (§ 113 BGB). Erforderlich ist, dass es sich um ein „Dienst- oder Arbeitsverhältnis" im Sinne der Vorschrift handelt, die Eltern die Ermächtigung wirksam ausgeübt haben und eine entsprechende Ermächtigung nicht von vornherein ausgeschlossen ist. In den hier betrachteten Fallkonstellationen ermächtigen die Eltern das Kind ausschließlich zum Abschluss eines Vertrages mit ihnen selbst, sodass im Folgenden die Voraussetzungen einer solchen Ermächtigung zu betrachten sind. Auf Kinder, die das siebte Lebensjahr noch nicht vollendet haben, ist § 113 BGB aufgrund der sich aus §§ 104 Nr. 1, 105 I BGB ergebenden Geschäftsunfähigkeit nicht anwendbar.[96] Von dem Kind geschlossene Verträge sind unwirksam.[97]

Als einseitige empfangsbedürftige Willenserklärung unterliegt die Ermächtigung nach § 113 BGB grundsätzlich den allgemeinen Regeln über rechtsgeschäftliche Willenserklärungen.[98] Insbesondere kann die Ermächtigung formlos und konkludent erteilt werden, wenn die Eltern die Billigung der Arbeitsaufnahme zum Ausdruck bringen und nicht bloß „resignierend dulden".[99] Empfänger der Ermächtigungserklärung ist das Kind selbst und nicht der Vertragspartner.[100] Wie § 112 BGB bewirkt auch § 113 BGB eine Statusveränderung des Kindes. Die Ermächtigung bewirkt seine partielle Geschäfts- und Prozessfähigkeit.[101] Diese Statusveränderung ist auch vom Gesetzgeber ausweislich der historischen Entwicklung beabsichtigt gewesen.[102]

---

[95] Vgl. *Tiedtke*, Teleologische Reduktion und analoge Anwendung des § 181 BGB, 2002, S. 124.

[96] *Ahrens/Heicke*, in: BeckOGK BGB, Stand: 1.10.2019, § 113 Rn. 13.

[97] Vgl. dazu unten IV.

[98] Siehe nur *Spickhoff*, in: MüKoBGB, § 113 Rn. 17.

[99] BAG, Urt. v. 19.7.1974 – 5 AZR 517/73, FamRZ 1975, 90.

[100] BAG, Urt. v. 19.7.1974 – 5 AZR 517/73, FamRZ 1975, 90; *Veit*, in: FS Birk, 877, 887 f.; *Spickhoff*, in: MüKoBGB, § 113 Rn. 19; *Preis*, in: ErfK, § 113 BGB Rn. 3. Für die Ansicht, der Vertragspartner sei Empfänger, *Feller*, FamRZ 1961, 420, 421.

[101] *Weth*, in: Musielak/Voit, § 52 Rn. 4; *Veit*, in: FS Birk, 877, 887 m.w.N.

[102] *Veit*, in: FS Birk, 877, 887.

Ferner soll es sich nach dem Wortlaut bei der Ermächtigung um eine dem eigentlichen Rechtsgeschäft vorgelagerte Willenserklärung handeln.[103]

a) Medientätigkeit als „Dienst- oder Arbeitsverhältnis" im Sinne von § 113 BGB

Eine Ermächtigung nach § 113 BGB muss nach dem ausdrücklichen Normwortlaut in Abs. 1 S. 1 den Eintritt „in Dienst oder in Arbeit" betreffen. Es handelt sich hierbei um eigenständige Begriffe, die unabhängig von den Definitionen in § 611 BGB oder § 611a BGB sind.[104] Es muss sich insofern um eine vertraglich begründete Tätigkeit handeln, für die der Vertragspartner eine vereinbarte Entgeltleistung zu erbringen hat.[105] Gleichgültig ist, ob eine selbstständige oder abhängige Tätigkeit vorliegt, sofern vertragliche Beziehungen zu bejahen sind.[106] Denn solche Rechtsverhältnisse, in denen das Kind weisungsfrei tätig wird, können für die Persönlichkeitsentwicklung durchaus förderlich sein. Ist die Einordnung einer solchen Tätigkeit im Einzelfall aufgrund des weiten Anwendungsbereichs von § 113 BGB noch ohne große Probleme möglich, ergeben sich bei der Abgrenzung zur unternehmerischen Tätigkeit Schwierigkeiten. Zur Aufnahme einer solchen Tätigkeit kann das Kind nicht gem. § 113 BGB ermächtigt werden.[107] Als taugliches Abgrenzungskriterium wird hier das Merkmal des unternehmerischen Risikos vorgeschlagen.[108] Im Rahmen einer unternehmerischen Tätigkeit setzt sich das Kind dem typischen Risiko eines wirtschaftlichen Verlustes durch den selbstständigen Betrieb eines Erwerbsgeschäftes aus, das gerade durch den familiengerichtlichen Genehmigungsvorbehalt nach § 112 BGB reduziert werden soll. Eine Ermächtigung zu einer solchen Erwerbstätigkeit mit unternehmerischem Risiko würde den Schutzgedanken von § 112 BGB unterlaufen.[109] Zusammengefasst besteht ein solches unternehmerisches Risiko somit immer dann, wenn das Kind finanzielle Aufwendungen zu tätigen hat, bei denen nicht feststeht, dass sie sich durch die Tätigkeit selbst rentieren werden. Eine solche Situation besteht bei den hier in den Blick genommenen Fallgruppen in der Regel nicht. Außer der eigenen Leistung durch die Tätigkeit an sich hat das Kind keine weiteren, insbesondere finanziellen Aufwendungen zu tätigen. Regelmäßig werden sich die Eltern um die Beschaffung von Equipment, Ausrüstung und Verpflegung kümmern. Bei der Aufnahme einer solchen

---

[103] *Preis*, in: ErfK, § 113 BGB Rn. 3.

[104] *Spickhoff*, in: MüKoBGB, § 113 Rn. 6; *Ahrens/Heicke*, in: BeckOGK BGB, Stand: 1.10.2019, § 113 Rn. 14.

[105] *Spickhoff*, in: MüKoBGB, § 113 Rn. 14; *Hefermehl*, in: Soergel, § 113 Rn. 2.

[106] BAG, Urt. v. 20.4.1964 – 5 AZR 278/63, NJW 1964, 1641, 1642. Zur Arbeitnehmereigenschaft von Filmschauspielern *Pallasch*, RdA 2019, 61, 62 f. Siehe auch beispielhaft für die Ansicht in der Literatur *Preis*, in: ErfK, § 113 BGB Rn. 6.

[107] Im Ergebnis BGH, Urt. v. 2.7.1974 – VI ZR 121/73, NJW 1974, 1947, 1949.

[108] *Ahrens/Heicke*, in: BeckOGK BGB, Stand: 1.10.2019, § 113 Rn. 10, 18.

[109] *Ahrens/Heicke*, in: BeckOGK BGB, Stand: 1.10.2019, § 113 Rn. 17 ff.

Medientätigkeit handelt es sich insofern um ein Dienst- oder Arbeitsverhältnis im Sinne von § 113 BGB, für das die Eltern das Kind ermächtigen können. Einer Genehmigung des Familiengerichts gem. § 112 BGB bedarf es insofern nicht.

b) Grenzen der Ermächtigungsausübung

Mit der Ermächtigung nach § 113 BGB räumen die Eltern ihrem Kind den im Vergleich zu §§ 107, 112 BGB weitesten Spielraum für den Abschluss von Rechtsgeschäften ein. Grenzen bestehen in der „gestatteten Art" des Dienst- oder Arbeitsverhältnisses und bei Verträgen, deren Abschluss gem. § 113 I 2 BGB einer Genehmigung des Familiengerichts nach § 1643 BGB bedarf. Ferner stehen der Wirksamkeit der Ermächtigung möglicherweise die allgemeinen Grenzen des Kindeswohls und des Selbstkontrahierungsverbots mit der Folge der notwendigen Bestellung eines Ergänzungspflegers entgegen.

aa) Notwendigkeit der familiengerichtlichen Genehmigung

Mit Gesetz vom 4. 5. 2021[110] hat der Gesetzgeber das Vormundschafts- und Betreuungsrecht mit Wirkung vom 1. 1. 2023 umfassend reformiert. Diese Änderungen betreffen auch die Frage nach der Notwendigkeit der familiengerichtlichen Genehmigung einer Ermächtigung zur Eingehung arbeitsvertraglicher Beziehungen.[111] Da diese Frage im Kontext der neuen Rechtslage – soweit ersichtlich – noch keiner wissenschaftlichen Analyse zugeführt wurde,[112] soll im Folgenden die alte Rechtslage betrachtet und sodann mit Blick auf die Forschungsfrage mit der neuen Rechtslage verglichen werden.

(1) § 1822 BGB a. F.

Die Genehmigungsbedürftigkeit bestimmter Rechtsgeschäfte ergab sich nach alter Rechtslage nach §§ 1643 I, 1822 BGB a. F. Die Eltern bedurften in Fällen, in denen nach § 1822 Nr. 1, 3, 5, 8 bis 11 BGB a. F. ein Vormund der Genehmigung bedarf, die Genehmigung des Familiengerichts zu Rechtsgeschäften für das Kind.

Die Fallgruppe der Eingehung eines Dienst- oder Arbeitsverhältnisses im Sinne von § 1822 Nr. 7 BGB a. F. war nach dem Wortlaut nicht von dem familiengerichtlichen Genehmigungsvorbehalt gem. § 1643 BGB a. F. erfasst. Umstritten war, ob § 1822 Nr. 5 BGB a. F. auf die Eingehung von Arbeitsverträgen Anwendung

---

[110] Gesetz zur Reform des Vormundschafts- und Betreuungsrechts v. 4. Mai 2021, BGBl. 2021 I, S. 882.

[111] Allgemein zum Erfordernis einer familiengerichtlichen Genehmigung *Herberger*, JA 2023, 447 ff.

[112] Vgl. allgemein zu § 1643 BGB n. F. *Veit*, in: BeckOK BGB, Stand: 1. 1. 2023, § 1643 Rn. 1 ff.; *Herberger*, NZFam 2022, 429.

fand.[113] Nach § 1822 Nr. 5 BGB a. F. bedurften Verträge der Eltern für das Kind der familiengerichtlichen Genehmigung, wenn das Kind zu wiederkehrenden Leistungen verpflichtet wird und das Vertragsverhältnis länger als ein Jahr nach dem Eintritt der Volljährigkeit des Kindes fortdauern soll. § 1643 I BGB a. F. stellte die Eltern in den aufgeführten Fällen einem Vormund gleich. Gerade die hier betrachteten Kinder beginnen eine Medientätigkeit häufig in einem jungen Alter, die erhöhte Professionalisierung und mithin steigende Einnahmen treten allerdings möglicherweise erst zu einer Zeit ein, in der das Kind bereits das 18. Lebensjahr vollendet hat. In diesem Fall benötigten die Eltern für die Ermächtigung gem. § 113 I 2 BGB die Genehmigung des Familiengerichts. Zweck dieser Einschränkung war der gesetzgeberische Gedanke des Schutzes des Minderjährigen vor hochriskanten Geschäften.[114]

Einigkeit bestand lediglich hinsichtlich der Frage, ob von Nr. 5 ausschließlich Geldleistungen erfasst waren. Rechtsprechung und Literatur erweiterten die Anwendbarkeit grundsätzlich auf Leistungen jedweder Art.[115] Von Befürwortern der Anwendbarkeit von § 1822 Nr. 5 BGB a. F. auf Arbeitsverträge wurden in erster Linie Argumente mit Blick auf den Schutz des Kindes vor übermäßigen Bindungen vorgebracht. Das Kind dürfe nicht der Möglichkeit beraubt werden, seine Verpflichtungen mit Erreichen der Volljährigkeit eigenständig zu ordnen. Die Eingehung solcher Arbeitsverträge sei von der Ermächtigung aus diesen Gründen nicht gedeckt.[116] Gegen diese Ansicht sprachen zum einen der Wortlaut von § 1822 Nr. 5 BGB a. F. und zum anderen die Systematik im Zusammenhang mit § 1822 Nrn. 6, 7 BGB a. F. Aus § 113 I 2 BGB ergibt sich, dass Verträge, „zu denen der Vertreter die Genehmigung des Familiengerichts bedarf", vom Anwendungsbereich ausgeschlossen sein sollen. Ein Vertrag, der auf die Eingehung eines Dienst- oder Arbeitsverhältnisses gerichtet war, sollte nach § 1822 S. 1 Nr. 7 BGB a. F. gerade dieser

---

[113] Dafür: LAG Berlin, Urt. v. 25. 1. 1928 – 624/27, HRR 1928 Nr. 1307; *Lotmar*, Arbeitsvertrag, 1902, S. 251; *Nikisch*, Arbeitsrecht I, 1961, S. 178; *Veit*, in: FS Birk, 877, 895 f.; *Kroll-Ludwigs*, in: MüKoBGB, 8. Aufl. 2020, § 1822 Rn. 41; *Bettin*, in: BeckOK BGB, Stand: 1. 8. 2022, § 1822 Rn. 19; *Hager*, in: Walker, Kinder- und Jugendschutz im Sport, 32 f.; *Fomferek*, NJW 2004, 410; *Nees*, RW 2018, 160, 179 ff. Dagegen: RAG, Urt. v. 23. 7. 1928 – 96/28, RAGE 3, 164; BAG, Urt. v. 25. 4. 2013 – 8 AZR 453/12, NZA 2013, 1206, 1210; OLG Köln, Urt. v. 22. 9. 2000 – 6 U 19/96, ZUM 2001, 166, 171; LAG Mecklenburg-Vorpommern, Urt. v. 15. 9. 2011 – 5 Sa 19/11, SpuRt 2012, 80, 82; *Veit*, in: Staudinger BGB, § 1822 Rn. 16; *Klumpp*, in: Staudinger BGB, § 113 Rn. 46; *Schlachter*, FamRZ 2006, 155, 156 f.; *Nesemann*, Arbeitsvertragliche Grenzen im professionellen Jugendfußball, 2012, S. 66 ff.; *Kurz*, NJW 1992, 1798, 1801 f.

[114] OLG Hamm, Beschl. v. 13. 4. 1992 – 15 W 25/92, NJW-RR 1992, 1253.

[115] Z. B. für Studienverträge LG Frankfurt a. M., Urt. v. 29. 7. 2020 – 2–13 O 79/20, NZFam 2020, 834; zu einem Vertrag mit einer GmbH zur Nutzung eines Begräbniswaldes durch den Minderjährigen als Bestattungsanlage OLG Dresden, Beschl. v. 12. 9. 2018 – 22 WF 758/18, FamRZ 2019, 535; *Kroll-Ludwigs*, in: MüKoBGB, 8. Aufl. 2020, § 1822 Rn. 38 ff.; *Bettin*, in: BeckOK BGB, Stand: 1. 8. 2022, § 1822 Rn. 19.

[116] BVerfG, Beschl. v. 13. 5. 1986 – 1 BvR 1542/84, BVerfGE 72, 155 ff.; *Fomferek*, NJW 2004, 410, 412.

Genehmigung bedürfen, sodass eine zusammenhängende Wortlautbetrachtung von vornherein nicht möglich war.[117]

Aber auch ohne eine solche ergänzende Auslegung des Wortlauts von § 113 BGB ergab sich die Unanwendbarkeit von § 1822 Nr. 5 BGB a. F. auf Arbeitsverträge aus historisch-systematischen Gründen. Die Existenz von § 1822 Nrn. 6 und 7 BGB a. F. verdeutlichte das Spezialitätsverhältnis zu Nr. 5. Diese erfassten explizit die von einem Minderjährigen eingegangenen Arbeits- und Dienstverträge. Im ersten Entwurf des BGB war § 1822 Nr. 7 BGB a. F. noch nicht enthalten. Erst durch die nachträgliche Einfügung wurden Dienst- und Arbeitsverträge explizit geregelt.[118] Der historische Gesetzgeber sah die Notwendigkeit, Arbeitsverträge Minderjähriger ausdrücklich gesetzlich zu regeln und somit den Minderjährigenschutz zu erhöhen. Dagegen sprach auch nicht das bisweilen vorgebrachte Argument, der historische Gesetzgeber habe ausweislich der Motive in § 1822 Nr. 5 BGB a. F. die Situation erfassen wollen, dass ein Minderjähriger als Handlungsgehilfe in das Geschäft eines anderen eintrete.[119] Zum Zeitpunkt der Schaffung von § 1822 Nr. 5 BGB a. F. bestand aus Sicht des historischen Gesetzgebers offensichtlich gerade noch keine Notwendigkeit der expliziten Aufnahme der Eingehung vertraglicher Arbeitsbeziehungen Minderjähriger. Die Einfügung der Nrn. 6 und 7 wäre mangels eigenständiger Regelungsgehalte überflüssig gewesen. Gegen ein Spezialitätsverhältnis sprach auch nicht der Verweis auf das Verhältnis von Nr. 4 zu Nr. 5.[120] Hier lag gerade kein Spezialitätsverhältnis vor.[121] Nr. 4 und Nr. 5 regelten explizit die Pachtverträge, nahmen aber im Zusammenspiel mit § 1643 I BGB a. F. eine Abstufung hinsichtlich der zu erwartenden Risiken für den Minderjährigen vor. Der Minderjährige sollte durch den Genehmigungsvorbehalt vor der Eingehung langfristiger, über den Eintritt der Volljährigkeit hinausgehender Pachtverhältnisse und ihrer Konsequenzen geschützt werden. Nahm man eine Einschränkung des Anwendungsbereichs von § 1822 Nr. 5 BGB a. F. vor, verringerte sich gleichzeitig durch den Ausschluss des Genehmigungsvorbehalts aus § 1643 I BGB a. F. der Umfang des Minderjährigenschutzes. Vor dem Hintergrund der gesetzgeberischen Wertung, dass der Minderjährige unter elterlicher Sorge im Vergleich zu einem Vormund weniger schutzbedürftig ist, bestand für eine Einschränkung des elterlichen Sorgerechts gem. § 1629 II S. 3 BGB a. F. und § 1666 BGB kein Raum. Im Ergebnis sprachen daher die besseren Argumente gegen die Anwendung von § 1822 Nr. 5 BGB a. F. auf Arbeitsverträge.

[117] *Fomferek*, NJW 2004, 410, 411; *Veit*, in: FS Birk, 877, 895 f.

[118] *Mugdan*, Materialien IV, 1899, S. 418 f.

[119] So z. B. *Fomferek*, NJW 2004, 410, 411; *Veit*, in: FS Birk, 877, 896.

[120] So sieht es aber *Veit*, in: FS Birk, 877, 896.

[121] *Nesemann*, Arbeitsvertragliche Grenzen im professionellen Jugendfußball, 2012, S. 72; *Schlachter*, FamRZ 2006, 155, 157 f.

(2) Der Genehmigungsvorbehalt nach § 1643 BGB

Mit der Schaffung von § 1643 BGB wollte der Gesetzgeber die beschriebene herrschende Auffassung festschreiben und ausdrücklich klarstellen, dass Dienst- oder Arbeitsverträge, die mehr als ein Jahr nach dem Eintritt der Volljährigkeit des Kindes fortlaufen sollen, keiner familiengerichtlichen Genehmigung bedürfen.[122] § 1643 IV 2 BGB stellt dies nun ausdrücklich fest. Der Gesetzgeber ging dabei bei Schaffung der Vorschrift davon aus, dass die fehlende Verweisung von § 1643 I BGB a. F. auf § 1822 Nr. 6 und 7 BGB a. F. ohnehin auf diese Auslegung hingedeutet habe.[123] Da dies, wie zuvor gezeigt, aber keinesfalls unumstritten war, stellt die neue Rechtslage mit Blick auf die Notwendigkeit der familiengerichtlichen Genehmigung insofern eine gelungene Klarstellung dar.[124] Der zuvor beschriebene Rechtsstreit hat sich mit Blick auf die gesetzliche Neufassung jedenfalls erledigt.

Die Eltern können ihr Kind somit gem. § 113 BGB zum Abschluss eines Arbeitsvertrages ermächtigen, ohne zuvor die Genehmigung des Familiengerichts, unabhängig von der Dauer des Vertragsverhältnisses, einholen zu müssen.

bb) Verstoß gegen das Selbstkontrahierungsverbot, § 181 BGB

Die Ermächtigung des gesetzlichen Vertreters gem. § 113 BGB sollte nach der gesetzgeberischen Konzeption im Verhältnis zu einem Arbeitgeber wirken, der außerhalb der Familie steht. Der historische Gesetzgeber hatte die Situation eines Kindes vor Augen, das aufgrund fehlender elterlicher Leistungsfähigkeit gezwungen ist, seinen Lebensunterhalt durch abhängige Arbeit für einen Dritten zu bestreiten.[125] Die hier in den Blick genommenen Fallkonstellationen betreffen allerdings den Vertragsschluss zwischen Eltern und Kind. Die Eltern ermächtigen ihr eigenes Kind ausschließlich zu einem Vertragsschluss mit sich selbst. Vor diesem Hintergrund liegt auf den ersten Blick auch hier die Annahme eines Verstoßes gegen das Selbstkontrahierungsverbot aus § 181 BGB nahe. Die Finanzgerichte verweigerten solchen Verträgen im Eltern-Kind-Verhältnis die steuerliche Anerkennung unter Verweis auf die zivilrechtliche Unwirksamkeit wegen eines Verstoßes gegen § 181 BGB. Es handele sich um den Fall eines unzulässigen Insichgeschäfts.[126] Diese Sichtweise wird von Stimmen in der Literatur mit Einschränkungen in der Begründung geteilt. Es handele sich bei der Ermächtigung nach § 113 BGB und dem Abschluss des

---

[122] BT-Drs. 19/24445, S. 186; *Herberger*, NZFam 2022, 429, 432.

[123] BT-Drs. 19/24445, S. 186.

[124] So auch *Veit*, in: BeckOK BGB, Stand: 1.1.2023, § 1643 Rn. 21. Kritisch mit Verweis auf die Verfassungswidrigkeit aufgrund fehlender Kündigungsmöglichkeiten des Kindes *Herberger*, NZFam 2022, 429, 432 f.

[125] Vgl. *Mugdan*, Materialien I, 1899, S. 431 f.

[126] So im Ergebnis auch BFH, Urt. v. 17.3.1988 – IV R 188/85, NJW 1989, 319; FG Schleswig-Holstein, Urt. v. 11.3.1986 – III 98/86, NJW 1987, 1784; Urt. v. 11.9.1990 – III 348/87, EFG 1991, 66. Rechtsprechung der ordentlichen Gerichtsbarkeit liegt, soweit ersichtlich, zu dieser Thematik nicht vor.

Vertrages um einen zweiaktigen Geschehensablauf mit der Folge, dass § 181 BGB zwar nicht direkt, aber aufgrund des auch in dieser Situation bestehenden Interessenkonfliktes auf Seiten der Eltern analog anzuwenden sei. Der so abgeschlossene Vertrag sei daher unwirksam. Die einzige Möglichkeit, die Wirksamkeit des Vertrages zu erreichen, sei die Bestellung eines Ergänzungspflegers gem. § 1809 I 1 BGB.[127] Dieser Ansicht steht allerdings der Sinn und Zweck von § 181 BGB entgegen.

Der Sinn und Zweck von § 181 BGB ist Gegenstand intensiver Diskussion. § 181 BGB wird als als bloße formale Ordnungsvorschrift verstanden, die an die formellen Tatbestandsvarianten des Selbstkontrahierens und der Mehrfachvertretung anknüpft und generell-abstrakte Interessengefährdungen unabhängig vom jeweiligen Einzelfall genügen lässt.[128] Die mittlerweile vorherrschende Ansicht in Rechtsprechung und Schrifttum nimmt die Überprüfung von Insichgeschäften im Sinne von § 181 BGB anhand einer formalen, am Tatbestand orientierten Auslegung vor. Im Falle einer nach abstrakt-genereller Betrachtung fehlenden Interessengefährdung werden im Sinne der Rechtssicherheit und des Gläubigerschutzes jedoch teleologische Einschränkungen oder Erweiterungen vorgenommen, ohne den konkreten Einzelfall zu berücksichtigen.[129] Dieser Korrektur ist grundsätzlich zuzustimmen. Der Zweck von § 181 BGB besteht in der Verhinderung von potenziellen Nachteilen für den Vertretenen, die sich aus Interessenskonflikten auf Seiten des Vertreters ergeben können.[130] Ziel der Norm ist weiter die Vermeidung des bösen Scheins eines Interessenkonflikts für den Rechtsverkehr. Denn das nach außen sichtbare Geschäft spielt sich bei der erforderlichen Personenidentität zwischen Vertreter und Vertretenem ausschließlich „im Gehirn des Vertreters" ab und ist einer objektiven Betrachtung nicht zugänglich.[131] Dies bedeutet indes nicht, dass § 181 BGB in Hinblick auf die sonstigen Fallgruppen des Missbrauchs der Vertretungsmacht als eine Art Generalklausel zur Verhinderung jeglicher Missbrauchstatbestände dient.[132]

---

[127] Die Ergänzungspflegerschaft (§ 1909 BGB a.F.) wurde mit dem Gesetz zur Reform des Vormundschafts- und Betreuungsrechts in § 1809 BGB aufgenommen. Daher noch unter Verweis auf § 1909 BGB *Herberger*, RdA 2021, 273, 274f.; *Spickhoff*, in: MüKoBGB, § 113 Rn. 12ff.; *Ahrens/Heicke*, in: BeckOGK BGB, 1.10.2019, § 113 Rn. 73ff.; noch auf § 1909 BGB Bezug nehmend *Preis*, in: ErfK, BGB § 113 Rn. 5; *Ellenberger*, in: Grüneberg, § 113 Rn. 3. Eingehend zur Reform des Vormundschafts- und Betreuungsrechts *Horn*, ZEV 2020, 748.

[128] Vgl. eingehend zum Streitstand *Schubert*, in: MüKoBGB, § 181 Rn. 1ff.

[129] BGH, Beschl. v. 25.11.2004 – V ZB 13/04, NJW 2005, 415, 416f.; Urt. v. 8.6.1989 – IX ZR 234/87, NJW 1989, 2542, 2543; Urt. v. 25.4.1985 – IX ZR 141/84, NJW 1985, 2407; *Schubert*, in: MüKoBGB, § 181 Rn. 5; *Baetzgen*, RNotZ 2005, 193, 195; *Tebben*, DNotZ 2005, 173, 174; *Krafka*, in: BeckOGK BGB, Stand: 1.12.2023, § 181 Rn. 26f. m.w.N.

[130] BGH, Urt. v. 19.4. 1971 – II ZR 98/68, NJW 1971, 1355, 1356; Beschl. v. 17.1.2023 – II ZB 6/22, NJW 2023, 1350, 1351; *Krafka*, in: BeckOGK BGB, Stand: 1.12.2023, § 181 Rn. 25; *Schubert*, in: MüKoBGB, § 181 Rn. 2; *Schäfer*, in: BeckOK BGB, Stand: 1.2.2024, § 181 Rn. 2; *Hübner*, Interessenkonflikt und Vertretungsmacht, 1978, S. 9ff.

[131] *Petersen*, BGB AT, Rn. 954; *Baetzgen*, RNotZ 2005, 193, 194.

[132] Vgl. nur *Kuhn*, RNotZ 2001, 306, 326.

Vor dem Hintergrund der vorstehenden systematischen Ausführungen sprechen gewichtige Argumente gegen die Auffassung, § 181 BGB auf Ermächtigungen zu Arbeitsverträgen im Eltern-Kind-Verhältnis anwenden zu können. Es handelt sich nicht um eine vom Sinn und Zweck der Norm erfasste Konstellation, sodass auch für eine analoge Anwendung kein Raum sein kann. Es fehlt an einem für die (analoge) Anwendung von § 181 BGB erforderlichen Interessenkonflikt. Ein solcher kann hier nur bestehen, wenn die Eltern einen Dritten ermächtigen, das Kind beim Abschluss des Arbeitsvertrages mit ihnen zu vertreten.[133] Denn hier stehen die Eltern zugleich auf der Seite des Vertreters wie auch des Vertretenen und geraten in einen Interessenkonflikt, der von § 181 BGB verhindert werden soll. Bei einer Ermächtigung des Kindes nach § 113 I BGB zum Abschluss eines Arbeitsvertrages werden die Eltern aber gerade nicht in Vertretung des Kindes tätig und handeln auch nicht in einer Art und Weise, die die zu schützenden Belange des Kindes verletzt. Die das Kind ermächtigenden Eltern treten nicht zugleich auf beiden Seiten des Rechtsgeschäfts auf.[134] § 113 BGB erklärt das Kind für den Abschluss von von der Ermächtigung gedeckten Rechtsgeschäften für vollständig geschäftsfähig.[135] Dem Wortlaut von § 113 BGB lässt sich keine Festlegung auf einen bestimmten Vertragspartner entnehmen. Als partiell vollgeschäftsfähige Person unterliegt das Kind für den Vertragsschluss somit nicht mehr dem Einfluss der Eltern als gesetzliche Vertreter. Diese können dem Kind für den Vertragsschluss keine Weisungen erteilen, sodass das Kind eigenständig handelt.[136] Gegen eine solche Sichtweise könnte angeführt werden, dass das Kind praktisch keine Wahl hätte und letztlich stets das tun würde, was seine Eltern von ihm verlangten. Somit läge faktisch eine Situation vor, in denen die Eltern doch auf der Seite des Kindes beim Abschluss des Arbeitsvertrages mit ihnen selbst stünden.[137] Eine solche Sichtweise verkennt jedoch die Lebenswirklichkeit. Besonders für Weisungen der Eltern empfängliche Kinder sind regelmäßig solche, die aufgrund ihres jungen Alters noch nicht in der Lage sind, sich dem elterlichen Willen zu widersetzen. Doch gerade mit solchen Kindern im Alter von unter 14 Jahren ist der Abschluss von Arbeitsverträgen gem. § 5 JArbSchG ohnehin grundsätzlich unzulässig. Ältere Kinder werden ihre eigenen Interessen aufgrund des fortgeschrittenen Reifegrades deutlich besser überschauen und durchsetzen können. Ferner befolgt das Kind im Falle seiner Ermächtigung schon gar nicht zwangsläufig die Weisung der

---

[133] *Tiedtke*, FR 1991, 313, 314.

[134] *Hübner* nennt solche Geschäfte, die formell nicht zwischen Vertreter und Vertretenem abgeschlossen werden, aber im Wesentlichen ausschließlich zwischen beiden wirken „mittelbare Insichgeschäfte“, *Hübner*, Interessenkonflikt und Vertretungsmacht, 1978, S. 68, 191 f.

[135] Ausdrücklich *Herberger*, CR 2022, 32, 37; *Tiedtke*, FR 1991, 313, 314; *Hefermehl*, in: Soergel, § 113 Rn. 4.

[136] So im Ergebnis auch *Fenn*, Die Mitarbeit in den Diensten Familienangehöriger, 1970, S. 282 ff.; DB 1974, 1062, 1064; *Günther*, Das Rechtsverhältnis zwischen Bauer und mitarbeitendem Sohn, 1966, S. 29 f.; *Schall*, DStZ 1989, 616, 617; *Mansel*, in: Jauernig BGB, § 113 Rn. 3.

[137] Vgl. mit gewichtigen Gegenargumenten *Tiedtke*, Teleologische Reduktion und analoge Anwendung des § 181 BGB, 2002, S. 141 f.

Eltern. Wäre eine solche Gefahr gegeben, hätte der Gesetzgeber das Kind nicht gem. § 113 BGB für den Abschluss entsprechender Geschäfte für voll geschäftsfähig erklärt.[138] Auch wird der erhebliche wirtschaftliche Druck, der auf einem ermächtigten Kind hinsichtlich der Finanzierung der Familie lastet, durch die Möglichkeit der Kündigung entschärft. Das Kind genießt durch den Abschluss eines Arbeitsvertrages mit den Eltern aufgrund gesetzlicher Arbeitnehmerschutzvorschriften zudem ein höheres Schutzniveau.[139] Würde man von einem Verstoß gegen § 181 BGB ausgehen, besäße das in den Medien tätige Kind auch keinen vertraglichen Anspruch auf Auszahlung der Vergütung gegen seine Eltern. Der Schutz des Kindes wird insbesondere dadurch abgesichert, dass die Ermächtigung – wie zu zeigen sein wird[140] – nur wirksam ist, wenn sie das Kindeswohl nicht gefährdet. So wird allgemein die Ermächtigung nur als wirksam angesehen, wenn es sich um den Abschluss eines verkehrsüblichen Arbeitsvertrages handelt.[141] Nicht von der Ermächtigung erfasst sein soll demnach die Vereinbarung von außergewöhnlich belastenden Arbeitsbedingungen. Die Beurteilung, ob es sich bei der Medientätigkeit des Kindes um einen verkehrsüblichen Arbeitsvertrag handelt, ist ausschließlich durch eine Betrachtung der Umstände des Einzelfalls möglich. Besondere Berücksichtigung muss dabei die zeitliche Belastung des Kindes finden. Die Ermächtigung zum Abschluss eines wirksamen Arbeitsvertrages mit den Eltern verbessert damit insgesamt die rechtliche Stellung des Kindes.

Nach alledem besteht für eine direkte oder analoge Anwendung von § 181 BGB kein Raum. Das Kind ist für den Abschluss eines Arbeitsvertrages mit den Eltern als partiell geschäftsfähig anzusehen. Der Bestellung eines Ergänzungspflegers gem. § 1809 BGB bedarf es nicht.

cc) Unwirksamkeit aufgrund eines Verstoßes gegen das Kindeswohl

Grenzen des aus dem Erziehungsrecht abgeleiteten Ermessens in der elterlichen Ermächtigungsausübung sind zudem, allgemein gesprochen, die Belange des Kindes.[142] Aus dem Grundsatz der elterlichen Sorge aus § 1626 II BGB erwächst die elterliche Pflicht, das Kind zu einer selbstständigen, eigenverantwortlichen und gemeinschaftsfähigen Persönlichkeit zu erziehen.[143] Eine Präzisierung dieses Ausdrucks der elterlichen Sorge für den Bereich der Ausbildung und des Berufs ergibt sich aus § 1631a BGB. Danach haben die Eltern in Angelegenheiten der Ausbildung

---

[138] *Tiedtke*, FR 1991, 313, 314.

[139] So auch *Tiedtke*, Teleologische Reduktion und analoge Anwendung des § 181 BGB, 2002, S. 142 ff. m. w. N.

[140] S. u. 3. Kapitel B. I. 1. b) cc).

[141] LAG Berlin, Urt. v. 28.3.1963 – 4 Sa 51/62, AP Nr. 1 zu § 113 BGB, BB 1963, 897; *Brill*, BB 1975, 284, 286; *Mansel*, in: Jauernig BGB, § 113 Rn. 5; *Hefermehl*, in: Soergel, § 113 Rn. 4.

[142] *Ahrens/Heicke*, in: BeckOGK BGB, Stand: 1.10.2019, § 113 Rn. 37 ff.

[143] *Veit*, in: FS Birk, 877, 895. Vgl. insoweit auch § 1 I SGB VIII.

und des Berufs auf die Eignung und Neigung des Kindes Rücksicht zu nehmen. Ausbildung und Berufswahl sind danach Ausdruck der elterlichen Personensorge (§ 1631 BGB). Zweck der Vorschrift ist zum einen der Schutz des Kindes vor elterlichen Entscheidungen aus falschem Prestigedenken oder ähnlichen, dem Interesse des Kindes nicht dienenden Gründen.[144] Zum anderen soll § 1631a BGB die in Art. 6 II 1 GG verbürgte elterliche Entscheidungsbefugnis im Interesse des Kindes auf dem Gebiet der Arbeits- und Ausbildungswahl sichern. Denn aus Art. 6 II 1 GG ergibt sich auch die elterliche Befugnis, maßgeblich auf den Bildungs- und Karriereweg des Kindes Einfluss zu nehmen.[145] Als Ausdruck des staatlichen Wächteramtes nach Art. 6 II 2 GG soll § 1631a BGB jedoch das Kind vor Entscheidungen der Eltern, die es in Ausbildung oder Beruf über- oder unterfordern, schützen.[146]

Mit Beruf im Sinne von § 1631a S. 1 BGB ist jede auf Dauer angelegte und erlaubte Tätigkeit gemeint, die die Lebensgrundlage zu schaffen oder zu erhalten bestimmt ist. Erfasst ist auch das Dienst- oder Arbeitsverhältnis nach § 113 BGB.[147] Kriterien für die Beurteilung der Angemessenheit der Entscheidung im Einzelfall sind die Eignung und Neigung des Kindes. Es handelt sich bei dem Rücksichtnahmegebot um eine Rechtspflicht der Eltern.[148]

Für den Fall eines Verstoßes der Eltern gegen das Rücksichtnahmegebot ordnet § 1631a BGB keine eigenständigen Konsequenzen mehr an. § 1631a II BGB a. F. sah eine Entscheidung des Familiengerichts im Falle von Verstößen noch explizit vor. Ein Eingriff des Familiengerichts sollte bereits dann erfolgen, wenn die Eltern weder auf die Eignung noch auf die Neigung des Kindes Rücksicht nehmen, es sich nicht um einen Zweifelsfall, sondern um eine offensichtliche Fehleinschätzung handelt und dadurch eine nachhaltige und schwere Beeinträchtigung der Entwicklung des Kindes droht.[149] Im Gegensatz zu § 1666 BGB, der eine gegenwärtige Gefahr, bei der sich eine Schädigung des Kindes bereits verwirklicht hat oder eine solche zumindest unmittelbar bevorsteht,[150] vorsieht, sollte im Rahmen von § 1631a II BGB somit eine niedrigere Eingriffsschwelle gelten. Der Gesetzgeber erachtete diese selbstständige Konfliktregelung nach einer Befragung der Landesjustizverwaltungen zur praktischen Relevanz der Vorschrift allerdings für entbehrlich und hob § 1631a II BGB a. F. auf.[151] Verstößen kann seitdem sorgerechtlich nur über familiengerichtliche Maßnahmen nach § 1666 BGB begegnet werden; hiermit soll keine Änderung der

---

[144] Beispiele für solche ähnlichen Gründe sind eigene, unerfüllte Berufswünsche der Eltern, BT-Drs. 8/2788, S. 37.

[145] *Kerscher*, in: BeckOGK BGB, 1. 2. 2024, § 1631a Rn. 3 f.

[146] *Huber*, in: MüKoBGB, § 1631a Rn. 1; *Salgo*, in: Staudinger BGB, § 1631a Rn. 6; *Kerscher*, in: BeckOGK BGB, Stand: 1. 2. 2024, § 1631a Rn. 3.1.

[147] *Kerscher*, in: BeckOGK BGB, Stand: 1. 2. 2024, § 1631a Rn. 9.

[148] *Huber*, in: MüKoBGB, § 1631a Rn. 5; *Salgo*, in: Staudinger BGB, § 1631a Rn. 9.

[149] BT-Drs. 13/4899, S. 64; *Huber*, in: MüKoBGB, 4. Aufl. 2002, § 1631a Rn. 2.

[150] *Wapler*, Kinderrechte und Kindeswohl, 2015, S. 30; *Coester*, NZFam 2016, 577.

[151] BT-Drs. 13/4899, S. 64 f.

Eingriffsschwelle verbunden sein.[152] Entsprechende Maßnahmen des Richters zielen stets auf die Gefahrabwendung für das Kind durch verhältnismäßige Maßnahmen. Es gilt der Grundsatz „Hilfe statt Sanktion".[153]

Die Ermächtigung zur Eingehung eines Arbeitsverhältnisses mit den eigenen Eltern stellt bei in den Medien tätigen Kindern den Anfang eines Professionalisierungsprozesses dar, an dessen Ende regelmäßig finanzielle Einnahmen und eine erhebliche zeitliche Belastung des Kindes stehen. In der bloßen Ermächtigung zur Arbeitsaufnahme eine offensichtliche Fehleinschätzung der Eltern im Sinne des § 1631a S. 1 BGB zu sehen, wird nur im Ausnahmefall möglich sein. In der Regel wird eine Tätigkeit zunächst aus einer entsprechenden Neigung heraus aufgenommen. Häufig benennen Kinder eine Medientätigkeit und die damit einhergehende Prominenz auch als Berufswunsch.[154] Erst mit Beginn einer zeitintensiven hauptberuflichen Beschäftigung entstehen Schwierigkeiten in Bezug auf § 1631a BGB. Diese Schwierigkeiten resultieren nicht aus der Ermächtigung an sich. Denn durch die Ermächtigung erhält das Kind eine in Bezug auf das Arbeitsverhältnis freie Rechtsposition gegenüber seinen Eltern.[155] Dennoch ist das Kind in der Realität oftmals aufgrund des finanziellen und familiären Drucks in seiner Entscheidung, einen Arbeitsvertrag abzuschließen und anschließend durchzuführen, nicht völlig frei.

Bei der kindlichen Medienarbeit ist zum einen zu fragen, ob die Eingriffsschwelle des § 1631a BGB durch die bloße elterliche Ermächtigung zur Aufnahme einer entsprechenden Tätigkeit bereits überschritten sein kann und zum anderen, ob die Ermächtigung als Ausdruck des elterlichen Ermessens in Sorgerechtsangelegenheiten einer familiengerichtlichen Maßnahme zugänglich ist.

(1) Fehlende Rücksichtnahme auf die Neigung des Kindes

Hinsichtlich des erstgenannten Aspekts wird in den meisten Fällen das Neigungskriterium in § 1631a BGB zu thematisieren sein. Das Kriterium der Neigung nimmt die subjektiven Kindesvorlieben- und Interessen im Sinne eines „Hingezogenseins" zu einer bestimmten Tätigkeit in den Blick.[156] Die Neigung ist bereits ausweislich der gesetzgeberischen Konzeption nicht mit „geäußerten Wünschen oder vorübergehenden Launen" identisch, sondern ist vielmehr im Einzelfall umfänglich zu ergründen.[157]

---

[152] *Kerscher*, in: BeckOGK BGB, Stand: 1.2.2024, § 1631a Rn. 20. Zur Eingriffsschwelle Stellung nehmend BT-Drs. 13/4899, S. 115.

[153] *Heilmann*, in: Staudinger BGB, § 1666 Rn. 209.

[154] *Uhls/Greenfield*, Developmental Psychology 2011, 1, 5 ff.; *Uhls/Greenfield*, Cyberpsychology 2011, 1, 8 ff.; *Baumann*, Minderjährige in den Medien, 2019, S. 27.

[155] 3. Kapitel B. I. 1.

[156] *Belchaus*, Elterliches Sorgerecht, 1980, § 1631a BGB Rn. 7.

[157] BT-Drs. 8/2788, S. 49.

Eltern von in den Medien tätigen Kindern berufen sich regelmäßig auf eine entsprechende Vorliebe des Kindes. Es handele sich bei der ausgeübten Tätigkeit um ein Hobby, dem das Kind gerne nachgehe und das es aber auch jederzeit nach Belieben wieder beenden könne.[158] Dass sich diese Behauptung zumindest auf die Frage nach der Wirksamkeit einer Unterhaltsbestimmung im Einzelfall nicht auswirken kann, ist oben bereits erörtert worden.[159] Im Rahmen der Ermächtigungsprüfung stellt sich die Rechtslage anders dar. Denn im Gegensatz zu den obigen Ausführungen zur Unterhaltsbestimmung am Maßstab des Kindeswohls stellt bei der Prüfung der Voraussetzungen von § 1631a BGB die Neigung des Kindes nicht nur ein Kriterium in einer Gesamtabwägung, sondern das entscheidende Argument dar. Ergibt die Prüfung keine offensichtliche Fehleinschätzung der Eltern in Bezug auf die Neigung des Kindes, ist für Maßnahmen nach § 1666 BGB von vornherein kein Raum. Es handelt sich dann um eine zulässige Ausübung des elterlichen Ermessens im Rahmen der Personensorge. Sofern das Kind seinen der Ermächtigung entgegenstehenden Willen gegenüber den Eltern ausdrücklich und nachhaltig artikuliert und die Eltern die Ermächtigung dennoch erteilen, wird ein Verstoß gegen § 1631a BGB anzunehmen sein. Es liegt dann eine offensichtliche Fehleinschätzung der Eltern in Bezug auf die Neigung des Kindes vor.

Anders liegt der Fall, wenn eine solche ausdrückliche Äußerung des Kindes nicht vorliegt. Dies dürfte in der Praxis aufgrund der besonderen familiären Dynamiken der häufigere Fall sein. Es obliegt in jedem Fall den Eltern, die Neigung des Kindes nach den oben dargestellten Grundsätzen umfassend zu ergründen und zu berücksichtigen. Diese Pflicht erfordert eine weitgehende Unterstützung und Beratung des Kindes. In Abhängigkeit von Alter und Reifegrad des Kindes ist auch auf den kindlichen Willen zunehmend Rücksicht zu nehmen.[160] Umgekehrt ist gerade bei Kindern, die nach Alter und Reifegrad noch nicht in der Lage sind, die Konsequenzen der elterlichen Ermächtigung zu überblicken, besondere Rücksichtnahme gefordert. Dies ergibt sich aus den nach Alter abgestuften Geschäftsfähigkeitsregelungen der §§ 104 ff. BGB. Gerade jüngere Kinder sollen vor sich selbst geschützt werden.[161] Das jüngere Alter und der möglicherweise geringe Reifegrad des Kindes können deshalb nicht als Argument dienen, unbeschränkte Ermächtigungen auf dem Gebiet der Berufswahl vorzunehmen.

---

[158] So sagt Robert Henle über die Tätigkeit seiner Tochter Miley: „Jemanden, egal wen, vor die Kamera zu zwingen, funktioniert nicht. Gerade Miley würde man das sofort anmerken", https://www.sueddeutsche.de/leben/gesellschaft-wenn-kinder-als-influencer-geld-verdienen-dpa.urn-newsml-dpa-com-20090101-200722-99-879690 [zuletzt geprüft am 24.3.2024]. Vgl. auch oben 2. Kapitel C. II. 2.

[159] 3. Kapitel A. I. 1. b).

[160] *Kramer*, JZ 1974, 90, 93. Für ein Vetorecht des Kindes: *Schwab*, AcP 172. Bd., 1972, 266, 288. Zur Diagnostik des Kindeswillen aus psychologischer Perspektive *Dettenborn*, Kindeswohl und Kindeswille, 2021, S. 100 ff.

[161] *Spickhoff*, in: MüKoBGB, § 104 Rn. 6. Siehe auch *Wendtland*, in: BeckOK BGB, Stand: 1.2.2024, § 104 Rn. 1; *Mansel*, in: Jauernig BGB, § 104 Rn. 1.

Gerade die Abgrenzung eines echten Berufswunsches zu einer vorübergehenden Laune kann aufgrund des subjektiven Charakters des Neigungskriteriums allerdings schwerfallen.[162] Objektivierbar und gleichzeitig einer Beurteilung leichter zugänglich ist hingegen die hinreichende Ergründung der kindlichen Neigung durch die Eltern. Haben diese alle Anstrengungen unternommen, die Neigung des Kindes zu ergründen, und treffen sie aufgrund dieser Einschätzung die Entscheidung zur Ermächtigung, so kann keine offensichtliche Fehleinschätzung vorliegen. Bei der Ergründung der Neigung ist den Eltern aufgrund der umfangreichen Auswirkungen der Entscheidung grundsätzlich ein erheblicher Aufwand zuzumuten

Sofern die Eltern ihrer Pflicht zur Rücksichtnahme auf die Neigung des Kindes durch hinreichende Ergründungsmaßnahmen nicht nachkommen, liegt bereits in der Ermächtigung des Kindes zur Medienarbeit ein Verstoß gegen § 1631a BGB vor.

(2) Fehlende Rücksichtnahme auf die Eignung des Kindes

Als zweites Kriterium bei der Beurteilung eines Verstoßes gegen § 1631a BGB durch die Ermächtigung der Eltern kommt die fehlende Rücksichtnahme der Eltern auf die Eignung des Kindes in Betracht. Die Eignung im Sinne des § 1631a BGB meint die objektive Befähigung des Kindes einschließlich seiner Ausbildung und der grundlegenden Begabungen und Anlagen, eine bestimmte Tätigkeit auszuführen.[163] Objektive Belege für die entsprechende Eignung des Kindes können z. B. schulische Beurteilungen, Zeugnisse und ärztliche Gutachten sein. Ausschlaggebend ist, ob die in einem bestimmten Augenblick feststellbaren Anlagen und Fähigkeiten im Sinne einer Prognoseentscheidung ausreichen werden, den Anforderungen an einen bestimmten Beruf zu genügen.[164] In den hier interessierenden Fallgruppen dürfte es an einer Rücksichtnahme auf die Eignung des Kindes regelmäßig nicht fehlen. Eine professionelle Medientätigkeit beginnt häufig durch ein Aufmerksamwerden auf eine entsprechende Begabung des Kindes. Diese kann sich z. B. durch eine besondere Bühnenpräsenz, Fotogenität oder sprachliche Fähigkeiten des Kindes ergeben. In der Regel wird das Kind seine Fähigkeiten bereits im Vorfeld der Ermächtigung unter Beweis gestellt haben. Ansonsten bestünde für die Eltern schon kein Anreiz, eine solche Ermächtigung zu erteilen. Anders stellt sich die Situation in Fällen dar, in denen Eltern ihr Kind ohne einen solchen Entdeckungsprozess aus rein egoistischen Motiven in eine Medientätigkeit drängen. In einem solchen Fall liegt keine Rücksichtnahme vor und es besteht ein Verstoß gegen § 1631a BGB.

---

[162] Vorübergehende Launen sind im Rahmen der Neigungsprüfung nicht zu berücksichtigen: BGH, Urt. v. 29. 6. 1977 – IV ZR 48/76, NJW 1977, 1774, 1775; BayObLG, Beschl. v. 18. 1. 1982 – 4 T 1764/81, FamRZ 1982, 634, 636; OLG Stuttgart, Urt. v. 16. 3. 1979 – 15 UF 198 u. 245/78, NJW, 1979, 1166.

[163] *Salgo*, in: Staudinger BGB, § 1631a Rn. 13; *Huber*, in: MüKoBGB, § 1631a Rn. 6.

[164] *Salgo*, in: Staudinger BGB, § 1631a Rn. 13; *Belchaus*, Elterliches Sorgerecht, 1980, § 1631a BGB Rn. 5 f.

(3) Weitere Kriterien

Dem Wortlaut von § 1631a BGB („insbesondere“) lässt sich bereits entnehmen, dass die Kriterien der Eignung und Neigung nicht abschließend sind. Neben diesen Kriterien können für die Entscheidung der Eltern auch z. B. finanzielle Überlegungen, zeitliche Belastungen, der Gesundheitszustand des Kindes oder anderer Familienmitglieder und unter Umständen die voraussichtlichen Chancen auf dem Arbeitsmarkt eine Rolle spielen.[165] Hier kommt insbesondere das Kriterium der zeitlichen Belastung in Betracht. Denn das Kind hat neben den schulischen Verpflichtungen und der Medientätigkeit häufig keine Zeit für die Pflege sozialer Kontakte oder sportliche Aktivitäten. Eine den Lebensunterhalt der gesamten Familie bestreitende Tätigkeit in den Medien geht notwendigerweise mit einem erheblichen Zeitbedarf und Aufwand einher. Den Eltern obliegt es aber als Ausfluss ihrer Personensorge beispielsweise gem. §§ 1626 III 2, 1685 BGB, den Umgang des Kindes mit engen Kontaktpersonen wie Freunden und Bekannten zu ermöglichen.[166] Eltern haben somit vor der Ermächtigungsentscheidung auch auf die Konsequenzen in Hinblick auf den zeitlichen und organisatorischen Aufwand einer Medientätigkeit ihres Kind Rücksicht zu nehmen.

Auf der anderen Seite der Erwägungen zum Schutz des Kindes stehen finanzielle Gesichtspunkte. So kann die elterliche Ermächtigung zur Aufnahme einer Medientätigkeit finanziell motiviert sein. Angesichts der erheblichen Einnahmemöglichkeiten in der Medienindustrie erhoffen sich Eltern wirtschaftliche Vorteile, die aufgrund der verbesserten finanziellen Lage der Familie mittelbar wiederum dem Kind zugutekommen können. Diese Belange sind allerdings nicht berücksichtigungsfähig. Gemäß § 1626 BGB verwalten die Eltern zwar grundsätzlich das Kindesvermögen und somit auch eigenständige Einnahmen des Kindes.[167] Ein entsprechender Zugriff ist allerdings dann unzulässig, wenn das Kindesvermögen dazu genutzt wird, eigene Verbindlichkeiten zu erfüllen.[168] Gemäß §§ 1601 ff. BGB sind die Eltern grundsätzlich dazu verpflichtet, den Kindesunterhalt aus eigenen Mitteln zu bestreiten.

(4) Rechtsfolge: Maßnahmen des Familiengerichts

§ 1666 I BGB eröffnet den Familiengerichten die Befugnis, bei Verstößen gegen § 1631a BGB die erforderlichen Maßnahmen zur Abwendung der Gefahr für das Kindeswohl zu treffen. Während § 1666 BGB a. F. sich auf die generalklauselartige Formulierung der erforderlichen Maßnahmen in Absatz 1 beschränkte, sieht § 1666

---

[165] *Huber*, in: MüKoBGB, § 1631a Rn. 10; *Salgo*, in: Staudinger BGB, § 1631a Rn. 13 f.; *Kerscher*, in: BeckOGK BGB, Stand: 1.2.2024, § 1631a Rn. 14 f.; *Strätz*, FamRZ 1975, 541, 549.

[166] *Huber*, in: MüKoBGB, § 1626 Rn. 76 f.; *Rauscher*, FamRZ 1998, 329, 336.

[167] *Lettmaier*, in: Staudinger BGB, § 1626 Rn. 195.

[168] *Lettmaier*, in: Staudinger BGB, § 1626 Rn. 199.

III BGB[169] einen exemplarischen, nicht abschließenden („insbesondere“) Maßnahmenkatalog vor. Grund für die Novellierung der Vorschrift war der Befund, dass die Familiengerichte die von § 1666 BGB a.F. umfassten Gestaltungsmöglichkeiten häufig nicht ausschöpften und sich gerichtliche Maßnahmen regelmäßig ausschließlich auf die Entziehung des Sorgerechts als eingriffsintensivste Maßnahme beschränkten.[170] Den Gerichten und Jugendämtern sollte die Breite der möglichen, unterhalb der Schwelle der Sorgerechtsentziehung liegenden Handlungsmöglichkeiten verdeutlicht werden.[171] Gemäß § 1666 III Nr. 5 BGB gehört zu den möglichen Maßnahmen des Familiengerichts, die im Falle der Feststellung einer Verletzung des Rücksichtnahmegebots aus § 1631a BGB in Betracht kommen, die Ersetzung von Erklärungen des Inhabers der elterlichen Sorge. Der einschlägigen Rechtsprechung zu § 1666 III Nr. 5 BGB lässt sich zunächst entnehmen, dass eine familiengerichtliche Ersetzung immer nur dann in Betracht kommt, wenn die kindeswohlgefährdende Weigerung der Eltern, eine Erklärung abzugeben, beseitigt werden soll.[172] Angesichts des Wortlauts der Norm ist ein solch enger Anwendungsbereich allerdings nicht zwingend. Die Formulierung „Ersetzung von Erklärungen des Inhabers der elterlichen Sorge“ lässt sich auch auf die Beseitigung von dem Kindeswohl entgegenstehender Erklärungen durch das Familiengericht übertragen. Aus der bereits beschriebenen historischen Entwicklung des Maßnahmenkatalogs in § 1666 III Nr. 5 BGB ergibt sich zudem, dass das Gericht verhältnismäßige Maßnahmen unterhalb der Schwelle der Sorgerechtsentziehung vorrangig zu ergreifen hat. Den Anwendungsbereich der Ersetzung lediglich auf Fälle zu beschränken, in denen die Eltern untätig geblieben sind, würde diesem eingriffsökonomischen Ansatz nicht gerecht. Eine Anordnung des Gerichts, die die entgegenstehende Erklärung der Eltern für wirkungslos erklärt, kann demnach auch auf § 1666 III Nr. 5 BGB gestützt werden.[173] Durch die Aufhebung einer elterlichen Ermächtigung durch das Familiengericht kann der Gefahr für das Kindeswohl zudem zielgerichtet im Einzelfall begegnet werden, ohne die elterliche Personensorge gänzlich oder zum Teil entziehen zu müssen. Häufig beschränkt sich die Gefahr für das Kindeswohl durch die elterliche Fehleinschätzung nämlich ausschließlich auf die Ermächtigungsausübung.

---

[169] Neugefasst durch das Gesetz zur Erleichterung familiengerichtlicher Maßnahmen bei Gefährdung des Kindeswohls v. 4.7.2008, BGBl. 2008 I, S. 1188.

[170] BT-Drs. 16/6815, S. 9.

[171] BT-Drs. 16/6815, S. 11 ff.; *Lugani*, in: MüKoBGB, § 1666 Rn. 153; *Meysen*, NJW 2008, 2673, 2674.

[172] Besondere praktische Relevanz hat hier die Ersetzung von Einwilligungen in ärztliche Behandlungen: OLG Brandenburg, Beschl. v. 11.10.2007 – 10 UF 183/07, FamRZ 2008, 2147; OLG Bremen, Beschl. v. 10.2.2014 – 4 UF 7/14, NJW-RR 2014, 774, 775; OLG Hamm, Beschl. v. 16.7.1998 – 15 W 274/98, NJW 1998, 3424, 3425. Zur Ersetzung der Einwilligung in die Kündigung einer gesundheitsgefährdenden Mietwohnung: AG Sigmaringen, Beschl. v. 16.9.2008 – 1 F 277/08, NJW-RR 2009, 724 f. Zur Entbindung von der ärztlichen Schweigepflicht: OLG Schleswig, Beschl. v. 22.6.2017 – 10 UF 103/17, FamRZ 2018, 109, 110.

[173] So im Ergebnis auch *Burghart*, in: BeckOGK BGB, Stand: 1.2.2024, § 1666 Rn. 121.

Die Ausübung der elterlichen Sorge im Übrigen ist dann nicht Gegenstand familiengerichtlicher Maßnahmen.

Damit sind die Rechtsfolgen bei offensichtlichen elterlichen Fehlentscheidungen und mithin Verstößen gegen § 1631a S. 1 BGB angesprochen. Nachdem § 1631a BGB keine eigenständige Sanktion für Verstöße gegen das Rücksichtnahmegebot vorsieht und § 1666 BGB als Rechtsfolge erst bei offensichtlichen Fehlentscheidungen der Eltern eingreift, besteht bei leichten Verstößen eine Sanktionslücke.[174] Dass leichte Fehleinschätzungen, Abwägungsfehler oder zweifelhafte Entscheidungen der Eltern allerdings durchaus gesetzlich erfasst sind, wird mit Blick auf § 1631a S. 2 BGB deutlich. Danach sollen die Eltern bei Zweifeln hinsichtlich der Eignung, Neigung oder eines anderen Kriteriums den Rat eines Lehrers oder einer anderen geeigneten Person einholen. In Frage kommen hier neben anderen Angehörigen auch externe Berufsberater.[175] Die als bloße Soll-Vorschrift konzipierte Norm sieht in erster Linie eine Empfehlung zur Einholung externer Hilfe an die Eltern vor.[176] In Hinblick auf die erheblichen Auswirkungen auch leichter Fehleinschätzungen oder unter Zweifeln getroffener Entscheidungen für das gesamte spätere Leben des Kindes ist eine vollständige Sanktionslosigkeit von leichten Verstößen allerdings unbefriedigend und dem Kindeswohl nicht entsprechend.[177] Einigkeit besteht in der Literatur daher insofern, dass im Einzelfall die Nichtbeachtung eines externen Rates ein Indiz für die Korrekturbedürftigkeit der Elternentscheidung im Sinne von § 1666 BGB darstellen kann.[178] Die Wirkung von § 1631a BGB beschränkt sich im Ergebnis jedoch lediglich auf eine Konkretisierung von §§ 1626 II, 1666 BGB.[179] Eine Grenze für § 113 BGB ergibt sich hieraus nicht.

c) Zwischenfazit

Für die Begründung arbeitsvertraglicher Beziehungen des Kindes zu den Eltern ist eine Ermächtigung im Sinne von § 113 BGB notwendig. Die Medientätigkeit des Kindes ist dabei als „Dienst- oder Arbeitsverhältnis“ anzusehen. Die Eltern können das Kind für die Eingehung eines solchen Vertragsverhältnisses zum Zwecke der Aufnahme einer Medientätigkeit mit ihnen selbst ermächtigen. Einer Genehmigung des Familiengerichts im Sinne von § 112 I BGB bedarf es nicht.

---

[174] *Huber*, in: MüKoBGB, § 1631a Rn. 16; *Kerscher*, in: BeckOGK BGB, Stand: 1.2. 2024, § 1631a Rn. 20; *Salgo*, in: Staudinger BGB, § 1631a Rn. 9. Zu § 1666 I a.F. OLG Karlsruhe, Beschl. v. 18.12.1973 – 11 W 170/73, FamRZ 1974, 661 f.

[175] *Salgo*, in: Staudinger BGB, § 1631a Rn. 18.

[176] BT-Drs. 8/2788, S. 37.

[177] Für eine Pflicht zur Beratung *Döll*, in: Erman BGB, § 1631a Rn. 9; *Salgo*, in: Staudinger BGB, § 1631a Rn. 16.

[178] *Huber*, in: MüKoBGB, § 1631a Rn. 15; *Salgo*, in: Staudinger BGB, § 1631a Rn. 16; *Kerscher*, in: BeckOGK BGB, Stand: 1.2.2024, § 1631a Rn. 26.

[179] *Döll*, in: Erman BGB, § 1631a Rn. 9.

Die Ermächtigung kann aber im Einzelfall gem. § 1631a S. 1 BGB gegen die von den Eltern zu berücksichtigenden Belange des Kindeswohls verstoßen. Regelmäßig wird es sich hier um die fehlende Rücksichtnahme auf eine entsprechende Neigung des Kindes handeln. Jedoch können auch Fehleinschätzungen in Bezug auf die Eignung oder andere abwägungsrelevante Aspekte zu einem Verstoß gegen § 1631a BGB führen. Entscheidend für die Ergreifung von Maßnahmen nach § 1666 BGB ist die Feststellung einer offensichtlichen Fehleinschätzung, die eine nachhaltige und schwere Beeinträchtigung der Entwicklung des Kindes befürchten lässt. Sofern diese Feststellung nicht getroffen werden kann, sondern von den Eltern lediglich aufgrund falscher Vorstellungen eine Fehleinschätzung vorgenommen wurde, existieren keine gesetzlichen Sanktionsmöglichkeiten. Gerade eine Tätigkeit in den Medien stellt das Kind aber nicht nur vor erhebliche Schwierigkeiten in Bezug auf die Vereinbarkeit von Schule, sozialen Kontakten und Freizeitaktivitäten, sondern birgt auch die Gefahr der Verletzung geschützter Rechtsgüter. In Betracht kommen hier je nach Einzelfall insbesondere eine Verletzung des allgemeinen Persönlichkeitsrechts (Art. 2 I i. V. m. Art. 1 I GG) durch eine Überschreitung der Grenzen der elterlichen Erziehungsverantwortung[180] und abstrakte Gefahren für das Vermögen des Kindes durch komplexe und teilweise ungeklärte Rechtsfragen z. B. in Bezug auf Kennzeichnungspflichten im digitalen Raum.[181] Zudem verliert das Kind in irreversibler Art und Weise einen Teil seiner Privatsphäre. Auftritte werden regelmäßig aufgezeichnet, weiterverbreitet und somit der Kontrolle des Kindes und seiner Eltern weitestgehend entzogen.

2. Vertragsschluss

Sofern das Kind wirksam von seinen Eltern zu dem Abschluss eines Vertrages ermächtigt worden ist, kommt es für die Begründung eines Vertragsverhältnisses auf einen wirksamen Vertragsschluss zwischen Eltern und Kind an. In Bezug auf den Abschluss eines Vertragsverhältnisses gelten auch im Eltern-Kind-Verhältnis im Grundsatz keine Besonderheiten. Es gelten die Regelungen der allgemeinen Rechtsgeschäftslehre.[182] Insofern kommt auch hier der Vertrag durch zwei inhaltlich korrespondierende Willenserklärungen, Antrag und Annahme, zustande (§§ 145 ff. BGB). Ausgangspunkt der Betrachtung des Vertragsschlusses ist somit die klassische Form der willensabhängigen rechtsgeschäftlichen Vertragsbegründung. Besonderheiten bestehen darin, dass die Eltern und das Kind regelmäßig keinen ausdrücklichen Vertrag schließen werden, sich die Tätigkeit des Kindes mithin auf konklu-

[180] *Alberts*, Die rechtliche Bewertung der Tätigkeit von Influencern, 2021, S. 281 ff.; *Lemmert*, Die Vermarktung des Kindes im Influencer-Marketing, 2022, S. 30 ff.; *Brost*, Das Persönlichkeitsrecht von Minderjährigen, 2016, S. 43, 160 ff.

[181] *Lemmert*, Die Vermarktung des Kindes im Influencer-Marketing, 2022, S. 43 f. Zu den kennzeichnungsrechtlichen Voraussetzungen im Einzelnen *Schonhofen/Detmering*, WRP 2018, 1171, 1172; *Maatz*, Influencer Marketing, 2021, S. 222.

[182] Statt aller *Preis*, in: ErfK, § 611a BGB Rn. 338.

denter Grundlage vollzieht.[183] Grundsätzlich kommen auch willensunabhängige Begründungsansätze in Betracht.[184]

Dass vertragliche Beziehungen auch nach der allgemein anerkannten Rechtsgeschäftslehre konkludent begründet werden können, entspricht der allgemeinen Auffassung.[185] Ein solcher Vertragsschluss ist jedenfalls dann anzunehmen, wenn Leistungen über einen längeren Zeitraum wechselseitig ausgetauscht werden und somit aus dem schlüssigen Verhalten der Vertragsparteien der jeweilige Wille hervortritt.[186] Dieser Befund ist im Rahmen der Beurteilung der Tätigkeit von Kindern in den Medien besonders wichtig, weil der Übergang von bloßer Freizeitbeschäftigung zu nachteiliger Kinderarbeit fließend ist und ein ausdrücklicher Vertragsschluss nur in den wenigsten Fällen vorliegen wird. Häufiger vollzieht sich ein schleichender Professionalisierungsprozess, in dem ggf. sogar ein Elternteil oder beide Eltern ihre jeweilige Berufstätigkeit aufgeben, um sich vollständig auf die Vermarktung des Kindes konzentrieren zu können.

Die Eltern können das Kind zur Abgabe einer entsprechenden Willenserklärung gem. § 113 BGB ermächtigt haben.[187] Das schlüssige Verhalten von Eltern und Kind zur Aufnahme einer rechtsgeschäftlich bindenden Medientätigkeit wird regelmäßig in objektiver Hinsicht die Annahme von Vertragsbeziehungen zulassen. Das Kind wird in einem zeitlich erheblichen Rahmen einer Tätigkeit nachgehen, die im Wesentlichen von seinen Eltern zur Generierung finanzieller Einnahmen gesteuert wird. Ob eine in objektiver Hinsicht durch schlüssiges Verhalten vorliegende Bindung nach dem Willen der Vertragsparteien auch rechtsverbindliche Leistungspflichten auslösen kann, wird nach ganz herrschender Meinung in Literatur und Rechtsprechung nach einem subjektiv orientierten Ansatz beurteilt.[188] Der subjektive Tatbestand der Willenserklärung wird danach in den Handlungswillen, das Erklärungsbewusstsein und den Geschäftswillen aufgegliedert.[189] Von dieser Dreigliederung wird auch hier ausgegangen. Entscheidend ist, welche Anforderungen an die subjektiven Elemente der Willenserklärung im Einzelfall zu stellen sind. In Hinblick auf

---

[183] Im Folgenden werden die Begrifflichkeiten „stillschweigend“ und „konkludent“ synonym verwendet, ohne eine Differenzierung vorzunehmen. Vgl. dazu *Lieb*, Ehegattenmitarbeit, 1970, S. 47, Fn. 25; *von zur Gathen*, Konkludente Willenserklärung, S. 17 f.

[184] Vgl. *Lieb*, Ehegattenmitarbeit, 1970, S. 42 ff.

[185] Vgl. nur BAG, Urt. v. 17.3.2013 – 10 AZR 272/12, NZA 2013, 903, 904; LAG Schleswig-Holstein, Urt. v. 7.8.2018 – 1 Sa 23/18, BeckRS 2018, 27227. Für die übereinstimmende Sichtweise in der Literatur nur *Preis*, in: ErfK, § 611a BGB Rn. 338 m. w. N.

[186] Ausdrücklich BAG, Urt. v. 17.3.2013 – 10 AZR 272/12, NZA 2013, 903, 904.

[187] S. o. 3. Kapitel B. I. 1.

[188] BGH, Urt. v. 22.6.1956 – I ZR 198/54, NJW 1956, 1313; BGH, Urt. v. 17.5.1971 – VII ZR 146/69, NJW 1971, 1404; BGH, Urt. v. 23.7.2015 – III ZR 346/14, NJW 2015, 2880, 2881; *Bork*, in: Staudinger BGB, Vor. §§ 145–156 Rn. 80; *Neuner*, BGB AT, § 28 Rn. 18.

[189] Eingehend *Bartholomeyczik*, in: FS Ficker, S. 51 ff.; *Ilmer*, in: Staudinger BGB, § 116 Rn. 2; *Arnold*, in: Erman BGB, Vor. § 116 Rn. 2; *Stadler*, BGB AT, § 17 Rn. 6; *Köhler*, BGB AT, § 6 Rn. 3. Zu den Tatbestandsmerkmalen der konkludenten Willenserklärung *von zur Gathen*, Konkludente Willenserklärung, S. 75 ff.

das in den Medien tätige Kind wird nämlich deutlich, dass insbesondere das Erklärungsbewusstsein, gerichtet auf den Abschluss vertraglicher Beziehungen mit seinen Eltern, fraglich sein könnte. Denn das Erklärungsbewusstsein muss darauf gerichtet sein, zur Erreichung eines Zwecks rechtlich verbindliche Folgen herbeizuführen. Dies ist durch Auslegung der Erklärung selbst und aller objektiven Umstände, einschließlich des Verhaltens der Vertragsparteien, zu ermitteln.[190] Das beschränkt geschäftsfähige Kind wird sich tatsächlich möglicherweise nicht darüber im Klaren sein, eine rechtsverbindliche Handlung gegenüber seinen Eltern vorzunehmen. Entscheidend ist aber, wie sich das Verhalten nach Treu und Glauben mit Rücksicht auf die Verkehrssitte für einen objektiven Dritten konkret darstellt.[191]

An dem grundsätzlichen Handlungswillen des Kindes kann kein Zweifel bestehen. Denn dieser ist bereits gegeben, wenn der Erklärende willentlich ein Erklärungszeichen setzt, ohne dass eine ziel- und zweckgerichtete Handlung vorliegen muss.[192] Das Kind nimmt die Medientätigkeit bewusst auf und setzt damit ein Erklärungszeichen, gerichtet auf die Weiterführung der Tätigkeit. Im konkreten Einzelfall könnte es aber, zumindest auf Seiten des Kindes, am Erklärungsbewusstsein fehlen. Das Kind beginnt die Medientätigkeit aus einer Neigung heraus. Erst durch Zufall oder nach erheblichem Vermarktungsaufwand wächst die Reichweite, der finanzielle Erfolg und die Prominenz. Die Eltern geben ggf. ihre jeweiligen Arbeitsstellen auf und konzentrieren sich auf die Vermarktung und das Management ihres Kindes.[193] An der Situation des Kindes ändert sich in subjektiver Hinsicht, bis auf den Professionalisierungsgrad und die zeitliche Einbindung, nichts. Insbesondere wird das Kind regelmäßig keine Vergütung für seine Tätigkeit von den Eltern erhalten. In dieser Situation ein kindliches Erklärungsbewusstsein gerichtet auf den Abschluss konkreter Vertragsbeziehungen mit den eigenen Eltern zu sehen, mag zunächst weniger einzuleuchten. Eine entsprechende Zäsur in subjektiver und objektiver Hinsicht besteht jedoch auf Seiten der Eltern. Diese treiben die Medientätigkeit des Kindes in erster Linie voran und verwalten die von Werbepartnern, Produzenten oder Plattformen ausgezahlten Einnahmen. Dies bedeutet indes nicht, dass die Unentgeltlichkeit allein als entscheidendes Kriterium für das Fehlen eines Rechtsbindungswillens zu sehen ist.[194] Dennoch würde ggf. mangels Erklärungs-

---

[190] BGH, Urt. v. 14. 11. 1991 – III ZR 4/91, NJW 1991, 498; BGH, Urt. v. 3. 11. 1983 – III ZR 125/82, NJW 1984, 1533, 1536; BGH, Urt. v. 18. 12. 2008 – IX ZR 12/05, NJW 2009, 1141, 1142.

[191] BGH, Urt. v. 22. 6. 1956 – I ZR 198/54, NJW 1956, 1313; *Olzen*, in: Staudinger BGB, § 241 Rn. 75 ff.

[192] Vgl. nur *Neuner*, BGB AT, § 32 Rn. 1; *Singer*, in: Staudinger BGB, Vorb. §§ 116 ff. Rn. 27.

[193] Vgl. die Beispiele für das Phänomen der Kidfluencer bei *Goantă/Ranchordás*, in: The Regulation of Social Media Influencers, S. 1 ff.; *Wong*, „It's not play if you're making money": how Instagram and YouTube disrupted child labor laws, https://www.theguardian.com/media/2019/apr/24/its-not-play-if-youre-making-money-how-instagram-and-youtube-disrupted-child-labor-laws [zuletzt geprüft am 24. 3. 2024].

[194] So auch schon BGH, Urt. v. 22. 6. 1956 – I ZR 198/54, NJW 1956, 1313.

bewusstseins des Kindes trotz der wirksam erteilten elterlichen Ermächtigung gem. § 113 BGB insgesamt kein wirksames Vertragsverhältnis zustande kommen.[195]

Zu berücksichtigen ist aber, dass das durch seine Eltern nach § 113 BGB wirksam ermächtigte Kind für alle Rechtsgeschäfte, die sich auf die Eingehung, Erfüllung und Beendigung eines Dienst- oder Arbeitsverhältnisses beziehen, unbeschränkt geschäftsfähig wird.[196] Es muss sich daher auch wie eine geschäftsfähige Person behandeln lassen. Maßstab für die Betrachtung der Wirksamkeit einer entsprechenden Willenserklärung ist somit eine geschäftsfähige Person. Sieht eine solche Person, dass ihre Geschäftspartner in den Erfolg der Tätigkeit investieren, muss dieser Person klar sein, dass ihre Mitwirkung rechtsgeschäftliche Bedeutung hat. Im Fall der Medienarbeit des Kindes investieren die Eltern in Erwartung eines wirtschaftlichen Erfolgs erhebliche zeitliche und finanzielle Ressourcen in die Tätigkeit des Kindes. Als für die Eingehung dieser Medienarbeit geschäftsfähige Person ist dem Kind die rechtsgeschäftliche Erheblichkeit seines Verhaltens bewusst. Dies gilt erst recht in Fällen, in denen die Eltern ihre vorherige berufliche Tätigkeit einschränken oder aufgeben. Es liegt damit ein Erklärungsbewusstsein und eine wirksame Willenserklärung vor.

Die Frage, wie die konkludenten Willenserklärungen des Kindes und der Eltern auszulegen sind, richtet sich nach dem objektiven Empfängerhorizont (§§ 133, 157 BGB). Willenserklärungen sind danach zu untersuchen, „wie der Erklärungsempfänger die Erklärung nach Treu und Glauben und mit Rücksicht auf die Verkehrssitte verstehen musste."[197] Ein objektiver Empfänger sieht eine geschäftsfähige Person, die mit ihren Eltern in einer rechtsgeschäftlichen Beziehung steht. Angesichts der erheblichen Investitionen in zeitlicher und finanzieller Hinsicht muss ein objektiver Empfänger das Verhalten der Parteien so verstehen, dass die geschäftsfähige Person sich dauerhaft zu einer Tätigkeit verpflichtet. Die Medientätigkeit des Kindes ist von den Eltern auf Dauer angelegt. Nur durch eine regelmäßige und dauerhafte Medienpräsenz des Kindes ist es den Eltern möglich, einen wirtschaftlichen Gewinn zu erzielen, der hoch genug ist, maßgeblich den Lebensunterhalt der Familie zu unterstützen oder diesen sogar zu sichern. Das Kind verpflichtet sich zur Leistung von Diensten (§§ 611, 611a I BGB) gegenüber seinen Eltern. Die Herbeiführung eines (wirtschaftlichen) Erfolgs der Tätigkeit liegt weder im Einflussbereich des Kindes noch kann nach objektiver Betrachtung davon ausgegangen werden, dass das Kind

[195] So auch *Herberger*, RdA 2021, 273, 274. Zur Frage, ob das Erklärungsbewusstsein als konstitutives Element der Willenserklärung anzusehen ist *Werba*, Willenserklärung ohne Willen, 2005, S. 28 ff.

[196] 3. Kapitel B. I. 1.

[197] BGH, Urt. v. 16.10.2012 – X ZR 37/12, NJW 2013, 598, 599; Urt. v. 18.12.2008 – I ZR 23/06, NJW 2009, 774; 776; Urt. v. 24.2.1988 – VIII ZR 145/87, NJW 1988, 1378, 1379; *Busche*, in: MüKoBGB, § 133 Rn. 12.

ein solches Risiko gegenüber seinen Eltern übernommen hat (§ 631 II BGB).[198] Das Kind hat sich zu der Erbringung der Medientätigkeit verpflichtet. Eine solche dauerhafte Dienstleistung in nicht unerheblichem Umfang ist den Umständen nach nur gegen eine Vergütung zu erwarten (§ 612 BGB).[199] Es liegt somit ein Dienstvertrag vor. Ob es sich hierbei um einen selbstständigen oder unselbstständigen Dienstvertrag handelt, wird unten näher untersucht.[200]

Die Willenserklärungen der Parteien sind auch nicht dahingehend auszulegen, dass das Kind mit seinen Eltern eine Personengesellschaft im Sinne einer konkludenten Familieninnengesellschaft gründen will.[201] Für die Abgabe einer Willenserklärung gerichtet auf die Gründung einer solchen Gesellschaft muss das Kind gem. § 1629 I BGB von den Eltern vertreten werden. Als gesetzlicher Ausschluss der elterlichen Vertretungsmacht ergibt sich aus §§ 1629 II 1, 1824 II, 181 BGB, dass die Eltern das Kind für die Gesellschaftsgründung mit ihnen selbst nicht vertreten können.[202] Die Eltern wirken bei Abschluss des Rechtsgeschäfts sowohl auf der Seite des Kindes als auch auf der eigenen Seite mit, sodass ein unzulässiges Insichgeschäft vorliegt. Dies gilt aufgrund der gemeinschaftlichen Vertretungsbefugnis der Eltern auch in Fällen, in denen nur ein Elternteil an der Gründung beteiligt ist.[203] Für die Gründung einer Familieninnengesellschaft zwischen den Eltern und dem Kind ist somit gem. §§ 1629 II 1, 1824 II, 1809 I BGB die Bestellung eines Ergänzungspflegers erforderlich. Auch der Ergänzungspfleger bedarf nach §§ 1813 I, 1852 Nr. 2 BGB für den Abschluss eines Gesellschaftsvertrags, der zum Betrieb eines Erwerbsgeschäfts eingegangen wird, der betreuungsgerichtlichen Genehmigung.[204] Ein Erwerbsgeschäft liegt im Falle der Gründung einer Personengesellschaft insbesondere dann vor, wenn die Gesellschaft nicht lediglich vermögensverwaltend tätig werden soll.[205] Entscheidend ist die Absicht der Gewinnerzielung.[206] Da die

---

[198] Vgl. zur Abgrenzung zwischen Dienst- und Werkvertrag BGH, Urt. v. 16.7.2002 – X ZR 27/01, NJW 2002, 3323, 3324; am Beispiel von Gutachterverträgen *Plander/Schiek*, RdA 1990, 219, 223.

[199] Zur Frage, ob es sich bei § 612 I BGB um eine Auslegungsregel oder eine Fiktion handelt, *Maties*, in: BeckOGK BGB, Stand: 1.1.2024, § 612 Rn. 5 f. m. w. N.

[200] 3. Kapitel B. I. 3.

[201] Zur in ständiger Rechtsprechung anerkannten Innengesellschaft zwischen Familienangehörigen BGH, Urt. v. 28.10.1959 – IV ZR 91/59, NJW 1960, 428, 429; Urt. v. 26.4.1995 – XII ZR 132/93, NJW 1995, 3383, 3384; Urt. v. 30.6.1999 – XII ZR 230/96, NJW 1999, 2962, 2964; Urt. v. 19.9.2012 – XII ZR 136/10, NJW 2012, 3374, 3375; *Lieb*, Ehegattenmitarbeit, S. 185 ff.; *Hahn*, in: BeckOK BGB, Stand: 1.2.2024, § 1356 Rn. 24 m. w. N.

[202] *Coester-Waltjen*, Familienrecht, 2020, § 63 Rn. 29; *Reimann*, DNotZ 1999, 179, 182 f.; *Veit*, in: BeckOK BGB, Stand: 1.1.2023, § 1629 Rn. 43; *Bürger*, RNotZ 2006, 156, 158; *Nagel*, Familiengesellschaft und elterliche Gewalt, 1968, S. 31.

[203] *Bürger*, RNotZ 2006, 156, 158; *Reimann*, DNotZ 1999, 179, 183.

[204] *Veit*, in: BeckOK BGB, Stand: 1.1.2023, § 1629 Rn. 45; *Bürger*, RNotZ 2006, 156, 158.

[205] OLG Zweibrücken, Beschl. v. 14.1.1999 – 3 W 253/98, NJW-RR 1999, 1174, 1175 f.; BayObLG, Beschl. v. 5.3.1997 – 1Z BR 210/96, NJW-RR 1997, 1163 f.; LG Münster, Beschl.

Eltern mit der Tätigkeit des Kindes wirtschaftliche Gewinne erzielen wollen, läge eine Gewinnabsicht der Familieninnengesellschaft vor. Der Ergänzungspfleger bedürfte somit der Genehmigung des Betreuungsgerichts. Das Gericht hätte die Entscheidung unter Abwägung der wirtschaftlichen Vorteile und Risiken für das Kind zu treffen.[207] Aufgrund der bereits beschriebenen erheblichen Risiken für das Kind[208], würde das Betreuungsgericht die Genehmigung für den Abschluss eines Gesellschaftsvertrags des Ergänzungspflegers mit den Eltern im Regelfall jedoch nicht erteilen. Damit kann insgesamt nicht davon ausgegangen werden, dass der Wille der Beteiligten dahin geht, eine Familieninnengesellschaft zu gründen.

3. Medientätigkeit als Dienstverhältnis zwischen Eltern und Kind

Liegen die Voraussetzungen für einen wirksamen Vertragsschluss zwischen Eltern und Kind vor, stellt sich die Frage, wie dieses Vertragsverhältnis im Einzelnen einzuordnen ist. Im Folgenden soll daher beleuchtet werden, ob das konkludent zustande gekommene Vertragsverhältnis zwischen den Eltern und ihrem in den Medien tätigen Kind als selbstständiger oder unselbstständiger Dienstvertrag zu qualifizieren ist. Im Mittelpunkt der Betrachtung steht die Frage, ob und inwieweit das Kind als Arbeitnehmer seiner Eltern angesehen werden kann und welche Konsequenzen sich aus dieser Einordnung ergeben.

a) Arbeitnehmereigenschaft des Kindes

aa) Ausgangspunkt: Legaldefinition in § 611a I BGB

Ausgangspunkt für die Betrachtung arbeitsvertraglicher Vertragsbeziehungen ist die Legaldefinition in § 611a I BGB. In Übereinstimmung mit der vor Einführung des § 611a I BGB von Rechtsprechung und Literatur anerkannten Begriffsdefinition ist Arbeitnehmer, wer aufgrund eines privatrechtlichen Vertrags im Dienste eines anderen zur Leistung weisungsgebundener, fremdbestimmter Arbeit in persönlicher Abhängigkeit verpflichtet ist.[209] Auch mit § 611a I BGB[210] enthält das Gesetz allerdings keine trennscharfe Definition des Arbeitsvertrags, sodass die Arbeitneh-

v. 18.7.1996 – 5 T 383/96, FamRZ 1997, 842; *Kadelbach*, in: BeckOK BGB, Stand: 1.2. 2024, § 1852 Rn. 4; *Kroll-Ludwigs*, in: MüKoBGB, § 1852 Rn. 17.

[206] RG, Urt. v. 12.5.1931 – II 294/30, RGZ 133, 7, 11; *Kadelbach*, in: BeckOK BGB, Stand: 1.2.2024, § 1852 Rn. 3.

[207] *Kroll-Ludwigs*, in: MüKoBGB, § 1852 Rn. 27 m.w.N.

[208] 3. Kapitel B. I. 1. b) cc).

[209] Definitionsprägend *Hueck/Nipperdey*, Arbeitsrecht, 1963, S. 34f.; *Nikisch*, Arbeitsrecht I, 1961, S. 91ff. Ebenso BAG, Urt. v. 15.3.1978 – 5 AZR 819/76, BAGE 30, 163; Beschl. v. 21.2.2017 – 1 ABR 62/12, NZA 2017, 662.

[210] Gesetz zur Änderung des Arbeitnehmerüberlassungsgesetzes und anderer Gesetze vom 21.2.2017, BGBl. 2017 I, S. 261.

mereigenschaft nach wie vor anhand von Hilfsindizien im Einzelfall begründet werden muss.[211] Die zentrale Begrifflichkeit zur Abgrenzung des Arbeitsvertrages von insbesondere dem freien Dienstvertrag ist die persönliche Abhängigkeit der Tätigkeit (§ 611a I 1 BGB). Bei dieser handelt es sich allerdings um einen lediglich rechtstechnischen Oberbegriff, der das für ein Arbeitsverhältnis typische Abhängigkeitsverhältnis konkretisiert.[212] Die Qualifikation als Arbeitnehmer ergibt sich im Einzelfall aus einer Gesamtbetrachtung aller Umstände (§ 611a I 5 BGB) unter Berücksichtigung der in S. 1 bis S. 3 genannten Kriterien.[213] Statt einer freien Tätigkeitsbestimmung ist die Einbindung in eine fremde Arbeitsorganisation als Merkmal für das Vorliegen eines Arbeitsvertrages entscheidend. Indizien für eine solche Einbindung sind insbesondere die Weisungsbindung und die Fremdbestimmtheit.[214] Auf die Bestimmung des Vertrages durch die Vertragsparteien kommt es gem. § 611a I 6 BGB nicht an. Fehlt eine ausdrückliche Vereinbarung, können von der tatsächlichen Vertragsdurchführung Rückschlüsse auf den Willen der Parteien gezogen werden.[215]

bb) Weisungsbindung als zentrales Bestimmungskriterium

Zentral für die Bestimmung der persönlichen Abhängigkeit ist das Merkmal der Weisungsbindung. Aus § 611a I 3 BGB ergibt sich die umgekehrte Anwendung der Begriffsdefinition der Selbstständigkeit des Handelsvertreters (§ 84 I 2 HGB). Weisungsgebunden ist danach, wer nicht im Wesentlichen frei seine Tätigkeit gestalten und seine Arbeitszeit bestimmen kann. Die herausragende Bedeutung dieses Begriffs für den Arbeitsvertrag wird bereits durch die Häufigkeit der gesetzlichen Erwähnung in § 611a I BGB deutlich. Auch die Rechtsprechung sieht die Weisungsbindung hinsichtlich Zeit, Ort, Inhalt und Durchführung (§ 106 S. 1 GewO) des Vertragsverhältnisses als starkes Indiz für eine – in Abgrenzung von einer freien Tätigkeitsbestimmung – Einbindung in eine fremde Arbeitsorganisation und mithin für eine persönliche Abhängigkeit.[216] Unabhängig davon, ob man die persönliche Abhängigkeit als Synonym für die Weisungsbindung verstehen will,[217] lässt sich

---

[211] BAG, Urt. v. 15.3.1978 – 5 AZR 819/76, BAGE 30, 163; *Preis*, in: ErfK, § 611a Rn. 9 f.; *Thüsing*, in: HWK, § 611a Rn. 26; *Hromadka*, NZA 2018, 1583, 1586.

[212] BAG, Urt. v. 1.12.2020 – 9 AZR 102/20, NZA 2021, 552, 555; *Preis*, in: APS, Grundlagen C. Rn. 14; *Preis*, in: ErfK, § 611a Rn. 33; *Thüsing*, in: HWK, § 611a Rn. 26. Für einen Überblick über den Meinungsstand nach Einführung des § 611a BGB *Reinecke*, AuR 2019, 55.

[213] *Preis*, in: APS, Grundlagen C. Rn. 14; *Hromadka*, NZA 2018, 1583, 1586; *Spinner*, in: MüKoBGB, § 611a Rn. 88 m. w. N.

[214] BAG, Urt. v. 30.11.1994 – 5 AZR 704/93, NZA 1995, 622, 623.

[215] So etwa BAG, Beschl. v. 6.11.2013 – 7 ABR 76/11, NZA 2014, 678, 679 f.

[216] St. Rsp. BAG, Urt. v. 1.12.2020 – 9 AZR 102/20, NZA 2021, 552, 556 f.; Urt. v. 31.7.2014 – 2 AZR 422/13, NZA 2015, 101, 102; Urt. v. 30.11.1994 – 5 AZR 704/93, NZA 1995, 622 f.

[217] *Wank*, AuR 2017, 140, 143.

zumindest feststellen, dass aus der Weisungsbindung im Regelfall auch die persönliche Abhängigkeit folgt.[218] Indes ist die bloße Existenz eines Weisungsrechts noch kein konstitutives Merkmal für die Entstehung eines Arbeitsverhältnisses. Denn auch Auftraggeber und Besteller können ihren jeweiligen Vertragspartnern Weisungen in Bezug auf die konkret vereinbarte Tätigkeit erteilen.[219] Dies ergibt sich unmittelbar z.B. aus §§ 645, 665 BGB. Auch ist es nicht erforderlich, dass ein Weisungsrecht hinsichtlich aller genannten Kriterien besteht.[220] Entscheidend ist, dass die Ausübung des Weisungsrechts dazu führt, dass der Verpflichtete „im Wesentlichen" nicht mehr frei ist, mithin stärkere Gründe für die Abhängigkeit als für die Selbstständigkeit sprechen.[221]

(1) Elterliches Sorgerecht als dem Direktionsrecht entgegenstehendes Rechtsinstitut

Der Weisungsbindung als zentrales Merkmal zur Bestimmung arbeitsvertraglicher Beziehungen könnte es allerding im Eltern-Kind-Verhältnis an Aussagekraft fehlen. Dies wäre dann der Fall, wenn sich bereits aus dem Inhalt der elterlichen Sorge Kriterien ergeben würden, die mit dem arbeitsvertraglichen Direktionsrecht vergleichbar wären. Wenn sich bereits aus familienrechtlichen Grundsätzen ein dem arbeitsrechtlichen Weisungsrecht vergleichbares Recht der Eltern ergibt, wäre die Weisungsbindung des Kindes ggf. nicht mehr als maßgebliches Element zur Bestimmung eines Arbeitsvertrages zu sehen.

Ausgangspunkt der Betrachtung des elterlichen Sorgerechts ist § 1626 BGB. Nach § 1626 I 2 BGB umfasst das Sorgerecht sowohl die Sorge für die Person des Kindes (Personensorge) als auch das Vermögen des Kindes (Vermögenssorge). Aus der systematischen Stellung von § 1631a BGB als Teil des fünften Titels wird deutlich, dass auch Ausbildung und Beruf von der elterlichen Sorge umfasst sind. Diese umfasst im Zusammenhang mit § 1626 II BGB insbesondere die Wahl des Berufes unter Berücksichtigung von Eignung und Neigung des Kindes.[222] Die elterliche Sorge betrifft somit nicht nur eine Pflicht zur Beratung mit dem Kind im Vorfeld von dessen eigener Berufswahl, sondern das ausdrückliche Recht, über die Berufswahl des Kindes seitens der Eltern als Ausdruck der Personensorge zu ent-

---

[218] BAG, Urt. v. 1.12.2020 – 9 AZR 102/20, NZA 2021, 552, 555 f.; *Maties*, in: BeckOGK BGB, Stand: 1.1.2024, § 611a Rn. 107; *Preis*, in: ErfK, § 611a Rn. 34. So sah auch der erste Referentenentwurf noch das Vorliegen von Weisungsbindung und Betriebseingliederung als Voraussetzung für die Annahme der persönlichen Abhängigkeit vor, https://www.bmas.de/SharedDocs/Downloads/DE/Gesetze/Referentenentwuerfe/ref-aug-werk.pdf?__blob=publicationFile&v=2 [zuletzt geprüft am 24.3.2024], S. 14.

[219] BAG, Urt. v. 18.1.2012 – 7 AZR 723/10, NZA-RR 2012, 455, 459; *Preis*, in: APS, § 611a Rn. 33; *Hromadka*, NZA 2018, 1583, 1585.

[220] *Preis*, in: ErfK, § 611a Rn. 36.

[221] *Maties*, in: BeckOGK BGB, Stand: 1.1.2024, § 611a Rn. 119; *Wank*, AuR 2017, 140, 148.

[222] *Huber*, in: MüKoBGB, § 1631a Rn. 1. Eingehend zur Rücksichtnahme auf Eignung und Neigung s.o. 3. Kapitel B. I. 1. b) cc).

scheiden.[223] Angesichts dieser Konzeption könnte sich bei einem Arbeitsvertragsverhältnis zwischen Eltern und Kind bereits aus der elterlichen Sorge ein Weisungsrecht der Eltern in Hinblick auf die Ausgestaltung der arbeitsvertraglichen Beziehung ergeben. Für diese Auffassung spricht der nicht abschließende Charakter („insbesondere") der in § 1631 I BGB genannten Fallgruppen des Inhalts der Personensorge. Gegen ein solches Weisungsrecht lässt sich hingegen der Schutzzweck der elterlichen Sorge einwenden. Denn das durch das SorgeRG[224] verankerte Leitbild der elterlichen Sorge verdeutlicht den Übergang von einem Über-Unterordnungsverhältnis zu einem konsensorientierten Verständnis der Eltern-Kind-Beziehungen.[225] Entscheidender Gedanke dieser Konsensorientierung ist die Erziehung des Kindes zu einer selbstständigen Persönlichkeit.[226] Sofern aber eine solche Erziehung des Kindes schon gesetzliches Leitbild der Personensorge ist, kann diese nicht für die Begründung eines Weisungsrechts, welches dem Rahmen des Arbeitsverhältnisses entsprechen würde, dienen. Im Rahmen wirksamer arbeitsrechtlicher Beziehungen fungieren die Eltern als Arbeitgeber ihres Kindes. Als solche steht für sie nicht mehr die pädagogische Erziehung des Kindes, sondern der wirtschaftliche Erfolg im Vordergrund. Die Eltern nehmen insofern eine Doppelrolle ein, in der sie sowohl die Personensorge für das Kind als auch die arbeitsrechtlichen Vorgaben zu beachten haben. Angesichts dieser unterschiedlichen Zwecksetzung ist es daher geboten, familien- und arbeitsrechtliche Rechtsinstitute streng auseinanderzuhalten. Somit kann die Weisungsbindung auch im Eltern-Kind-Verhältnis als Abgrenzungskriterium dienen.

(2) Weisungsbindung in zeitlicher Hinsicht

Ein entscheidendes Merkmal zur Bestimmung der Arbeitnehmereigenschaft ist eine Weisungsbindung in zeitlicher Hinsicht. Aus § 611a I 3 BGB ergibt sich, dass derjenige weisungsgebunden ist, der seine Tätigkeit nicht im Wesentlichen frei gestalten und seine Arbeitszeit bestimmen kann. Eine zeitliche Weisungsbindung liegt dann vor, wenn der zur Entgegennahme der Leistung Berechtigte die Dauer und zeitliche Lage der zu erbringenden Leistung nach der arbeitsvertraglichen Vereinbarung bestimmen kann.[227] Indizien für eine solche Weisungsbindung sind die Einordnung in Organisations- und Produktionspläne sowie die Unterordnung unter

[223] *Huber*, in: MüKoBGB, § 1631a Rn. 1; *Amend-Traut/Bongartz*, in: BeckOGK BGB, Stand: 1.12.2023, § 1626 Rn. 136. Zur Frage, ob die Bestimmung der Ausbildungs- und Berufswahl im Einzelfall der Personen- oder der Vermögenssorge zuzuordnen ist *Lettmaier*, in: Staudinger BGB, § 1626 Rn. 203.

[224] Gesetz zur Neuregelung der elterlichen Sorge vom 18. Juli 1979, BGBl. 1979 I, S. 1061.

[225] *Amend-Traut/Bongartz*, in: BeckOGK BGB, Stand: 1.12.2023, § 1626 Rn. 173.

[226] Vgl. zuletzt etwa OLG Celle, Urt. v. 19.2.2020 – 14 U 69/19, NJW-RR 2020, 407, 408; *Lettmaier*, in: Staudinger BGB, § 1626 Rn. 201; *Amend-Traut/Bongartz*, in: BeckOGK BGB, Stand: 1.12.2023, § 1626 Rn 104.

[227] *Preis*, in: ErfK, § 611a Rn. 37.

und die Arbeitskontrolle durch eine übergeordnete Instanz.[228] Hinsichtlich der hier in den Blick genommenen Konstellationen ist mit dieser Definition der zeitlichen Weisungsbindung allerdings wenig gewonnen. Denn im Eltern-Kind-Verhältnis wird regelmäßig gerade keine Vereinbarung über den zeitlichen Umfang der Tätigkeit vorliegen. Sowohl im Influencer-Marketing als auch in klassischen Film- und Fernsehproduktionen wird das Kind projektbezogen für einzelne Produktionen eingesetzt und unterliegt lediglich im Rahmen dieser konkreten Projekte zeitlichen Vorgaben in Form von z. B. Drehplänen. Die Eltern steuern und koordinieren auch jenseits der konkreten Projektdurchführung die (Dreh-)Termine, Produktplatzierungen und Werbekontakte. Sobald das Kind im Rahmen eines solchen Projektes eingesetzt wird, unterliegt es der zeitlichen Weisungsbindung durch seine Eltern. Außerhalb der projektbezogenen Tätigkeit unterliegt das Kind hingegen einer solchen Bindung nicht. Die Fremdbestimmtheit und damit die Weisungsbindung ergibt sich erst aus den Verpflichtungen, die durch die Professionalisierung der Tätigkeit durch die Eltern entstehen. Das Bundesarbeitsgericht sieht allerdings eine zeitliche Weisungsbindung schon als gegeben an, wenn dem jeweiligen Mitarbeiter Arbeitszeiten fremdbestimmt zugewiesen werden, letztlich also eine ständige Dienstbereitschaft vorliegt.[229] Gerade eine solche Zuweisung von Arbeitszeit besteht hier. Dem Kind werden seitens der Eltern konkrete zeitliche Vorgaben gesetzt, innerhalb derer das Kind z. B. einen Beitrag in sozialen Netzwerken veröffentlichen oder einen Dreh absolvieren muss. Eine solche fremdbestimmte Zuweisung von Arbeitszeit erfordert für das Kind im Grundsatz eine ständige Bereitschaft, sofort die Arbeit aufzunehmen. Dies gilt insbesondere für den Bereich des Influencer-Marketings, da hier typischerweise in einer hohen zeitlichen Taktung Inhalte produziert werden. Diese Zeitzuweisung und die damit verbundene Dienstbereitschaft stellen ein starkes Indiz für eine zeitliche Weisungsbindung durch die Eltern dar.

Die Tätigkeit von Kindern in den Medien wird sich allerdings nach der Durchführung des Vertragsverhältnisses weder als Arbeitsbereitschaft noch als Bereitschaftsdienst oder Rufbereitschaft darstellen.[230] Vielmehr handelt es sich in diesen Fällen um Arbeit auf Abruf. Denn die projektbezogene Tätigkeit in Film-, Fernseh- und Theaterproduktionen oder das Auftreten im Rahmen von Werbepostings im Influencer-Marketing ist abhängig von konkreten Engagements und Werbeverträgen. Das Kind befindet sich gerade nicht in einem Zustand dauernder wacher Achtsamkeit (Arbeitsbereitschaft)[231], sondern wird erst auf Abruf durch die Eltern tätig. Diese informieren das Kind über entsprechende Projekte und organisieren den Ablauf. Das Kind hat sich dazu auch nicht an einer bestimmten, von den Eltern festgelegten Stelle aufzuhalten (Bereitschaftsdienst), sondern kann seinen Alltag jenseits konkreter Projekte im Wesentlichen frei gestalten. Eine über die reguläre

---

[228] BAG, Urt. v. 16.7.1997 – 5 AZR 312/96, NZA 1998, 368, 369; Urt. v. 1.12.2020 – 9 ZR 102/20, NZA 2021, 552, 555 ff.

[229] BAG, Urt. v. 14.3.2007 – 5 AZR 499/06, NZA-RR 2007, 424, 427.

[230] Vgl. unten 3. Kapitel, B. I. 3. c) bb).

[231] BAG, Urt. v. 17.7.2008 – 6 AZR 505/07, NJOZ 2008, 4607, 4610.

Arbeitsleistung hinausgehende Rufbereitschaft lässt sich in diesen Konstellationen ebenfalls nicht erkennen. Die zwischen Eltern und Kind nach der tatsächlichen Durchführung des Vertragsverhältnisses vereinbarte Arbeitszeit bewegt sich im Rahmen der konkreten projektbezogenen Tätigkeit. An die jeweiligen Weisungen ist das Kind auch gebunden. Die Medientätigkeit stellt die wirtschaftliche Grundlage der gesamten Familie dar. Damit bleibt dem Kind faktisch keine andere Wahl, als die von den Eltern vorgegebenen Dreh- und Ablaufpläne zu befolgen. Das Kind leistet weisungsgebundene Abrufarbeit.[232]

(3) Weisungsbindung in örtlicher Hinsicht

Ein weiteres Kriterium für die Bestimmung der Arbeitnehmereigenschaft ist nach § 611a I 2 BGB die Weisungsbindung in örtlicher Hinsicht. Wer die geschuldeten Dienste an einem bestimmten Ort erbringen muss, den er nicht selbst bestimmen kann, ist in der Regel als Arbeitnehmer anzusehen.[233] Im Falle mangelnder ausdrücklicher Vereinbarungen in Bezug auf den Ort der zu erbringenden Arbeitsleistung ist dieser durch Auslegung der Umstände des Einzelfalls und der Natur des Arbeitsverhältnisses zu ermitteln.[234] Im Fall der Medientätigkeit von Kindern besteht zumindest hinsichtlich der Mitwirkung in Film- und Fernsehproduktionen eine entsprechende Weisungsbindung. Die Leistungserbringung ist in diesen Fällen regelmäßig an den jeweiligen Produktionsort gebunden. Gleiches gilt für Auftritte in Theatervorstellungen. Auch in diesem Fall kann die zu erbringende Schauspielleistung ausschließlich auf der jeweiligen Bühne erbracht werden.[235] Schwieriger gestaltet sich die Abgrenzung in Hinblick auf eine Tätigkeit im Influencer-Marketing in den Fällen, in denen allein das Kind den Aufnahmeort wählt. Aus der Natur der Tätigkeit ergibt sich, dass diese vielfach ortsungebunden erfolgen kann. Zwingend notwendig sind ausschließlich ein mobiles Endgerät und ein Internetzugang.[236] In bestimmten Situationen kann die Produktion einzelner Postings je nach beworbenem Produkt und Inhalt außerhalb der elterlichen Wohnung sogar geboten sein. Abgestellt werden kann insofern lediglich auf die Weisung, einen für das konkrete Posting geeigneten Aufenthaltsort zu wählen. Eine solche Bindung in Hinblick auf einen geeigneten Ort weist jedenfalls gegenüber der Bindung an einen konkret umgrenzten Arbeitsort ein erheblich geringeres Gewicht auf. Im Ergebnis kann eine schwache

---

[232] Dazu ausführlich unten 3. Kapitel B. I. 3. c) bb).

[233] BAG, Urt. v. 13.1.1983 – 5 AZR 149/82, NJW 1984, 1985, 1986 ff.; *Preis*, in: ErfK, § 611a Rn. 39.

[234] BAG, Urt. v. 29.10.1997 – 5 AZR 573/96, NZA 1998, 329 f.; *Joussen*, in: BeckOK ArbR, Stand: 1.12.2023, § 611a BGB Rn. 398; *Maties*, in: BeckOGK BGB, Stand: 1.1.2024, § 611a Rn. 786.

[235] Vgl. für die Arbeitnehmereigenschaft eines als „freier Mitarbeiter" bezeichneten Musikers, der fest in einen Orchesterbetrieb eingegliedert ist, BAG, Urt. v. 3.10.1975 – 5 AZR 427/74, AP BGB § 611 Abhängigkeit Nr. 16.

[236] Für den eSport vgl. *Francken/Nothelfer/Schlotthauer*, NZA 2019, 865, 866 ff.

örtliche Weisungsbindung somit gegen eine Arbeitnehmereigenschaft des Kindes sprechen.

(4) Weisungsbindung in fachlicher Hinsicht

Auch die fachliche Weisungsbindung ist ein typisches Merkmal weisungsgebundener Tätigkeit.[237] Im Rahmen seines Direktionsrechts kann der Arbeitgeber nach § 106 S. 1 GewO die Art der konkreten Tätigkeit bestimmen und fachliche Weisungen erteilen. Gerade im Rahmen einer Tätigkeit in den Medien, die sich naturgemäß durch ein hohes Maß an Individualität auszeichnet, kann das tatsächliche Bestehen einer solchen fachlichen Weisungsbindung fraglich sein. Teilweise kann das Kind sowohl bei Film- und Fernsehproduktionen als auch im Influencer-Marketing hinsichtlich der inhaltlichen Ausgestaltung weitestgehend selbstbestimmt tätig sein. Grenzen dieser freien Tätigkeitsausübung sind zum einen konkrete Anforderungen von Werbepartnern und Präferenzen der Zuschauer und zum anderen Dreh- und Produktionspläne der jeweiligen Produzenten. In diesem Rahmen besteht aber zumindest die rechtliche Möglichkeit der fachlichen Weisung seitens der Eltern. Diese überblicken die Anforderungen z.B. an einen bestimmten Werbepost und werden zumindest dann intervenieren, wenn die von dem Kind ggf. erdachte Umsetzung diesen Anforderungen nicht entspricht. Das grundsätzliche Vertrauen auf die fachgerechte Leistungserbringung kann aber die Weisungsbindung nicht gänzlich entfallen lassen, sondern höchstens lockern.[238] Dieser Befund resultiert auch aus dem Vergleich mit solchen Tätigkeiten, die eine besondere fachliche Qualifikation benötigen. So unterliegen auch ein Chefarzt und ein vertraglich mit Forschungsaufgaben beauftragter Wissenschaftler aufgrund mangelnder Sachkenntnis des Arbeitgebers zwar keiner explizit fachlichen Bindung.[239] Jedoch bestehen aufgrund der Einbindung in den jeweiligen Betriebsablauf inhaltliche Grenzen, die sich in der Möglichkeit der jederzeitigen fachlichen Weisung, z.B. bezogen auf einen bestimmten Arbeitsbereich, realisieren. Auch und insbesondere in Arbeitsverhältnissen zwischen Familienangehörigen spricht die Tatsache, dass die fachliche Abhängigkeit, aufgrund der untereinander bestehenden familiären Beziehungen regelmäßig allgemein weniger stark ausgeprägt ist, nicht von vornherein gegen das Vorliegen einer Weisungsbindung.[240] Auch hier besteht jederzeit die Möglichkeit des Einschreitens der Eltern aus betrieblich veranlassten Gründen.

Festzuhalten ist daher, dass die inhaltliche Weisungsbindung im Rahmen einer Medientätigkeit im Eltern-Kind-Verhältnis zwar herabgesetzt sein kann, allerdings

---

[237] *Preis*, in: ErfK, § 611a Rn. 40.

[238] *Hromadka*, NZA 1997, 569, 576; *Preis*, in: ErfK, § 611a Rn. 40. Zur Weisungsbindung von Filmschauspielern *Pallasch*, RdA 2019, 61, 62.

[239] Chefarzt: BAG, Beschl. v. 22.11.2016 – 9 AZB 41/16, NZA 2017, 581, 584. Wissenschaftler: BAG, Urt. v. 8.2.1962 – 2 AZR 252/60, AP BGB § 611 Erfinder Nr. 1.

[240] Vgl. für Ehegattenarbeitsverhältnisse LAG Baden-Württemberg, Urt. v. 24.6.1975 – 7 Sa 22/75, AuR 1976, 187; BSG, Urt. v. 21.4.1993 – 11 RAr 67/92, NJW 1994, 341; *Schulz*, NZA 2010, 75; *Preis*, in: ErfK, § 611a Rn. 143f.

nicht vollständig entfallen dürfte. Das Kind unterliegt grundsätzlich bei konkreten Tätigkeitsausübung der fachlichen Weisungsbindung seiner Eltern.

(5) Zwischenfazit

Die Weisungsbindung als zentrales Kriterium für die Bestimmung der Arbeitnehmereigenschaft lässt sich auch für die Tätigkeit von Kindern in den Medien grundsätzlich heranziehen. Gerade im Rahmen familiärer Beziehungen und aufgrund der Eigenart der Medientätigkeit sind allerdings Besonderheiten zu beachten. Die Einbindung des Kindes in den von den Eltern gesteuerten Betriebsablauf setzt der freien Gestaltung der produzierten Inhalte in fachlicher Hinsicht Grenzen. Soweit im Einzelfall eine örtliche Ungebundenheit besteht, kann dies ein Indiz gegen die Weisungsbindung sein. Maßgeblich jedoch ist die zeitliche Weisungsbindung des Kindes. Aufgrund der Tatsache, dass letztlich die Eltern den zeitlichen Rahmen für die Medientätigkeit vorgeben können, ist im Regelfall ein Arbeitsverhältnis mit den Eltern festzustellen.

cc) Vereinbarung einer Vergütung

Ob eine Vergütungspflicht gem. § 611a II BGB besteht, richtet sich nach § 612 I BGB. Danach ist maßgeblich, ob die Dienstleistung den Umständen nach nur gegen eine Vergütung zu erwarten ist. So hat bereits das LAG Frankfurt am Main im Jahre 1928 eine Mitarbeit des Kindes auf vertraglicher Grundlage gesehen, „wenn die Dienste des Kindes unter erheblicher Schmälerung seiner Verdienstmöglichkeiten in so großem Umfang in Anspruch genommen werden, daß die Leistung der Dienste ohne Vergütung nicht gewollt sein kann.“[241] Teilweise wird vertreten, dass gerade in familiären Rechtsverhältnissen das Vorliegen einer Vergütung neben der Weisungsgebundenheit das entscheidende Kriterium zur Abgrenzung von einer Mitarbeit auf rein familienrechtlicher Grundlage darstellen soll.[242] Doch findet in familiären Rechtsverhältnissen eine ausdrückliche Vergütungsleistung nicht immer statt. Vielmehr wird im Eltern-Kind-Verhältnis häufig eine Vergütung in Gestalt von Sachleistungen, Unterhalt oder Taschengeld gewährt. Eine solche Vergütung soll keinen Schluss zugunsten arbeitsvertraglicher Beziehungen zulassen.[243] Für die Abgrenzung wesentlich sollen daher nur solche Zuwendungen sein, die den fremden Arbeitnehmern normalerweise gewährten Leistungen gleichen.[244]

---

[241] LAG Frankfurt am Main, Urt. v. 28.5.1928 – 26 I S 73/28, Bensheimer Sammlung, Bd. 3, 114, 117.

[242] Vgl. *Baumgärtner*, in: BeckOK BGB, Stand: 1.2.2024, § 611a Rn. 19, der auf die Rechtsprechung des Bundessozialgerichts zum Sozialversicherungsrecht abstellt und auf BSG, Urt. v. 5.4.1956 – 3 RK 65/55, NJW 1957, 155, 157, verweist.

[243] *Fenn*, Die Mitarbeit in den Diensten Familienangehöriger, 1970, S. 443 f.

[244] *Fenn*, Die Mitarbeit in den Diensten Familienangehöriger, 1970, S. 444.

Ob die Leistung einer angemessenen Vergütung für das Vorliegen eines Arbeitsverhältnisses spricht, kann hier dahinstehen. Jedenfalls kann nicht im Umkehrschluss davon ausgegangen werden, dass im Falle des Fehlens einer mit fremden Arbeitnehmern vergleichbaren Vergütung von vornherein kein Arbeitsverhältnis im Eltern-Kind-Verhältnis vorliegt.[245] Dem Dienstverpflichteten darf kein Nachteil daraus entstehen, dass der Dienstberechtigte ihm kein Entgelt zahlt.[246] Im Gegenteil ist der Arbeitgeber gem. §§ 611a II , 612 BGB zur Vergütung verpflichtet. Welche Vergütungsansprüche das Kind bei Vorliegen der arbeitsvertraglichen Voraussetzungen konkret gegen seine Eltern zustehen, ist eine Frage der Rechtsfolge und wird als solche unten eingehend erläutert.[247]

dd) Gesamtbetrachtung der Arbeitnehmereigenschaft

Aus § 611a I 5 BGB ergibt sich, dass die Feststellung, ob ein Arbeitsvertrag vorliegt, von einer Gesamtbetrachtung aller Umstände des Einzelfalls abhängen soll. Diese Regelung entspricht einer Kodifizierung der bisherigen Rechtsprechung.[248] Eine solche Gesamtbetrachtung ist gerade im Eltern-Kind-Verhältnis aufgrund der familiären Verbundenheit und der erst mit zunehmendem Alter anzunehmenden Selbstständigkeit des Kindes von besonderer Bedeutung. Eine Untersuchung der Gesamtumstände der jeweiligen Tätigkeit ermöglicht die Annahme einer Arbeitnehmereigenschaft auch in Fällen, in denen eine geringe Weisungsdichte besteht.[249] Die Weisungsbindung ist im Eltern-Kind-Verhältnis je nach konkreter Tätigkeit unterschiedlich stark ausgeprägt, sodass anhand dieses Kriteriums keine einheitliche Beurteilung erfolgen kann. Während sich das Kind im Rahmen von Film- und Fernsehdrehs und als Darsteller in der Werbung an Drehpläne und -bücher zu halten hat und somit einer starken inhaltlichen und zeitlichen Bindung unterliegt, kann es die Tätigkeit als Kidfluencer in sozialen Netzwerken unter Umständen weitestgehend weisungsfrei gestalten. Doch auch hier besteht zumindest die Möglichkeit der jederzeitigen Weisungsausübung durch die Eltern. Diese ermöglichen dem Kind durch ihre organisatorisch geprägte Tätigkeit als Manager und Organisatoren erst ein Auftreten in den Medien.

---

[245] So für Ehegattenarbeitsverhältnisse BSG, Urt. v. 21.4.1993 – 11 RAr 67/92, NJW 1994, 341 f.

[246] So auch *Maties*, in: BeckOGK BGB, Stand: 1.1.2024, § 611a Rn. 45.

[247] S.u. 3. Kapitel B. I. 3. c).

[248] BAG, Urt. v. 15.3.1978 – 5 AZR 819/76, AP BGB § 611 Abhängigkeit Nr. 26; BAG, Urt. v. 17.5.1978 – 5 AZR 580/77, AP BGB § 611 Abhängigkeit Nr. 28; BAG, Urt. v. 11.8. 2015 – 9 AZR 98/14, NZA-RR 2016, 288, 289.

[249] *Maties*, in: BeckOGK BGB, Stand: 1.1.2024, § 611a Rn. 121.

(1) Die typisierende Betrachtung von Medienmitarbeitern als im Einzelfall untaugliche Abgrenzungsmethode

Maßgeblich für die Beurteilung einer Tätigkeit von Erwachsenen in den Medien ist nach der Rechtsprechung eine Abgrenzung zwischen programmgestaltenden und nicht programmgestaltenden Personen.[250] Unterschieden werden müsse in Anwendung dieses Abgrenzungskriteriums zwischen einem journalistisch-schöpferischen oder künstlerischen Teil und einem technisch-verwaltenden Teil. Zweck dieser Abgrenzung ist die Berücksichtigung der grundrechtlich geschützten Rundfunkfreiheit aus Art. 5 I 2 Alt. 2 GG.[251] Aufgrund ihrer kreativen Freiheit weisen programmgestaltende Personen regelmäßig einen geringeren Grad an inhaltlichen und zeitlichen Vorgaben auf als nicht mit der Programmgestaltung befasste Personen. Aber auch programmgestaltende Personen sind in gewissem Umfang an organisatorische und fachliche Vorgaben gebunden. Das Vorliegen solcher Vorgaben spricht also nicht von vornherein für die Arbeitnehmereigenschaft. Insbesondere bei einer Heranziehung in nicht unerheblichem Umfang durch den Arbeitgeber in einer Art ständigen Dienstbereitschaft sei trotz der programmgestaltenden Freiheit die Arbeitnehmereigenschaft anzunehmen.[252] Die Bedeutung der scheinbar klaren Typisierung in programmgestaltende und nicht-programmgestaltende Personen wird zudem dadurch entwertet, dass auch die Rechtsprechung in Grenzfällen wiederum auf allgemeine Bestimmungskriterien zur Abgrenzung zurückgreift.[253] Letztlich handelt es sich bei der typisierenden Betrachtung von Medienmitarbeitern also nicht um eine eigenständige Abgrenzungsmethode, sondern lediglich um eine konsequente Anwendung der ohnehin schon bestehenden Kriterien zur Bestimmung der Arbeitnehmereigenschaft unter besonderer Berücksichtigung grundrechtlich geschützter Rechtsgüter.[254]

Gerade im Eltern-Kind-Verhältnis ist eine klare Unterscheidung zwischen einer programmgestaltenden und einer nicht-programmgestaltenden Tätigkeit kaum möglich. Zwar kann das Kind als Kidfluencer und Darsteller möglicherweise seine Tätigkeit in Ausübung weitestgehender schöpferischer Freiheit eigenständig ausgestalten, jedoch ist es stets auch auf die Bereitstellung eines organisatorischen Rahmens angewiesen. Dies ergibt sich schon aus dem jungen Alter und der damit einhergehenden Abhängigkeit von den eigenen Eltern. Vor diesem Hintergrund ist die Abgrenzung in programmgestaltende und nicht-programmgestaltende Tätigkeiten für die Einordung der Medientätigkeit des Kindes nicht tauglich.

---

[250] Diese Unterscheidung ergibt sich aus der grundrechtlich geschützten Tätigkeit im Medienbereich, Art. 5 I 2 GG: BAG, Urt. v. 25.8.2020 – 9 AZR 373/19, NZA 2020, 1537, 1539.

[251] Zum Einfluss der Rundfunkfreiheit auf das Arbeitsrecht BVerfG, Beschl. v. 18.2.2000, 1 BvR 491, 562/93 u. 1 BvR 624/98, NZA 2000, 653; *Bruns*, RdA 2008, 135; *Schmidt*, in: ErfK, Art. 5 GG Rn. 100 ff.

[252] BAG, Urt. v. 17.4.2013 – 10 AZR 272/12, NZA 2013, 903, 905.

[253] Vgl. BAG, Urt. v. 27.3.1991 – 5 AZR 194/90, NZA 1991, 933, 934.

[254] BAG, Urt. v. 20.5.2009 – 5 AZR 31/08, NZA-RR 2010, 172, 173.

(2) Zeitliche Erheblichkeit

Im Rahmen der Kinderarbeit in den Medien ist unter Umständen im Einzelfall eine geringe Weisungsdichte in unterschiedlicher Ausprägung festzustellen. Auch und insbesondere in zeitlicher Hinsicht besteht aufgrund der Einordnung als Arbeit auf Abruf eine charakteristische Bereitschaft des Kindes, die Arbeit jederzeit aufzunehmen. Im konkreten Einzelfall ist der Umfang, in dem Kinder von ihren Eltern in Medienproduktionen eingebunden werden, jedoch höchst unterschiedlich. Nicht in jedem Fall wird eine erhebliche zeitliche Einbindung vorliegen. Zu fragen ist daher, ob eine Erheblichkeitsschwelle existiert, bei deren Überschreitung erst die Annahme der persönlichen Abhängigkeit im Eltern-Kind-Verhältnis gerechtfertigt ist. Insbesondere böte sich hier ein zeitlicher Grenzwert an, da anhand dieses Kriteriums alle Ausprägungen der Kinderarbeit in den Medien einheitlich erfasst werden können.

Rechtsprechung und Literatur haben – soweit ersichtlich – zu einer solchen zeitlichen Erheblichkeitsschwelle nicht Stellung bezogen. Das BayObLG sieht in einer vereinzelten neueren Entscheidung eine Beschäftigung im Sinne von § 1 I Nr. 3 JArbSchG bereits bei einem 30-minütigen Bühnenauftritt eines vierjährigen Jungen, der in die Organisation seines Vaters eingebunden war.[255]

Eine zeitliche Grenze könnte sich allenfalls aus § 1619 BGB ergeben. Dem Wortlaut lässt sich keine allgemeine Vorgabe hinsichtlich des zeitlichen Umfangs der geschuldeten Tätigkeit entnehmen. Somit kommt es entscheidend auf die individuellen Umstände des Einzelfalls an.[256] Sofern das Kind nicht durch seine Ausbildung oder sonstige Betätigungen beansprucht ist, wurde nach der obergerichtlichen Rechtsprechung im Einzelfall bei einem 14-jährigen Kind eine familienrechtliche Mitarbeitspflicht von sieben Stunden wöchentlich angenommen.[257] Bei einem die gymnasiale Oberstufe besuchenden Kind betrug die festgestellte Mitarbeitspflicht aufgrund der schulischen Verpflichtungen nicht mehr als zehn Stunden wöchentlich.[258] Das Oberlandesgericht Frankfurt a. M. setzte hingegen den Umfang der Mitarbeitspflicht für über 12-Jährige auf dreieinhalb Stunden wöchentlich an.[259] § 1619 BGB ist auf Fälle der Kinderarbeit in den Medien allerdings nicht anwendbar.[260] Daher lässt sich auch keine zeitliche Grenze aus dieser Norm herleiten.

b) Anforderungen an die Arbeitgebereigenschaft der Eltern

Für ein wirksames Arbeitsverhältnis ist neben der Arbeitnehmereigenschaft des Kindes die Arbeitgebereigenschaft des Dienstberechtigten erforderlich. Nur dann

---

[255] BayObLG, Beschl. v. 4. 8. 2021 – 201 ObOWi 735/21, BeckRS 2021, 25640.

[256] *von Sachsen-Gessaphe*, in: MüKoBGB, § 1619 Rn. 21.

[257] OLG Oldenburg, Urt. v. 14. 8. 2009 – 6 U 118/09, NVZ 2010, 156, 158.

[258] OLG Celle, Urt. v. 7. 10. 2004 – 14 U 27/04, NJOZ 2004, 4584, 4586.

[259] OLG Frankfurt a. M., Urt. v. 2. 7. 2015 – 12 U 170/13, BeckRS 2016, 4872 Rn. 30.

[260] S. o. 3. Kapitel A. I.

erwirbt das Kind u. a. wirksame Vergütungsansprüche gem. § 611a II BGB für die geleisteten Dienste.

Der Begriff des Arbeitgebers ist gesetzlich nicht legaldefiniert, sondern wird an verschiedenen Stellen vorausgesetzt (vgl. z. B. § 611a II BGB, § 2 I Nr. 3 ArbGG, § 266a StGB). Die Rechtsprechung definiert den Arbeitgeber als den anderen „Partner des Arbeitsverhältnisses, also derjenige, der die Dienstleistungen vom Arbeitnehmer kraft des Arbeitsvertrages fordern kann und damit die wirtschaftliche und organisatorische Dispositionsbefugnis über die Arbeitsleistung des Arbeitnehmers und den Nutzen an ihr hat."[261] Arbeitgeber ist somit nach der herrschenden Auffassung wer mindestens einen Arbeitnehmer beschäftigt.[262] In familiären Arbeitsverhältnissen gelten grundsätzlich keine Besonderheiten. So besteht insbesondere keine Vermutung, dass ein Arbeitsverhältnis beide Elternteile als Arbeitgeber bindet.[263]

aa) Funktioneller Arbeitgeberbegriff als Ausdruck der betrieblichen Organisationsmacht

Die Definition des Arbeitgebers als bloßes begriffliches Gegenstück des Arbeitnehmers ist für sich genommen allerdings nur begrenzt aussagekräftig. Der Begriff des Arbeitgebers wird nämlich insofern nicht inhaltlich beschrieben, sondern lediglich von der Existenz mindestens eines Arbeitnehmers abhängig gemacht. Neben der Stellung als Vertragspartner des Arbeitnehmers ist der Arbeitgeber auch als Inhaber der betrieblichen Organisationsmacht anzusehen.[264] Auf eine bestimmte Rechtsform bei der Ausübung dieser Organisationsmacht kommt es nicht an.[265] Denn nur wenn eine Organisation und Kontrolle des Betriebes faktisch besteht, unterliegt der Dienstverpflichtete einer für die Arbeitnehmereigenschaft konstitutiven Weisungsbindung. Die Anwendung dieses funktionalen Ansatzes wird insbesondere bei der Betrachtung der Besonderheiten von Arbeitsverhältnissen mit Kindern deutlich. Dabei ist auch § 3 JArbSchG zu beachten, der dem Arbeitgeber im Sinne dieses Gesetzes definiert, als den, der ein Kind oder Jugendlichen beschäftigt. Dies wird so verstanden, dass Arbeitgeber sei, wer nach der tatsächlichen Funktion im Verhältnis zum Kind eine Leitungs- und Weisungsposition innehat.[266]

---

[261] BAG, Urt. v. 27.9.2012 – 2 AZR 838/11, NJW 2013, 1692, 1693; Urt. v. 9.9.1982 – 2 AZR 253/80, AP BGB § 611 Hausmeister Nr. 1.

[262] So *Preis*, in: ErfK, § 611a Rn. 202; *Temming*, in: Münchener Handbuch ArbR, § 23 Rn. 1; *Spinner*, in: MüKoBGB, § 611a Rn. 148. Krit. hinsichtlich dieser rein formalen Betrachtungsweise *Mehrhoff*, Die Veränderung des Arbeitgeberbegriffs, 1984, S. 44 ff.

[263] BAG, Urt. v. 18.11.2021 – 2 AZR 229/21, NZA 2022, 200, 202.

[264] So etwa *Temming*, in: Münchener Handbuch ArbR, § 23 Rn. 2; *Hueck/Nipperdey*, Arbeitsrecht, 1963, S. 89.

[265] *Preis*, in: ErfK, § 611a Rn. 203.

[266] *Lakies*, JArbSchG, § 3 Rn. 1; *Schlachter*, in: ErfK, § 3 JArbSchG Rn. 1; *Zmarzlik*, in: Zmarzlik/Anzinger JArbSchG, § 3 Rn. 3 ff.

Die Eltern des in den Medien tätigen Kindes managen das Kind, organisieren seine Termine und Auftritte, verhandeln mit Werbepartnern und habe Drehpläne im Blick. Das Kind übernimmt die inhaltliche Kernarbeit, die ohne diesen organisatorisch-betrieblichen Rahmen nicht professionell möglich wäre. Besonders deutlich wird die Inhaberschaft der betrieblichen Organisationsmacht am Beispiel des Influencer-Marketings. Ohne die Einbindung in die betriebliche Organisation der Eltern würde das Kind von vornherein keine Möglichkeit haben, Produktplatzierungen zu betreiben und in Kontakt mit Werbepartnern zu treten. Zu unüberschaubar sind die wirtschaftlichen und organisatorischen Anforderungen an einen solchen Betrieb. Auch das für die Tätigkeit als Kidfluencer unverzichtbare Smartphone wird durch die Eltern zur Verfügung gestellt. Die betriebliche Organisationsmacht der Eltern ist somit bereits von vornherein für die Ausübung der Medientätigkeit des Kindes unverzichtbar.[267]

Ähnlich, wenn auch nicht in diesem Ausmaß, stellt sich die Lage bei der Betrachtung von Kinderdarstellern in Film, Fernsehen, Werbung und Theater dar. Zwar sind diese während der Durchführung der konkreten Aufnahmen in die Organisation des jeweiligen Produzenten eingebunden, dennoch bleibt es bei der Einbindung in die elterliche Organisationsstruktur. In der Praxis wird es dem Kind nämlich schon nicht möglich sein, ohne die elterliche Organisation einen Produktionsort überhaupt zu erreichen. Auch dürften nach lebensnaher Betrachtung die Eltern die jeweiligen Produktionen für das Kind auswählen. Insofern besteht auch hier eine betriebliche Organisationsmacht der Eltern. Zwar wird, den tatsächlichen vertraglichen Bindungen folgend, die darbietende Leistung des Kindes ggf. einem Dritten geschuldet. Hier kann es vorübergehend zu einer gespaltenen Arbeitgeberstellung oder zu einem Arbeitgeberwechsel kommen.[268] In welchen Fällen ein solcher eintritt, wird unter II. untersucht.

bb) Wirtschaftlicher Wert der Tätigkeit

Die bloße Aufnahme einer Tätigkeit in den Medien ist allerdings noch kein Garant für (wirtschaftlichen) Erfolg des Kindes und seiner Eltern. Oftmals scheitern die familiären Bemühungen, Prominenz und finanzielle Einnahmen zu generieren, bereits in einem frühen Stadium, z.B. bei der Ablehnung des Kindes im Rahmen eines Castings.[269] In diesem Fall bestand von vornherein schon keine Aussicht darauf, mit der Tätigkeit des Kindes die wirtschaftliche Grundlage der Familie zu sichern. Teilweise besteht auch keine Absicht der Eltern, mit dem Kind einen wirtschaftlichen Vorteil zu realisieren. Zu fragen ist insofern, ob die fehlende Gewinnerzielungsaussicht oder -absicht im Einzelfall gegen die Arbeitgebereigenschaft der Eltern

---

[267] So im Ergebnis auch *Gröhl*, ARP 2022, 374, 375 f.

[268] Vgl. eingehend zum Konzept der arbeitgeberähnlichen Person *Pakebusch*, Die arbeitgeberähnlichen Personen und ihre arbeitsrechtliche Sonderstellung, 1961.

[269] *Baumann*, Minderjährige in den Medien, 2019, S. 27; *Garbas*, DKJ 2009, 91, 93; *Bieber-Delfosse*, Vom Medienkind zum Kinderstar, 2002, S. 256 f.

sprechen kann. Einer solchen Annahme steht die Rechtsprechung zur Beschäftigung von Dritten im eigenen Haushalt entgegen. Wer solche Personen beschäftigt, ist aufgrund der damit verbundenen klaren Organisationsstrukturen Arbeitgeber.[270] Wenn aber die abhängige Beschäftigung von Personen, die haushaltsnahe Dienstleistungen wie das Kochen, Backen und Bedienen erbringen, nicht gegen die Arbeitgebereigenschaft spricht, so muss dies für andere Dienstleistungen erst recht gelten. Denn Dienstleistungen im eigenen Haushalt verfolgen von vornherein keinen wirtschaftlichen Zweck. Für den Dienstberechtigten ergibt sich aus diesen Dienstleistungen kein unmittelbarer wirtschaftlicher Wert.[271] Diese Überlegung wird im Falle eines Castings, in dem das Kind nicht erfolgreich war, noch deutlicher. Während sich im Rahmen der zuvor beschriebenen Dienstleistungen wenigstens ein tatsächlicher Vorteil für den Haushalt ergibt, generieren die getätigten Aufwendungen für das Casting keinerlei Mehrwert. Das Fehlen einer Gewinnerzielungsabsicht oder die fehlende Aussicht, mit der Tätigkeit des Kindes jemals einen wirtschaftlichen Wert für sich oder die eigene Familie generieren zu können, bleibt aber für die Beurteilung der Arbeitgebereigenschaft irrelevant.

c) Rechtsfolgen

Ein wirksam geschlossener Arbeitsvertrag löst, wie jedes andere synallagmatische Vertragsverhältnis auch, wechselseitige Ansprüche der Vertragspartner aus. Aus § 611a I 1, II BGB ergibt sich die Leistungsverpflichtung des Arbeitnehmers und die Vergütungsverpflichtung des Arbeitgebers. Aufgrund der im Medienkontext unüberschaubaren Anzahl an individuellen vertraglichen Leistungsverpflichtungen und der sich im Leistungsstörungsfall daraus ergebenden Rechtsfolgen,[272] soll die Betrachtung im Folgenden auf den Vergütungsanspruch des Kindes gegen seine Eltern beschränkt bleiben. Die folgenden Ausführungen erfolgen insofern zweigeteilt: Zunächst wird der Vergütungsanspruch des Kindes im Falle des Vorliegens wirksamer vertraglicher Beziehungen gegen seine Eltern beleuchtet. Sodann wird auf die Folgen eines unwirksamen Arbeitsvertrages, z. B. aufgrund von Willensmängeln oder Verstößen gegen gesetzliche Verbote, für den Vergütungsanspruch eingegangen, um abschließend den Mindestlohnanspruch des Kindes und die Erfüllung des Entgeltanspruchs zu thematisieren.

---

[270] Vgl. zum Leiter eines privaten Fuhrparks LAG Niedersachsen, Urt. v. 14.3.2019 – 5 Sa 822/18, NZA-RR 2019, 362; zu einer Servicemitarbeiterin im Haushalt LAG Düsseldorf, Urt. v. 10.5.2016 – 14 Sa 82/16, BeckRS, 70686, Rn. 46 ff.

[271] Vgl. etwa *Temming*, in: Münchener Handbuch ArbR, § 23 Rn. 5. Zur Abgrenzung zum Unternehmer *Preis*, in: ErfK, § 611a Rn. 201.

[272] Instruktiv zu Leistungsstörungen im Arbeitsverhältnis *Thüsing*, in: HWK, § 611a BGB Rn. 542 ff.

aa) Vergütungsanspruch des Kindes

(1) Wirksames Vertragsverhältnis

§ 611a II BGB ordnet die Verpflichtung des Arbeitgebers an, dem Arbeitnehmer die vereinbarte Vergütung zu zahlen. Als Hauptleistungspflicht steht die Vergütungspflicht nach dem gesetzlichen Wortlaut im Gegenseitigkeitsverhältnis zur Arbeitspflicht des Arbeitnehmers. Sofern zwischen den Vertragsparteien keine Vergütung ausdrücklich vereinbart worden ist, gilt gem. § 612 I BGB eine Vergütung als stillschweigend vereinbart, sofern die Dienstleistung den Umständen nach nur gegen eine Vergütung zu erwarten ist. Ein solcher Fall besteht regelmäßig bei Arbeitsverhältnissen im Eltern-Kind-Verhältnis. In den seltensten Fällen besteht eine ausdrückliche Entgeltabrede zwischen Eltern und Kind, da schon die Vertragsbeziehungen an sich ausschließlich auf konkludenter Grundlage bestehen.[273] Als Arbeitgeber des Kindes sind die Eltern somit grundsätzlich aus dem Arbeitsvertrag verpflichtet, dem in den Medien tätigen Kind eine Vergütung für die geleisteten Dienste zu gewähren.

§ 612 I BGB ist allerdings, unabhängig davon, ob es sich um eine gesetzliche Fiktion oder um eine Auslegungsregel handelt,[274] dann nicht anzuwenden, wenn die Vertragsparteien eine unentgeltliche Dienstleistung ausdrücklich oder konkludent vereinbart haben. In diesem Fall fehlt es schon nicht an einer, für die Anwendung von § 612 I BGB grundsätzlich konstitutiven, Vergütungsabrede.[275] § 612 BGB besitzt jedenfalls keinen zwingenden Charakter, sodass auch eine Einigung der Vertragsparteien über die Unentgeltlichkeit der Leistung möglich ist.[276] Sofern vom Arbeitnehmer allerdings eine Arbeitsleistung erbracht wird, muss gem. § 3 S. 1 MilLoG der Mindestlohn gezahlt werden.[277] Zudem wäre eine solche Unentgeltlichkeitsabrede im Regelfall gem. § 138 BGB sittenwidrig.[278] Doch auch unabhängig von der Frage der Wirksamkeit einer Unentgeltlichkeitsvereinbarung wird sich im Eltern-Kind-Verhältnis eine solche nicht feststellen lassen. Regelmäßig liegen keine Anhaltspunkte dafür vor, dass die Medientätigkeit des Kindes ausdrücklich unentgeltlich erfolgen soll. Eltern und Kind werden sich in den seltensten Fällen überhaupt über die Frage der Vergütung im Klaren sein. Vielmehr gestaltet sich das Arbeits-

---

[273] S. o. 3. Kapitel B. I.

[274] Zum Streitstand eingehend *Maties*, in: BeckOGK BGB, Stand: 1.1.2024, § 612 Rn. 5 f. m. w. N.

[275] Ausdrücklich *Preis*, in: ErfK, § 612 Rn. 2.

[276] Vgl. für die Unentgeltlichkeit eines Praktikums BAG, Urt. v. 10.2.2015 – 9 AZR 289/13, AuR 2015, 282; *Fenn*, Die Mitarbeit in den Diensten Familienangehöriger, 1970, S. 58, 455; *Thüsing*, in: HWK, § 612 BGB Rn. 18.

[277] Anderes könnte bei Bereitschaftsdienstzeiten gelten, vgl. *Wank*, RdA 2022, 113, 115 f.

[278] So für die Unentgeltlichkeit eines sog. Lehrwachen-Praktikums BAG, Urt. v. 18.3.2014 – 9 AZR 694/12, AP TzBfG § 4 Nr. 25. Vgl. zu den Anforderungen an die Sittenwidrigkeit BAG, Urt. v. 16.5.2012 – 5 AZR 268/11, NZA 2012, 974, 976 f.; *Maties*, in: BeckOGK BGB, Stand: 1.1.2024, § 612 Rn. 6.

verhältnis in der Praxis über einen längeren Zeitraum dergestalt, dass das Kind der Medientätigkeit gegen die Gewährung von Unterhalt, Unterkunft und Taschengeld seiner Eltern nachgeht. Fenn sieht dagegen in derartigen „gelebten" Leistungsaustauschverhältnissen eine schlüssig getroffene Vergütungsabrede, die einer Anwendung von § 612 BGB entgegenstehe.[279] Der Dienstempfänger brauche, sofern eine Entlohnung seitens des Dienstleistenden nicht erkennbar erwartet wurde, nicht mit einer Entgeltverpflichtung zu rechnen. Der Dienstleistende habe seine Tätigkeit auf eigenes Risiko ausgeübt, sich dabei verkalkuliert und sei daher nicht schutzwürdig. Auch ein nachträglicher Sinneswandel sei unbeachtlich. Ein Vergütungsanspruch sei daher nur unter dem Gesichtspunkt der fehlgeschlagenen Vergütungserwartung im außervertraglichen Bereich möglich.[280]

Dieser Sichtweise ist die Realität vertraglicher Beziehungen mit Kindern entgegenzuhalten. Zwar „leben" sowohl Kinder als auch die sie beschäftigenden Eltern das Beschäftigungsverhältnis insofern, als die Medientätigkeit ohne ausdrückliche Vergütungsvereinbarung durchgeführt wird. Jedoch kann der Einwand, der Dienstverpflichtete hätte seine, den familienrechtlichen Pflichtrahmen übersteigende Tätigkeit von vornherein an die ausdrückliche Voraussetzung einer bestimmten Vergütung knüpfen müssen, nicht überzeugen. Hierfür müsste das partiell geschäftsfähige Kind zumindest konkludent zum Ausdruck gebracht haben, dass seine gesamte Tätigkeit unentgeltlich erfolgen soll. Das widerspricht der Lebenswirklichkeit. Zwar mag sich das Kind über die Art seiner wirtschaftlichen Partizipation an der Medientätigkeit keine rechtlich zutreffende Vorstellung gemacht haben. Die Annahme, ein Kind sei bereit, die gesamte Tätigkeit seinen Eltern zu „schenken", ohne selbst davon zu profitieren, ginge indes fehl. Im Ergebnis ist daher im Regelfall vom Fehlen einer Vergütungsabrede im Eltern-Kind-Verhältnis auszugehen. Sofern eine ausdrückliche Vergütungsabrede ausnahmsweise besteht, richtet sich der Vergütungsanspruch nach dieser Abrede. Auf eine Anwendung von § 612 BGB kommt es dann nicht an.

Nach überwiegender Meinung in Rechtsprechung und Literatur kann § 612 BGB aber nur demjenigen einen Vergütungsanspruch gewähren, der in Erwartung einer Vergütung, eine Leistung erbringt, die normalerweise zu vergüten wäre.[281] Ob eine Vergütung zu erwarten war, richtet sich nach den objektiven Umständen des Einzelfalls, also insbesondere nach der Art und dem Umfang der Tätigkeit, der Verkehrssitte, den Berufs- und Erwerbsverhältnissen des Dienstverpflichteten und den

[279] *Fenn*, Die Mitarbeit in den Diensten Familienangehöriger, 1970, S. 455.

[280] *Fenn*, Die Mitarbeit in den Diensten Familienangehöriger, 1970, S. 455 f., unter Verweis auf einen dann bestehenden bereicherungsrechtlichen Anspruch aus § 812 I 2 2. Alt. BGB.

[281] BAG, Urt. v. 15.3.1960 – 5 AZR 409/58, AuR 1960, 285, 286; Urt. v. 28.9.1977 – 5 AZR 303/76, AP BGB § 612 Nr. 29; *Maties*, in: BeckOGK BGB, Stand: 1.1.2024, § 612 Rn. 3; *Preis*, in: ErfK, § 612 Rn. 11.

Beziehungen der Vertragspartner untereinander.[282] Auf die Kenntnis der Beteiligten, dass die Leistung nur gegen Vergütung zu erwarten war, kommt es hingegen nicht an.[283] In familiären Rechtsbeziehungen hat die Rechtsprechung schon früh festgestellt, dass eine neben gesetzliche Mitarbeitspflichten (z.B. aus § 1619 BGB) tretende arbeitsvertragliche Tätigkeit nicht zwingend dazu führen muss, dass eine Vergütungserwartung besteht, indes im Regelfall von ihrem Bestehen ausgegangen werden kann.[284] Bei arbeitsvertraglich an die Eltern gebundenen Kindern, die Medienarbeit erbringen, ist dies ebenso. Dass die konkrete Medientätigkeit nicht der § 1619 BGB zuzuordnenden Unterhaltsarbeit entspricht, wurde bereits an anderer Stelle festgestellt.[285] Eine Vergütung für eine Tätigkeit, die nach dem hier vertretenen Ansatz die Schwelle zu arbeitsvertraglichen Beziehungen überschreitet, ist somit nach Art, Umfang und den Beziehungsverhältnissen zu den eigenen Eltern zu erwarten, zumal das Kind entscheidend zum finanziellen Unterhalt der Familie beiträgt. Somit muss eine Vergütung nach § 612 I BGB im Eltern-Kind-Verhältnis als vereinbart gelten.

(2) Unwirksames Vertragsverhältnis

Sofern das Vertragsverhältnis an einem Mangel leidet und aufgrund dessen nichtig oder angefochten worden ist, ergibt sich der Vergütungsanspruch nicht aus dem Arbeitsvertrag. Dieser wäre sowohl nach § 142 BGB als auch nach §§ 134, 138 BGB als ex tunc nichtig anzusehen. Rechtsfolge dieser Nichtigkeit wäre die Rückabwicklung bereits gewährter Leistungen nach §§ 812 ff. BGB. Da aber bereits erbrachte Arbeitsleistungen schwerlich rückabgewickelt werden können, besteht in Literatur und Rechtsprechung Einigkeit, dass es für die Beurteilung der Rechtsfolge der Nichtigkeit darauf ankommen soll, ob das Arbeitsverhältnis bereits in Vollzug gesetzt worden ist.[286] Sofern das Arbeitsverhältnis bereits in Vollzug gesetzt wurde, wird im Wege einer Gesamtanalogie als Rechtsfortbildung das Arbeitsverhältnis als rückwirkend wirksam und für die Zukunft beendbar erklärt (Lehre vom fehlerhaften Arbeitsverhältnis).[287] In diesem Fall gelten die obigen Ausführungen zum Vergütungsanspruch entsprechend.

---

[282] BGH, Urt. v. 12.5.1975 – III ZR 179/72, MDR 1975, 739, 740; BAG, Urt. v. 11.10. 2000 – 5 AZR 122/99, NZA 2001, 458, 460; BAG, Urt. v. 17.8.2011 – 5 AZR 406/10, NZA 2011, 1335, 1337.

[283] BAG, Urt. v. 15.3.1960 – 5 AZR 409/58, AuR 1960, 285, 286.

[284] So schon OLG Nürnberg, Urt. v. 24.11.1959 – 2 U 136/59, FamRZ 1960, 119, 120.

[285] S.o. 3. Kapitel A. II.

[286] BAG, Urt. v. 16.9.1982 – 2 AZR 228/80, NJW 1984, 446, 447; Urt. v. 3.12.1998 – 2 AZR 754/97, NZA 1999, 584, 585 f.; *Maties*, in: BeckOGK BGB, Stand: 1.1.2024, § 611a Rn. 701; *Preis*, in: ErfK, § 611a Rn. 367; *Spinner*, in: MüKoBGB, § 611a Rn. 557 ff.

[287] BAG, Urt. v. 15.1.1986 – 5 AZR 237/84, NZA 1986, 561 f.; Urt. v. 27.7.2010 – 3 AZR 317/08, AP BBiG § 4 Nr. 3. Als Beispiel für die Lit. vgl. nur *Thüsing*, in: HWK, § 119 Rn. 15; *Preis*, in: ErfK, § 611a Rn. 145 ff. Noch mit der Bezeichnung als faktisches Arbeitsverhältnis *Haupt*, Über faktische Vertragsverhältnisse, 1943, S. 16 ff.; *Simitis*, Die faktischen Vertragsverhältnisse, 1957, S. 263 ff.; *Lambrecht*, Die Lehre vom faktischen Vertragsverhältnis, 1994,

bb) Höhe der Vergütung

Nach § 612 II BGB ist im Falle des Fehlens einer Bestimmung über die Höhe der Vergütung die übliche Vergütung als vereinbart anzusehen. Vergütung meint in diesem Sinne jegliche Arten finanzieller Gegenleistung, also sowohl das Arbeitsentgelt im eigentlichen Sinne als auch Sonderleistungen wie Gratifikationen, Gewinnanteile, Provisionen und Leistungen im Rahmen der betrieblichen Altersvorsorge.[288] Angesichts des bereits oben getroffenen Befunds, dass Eltern und Kind in den seltensten Fällen ausdrückliche Vereinbarungen bereits über das Ob der Vergütung getroffen haben dürften,[289] kann angenommen werden, dass erst recht keine Vereinbarung über die konkrete Vergütungshöhe bestehen. Zur Bemessung der als vereinbart geltenden Höhe der Vergütung ist, in Ermangelung einer Taxe, gem. § 612 II BGB die übliche Vergütung als vereinbart anzusehen. Für die Üblichkeit einer Vergütung ist nach verbreiteter Definition die im gleichen Gewerbe oder Beruf für vergleichbare Tätigkeiten unter Berücksichtigung der persönlichen Verhältnisse gezahlte Vergütung heranzuziehen.[290] Angesichts der Tatsache, dass dieser Begriff der üblichen Vergütung aber ansonsten häufig gewährte Zuwendungen, wie z. B. jährliche Sonderzahlungen oder Sachleistungen nicht erfasst, muss die Definition erweitert werden. Außer der Zahlung des Arbeitsentgelts muss in die Beurteilung der Üblichkeit auch alles eingehen, was einem vergleichbaren Arbeitnehmer aufgrund seiner Tätigkeit zufließt.[291] Dabei ist auf die konkreten Umstände des Einzelfalls abzustellen.[292]

Angesichts der Vielschichtigkeit der hier in den Blick genommenen Fallgruppen kann eine allgemeine Betrachtung der Üblichkeit der Vergütung nicht erfolgen. So liegen keinerlei verfügbaren Daten zur Vergütung von bei ihren Eltern beschäftigten und in den Medien tätigen Kindern vor. Allein im Bereich des Influencer-Marketings werden von Kooperationspartnern, je nach Followerzahl und Branche, zwischen 10 und über 15.000 USD pro Werbepost gezahlt.[293] Die Vereinbarung von Zeitlöhnen scheint nicht üblich zu sein. Auch für die Darsteller in Film, Fernsehen und Theater existieren keine veröffentlichten Zahlen, die einen belastbaren Vergleich für die Üblichkeit der Vergütung zulassen. Aus diesem Grund kann für diese Untersuchung

S. 5 ff. Dass die Bezeichnung als fehlerhaftes Arbeitsverhältnis passender ist, da andernfalls der falsche Eindruck entstehen könnte, das Schuldverhältnis entstehe nicht durch Vertrag, hat auch das BAG erkannt: BAG, Urt. v. 3.11.2004 – 5 AZR 592/03, NZA 2005, 1409, 1410.

[288] *Preis*, in: ErfK, § 612 Rn. 35; *Maties*, in: BeckOGK BGB, Stand: 1.1.2024, § 612 Rn. 93. Zu den einzelnen Erscheinungsformen der Vergütung ausführlich *Thüsing*, in: HWK, § 611a BGB Rn. 238 ff.

[289] 3. Kapitel B. I. 3. a) cc).

[290] *Preis*, in: ErfK, § 612 Rn. 37; *Maties*, in: BeckOGK BGB, Stand: 1.1.2024, § 612 Rn. 109; *Müller-Glöge*, in: MüKoBGB, § 612 Rn. 29.

[291] Vgl. *Thüsing*, in: HWK, § 612 BGB Rn. 39.

[292] BGH, Urt. v. 24.10.1989 – X ZR 58/88, NJW-RR 1990, 349 f.

[293] So allein im Jahr 2020 für die Plattform Instagram, https://hypeauditor.com/blog/state-of-influencer-marketing-in-germany-2/ [zuletzt geprüft am 24.3.2024].

lediglich eine Untergrenze für die Vergütungshöhe festgestellt werden, auf die das Kind gegen seine Eltern jedenfalls einen Anspruch hat.

Eine solche Untergrenze stellt der gesetzliche Mindestlohnanspruch dar. Dieser aus § 1 I, II MiLoG resultierende Anspruch legt die Untergrenze der zu zahlenden Vergütung im Arbeitsverhältnis fest und tritt eigenständig neben den vertraglichen Entgeltanspruch.[294] Durch die vierte Mindestlohnanpassungsverordnung[295] liegt der gesetzliche Mindestlohn seit dem 1.1.2024 bei 12,41 EUR brutto je Zeitstunde. Gemäß § 1 I MiLoG hat jeder Arbeitnehmer Anspruch auf Zahlung eines Arbeitsentgelts in Höhe von mindestens 12,41 EUR.

Gemäß § 22 II MiLoG gelten Personen im Sinne von § 2 I, II JArbSchG ohne abgeschlossene Berufsausbildung nicht als Arbeitnehmer im Sinne des MiLoG und haben somit keinen Anspruch auf Mindestlohn. Gemeint sind Kinder und Jugendliche unter 18 Jahren. Zweck der Vorschrift ist zu verhindern, dass Jugendliche statt einer Berufsausbildung ein mindestlohnpflichtiges Arbeitsverhältnis aufnehmen.[296] An der verfassungs- und unionsrechtlichen Konformität dieser Ausnahmeregelung bestehen erhebliche Zweifel. Verfassungsrechtlich werden insbesondere Bedenken in Hinblick auf die Vereinbarkeit von § 22 II MiLoG mit Art. 3 I GG vorgebracht.[297] Die altersbezogene Ungleichbehandlung von Kindern und Jugendlichen unter 18 Jahren ist nicht geeignet, das gesetzgeberische Ziel zu erreichen. Die bloße Möglichkeit der Vereinbarung einer unterhalb des gesetzlichen Mindestlohns liegenden Vergütung bedingt nicht zwangsläufig, dass von dieser Möglichkeit auch Gebrauch gemacht wird.[298] Die Attraktivität der Arbeit im Vergleich zu einer Berufsausbildung wird nicht wirksam bekämpft.[299] Die Bereichsausnahme gem. § 22 II MiLoG ist zudem auch aufgrund ihrer Systemwidrigkeit verfassungswidrig.[300] Die Feststellung der Systemwidrigkeit einer gesetzlichen Regelung führt zwar allein noch nicht zur Annahme eines Verstoßes gegen Art. 3 I GG. Sofern sie aber sachlich nicht hinreichend gerechtfertigt ist, stellt die Systemwidrigkeit ein gewichtiges Indiz für einen solchen Verstoß dar.[301] Ziel des MiLoG ist die Bekämpfung

---

[294] Dazu BAG, Urt. v. 20.9.2017 – 10 AZR 171/16, NZA 2018, 53, 54; Urt. v. 25.5.2016 – 5 AZR 135/16, NZA 2016, 1327, 1329.

[295] Vgl. § 1 Vierte Verordnung zur Anpassung der Höhe des Mindestlohns vom 24.11. 2023, BGBl. 2023 I, Nr. 321.

[296] BT-Drs. 18/1558, S. 42 f.; *Fechner*, in: HK-ArbR, § 22 MiLoG Rn. 30.

[297] Ausführlich *Fischer-Lescano/Preis/Ulber*, Verfassungsmäßigkeit des Mindestlohns, S. 181 ff. Vgl. für einen Überblick über die Thematik *Fechner*, in: HK-ArbR, § 22 MiLoG Rn. 30 m.w.N.

[298] *Fechner*, in: HK-ArbR, § 22 MiLoG Rn. 30; *Ulber*, AuR 2014, 404, 406.

[299] Im Ergebnis *Fischer-Lescano/Preis/Ulber*, Verfassungsmäßigkeit des Mindestlohns, S. 36 ff.

[300] *Fechner*, in: HK-ArbR, § 22 MiLoG Rn. 30.

[301] BVerfG, Beschl. v. 10.10.2021 – 1 BvL 17/00, BVerfGE 104, 74, 87.

von Lohndumping.[302] § 22 II MiLoG unterminiert dieses Ziel mit der pauschalen Ausnahme von Personen im Sinne von § 2 I, II JArbSchG.[303]

§ 22 II MiLoG verstößt als unzulässige Altersdiskriminierung zudem gegen das Diskriminierungsverbot in Art. 21 EU-Grundrechte-Charta (GRC)[304] und ist somit unionsrechtswidrig.[305] Art. 21 GRC entfaltet nach dem EuGH im nationalen Recht horizontale Drittwirkung.[306] Differenzierungsweisen, die ausschließlich am Kriterium des Alters ansetzen, können nicht nach Art. 6 I Richtlinie 2000/78/EG[307] gerechtfertigt werden.[308]

Fraglich ist hier allerdings, inwiefern sich die besondere Art der Erbringung der Arbeitsleistung des Kindes auf den Mindestlohnanspruch gegenüber den Eltern auswirkt. Grundsätzlich ist der Mindestlohn für jede Zeitstunde tatsächlich geleisteter Arbeit, also die arbeitsvertraglich geschuldete Tätigkeit, zu zahlen, damit auch bei bloßer Arbeitsbereitschaft.[309] In Hinblick auf Bereitschaftsdienstzeiten ist die Frage, ob diese vergütungsrechtliche Arbeitszeit im Sinne des MiLoG darstellen, umstritten.[310] Grundsätzlich wird aber selbst bei bloßer Rufbereitschaft ein Mindestlohnanspruch bejaht.[311] Begreift man die Tätigkeit des Kindes als Arbeit auf Abruf[312], ist § 12 TzBfG zu beachten.

Die tatsächliche Durchführung der vertraglichen Beziehungen zwischen Eltern und Kind könnte nach den Grundsätzen der Abrufarbeit zu beurteilen sein. Arbeit auf Abruf stellt nach der Legaldefinition in § 12 I 1 TzBfG die Erbringung der Arbeitsleistung nach dem tatsächlichen Arbeitsanfall dar. Das Kind müsste sich in diesem Fall ständig zur Arbeitsleistung bereithalten und würde daher, auch jenseits

---

[302] BT-Drs. 18/1558, S. 27 ff.

[303] *Fischer-Lescano/Preis/Ulber*, Verfassungsmäßigkeit des Mindestlohns, S. 37 f.

[304] Charta der Grundrechte der Europäischen Union vom 14.12.2007, ABl. 2007 C 303/1, konsolidierte Fassung vom 7.6.2016, ABl. 2016 C 202/389.

[305] Vgl. im Einzelnen *Brors*, NZA 2014, 938, 942; *Fechner*, in: HK-ArbR, § 22 MiLoG Rn. 30; *Fischer-Lescano/Preis/Ulber*, Verfassungsmäßigkeit des Mindestlohns, S. 53 ff.

[306] EuGH, Urt. v. 29.10.2020 – C-243/19, ECLI:EU:C:2020:872 Rn. 36 – Veselības ministrija; Urt. v. 22.1.2019 – C-193/17, ECLI:EU:C:2019:43 Rn. 76 f. – Cresco Investigation; Urt. v. 11.9.2018 – C-68/17, ECLI:EU:C:2018:696 Rn. 69 – IR; *Tillmanns*, in: HWK, Art. 6 EUV Rn. 10. Zur Frage der Geltung und unmittelbaren Anwendbarkeit der GRC und der horizontalen Drittwirkung von Unionsgrundrechten s. u. 4. Kapitel B. II. 2.

[307] Richtlinie 2000/78/EG des Rates vom 27. November 2000 zur Festlegung eines allgemeinen Rahmens für die Verwirklichung der Gleichbehandlung in Beschäftigung und Beruf, ABl. L 303, S. 16 ff.

[308] EuGH, Urt. v. 22.11.2005 – C-144/04, ECLI:EU:C:2005:709 Rn. 61 – Mangold; *Fischer-Lescano/Preis/Ulber*, Verfassungsmäßigkeit des Mindestlohns, S. 53 f.

[309] Vgl. nur BAG, Urt. v. 24.6.2021 – 5 AZR 505/20, NZA 2021, 1398, 1402.

[310] Vgl. zu dieser Frage eingehend *Wank*, RdA 2022, 113, 114 ff. Den Anspruch bejahend *Roloff*, in: ErfK, § 2 ArbZG Rn. 10.

[311] So *Müller-Glöge*, in: MüKoBGB, § 1 MiLoG Rn. 17.

[312] Vgl. 3. Kapitel B. I. 3. a) bb) (2).

konkreter Projekte, einer besonders engen Weisungsbindung zu seinen Eltern unterliegen.[313] Abzugrenzen ist die Arbeit auf Abruf im Einzelfall von der Arbeitsbereitschaft, dem Bereitschaftsdienst und der Rufbereitschaft.

Arbeitsbereitschaft ist durch eine „wache Achtsamkeit im Zustand der Entspannung“ gekennzeichnet und stellt damit gegenüber der Vollarbeit eine mindere Leistung dar.[314] In Abgrenzung von bloßen Pausenzeiten ist insofern ein ständiges Bereithalten zur Arbeitstätigkeit am Arbeitsplatz, um ggf. sofort von sich aus tätig werden zu können, gefordert.[315] Bei der Arbeitsbereitschaft handelt es sich um Arbeitszeit. Dies folgt bereits aus § 7 I Nr. 1 lit. a ArbZG, der von einer Verlängerung der Arbeitszeit durch Arbeitsbereitschaft spricht.

Bereitschaftsdienst dagegen liegt dann vor, wenn sich der Arbeitnehmer an einer von dem Arbeitgeber bestimmten Stelle aufzuhalten hat, um seine volle Arbeitstätigkeit erforderlichenfalls unverzüglich aufzunehmen. Es handelt sich nicht um volle Arbeitstätigkeit, sondern um eine Aufenthaltsbeschränkung.[316] In Abgrenzung zur Arbeitsbereitschaft ist entscheidend, dass der Arbeitnehmer seine Arbeit beim Bereitschaftsdienst auf Aufforderung wahrzunehmen hat, während er sich bei der Arbeitsbereitschaft ständig bereithalten muss, um von sich aus tätig zu werden.[317] Dass es sich auch bei dem Bereitschaftsdienst um Arbeitszeit handelt, wird, wie bei der Arbeitsbereitschaft auch, durch den Wortlaut von § 7 I Nr. 1 lit. a ArbZG deutlich.[318]

Rufbereitschaft setzt – in Abgrenzung zum Bereitschaftsdienst – voraus, dass der Arbeitnehmer sich nicht an einer vom Arbeitgeber bestimmten Stelle aufzuhalten hat. Erforderlich ist lediglich, dass er jederzeit erreichbar ist, um seine Arbeit auf Abruf des Arbeitgebers aufnehmen zu können.[319] Rufbereitschaft ist keine Arbeitszeit im Sinne des Arbeitszeitrechts, sondern arbeitsfreie Zeit.[320] Diese Freizeit

---

[313] Vgl. BAG, Beschl. v. 12.6.1996 – 4 ABR 1/95, NZA 1997, 191; Urt. v. 1.12.2020 – 9 ZR 102/20, NZA 2021, 552, 555 ff.; LAG Köln, Urt. v. 28.6.1989 – 2 Sa 1270/88, LAGE BGB § 611 Arbeitnehmerbegriff Nr. 10. Da in aller Regel entgegen § 12 I 2 TzBfG die Dauer der Arbeitszeit nicht vorab festgelegt wird, greifen die § 12 I 3, 4 TzBfG; ebenso greift § 12 III TzBfG.

[314] BAG, Urt. v. 17.7.2008 – 6 AZR 505/07, NJOZ 2008, 4607, 4610.

[315] *Roloff*, in: ErfK, § 2 ArbZG Rn. 17.

[316] BAG, Urt. v. 24.9.2008 – 10 AZR 770/07, NZA 2009, 272, 274; Urt. v. 17.7.2008 – 6 AZR 505/07, NJOZ 2008, 4607, 4610 f.; *Roloff*, in: ErfK, § 2 ArbZG Rn. 18 f.; *Baeck/Deutsch/Winzer*, ArbZG, § 2 Rn. 41.

[317] BAG, Urt. v. 12.12.2012 – 5 AZR 918/11, BeckRS 2013, 68694 Rn. 19 ff.

[318] Zur Neuregelung des ArbZG im Jahr 2004 und den Auswirkungen auf die Charakterisierung des Bereitschaftsdienstes als Arbeitszeit vgl. *Boerner*, NJW 2004, 1559.

[319] BAG, Urt. v. 24.9.2008 – 10 AZR 669/07, NZA 2009, 45, 48; Urt. v. 11.7.2006 – 9 AZR 519/05, NZA 2007, 155, 158; Urt. v. 24.10.2000 – 9 AZR 634/99, NZA 2001, 449; *Baeck/Deutsch/Winzer*, ArbZG, § 2 Rn. 48 f.; *Roloff*, in: ErfK, § 2 ArbZG Rn. 20.

[320] BAG, Urt. v. 24.9.2008 – 10 AZR 669/07, NZA 2009, 45, 48; Urt. v. 29.6.2000 – 6 AZR 900/98, NZA 2001, 165, 166.

wird im Falle der Heranziehung zur Arbeitsleistung unterbrochen, sofern der Arbeitnehmer tatsächlich arbeitet.[321] Somit wird Rufbereitschaft grundsätzlich zusätzlich zur regulären Arbeit geleistet.[322]

Bei der Abgrenzung zwischen Freizeit und Arbeitszeit bestehen sowohl in arbeitszeit- als auch in vergütungsrechtlicher Hinsicht, insbesondere nach neueren Urteilen des EuGH, erhebliche Unsicherheiten.[323] Grundsätzlich besteht bei der Medienarbeit von Kindern wohl keine jederzeitige Bereitschaft zur Arbeitsaufnahme, sondern im Regelfall ein zeitlich angemessener Vorlauf im Vorfeld konkreter Projekte. Insofern ist anzunehmen, dass grundsätzlich außerhalb der individuellen Tätigkeit während der Schulzeit und anderer Aktivitäten „Freizeit" vorliegt, die nicht zu vergüten ist. Andernfalls bestünden auch abseits des Vergütungsrechts, aus jugendarbeitsschutzrechtlichen Gesichtspunkten (vgl. z. B. § 8 I JArbSchG), erhebliche Schwierigkeiten.

Somit besteht ein Vergütungsanspruch mindestens in Höhe des gesetzlichen Mindestlohns nach § 1 MiLoG, grundsätzlich aber in Höhe der üblichen Vergütung für jede Zeitstunde tatsächlich geleisteter Arbeit des Kindes.

cc) Erfüllung des Vergütungsanspruchs

(1) Anrechnung von Sachunterhaltsleistungen auf die Höhe des Vergütungsanspruchs

Allgemein vertraglich bestehende Vergütungsansprüche aus dem Arbeitsverhältnis sind grundsätzlich als Geldlohn in Euro und nur ausnahmsweise teilweise als Sachbezüge auszuzahlen. Das ergibt sich unmittelbar aus § 107 GewO. Sachbezüge sind danach alle geldwerten Gegenstände, die der Arbeitgeber seinen Beschäftigten als Entgelt überlässt.[324] In Hinblick auf die Bestandteile des mindestlohnpflichtigen Entgelts finden sich hingegen keine gesetzlichen Regelungen.[325] Doch gerade diese Frage ist im Zusammenhang mit Arbeitsverhältnissen zwischen Eltern und Kind relevant. In den seltensten Fällen zahlen die Eltern tatsächlich ein regelmäßiges Entgelt an das Kind aus. Die Zuwendungen der Eltern beschränken sich faktisch auf Unterhaltsleistungen. Nach überwiegender Auffassung können aber aufgrund des existenzsichernden Charakters des Mindestlohnanspruchs nur Lohnzahlungen und

---

[321] Eingehend *Baeck/Deutsch/Winzer*, ArbZG, § 5 Rn. 14 f.

[322] Zur Anrechnung der Rufbereitschaftszeiten auf die reguläre Arbeit *Baeck/Deutsch/Winzer*, ArbZG, § 5 Rn. 15.

[323] EuGH, Urt. v. 9. 9. 2021 – C-107/19, ECLI:EU:C:2021:722 Rn. 21 ff. – Dopravní podnik hl.m. Prahy; Urt. v. 11. 11. 2021 – C-214/20, ECLI:EU:C:2021:909 Rn. 34 ff. – Dublin City Council. Vertiefend *Eylert/Meyer*, NZA 2022, 225.

[324] BT-Drs. 14/8796, S. 24.

[325] *Wank*, RdA 2022, 113, 115.

keine Sachleistungen des Arbeitgebers den Mindestlohnanspruch erfüllen.[326] Dieser Auffassung ist auch für familiäre Arbeitsverhältnisse zwischen Eltern und Kind zuzustimmen. Schulden die Eltern aber über den Mindestlohn hinaus den „üblichen" Lohn gem. § 612 II BGB könnten auf diesen grundsätzlich Pflege und Unterkunft angerechnet werden.[327] Auch eine solche Anrechnung ist indes ausgeschlossen. Das Gesetz differenziert klar zwischen familiärer und schuldrechtlicher Tätigkeit. So ergibt sich aus § 1619 BGB, dass die Pflichtmitarbeit des dem elterlichen Hausstand angehörigen Kindes entgeltfrei erfolgt. Die familienrechtliche Mitarbeit ergibt sich gerade aus der Zugehörigkeit zum und der Abhängigkeit vom elterlichen Hausstand.[328] Die von den Eltern geschuldete Unterhaltsleistung gleichzeitig auch als Vergütung für geleistete Dienste des Kindes anzusehen, würde dieser gesetzlichen Konzeption zuwiderlaufen. Denn die Eltern sind unabhängig von schuldrechtlichen Vertragsbeziehungen ohnehin verpflichtet, dem Kind Unterhalt zu leisten (§ 1601 BGB). Auch entfällt durch die Leistung des Arbeitslohns nicht die Bedürftigkeit des Kindes gem. § 1602 II BGB, denn dieser „Ertrag seiner Arbeit" ist überobligatorisch.[329] Die Anrechnung von Sachunterhaltsleistungen auf den Vergütungsanspruch würde das Kind nach der hier vertretenen Auffassung einseitig benachteiligen und scheidet damit aus.

(2) Gedankliche Abtrennung des Kindesvermögens

Dies bedeutet allerdings nicht, dass auch eine fortlaufende Auszahlung des Geldlohns an das Kind zu erfolgen hat. Als Inhaber der Vermögenssorge für das Kind (§ 1626 I BGB) können die Eltern in den Grenzen von §§ 1642, 1649 I 2 BGB frei über die Verwendung des erzielten Kindesvermögens entscheiden. In diesem Fall treten die Eltern als Träger der elterlichen Sorge und nicht als Arbeitgeber des Kindes auf. Die Verwendung des Arbeitslohns im Sinne von § 1649 I 2 BGB ist der Auszahlung nachgelagert. Da aber die Auszahlung des Arbeitslohnes und die Verwendung dieser Einkünfte nach Auszahlung gem. § 1649 BGB im Fall von Arbeitsverhältnissen zwischen Eltern und Kind derselben Personen zufallen, wäre eine Aufspaltung dieser Vorgänge in zwei unabhängige Akte eine bloße theoretische Konstruktion. Zweckdienlicher wäre es, eine lediglich gedankliche Abtrennung der

---

[326] BAG, Urt. v. 24.6.2021 – 5 AZR 505/20, NZA 2021, 1398, 1401; *Wank*, RdA 2022, 113, 115; *Müller-Glöge*, in: MüKoBGB, § 1 MiLoG Rn. 20; *Lembke*, NZA 2016, 1, 6; *Middel*, Vergütung durch Sachbezüge im Rahmen des § 107 GewO, 2023, S. 259 ff. Für die Auffassung, Sachbezüge seien grundsätzlich Teil des Arbeitsentgelts *Franzen*, in: ErfK, § 1 MiLoG Rn. 6. Zu der Begründung des MiLoG im Rahmen des Gesetzgebungsverfahrens vgl. BT-Drs. 18/1558, S. 27 ff.

[327] Vgl. *Middel*, Vergütung durch Sachbezüge im Rahmen des § 107 GewO, 2023, S. 73 f.; *Tillmanns*, in: BeckOK ArbR, Stand: 1.9.2023, § 107 GewO Rn. 7; *Kocher*, NZA 2013, 929, 934. Anders *Moskalew*, Sachbezüge als Arbeitsentgelt, 2021, S. 152 f.

[328] *Mugdan*, Materialien IV, 1899, S. 714 f. Vgl. auch BGH, Urt. v. 7.10.1997 – VI ZR 144/96, NJW 1998, 307, 308 f.; *Sachsen-Gessaphe*, in: MüKoBGB, § 1619 Rn. 1.

[329] Vgl. 3. Kapitel A. I. 1. a).

Einnahmen des Kindes durch die Eltern zuzulassen, wenn diese ohnehin berechtigt sind, über die Einkünfte des Kindes zu verfügen.

§ 1649 BGB regelt im Grundsatz die Verwendung der Einkünfte des Kindesvermögens. Abs. 1 sieht nach dem Wortlaut eine abgestufte Verwendungsmöglichkeit der Einkünfte durch die Eltern vor. Vorrangig sollen Vermögenseinkünfte des Kindes zur ordnungsgemäßen Verwaltung dieses Vermögens und erst nachrangig für den Kindesunterhalt verwendet werden. Wenn die Vermögenseinkünfte nicht ausreichen, kann der Arbeitslohn des Kindes zur ordnungsgemäßen Verwaltung verwendet werden (S. 2). Zur ordnungsgemäßen Verwaltung zählen alle Aufwendungen, die zur Erhaltung und Mehrung des Kindesvermögens erforderlich sind (z. B. Versicherungen, Kontogebühren, Renovierungen einer Immobilie etc.).[330] Die nach § 1649 I 1 BGB einzusetzenden Einkünfte sind dabei ausschließlich solche, die durch ein bereits vorhandenes Vermögen des Kindes entstehen. Dies sind beispielsweise Zinseinkünfte eines Depots oder Einnahmen aus der Vermietung einer Immobilie.[331] Wären auch laufende Einkünfte des Kindes aus einem Arbeitsverhältnis erfasst, wäre die gesetzliche Differenzierung in § 1649 I 1 und 2 BGB hinfällig. Insofern ist zwischen unmittelbar aus dem vorhandenen Kindesvermögen erwachsenen Einkünften und solchen, die aus anderem Grund entstehen, zu unterscheiden.

Im Rahmen der Kinderarbeit in den Medien dürfte eine rein gedankliche Abtrennung der durch die Tätigkeit entstehenden Einkünfte durch die Eltern zu ihrem eigenen Vermögen nicht ausreichen. Vielmehr bedarf es einer klaren Trennung zwischen den dem Kind zustehenden Einkünften und dem Vermögen der Eltern. Selbst wenn keine oder nicht ausreichende Vermögenseinkünfte im Sinne von § 1649 I BGB vorhanden sind, muss die Vermögensverwaltung vorrangig und der Kindesunterhalt anschließend aus eigenen Mitteln gedeckt werden. Dies ergibt sich zwar nicht unmittelbar aus dem Gesetz, lässt sich aber mit dem Sinn und Zweck von § 1649 BGB begründen. Die Vorschrift hat das Ziel, die Substanz des Vermögensstammes des Kindes grundsätzlich unberührt zu lassen. Wenn aber die Eltern die Kosten für die Vermögensverwaltung vorrangig aus dem durch Arbeitsleistung erwirtschafteten Vermögensstamm decken könnten, würde dieser Normzweck konterkariert.[332]

Sofern allerdings die Vermögenseinkünfte für die Verwaltung des Vermögens und den Kindesunterhalt ausreichen, haben die Eltern ein Wahlrecht. Sie können den Unterhalt aus eigenen Mitteln sicherstellen und den Überschuss nach § 1642 BGB

---

330 *Heilmann*, in: Staudinger BGB, § 1649 Rn. 17.

331 AG Nordhorn, Urt. v. 22.2.2001 – 3 C 39/01, FamRZ 2002, 341, 342 f. In dieser Hinsicht zumindest missverständlich, wenn Vermögenseinkünfte als „sämtliche Geldeinkünfte des Kindes" definiert werden, *Huber*, in: MüKoBGB, § 1649 Rn. 9.

332 *Veit*, in: BeckOK BGB, Stand: 1.1.2023, § 1649 Rn. 11 f.; *Horn*, ZEV 2013, 297, 301. Für ein elterliches Wahlrecht *Heilmann*, in: Staudinger BGB, § 1649 Rn. 22; *Huber*, in: MüKoBGB, § 1649 Rn. 18.

dem Vermögen des Kindes zuführen.[333] Unabhängig von dieser Differenzierung besteht aber keine Möglichkeit, die Einkünfte des Kindes für den eigenen Unterhalt der Eltern oder den der Geschwister einzusetzen. Nach § 1649 II BGB können ausschließlich Vermögenseinkünfte des Kindes für diese Zwecke von den Eltern verwendet werden. Wie bereits zuvor festgestellt, fallen aber Arbeitseinkünfte gerade nicht darunter und können insofern in keinem Fall nach § 1649 II BGB verwendet werden.[334] Sofern aber Arbeitseinkünfte dem Vermögen des Kindes zugeführt wurden und somit nicht im Sinne von § 1649 BGB verwendet worden sind, können die aus diesem Vermögen entstehenden Einkünfte nach Abs. 2 für den Familienunterhalt verwendet werden.[335]

(3) Wirtschaftliche Anlage des Kindesvermögens als Erfüllung der arbeitsvertraglichen Hauptleistungspflicht

Neben dem Anspruch auf Vergütung der Arbeitsleistung gegen seine Eltern tragen die Eltern nach § 1626 I 2 BGB die Vermögenssorge für das Kind. Diese umfasst grundsätzlich auch die durch abhängige Beschäftigung erzielten Einnahmen.[336] Den Eltern steht insofern die tatsächliche Verwendungsbefugnis über die erzielten Arbeitseinkünfte zu. Trotz der umfassenden Vermögenssorge besteht aber keine unbegrenzte Verwendungsbefugnis. Eine solche Grenze der Vermögenssorge der Eltern stellt § 1642 BGB dar. Die Vorschrift ordnet eine wirtschaftliche Verwaltung des Kindesvermögens an. Die Eltern haben das Kindesvermögen wirtschaftlich sinnvoll und gleichzeitig sicher anzulegen.[337] Eine konkrete Anlageform schreibt das Gesetz dabei nicht vor. Unzulässig ist allein das Aufbewahren des Vermögens in bar oder auf einem unverzinsten Girokonto.[338] Insofern besteht für die Eltern in Ausübung ihrer Vermögenssorge die Pflicht, das Vermögen sicher und gewinnbringend anzulegen und insbesondere nicht für eigene Zwecke zu verbrauchen.[339] Die Verpflichtung zur wirtschaftlichen Anlage des den Eltern nach familienrechtlichen Grundsätzen zur Verwendung überlassenen Kindesvermögens tritt also neben den arbeitsvertragli-

---

[333] AG Nordhorn, Urt. v. 22.2.2001 – 3 C 39/01, FamRZ 2002, 341, 343; *Veit*, in: BeckOK BGB, Stand: 1.1.2023, § 1649 Rn. 12.

[334] OLG Hamm, Beschl. v. 26.7.1973 – 15 W 80/73, FamRZ 1974, 31, 32; *Veit*, in: BeckOK BGB, Stand: 1.2.2022, § 1649 Rn. 13.

[335] *Veit*, in: BeckOK BGB, Stand: 1.1.2023, § 1649 Rn. 13; *Zöllner*, FamRZ 1959 393, 394.

[336] *Amend-Traut/Bongartz*, in: BeckOGK BGB, Stand: 1.12.2023, § 1626 Rn. 153; *Lettmaier*, in: Staudinger BGB, § 1626 Rn. 197; *Huber*, in: MüKoBGB, § 1626 Rn. 57.

[337] Im Einzelnen zur Wirtschaftlichkeit einer entsprechenden Anlage des Mündelvermögens bereits im Jahr 1966 *Klotz*, Die rechtstatsächliche und rechtspolitische Bedeutung der Vorschriften über die Anlage von Mündelgeld, 1966, S. 96 ff.

[338] LG Kassel, Urt. v. 16.5.2002 – 8 O 1391/97, FamRZ 2003, 626, 627.

[339] OLG Celle, Beschl. v. 30.8.2017 – 21 UF 89/17, FamRZ 2018, 106, 107; OLG Bremen, Beschl. v. 3.12.2014 – 4 UF 112/14, NJW 2015, 564; BayObLG, Beschl. v. 23.12.1982 – 1 Z 105/82, FamRZ 1983, 528, 530. Zu den Einzelheiten der wirtschaftlichen Vermögensverwaltung *Bacher/Bacher*, WM 2021, 1821.

chen Vergütungsanspruch des Kindes gegen seine Eltern. An dieser Stelle zeigt sich erneut die elterliche Doppelstellung: Als Arbeitgeber schulden die Eltern dem Kind nach den oben aufgestellten Grundsätzen das erzielte Arbeitsentgelt. Fraglich ist, ob in der Erfüllung der familienrechtlichen Verpflichtung zur wirtschaftlichen Anlage des Kindesvermögens die Erfüllung des arbeitsvertraglichen Auszahlungsanspruchs zu sehen ist.

§ 362 BGB ordnet die Erfüllungswirkung an, wenn die geschuldete Leistung an den Gläubiger bewirkt wird. Welche Leistung geschuldet ist, ergibt sich nach dem Inhalt des Schuldverhältnisses. Im Rahmen eines Arbeitsverhältnisses stellt die geschuldete Leistung des Arbeitgebers grundsätzlich die Auszahlung des Nettolohns an den Arbeitnehmer dar.[340] Im Verhältnis des Kindes zu einem dritten Arbeitgeber sind die Eltern nach zutreffender Ansicht zwar nicht berechtigt, den Arbeitslohn direkt einzuziehen.[341] Denn es besteht weder eine gesetzliche Grundlage für die Einziehungsbefugnis, noch steht der Entzug jeglichen Umgangs mit finanziellen Mitteln mit dem Ziel von § 1626 II BGB in Einklang, das Kind zu einer eigenständigen, verantwortungsbewussten Person zu erziehen. Anders ist die Rechtslage aber in den Fällen zu beurteilen, in denen die Eltern selbst als Arbeitgeber des Kindes auftreten. Die familienrechtliche Anlagepflicht nach § 1642 BGB ist nämlich Ausdruck der Vermögenssorge der Eltern.[342] Als Träger der Vermögenssorge haben die Eltern alle rechtlichen und tatsächlichen Maßnahmen zu ergreifen, um das Kindesvermögen zu verwalten, zu verwerten, zu erhalten und zu mehren.[343] Die Vermögenssorge umfasst aber auch den Schutz des Kindesvermögens vor nachteiligen Verfügungen des Kindes selbst. Im Gegensatz zur direkten Einziehung des Arbeitslohns von einem Dritten wird in dieser Konstellation dem Kind der Arbeitslohn auch nicht vorenthalten. Es handelt sich lediglich um die Vermeidung eines sowohl rechtlich als auch tatsächlich entbehrlichen Auszahlungsvorgangs. Dieses Ergebnis spiegelt sich auch in systematischen Erwägungen wider: Würde der arbeitsrechtliche Vergütungsanspruch des Kindes nicht durch die gewinnbringende Anlage erfüllt werden, könnte eine Erfüllung nur durch die Überweisung auf ein Gehaltskonto des Kindes bewirkt werden. In diesem Fall würden die Eltern aber gegen die familienrechtliche Anlagepflicht aus § 1642 BGB verstoßen. Bei den durch die Medientätigkeit erzielten Einkünften handelt es sich nicht um Verfügungsgeld, das gem. § 1649 BGB von den Eltern für den Unterhalt des Kindes eingesetzt werden kann. Wie bereits zuvor erläutert, trifft das Kind keine Erwerbsobliegenheit, sodass die Einkünfte aus der Medientätigkeit auch nicht auf das

---

[340] BAG, Urt. v. 21.12.2016 – 5 AZR 266/16, NJW 2017, 972; Urt. v. 17.1.2018 – 5 AZR 69/17, NJW 2018, 2586, 2587.

[341] *Ballschmiede*, AuR 1956, 371, 372; *Amend-Traut/Bongartz*, in: BeckOGK BGB, Stand: 1.12.2023, § 1626 Rn. 153. A. A. KG, Urt. v. 27.11.1936 – 1a Wx 1757/36, JFG 14, 423.

[342] *Huber*, in: MüKoBGB, § 1642 Rn. 1.

[343] *Amend-Traut/Bongartz*, in: BeckOGK BGB, Stand: 1.12.2023, § 1626 Rn. 151; *Huber*, in: MüKoBGB, § 1626 Rn. 56; *Lettmaier*, in: Staudinger BGB, § 1626 Rn. 190; *Döll*, in: Erman BGB, § 1626 Rn. 17.

unterhaltsrechtlich maßgebende Einkommen anzurechnen sind (§ 1602 BGB).[344] Geschuldet wird also die arbeitsvertraglich vereinbarte Vergütung, die durch die wirtschaftliche Anlage des durch die Medientätigkeit erzielten Einkommens nach familienrechtlichen Grundsätzen von den Eltern bewirkt wird. Vor dem Hintergrund der weitreichenden rechtlichen Auswirkungen dieser Einordnung für das Kind, ist eine Dokumentation der Vermögensanlage seitens der Eltern zu fordern. Diese tragen die Beweislast der Erfüllung gem. § 362 BGB.[345] Erforderlich dürfte daher ein konkreter Nachweis der Anlage, z. B. ein Konto- oder Depotauszug, sein. Durch einen konkreten Anlagenachweis gewinnt das Kind auch einen detaillierten Überblick darüber, welches Vermögen ihm zum Zeitpunkt der Auszahlung zusteht. Eine solche Pflicht zur Nachweisführung der Eltern kennt das Familienrecht auch an anderer Stelle, z. B. in §§ 1640, 1802 II 3 i. V. m. 1865 I BGB.[346] Auch andere Rechtsordnungen sehen eine mit diesen Überlegungen vergleichbare Regelung vor.[347]

Dieser Befund ist für das Kind grundsätzlich nicht nachteilig. Da das Kind gegenüber seinen Eltern ohnehin unterhaltsberechtigt bleibt und die Eltern das Kindesvermögen auch grundsätzlich nicht für den Familienunterhalt verwenden dürfen, wächst das Kindesvermögen aufgrund des Erfordernisses der wirtschaftlichen Anlage bis zum tatsächlichen Auszahlungszeitpunkt stetig an.

dd) Ergebnis: Auszahlungsanspruch mit Ende der elterlichen Vermögenssorge

Das in den Medien tätige Kind hat einen Anspruch auf Vergütung aus dem Arbeitsvertrag gem. §§ 611 II, 612 BGB. Dieser Anspruch wird, solange das Kind der Vermögenssorge seiner Eltern unterliegt, durch die wirtschaftliche Anlage der Vergütung bewirkt. Der Anspruch besteht unabhängig von der Wirksamkeit des Arbeitsverhältnisses im Einzelfall. Mit dem Ende der Vermögenssorge endet auch die Verwaltung des Kindesvermögens durch die Eltern. Das Ende der Vermögenssorge tritt nach § 1626 I 1 BGB mit Vollendung des 18. Lebensjahres und der damit verbundenen Volljährigkeit (§ 2 BGB) ein. Ab diesem Zeitpunkt besteht ein familienrechtlicher Anspruch auf Herausgabe des Vermögens aus § 1698 BGB des Kindes gegen seine Eltern.

---

[344] 1. Kapitel A. I. 1. a).

[345] BGH, Urt. v. 17.12.1992 – III ZR 133/91, NJW 1993, 1704, 1706 m. w. N. Für Schadensersatzansprüche wegen eines Verstoßes gegen die Anlagepflicht liegt die Beweislast wiederum beim Kind, vgl. BGH, Beschl. v. 17.7.2019 – XII ZB 425/18, NJW 2019, 3075, 3077. Zur Haftung des Vormunds für das Mündelvermögen *Klotz*, Die rechtstatsächliche und rechtspolitische Bedeutung der Vorschriften über die Anlage von Mündelgeld, 1966, S. 37 ff.

[346] Zur Nachweisführung des Vormunds schon *Klotz*, Die rechtstatsächliche und rechtspolitische Bedeutung der Vorschriften über die Anlage von Mündelgeld, 1966, S. 30 f.

[347] Zum sogenannten „Coogan Fund" im US-amerikanischen Recht s. u. 5. Kapitel C. I.

Die dem Kind nach arbeitsvertragsrechtlichen Grundsätzen zustehende Vergütung wird insofern über einen familienrechtlichen Herausgabeanspruch nach Ende der elterlichen Vermögenssorge sichergestellt. Die Verpflichtung zur Herausgabe des Kindesvermögens erstreckt sich auch auf die noch vorhandenen Nutzungen (§ 100 BGB).[348] Solche Nutzungen stellen z. B. nicht nach § 1649 I BGB verwendete Zinserträge durch die Anlage des Kindesvermögens dar.[349] Der Einwand der Verwirkung (§ 242 BGB) kann seitens der Eltern nach der Rechtsprechung aufgrund der besonderen familiären Beziehungen nur ausnahmsweise geltend gemacht werden.[350] Das Kind ist somit auch nicht auf eine schnelle Geltendmachung des Anspruchs unmittelbar nach Vollendung des 18. Lebensjahrs angewiesen, sondern kann die tatsächliche Auszahlung der Vergütung auch zu einem späteren Zeitpunkt verlangen.

Nach alledem besteht somit ein Anspruch des Kindes auf Auszahlung der Arbeitsvergütung gegen seine Eltern mit dem Ende der elterlichen Vermögenssorge, grundsätzlich also mit Vollendung des 18. Lebensjahres.

II. Vertragsverhältnis mit außerhalb der Familie stehenden Dritten

Nicht nur im Verhältnis zu den eigenen Eltern bestehen Vertragsverhältnisse des in den Medien tätigen Kindes. Auch zu außerhalb der Familie stehenden Dritten können vertragliche Beziehungen des Kindes existieren. Nicht in allen Fällen werden Kinder unmittelbar für ihre Eltern tätig. Häufig werden Kinder für einzelne Engagements in für sich genommen geringem zeitlichen Umfang (z. B. im Rahmen von Theateraufführungen oder für Auftritte in Fernsehproduktionen) von dem jeweiligen Veranstalter oder Produzenten bei den Eltern angefragt. Im Gegensatz zu den oben aufgestellten Grundsätzen,[351] insbesondere für Kidfluencer, nehmen die Eltern hier keine Managementrolle ein, sondern beschränken sich auf die Vermittlung und zeitliche Organisation von Einsätzen des Kindes für Produktionen und Engagements.[352] Im Folgenden werden insofern die vertragsrechtlichen Aspekte dieses Verhältnisses zwischen Eltern und Kind einerseits und dem Produzenten und Veranstalter andererseits beleuchtet.

[348] *Coester*, in: Staudinger BGB, § 1698 Rn. 4.

[349] Es handelt sich dann um Rechtsfrüchte im Sinne von § 99 III BGB. Vgl. dazu BGH, Urt. v. 10.12.2007 – II ZR 199/06, NJW-RR 2008, 631, 632; *Neuner*, BGB AT, § 27 Rn. 11; *Stresemann*, in: MüKoBGB, § 99 Rn. 6; *Mössner*, in: BeckOGK BGB, Stand: 1.5.2023, § 99 Rn. 13.3.

[350] OLG München, Urt. v. 28.9.1973 – 19 U 1932/73, NJW 1974, 703, 704; OLG Koblenz, Beschl. v. 26.11.2013 – 11 UF 451/13, MittBayNot 2015, 54, 57.

[351] 2. Kapitel C. II. 2.

[352] Nach *Gröhl*, ARP 2022, 374, 376 f., bedingen sich die Arbeitgeberpositionen der Eltern und außerhalb der Familie stehender Dritter.

1. Arbeitsvertragliche Beziehungen

Im Verhältnis zwischen dem Kind und einem außerhalb der Familie stehenden Dritten existieren für die Betrachtung etwaiger arbeitsvertraglicher Beziehungen im Grundsatz keine Besonderheiten. Sofern ausdrückliche Vereinbarungen zwischen dem Dritten und dem (durch die Eltern vertretenen oder ermächtigten) Kind nicht bestehen, ist auch in dieser Konstellation die Betrachtung der tatsächlichen Vertragsdurchführung entscheidend. Im Vergleich zu arbeitsvertraglichen Beziehungen im Eltern-Kind-Verhältnis stellt sich die zeitliche Dauer des Vertrages mit einem Dritten allerdings anders dar. Denn der Dritte wird als Produzent oder Veranstalter kein Interesse an einer arbeitsvertraglichen Beziehung mit dem Kind haben. Vielmehr besteht ein Interesse an der Leistung im Rahmen des kurzfristigen konkreten Engagements. Diese Interessen kann der Dritte gegenüber dem Kind freilich nur in sehr eingeschränktem Maße rechtlich durchsetzen. Sofern der Dritte mit dem durch die Eltern vertretenen Kind einen Vertrag über die Erbringung einer Tätigkeit schließt und dabei ein Weisungsrecht im Umfang des § 611a I BGB besteht, liegt nach den Grundsätzen des Rechtsformzwangs[353] ein Arbeitsvertrag vor. Dieser Rechtsgedanke kommt auch durch § 611a I 6 BGB zum Ausdruck. Ein entsprechendes Weisungsrecht wird im Rahmen eines Produktionsprozesses auch regelmäßig vorliegen. Weder die beabsichtigte Dauer des Vertrags, noch der zeitliche Umfang der Tätigkeit können am arbeitsvertraglichen Charakter des Vertrags etwas ändern. Liegt bei Abschluss des Vertrags keine wirksame, schriftlich vereinbarte Befristungsabrede vor, ist der Arbeitsvertrag mit dem Kind zudem unbefristet geschlossen (§ 16 S. 1 TzBfG).

Ob bereits zu den Eltern ein Arbeitsvertrag besteht, ist grundsätzlich ebenfalls irrelevant, ggf. besteht dann eine Mehrfachbeschäftigung. Grundsätzlich wäre es auch möglich, dass der Arbeitsvertrag zu den Eltern für die Dauer der Tätigkeit bei einem Dritten ruhend gestellt wird. Eine solche Ruhendstellung wäre grundsätzlich auch konkludent möglich, da sie keine Beendigung des Arbeitsvertrages zwischen Eltern und Kind darstellt, die nur schriftlich möglich wäre (§ 623 BGB). Eine Vereinbarung über das Ruhen des Arbeitsverhältnisses läuft allerdings grundsätzlich dem Gedanken des § 615 BGB zuwider und sie kann aus diesem Grund unwirksam sein.[354]

Vor diesem Hintergrund erscheint es jedenfalls ratsam, auf den Einzelfall zugeschnittene Verträge zwischen den Beteiligten zu erarbeiten. Geschieht dies nicht, besteht insbesondere auch die Gefahr, dass sich das Verhältnis von Kind, Eltern und Drittem als (verbotene) Leiharbeit darstellt. Im Folgenden wird auf diese Fallgestaltung eingegangen.

---

[353] Vgl. *Maties*, in: BeckOGK BGB, Stand: 1.1.2024, § 611a Rn. 177 ff.; kritischer *Preis*, in: ErfK, § 611a BGB Rn. 23.

[354] *Tillmanns*, in: Münchener Handbuch ArbR, § 76 Rn. 14.

2. Rechtliche Einordnung nach den Grundsätzen der Arbeitnehmerüberlassung

Arbeitnehmerüberlassung liegt vor, wenn ein Arbeitgeber einen bei ihm beschäftigten Arbeitnehmer einem Dritten im Rahmen einer wirtschaftlichen Tätigkeit vorübergehend zur Arbeitsleistung überlässt (vgl. § 1 AÜG). Dabei bestehen vertragliche Beziehungen nur zwischen Verleiher und Leiharbeitnehmer (Leiharbeitsvertrag) und zwischen Verleiher und Entleiher (Arbeitnehmerüberlassungsvertrag), aber nicht zwischen Entleiher und Leiharbeitnehmer.[355]

a) Überlassung zur Arbeitsleistung im Rahmen einer wirtschaftlichen Tätigkeit

Entscheidendes Merkmal der Arbeitnehmerüberlassung ist die Überlassung des Arbeitnehmers zur Arbeitsleistung. Denn anhand dieses Tatbestandsmerkmals erfolgt die Abgrenzung zu anderen Erscheinungsformen des Fremdpersonaleinsatzes. Nur wenn der Arbeitseinsatz des Kindes als Leiharbeitnehmer im Rahmen einer Überlassung erfolgt, sind die im AÜG niedergelegten Grundsätze der Arbeitnehmerüberlassung anwendbar.[356]

Die Definition des Leiharbeitnehmers im Sinne von § 1 I 1 AÜG richtet sich nach dem unionsrechtlich auszulegenden Arbeitnehmerbegriff der Leiharbeitsrichtlinie.[357] Art. 3 I a) der Richtlinie verweist auf den jeweiligen arbeitsrechtlichen Arbeitnehmerbegriff des nationalen Rechts.[358] Sofern also eine Weisungsbindung aufgrund eines Beschäftigungsverhältnisses vorliegt, die leistende Person als Gegenleistung eine Vergütung erhält und aufgrund ihrer Arbeitsleistung nach nationalem Recht geschützt ist, handelt es sich bei dieser Person um einen Arbeitnehmer im Sinne der Richtlinie und des AÜG.[359] Sofern das Kind nach den oben aufgestellten Grundsätzen[360] Arbeitnehmer seiner Eltern ist, kann es somit auch Leiharbeitnehmer im Sinne von § 1 I 1 AÜG sein.

Ausgangspunkt der Begriffsbestimmung der Arbeitnehmerüberlassung ist § 1 I 2 AÜG. Maßgebliche Kriterien für die Überlassung sind danach, der allgemein gängigen arbeitsrechtlichen Abgrenzungsformel folgend, die betriebliche Organi-

---

[355] Statt aller *Roloff*, in: ErfK, § 1 AÜG Rn. 11.

[356] BAG, Urt. v. 17.1.2017 – 9 AZR 76/16, NZA 2017, 572, 573; *Ulrici*, AÜG, § 1 Rn. 47; *Hamann*, in: Schüren AÜG, § 1 Rn. 105.

[357] Richtlinie 2008/104/EG des Europäischen Parlaments und des Rates vom 19.11.2008 über Leiharbeit, ABl. L 327, S. 9.

[358] Dazu EuGH, Urt. v. 17.11.2016 – C-216/15, ECLI:EU:C:2016:883 Rn. 25 – Ruhrlandklinik; BAG, Beschl. v. 21.2.2017 – 1 ABR 62/12, NZA 2017, 662, 665; *Höpfner*, in: HWK, § 1 AÜG Rn. 6 ff.; *Kock*, in: BeckOK ArbR, Stand: 1.12.2023, § 1 AÜG Rn. 40; *Roloff*, in: ErfK, § 1 AÜG Rn. 39.

[359] *Kock*, in: BeckOK ArbR, Stand: 1.12.2023, § 1 AÜG Rn. 40.

[360] 3. Kapitel I. 3. a).

sationseinbindung und die Weisungsgebundenheit des Leiharbeitnehmers im Einzelfall. Aufgrund der in der Praxis vielfach zu beobachtenden Werkvertragskonstruktionen zur Umgehung der mit der Leiharbeit verbundenen Rechtsfolgen und Einschränkungen ist insbesondere eine Abgrenzung der Arbeitnehmerüberlassung von werkvertragsrechtlichen Vertragskonstruktionen zum Schutz des Arbeitnehmers wichtig.[361] Auf den ersten Blick erscheint eine solche Abgrenzung problemlos möglich: Bei der Arbeitnehmerüberlassung werden dem Dritten Arbeitnehmer zur Verfügung gestellt. Bei einem Werkvertrag verpflichtet sich der Werkunternehmer gegenüber dem Besteller zur Herstellung eines bestimmten Werks. Schwierigkeiten in der Abgrenzung ergeben sich allerdings dadurch, dass auch ein durch Arbeit erbrachter Erfolg Gegenstand eines Werkvertrags sein kann (§ 631 II BGB).[362] Die Rechtsprechung grenzt die Arbeitnehmerüberlassung zum Werkvertrag daher anhand der Kriterien der Betriebseingliederung und Weisungsbindung zwischen Verleiher und Entleiher ab. Sofern der Entleiher den Leiharbeitnehmer wie seine eigenen Arbeitnehmer einsetzt und somit ein arbeitsbezogenes Weisungsrecht ausübt, soll eine Arbeitnehmerüberlassung und kein Werkvertrag vorliegen.[363] Umgekehrt spreche für einen Werkvertrag die eigene fachliche, konkretisierende Weisungsmöglichkeit des Werkunternehmers (des Verleihers) zur Durchführung der Werkleistung (§ 645 I BGB).[364] Sofern sich also die vertraglich vereinbarte Leistung auf die Zurverfügungstellung von Arbeitnehmern beschränkt und diese in die Organisationsstruktur des Vertragspartners eingebunden sind, soll nach der Rechtsprechung ein Fall der Arbeitnehmerüberlassung vorliegen. Das Schrifttum folgt in der Abgrenzungsfrage, mit zum Teil anderen Nuancen, überwiegend der Rechtsprechung.[365]

Die Abgrenzung anhand des Kriteriums der Verlagerung des arbeitsbezogenen Weisungsrechts auf den Inhaber des Einsatzbetriebs[366] eignet sich auch für die Betrachtung der Kinderarbeit in den Medien auf Veranlassung der Eltern für einen Dritten. Gerade die Einbindung in konkrete Dreh- und Organisationspläne spricht – auch wenn das Engagement an Dreharbeiten und Theateraufführungen nur in zeitlich

[361] Bisweilen wird sogar von einer „Flucht in den Werkvertrag" gesprochen: *Maschmann*, NZA 2013, 1305. Vgl. auch *Francken*, NZA 2013, 1192. Das Problem dieser „Umgehungspraxis" hat auch der Gesetzgeber im Rahmen der Reform des AÜG erkannt: vgl. BT-Drs. 18/14, S. 9f.

[362] Vgl. *Höpfner*, in: HWK, § 1 AÜG Rn. 20.

[363] BAG, Urt. v. 8.11.1978 – 5 AZR 261/77 NJW 1979, 2636, 2637; Urt. v. 22.6.1994 – 7 AZR 286/93, NZA 1995, 462, 464; Urt. v. 20.9.2016 – 9 AZR 735/15, NZA 2017, 49, 52; LAG Berlin, Beschl. v. 1.2.1988 – 9 TaBV 6/87, AuR 1989, 320; LAG Baden-Württemberg, Urt. v. 1.8.2013 – 2 Sa 6/13, NZA 2013, 1017, 1019f.

[364] BAG, Beschl. v. 13.12.2005 – 1 ABR 51/04, NZA 2006, 1369, 1370f.; LAG Schleswig-Holstein, Beschl. v. 5.6.2013 – 3 Ta BV 6/12, DB 2013, 2218, 2219.

[365] *Kock*, in: BeckOK ArbR, Stand: 1.12.2023, § 1 AÜG Rn. 58ff.; *Roloff*, in: ErfK, § 1 AÜG Rn. 22f.; *Höpfner*, in: HWK, § 1 AÜG Rn. 21ff.; *Hamann*, in: Schüren AÜG, § 1 Rn. 174ff. m.w.N.

[366] *Hamann*, in: Schüren AÜG, § 1 Rn. 184.

geringem Umfang durchgeführt wird – für ein Weisungsrecht des Dritten.[367] Der Mitwirkung in Theater- und Fernsehproduktionen immanent ist gerade die Konkretisierung der individuellen Arbeitspflicht nach Gegenstand, Ort und Zeit. So wird das Kind Drehplänen und Drehbüchern unterworfen, nach denen die eigentlich geschuldete Tätigkeit erbracht wird. Die Eltern haben in dieser Hinsicht kein Weisungsrecht, sondern wählen lediglich den konkreten Einsatz des Kindes aus. Doch gerade dies ist für die Abgrenzung nicht konstitutiv. Die Auswahl des Einsatzbetriebes obliegt stets dem Verleiher, sodass es auf diesen Aspekt im Rahmen der Abgrenzung nicht ankommen kann.[368] Der Dreh- oder Produktionsbetrieb nutzt die Arbeitsleistung des überlassenen Kindes in den Grenzen des Überlassungsvertrages und steuert diese. Insofern sprechen gute Gründe für die Annahme einer Arbeitsüberlassung und gegen werkvertragsrechtliche Beziehungen.

b) Verstoß gegen das Offenlegungsgebot, § 1 I 5, 6 AÜG

Nachdem festgestellt wurde, dass das Kind zur Arbeitsleistung an einen Dritten überlassen wird, richtet sich die Wirksamkeit des Leiharbeitsvertrages einerseits und des Arbeitnehmerüberlassungsvertrages andererseits nach dem AÜG. § 9 I Nr. 1a AÜG regelt insofern die Unwirksamkeit des Leiharbeitsvertrages zwischen Verleiher und Leiharbeitnehmer bei einem Verstoß gegen die Kennzeichnungs- und Konkretisierungspflicht aus § 1 I 5, 6 AÜG. Verleiher und Entleiher haben den Vertrag zur Überlassung des Leiharbeitnehmers ausdrücklich als Arbeitnehmerüberlassung zu bezeichnen (S. 5). Ferner haben sie die Person des Leiharbeitnehmers unter Bezugnahme auf diesen Vertrag zu konkretisieren (S. 6).[369]

Im Verhältnis der Eltern zu dem Dritten dürfte ein Arbeitnehmerüberlassungsvertrag regelmäßig weder gekennzeichnet noch das Kind als Leiharbeitnehmer explizit bezeichnet werden. Die Eltern sind sich schon nicht über die Arbeitnehmereigenschaft ihres Kindes im Klaren, sodass auch eine Offenlegung einer Arbeitnehmerüberlassung an den Dritten nicht vorgenommen werden wird. Dies gilt vor

---

[367] So schon für ein einmaliges, auf 16 Tage begrenztes Gastspiel eines Schauspielers LAG Saarland, Urt. v. 22.9.1965 – 2 Sa 45/64, BeckRS 1965, 31159293. Für einen Überblick über die Rechtsprechung zur Arbeitnehmereigenschaft in der Unterhaltungsindustrie *Reinecke*, NZA-RR 2019, 57.

[368] Vgl. *Hamann*, in: Schüren AÜG, § 1 Rn. 139.

[369] In der Literatur umstritten ist die Frage, ob die Voraussetzungen von S. 5 und 6 kumulativ vorliegen müssen oder ob die Unwirksamkeit nach § 9 I Nr. 1a AÜG bereits bei alternativer Verletzung von S. 5 oder S. 6 eintritt. Die Befürworter der Notwendigkeit eines kumulativen Verstoßes stellen auf den Wortlaut von § 9 I Nr. 1a AÜG („und") ab. Angesichts des Ziels von § 1 I 6 AÜG, dem Entgegenwirken der Umgehung der Kennzeichnungspflicht durch den Abschluss von Rahmenverträgen, ist die Verwendung der Formulierung „und" aber als Redaktionsversehen anzusehen, ohne dass daraus die Notwendigkeit eines kumulativen Vorliegens der Voraussetzungen in S. 5 und S. 6 abzuleiten ist. Vgl. zu dieser Auffassung *Höpfner*, in: HWK, § 1 Rn. 43; § 9 Rn. 13. Im Ergebnis auch *Ulrici*, AÜG, § 9 Rn. 67. Für die Notwendigkeit des kumulativen Vorliegens *Schüren*, in: Schüren AÜG, § 9 Rn. 87; ausführlich *Bissels*, NZA 2017, 214, 216 ff.

allem dann, wenn die Überlassung des Kindes auf Grundlage eines konkludent oder mündlich geschlossenen Vertrages mit dem Dritten erfolgt.

c) Verstoß gegen die Erlaubnispflicht, § 1 I 1 AÜG

Maßgeblicher Grund der Unwirksamkeit sowohl des Leiharbeitsvertrages als auch des Arbeitnehmerüberlassungsvertrages wird im Regelfall die fehlende Erlaubnis zur Arbeitnehmerüberlassung sein, die sich gem. § 9 I Nr. 1 AÜG auf die Vertragsbeziehungen aller Beteiligten auswirkt. Wenn die Eltern schon das Leiharbeitsverhältnis gegenüber dem Entleiher nicht als solches bezeichnen und sich über die rechtlichen Auswirkungen nicht im Klaren sind, dürfte erst recht keine Erlaubnis nach § 1 I 1 AÜG eingeholt worden sein.

d) Ausnahme: § 1 III Nr. 2a AÜG

Mit § 1 III Nr. 2a AÜG hat der Gesetzgeber einen Ausnahmetatbestand für Fälle geschaffen, in denen das AÜG nicht anwendbar ist. Voraussetzungen dieser Ausnahme sind, dass die Arbeitnehmerüberlassung nur gelegentlich erfolgt und der Arbeitnehmer nicht zum Zweck der Überlassung eingestellt und beschäftigt wird. Aufgrund des von den Eltern häufig vorgetragenen Einwands, bei der Tätigkeit des Kindes handele es sich um eine reine Freizeitbeschäftigung, die jedenfalls nur kurzfristig durchgeführt werde,[370] könnte die Annahme einer nur gelegentlichen Überlassung an Dritte auf den ersten Blick naheliegen. Bei näherer Betrachtung schließt aber auch die reine Freizeitbetätigung des Kindes eine Anwendung des AÜG nicht aus. Auf eine Gewerbsmäßigkeit der Überlassung seitens des Entleihers kommt es nämlich seit der Neufassung des AÜG im Jahr 2011 nicht mehr an.[371] Das Merkmal der gelegentlichen Überlassung wird nach der herrschenden Auffassung als Abgrenzung zum vormaligen Begriff der Gewerbsmäßigkeit in § 1 I 1 AÜG a. F.[372] definiert. Erforderlich ist insofern ausschließlich eine in zeitlicher Hinsicht nicht regelmäßige Überlassung.[373] Zweck des gesamten AÜG ist der Schutz des überlassenen Arbeitnehmers vor aufgrund seiner Überlassung entstehenden Nachteilen. Selbst wenn das Kind der Tätigkeit für den Dritten aus eigenem Antrieb und eigener Überzeugung heraus nachgeht, vermag allein dieser Umstand nichts an der Anwendbarkeit des AÜG zu ändern. Denn das Kind wird in aller Regel nicht nur

---

[370] *Raab*, brand eins 2019, 84, 86.

[371] Durch Gesetz vom 28. 4. 2011, das der Umsetzung der RL 2008/104/EG diente, wurde die Formulierung „gewerbsmäßig" in § 1 I 1 AÜG gestrichen, BGBl. 2011 I, S. 642; *Hamann*, in: Schüren AÜG, § 1 Rn. 649; *Kock*, in: BeckOK ArbR, Stand: 1. 12. 2023, § 1 AÜG Rn. 225; *Happ/van der Most*, BB 2017, 2809, 2813; a. A. *Evermann*, NZA 2018, 751, 754.

[372] BGBl. 1995 I, S. 159.

[373] BAG, Urt. v. 2. 6. 2010 – 7 AZR 946/08, NZA 2011, 351, 353; *Kock*, in: BeckOK ArbR, Stand: 1. 3. 2023, § 1 AÜG Rn. 225; *Hamann*, in: Schüren AÜG, § 1 Rn. 644; BA FW AÜG Ziff. 1.4.3 Abs. 2.

einmalig an einer Medienproduktion teilnehmen. Doch selbst wenn das Merkmal der Gelegentlichkeit im Einzelfall aus diesem Grund noch nicht erfüllt wurde, handeln die Eltern jedenfalls mit der Absicht, das Kind in der Zukunft erneut einzusetzen. Unabhängig von einer konkreten zukünftigen wirtschaftlichen Gewinnerwartung der Eltern liegt bei einer, auch nur einmaligen, Wiederholungsabsicht keine gelegentliche Überlassung an den Dritten mehr vor. Der Gesetzgeber wollte mit der Einfügung von § 1 III Nr. 2a AÜG solche Fälle privilegieren, in denen kurzfristige Belastungsspitzen eines Unternehmens durch die vorübergehende Überlassung auswärtiger Arbeitnehmer aufgefangen werden.[374] Ausweislich dieses Schutzzwecks sind an die Anwendung der Ausnahmevorschrift des § 1 III AÜG strenge Anforderungen zu stellen,[375] die bei der mit Wiederholungsabsicht erfolgten einmaligen Überlassung des Kindes nicht erfüllt sind. Es läge ansonsten in der Hand der Eltern, die Anwendbarkeit des AÜG durch die Durchführung mehrerer einzelner, auf einen großen Zeitraum gestreckter Überlassungen einseitig auszuschließen. Die Ausnahmeregelung in § 1 III Nr. 2a AÜG kann somit im Regelfall nicht greifen.

e) Rechtsfolge

Rechtsfolge der Unwirksamkeit des Leiharbeitsverhältnisses zwischen Leiharbeitnehmer und Verleiher gem. § 9 I Nr. 1, 1a AÜG ist nach § 10 I AÜG die gesetzliche Fiktion eines Arbeitsverhältnisses zwischen Entleiher und Leiharbeitnehmer, also zwischen dem Dritten und dem Kind. Sinn und Zweck dieser Fiktion ist die Kompensation der Nachteile, die der Leiharbeitnehmer in Folge der Unwirksamkeit des Leiharbeitsverhältnisses erleiden würde. Ohne die Regelung in § 10 I AÜG würde der Leiharbeitnehmer ohne arbeitsvertragliche Grundlage tätig werden. Zur Geltendmachung seiner Ansprüche gegen den Verleiher würden ausschließlich die Grundsätze über das fehlerhafte Arbeitsverhältnis in Betracht kommen.[376] Voraussetzung für die Fiktion ist, dass der Leiharbeitnehmer tatsächlich dem Entleiher überlassen worden ist und damit tatsächliche Arbeitsleistungen erbracht hat.[377] Trotz des Wortlauts von § 10 I 1 AÜG („[...] für den Beginn der Tätigkeit vorgesehenen Zeitpunkt") wird erst zu diesem Zeitpunkt der Leiharbeitsvertrag überhaupt wirksam.[378] Unter den Voraussetzungen des § 10 I 2 AÜG ist das Arbeitsverhältnis zu dem Dritten befristet.[379] Sofern das Kind tatsächlich im Rahmen von Film-, Theater-

---

[374] BT-Drs. 17/4804, S. 8.

[375] So auch BT-Drs. 17/4804, S. 8.

[376] BAG, Urt. v. 20.9.2016 – 9 AZR 735/15, NZA 2017, 49, 54. Eingehend zum fehlerhaften Arbeitsverhältnis im Kontext des AÜG *Schüren*, in: Schüren AÜG, § 10 Rn. 156 ff.; *Verhoek*, Das fehlerhafte Arbeitsverhältnis, 2005, S. 173 ff.

[377] BAG, Urt. v. 20.1.2016 – 7 AZR 535/13, NJOZ 2016, 1259, 1263; *Kock*, in: BeckOK ArbR, Stand: 1.3.2022, § 10 AÜG Rn. 7; *Schüren*, in: Schüren AÜG, § 10 Rn. 36.

[378] Vgl. *Schüren*, in: Schüren AÜG, § 9 Rn. 27 ff. A. A. *Roloff*, in: ErfK, § 10 AÜG Rn. 3.

[379] Vgl. BAG, Beschl. v. 10.2.1977 – 2 ABR 80/76, NJW 1977, 1413, 1414; BAG, Urt. v. 20.1.2016 – 7 AZR 535/13, NJOZ 2016, 1259, 1263.

oder Werbeaufnahmen für einen Dritten tätig geworden ist, wird also qua gesetzlicher Regelung ein Arbeitsverhältnis mit dem entleihenden Dritten fingiert.[380] Umfang und Vergütung richtet sich dann gem. § 10 I AÜG nach dem zwischen Verleiher und Leiharbeitnehmer Vereinbarten, im Übrigen nach den im Betrieb des Entleihers geltenden Regelungen (§ 10 I 4 AÜG).

III. Unwirksamkeit vertraglicher Rechtsbeziehungen wegen eines Verstoßes gegen das JArbSchG

Mit dem Ziel, Kinder vor Überforderungen in der Arbeitswelt zu schützen und gleichzeitig eine möglichst ungehinderte Entwicklung sicherzustellen, stellt das Jugendarbeitsschutzgesetz (JArbSchG) die zentrale Normierung des gesetzlichen Jugendarbeitsschutzes in Deutschland dar.[381] Um dieses Ziel zu erreichen, gewährleistet das JArbSchG einen weitreichenden Schutz des Kindes. Hintergrund ist die sich im Laufe der Zeit entwickelte Erkenntnis, dass Kinder als vulnerable gesellschaftliche Gruppe insbesondere in der Arbeitswelt einer besonderen Fürsorge bedürfen.[382] Obgleich es sich bei den Vorschriften des JArbSchG um öffentlich-rechtliches Arbeitsschutzrecht handelt,[383] wirken Verstöße auch im privatrechtlichen Bereich zwischen den Vertragsparteien. Auf diese Konsequenzen für das Arbeitsverhältnis des Kindes wird im Anschluss an die Ausführungen zu den Voraussetzungen eines Verstoßes gegen das JArbSchG näher eingegangen.

1. Anwendbarkeit

Gemäß § 1 I Nr. 2, 3 JArbSchG gelten die Vorschriften des JArbSchG für die Beschäftigung von Personen, die noch nicht 18 Jahre alt sind, als Arbeitnehmer oder Heimarbeiter oder mit sonstigen Dienstleistungen, die der Dienstleistungen von Arbeitnehmern oder Heimarbeitern ähnlich sind. Der Begriff der Beschäftigung im Sinne des JArbSchG ist aufgrund des gesetzlichen Anspruchs, einen möglichst umfassenden rechtlichen Schutzstandard zu garantieren, weit zu verstehen.[384] Erfasst werden somit sämtliche privatrechtlichen, weisungsgebundenen Tätigkeiten, die, unabhängig von der Bezeichnung oder vom Umfang der Tätigkeit, in persönlicher

---

[380] Vgl. ausführlich zu den Einzelheiten der Fiktion *Schüren*, in: Schüren AÜG, § 10 Rn. 45 ff.

[381] Vgl. *Zmarzlik*, in: Zmarzlik/Anzinger JArbSchG, Einf. Rn. 1.

[382] Vgl. zur historischen Entwicklung des Jugendarbeitsschutzes in Deutschland oben 2. Kapitel B. Siehe dazu auch ausführlich *Zmarzlik*, in: Zmarzlik/Anzinger JArbSchG, Einf. Rn. 11 ff.

[383] Dazu *Weyand*, JArbSchG, Einl. Rn. 51 f.

[384] BT-Drs. 7/2305, S. 26.

Abhängigkeit erbracht werden.[385] Arbeitgeber im Sinne des Gesetzes ist gem. § 3 JArbSchG derjenige, der ein Kind oder einen Jugendlichen gem. § 1 JArbSchG beschäftigt. Es kommt, in Abgrenzung von dem allgemeinen Arbeitgeberbegriff, ausschließlich auf die tatsächliche Inanspruchnahme des Kindes oder des Jugendlichen an.[386] Dass diese Voraussetzungen im Fall der besprochenen Fallgruppen der Kinderarbeit in den Medien vorliegen, wurde bereits an anderer Stelle festgestellt.[387] Da der Begriff der Beschäftigung im Sinne des JArbSchG über den Begriff des Arbeitsverhältnisses hinausgeht, bedarf dies im Grundsatz auch keiner weiteren Erläuterung. Dass die Medientätigkeit des Kindes weder aus reiner Gefälligkeit noch auf Grund familienrechtlicher Vorschriften geleistet wird und somit die Ausnahme von § 1 II Nr. 1 a und b JArbSchG nicht eingreift, wurde ebenfalls bereits erläutert.[388]

Als Einschränkung der Anwendbarkeit des JArbSchG für den Zweck dieser Untersuchung relevant ist § 1 II Nr. 2 JArbSchG. Danach soll die Beschäftigung des Kindes durch die Personensorgeberechtigten im Familienhaushalt von den Vorschriften des JArbSchG ausgeschlossen sein. Die Beschäftigung des Kindes im Familienhaushalt ist Teil des Erziehungsrechts der Eltern aus Art. 6 II 1 GG und soll insofern durch die Regelungen des JArbSchG nicht beeinflusst werden.[389] Doch gerade bei der Medientätigkeit des Kindes handelt es nicht um eine Tätigkeit im Familienhaushalt. Wird das Kind als Darsteller in einem rechtlichen Verhältnis zu einem Dritten tätig, besteht schon der nach dem Wortlaut notwendige Bezug zum Familienhaushalt nicht. Aber auch im Bereich der Betätigung als Kidfluencer oder als Darsteller mit arbeitsvertraglichen Beziehungen zu den Eltern findet § 1 II Nr. 2 JArbSchG keine Anwendung. Aufgrund des Umfangs und der erheblichen Risiken für das Kind übersteigt eine Tätigkeit im Influencer-Marketing oder als Darsteller in Film und Fernsehen die vom Erziehungsgedanken geprägte Mitarbeit im Familienhaushalt bei weitem. Zudem gestattet Art. 2 II lit. b RL 94/33/EG ausschließlich „gelegentliche und kurzfristige“ Tätigkeiten im Familienbetrieb, sofern diese weder als schädlich noch nachteilig oder gefährlich anzusehen sind. Allein aufgrund des Eingriffs in das Persönlichkeitsrecht durch die dauerhaft öffentliche Darstellung im Internet oder im Fernsehen bestehen indes derart hohe Risiken für die Entwicklung des Kindes, sodass ein Ausschluss vom Anwen-

---

[385] OLG Hamm, Beschl. v. 14.8.1987 – 6 Ss OWi 445/86, BeckRS 1987, 31363915; BayObLG, Urt. v. 21.12.1973 – 4 St 157/73, AP JArbSchG § 66 Nr. 1; *Schlachter*, in: ErfK, § 1 JArbSchG Rn. 4; *Tillmanns*, in: HWK, § 1 JArbSchG Rn. 3f.; *Weyand*, JArbSchG, § 1 Rn. 4; *Zmarzlik*, in: Zmarzlik/Anzinger JArbSchG, § 1 Rn. 6ff.

[386] OVG Münster, Urt. v. 17.2.1986 – 12 A 1453/85, NJW 1987, 1443; BayObLG, Beschl. v. 4.8.2021 – 201 ObOWI 735/21, BeckRS 2021, 25640; *Zmarzlik*, in: Zmarzlik/Anzinger JArbSchG, § 3 Rn. 3ff.

[387] 3. Kapitel B. I. 3. b).

[388] 3. Kapitel A.

[389] *Tillmanns*, in: HWK, § 1 JArbSchG Rn. 14. Vgl. auch den Entwurf des JArbSchG a.F. aus dem Jahr 1958, BT-Drs. 3/317, S. 19f.

dungsbereich des JArbSchG nicht zu rechtfertigen ist.[390] Das JArbSchG ist daher dem Grunde nach auch auf die Medientätigkeit des Kindes anwendbar.

2. Verstoß gegen ein Beschäftigungsverbot

Das JArbSchG unterscheidet gem. § 2 JArbSchG begrifflich zwischen Kindern und Jugendlichen. Kind ist, wer noch nicht 15 Jahre alt ist (Abs. 1), Jugendlicher, wer 15, aber noch nicht 18 Jahre alt ist (Abs. 2). Dieser grundlegenden Differenzierung folgend, unterscheiden sich auch die Anforderungen an Beschäftigungsverbote und ihre Ausnahmen je nach Alter des Minderjährigen. Während § 5 I JArbSchG die Beschäftigung von Kindern grundsätzlich für unzulässig erklärt, finden sich in §§ 8 ff. JArbSchG detaillierte Regelungen zur zulässigen Beschäftigung von Jugendlichen. Sofern der Jugendliche aber noch der Vollzeitschulpflicht unterliegt, finden gem. § 2 III JArbSchG die für Kinder geltenden Vorschriften Anwendung. Aufgrund der Beschränkung dieser Untersuchung auf vollzeitschulpflichtige Personen bleiben die besonderen Vorschriften für Jugendliche folglich unberücksichtigt.

§ 5 I JArbSchG verbietet grundsätzlich jede Beschäftigung von Kindern gem. § 1 I JArbSchG. Von dem Verbot ausschließlich erfasst ist daher die Beschäftigung durch einen Arbeitgeber im Sinne von § 3 JArbSchG. Insofern findet das JArbSchG keine Anwendung auf eine selbstständige oder andere Tätigkeit des Kindes, die keinen der in § 1 I JArbSchG genannten Zwecke erfüllt. Das können z. B. Freizeitbetätigungen im Sportverein, in Musik-, Tanz- oder Theatergruppen oder Tätigkeiten für karitative oder religiöse Zwecke sein.[391] Insbesondere bei der Beschäftigung von Kindern durch ihre Eltern ist daher nach dem Zweck der Beschäftigung zu differenzieren. Beschäftigen die Eltern das Kind in mit anderen Arbeitnehmern vergleichbarer Art und Weise, liegt ein Verstoß gegen § 5 I JArbSchG vor. Handelt es sich um eine Beschäftigung, bei der in erster Linie erzieherische Gesichtspunkte im Vordergrund stehen, verstößt diese aufgrund des Grundgedankens des JArbSchG nicht gegen § 5. Denn das JArbSchG beabsichtigt nicht, das verfassungsrechtlich normierte elterliche Erziehungsrecht aus Art. 6 II GG einzuschränken. § 5 I JArbSchG ist insofern verfassungskonform dahingehend auszulegen, dass im Wesentlichen der Erziehung dienende Beschäftigungen nicht verboten sein sollen.[392] Wie oben bereits gezeigt, ist die Beschäftigung des Kindes in den Medien aber gerade nicht auf die Erziehung gerichtet.[393] Vielmehr verfolgen die Eltern regelmäßig wirtschaftliche Interessen, sodass eine solche Beschäftigung grundsätzlich verboten ist.

Nach § 5 V JArbSchG kann die zuständige Aufsichtsbehörde Ausnahmen vom Verbot der Kinderarbeit für die Mitwirkung an Veranstaltungen im Sinne von § 6 JArbSchG bewilligen. § 5 V JArbSchG kommt hierbei allerdings keine eigen-

[390] *Tillmanns*, in: HWK, § 1 JArbSchG Rn. 14a.

[391] *Zmarzlik*, in: Zmarzlik/Anzinger JArbSchG, § 5 Rn. 11.

[392] *Zmarzlik*, in: Zmarzlik/Anzinger JArbSchG, § 5 Rn. 11.

[393] 3. Kapitel A.

ständige Bedeutung zu. Die Voraussetzungen für die Bewilligung der Ausnahme ergeben sich aus § 6 I, II JArbSchG.[394] Eine Bewilligung im Sinne von §§ 5 V, 6 JArbSchG ist allerdings nur möglich, wenn die Beschäftigung dem Verbot von § 5 I JArbSchG unterliegt.[395] Für die Kinderarbeit in den Medien wird auf diesen Aspekt unter b) näher eingegangen.

a) Ausnahmen für Kinder über 13 Jahre, § 5 III JArbSchG

§ 5 III 1 JArbSchG sieht Ausnahmen von diesem grundsätzlichen Beschäftigungsverbot für Kinder über 13 Jahren mit Einwilligung der Personensorgeberechtigten vor, soweit die Beschäftigung leicht und für Kinder geeignet ist.

aa) Einwilligung in die Beschäftigung als Verstoß gegen § 181 BGB

Die Einwilligung der Personensorgeberechtigten ist gem. § 183 S. 1 BGB die im Vorfeld eines Rechtsgeschäfts zu erteilende Zustimmung. Es handelt sich um eine einseitige empfangsbedürftige Willenserklärung gegenüber dem Beschäftiger.[396] Im Eltern-Kind-Verhältnis stellt sich in diesem Zusammenhang, wie bereits im Rahmen der Ermächtigung zum Abschluss arbeitsvertraglicher Rechtsbeziehungen[397] die Frage, ob die Eltern die erforderliche Zustimmung zu einer Beschäftigung mit ihnen selbst wirksam erteilen können. Auch in diesem Fall kommt ein Verstoß gegen § 181 BGB in Betracht. Folge dieser Einordnung wäre der Befund, dass Eltern die Zustimmung zur Beschäftigungsaufnahme ihres Kindes mit ihnen selbst, jedenfalls nicht ohne weiteres (vgl. §§ 1643 I, 1824 ff. BGB), wirksam erteilen könnten. Gegen dieses Ergebnis spricht allerdings der gesetzliche Wortlaut. § 5 III 3 JArbSchG ordnet an, dass Kinder in landwirtschaftlichen Familienbetrieben nicht mehr als drei Stunden täglich beschäftigt werden dürfen. Wenn aber schon die Einwilligung in die Beschäftigung in einem solchen Betrieb von vornherein unwirksam wäre, hätte Satz 3 keinen praktischen Anwendungsbereich. Aus § 1 II Nr. 2 JArbSchG lässt sich zudem schließen, dass der Gesetzgeber ausschließlich Beschäftigungsverhältnisse im Familienhaushalt, nicht aber jegliche Beschäftigungsverhältnisse mit den eigenen Personensorgeberechtigten vom Anwendungsbereich des JArbSchG ausschließen wollte. Dass der Gesetzgeber von der Zulässigkeit einer Beschäftigung bei den Eltern ausgegangen ist, zeigt auch die Begründung des Entwurfs zur Einfügung von Abs. 3 S. 3. Danach seien bei der Beschäftigung in landwirtschaftlichen Familienbetrieben keine gesundheitlichen Beeinträchtigungen des Kindes in der Vergangenheit beobachtet worden, sodass die Ausnahme gerechtfertigt sei.[398] Vor dem Hintergrund

[394] *Weyand*, JArbSchG, § 5 Rn. 11.

[395] *Schlachter*, in: ErfK, § 6 JArbSchG Rn. 1; *Lakies*, JArbSchG, § 6 Rn. 2.

[396] *Zmarzlik*, in: Zmarzlik/Anzinger JArbSchG, § 5 Rn. 27.

[397] 3. Kapitel B. I. 1. b) bb).

[398] BT-Drs. 389/96, S. 14 f. Nichtsdestotrotz verstößt § 5 III 3 JArbSchG gegen Art. 8 I b RL 94/33/EG und Art. 32 I 2 GRC, vgl. *Schlachter*, in: ErfK, § 5 JArbSchG Rn. 8.

dieser gesetzgeberischen Wertung ist festzuhalten, dass die Einwilligung der Eltern gem. § 5 III JArbSchG in ein Beschäftigungsverhältnis des Kindes mit ihnen selbst nicht gegen § 181 BGB verstößt.

bb) Familiengerichtlicher Entzug der elterlichen Sorge

Zum Schutz des Kindes könnte aber der familiengerichtliche Entzug der elterlichen Sorge für die Einwilligung in die Beschäftigung des Kindes und die Einsetzung eines Ergänzungspflegers angezeigt sein, §§ 1629 II 3, 1789 II, 3, 4 BGB. Nach §§ 1629 II 3, 1789 II BGB kann das Familiengericht den Eltern die Vertretung für einzelne Angelegenheiten entziehen, sofern ein erheblicher Konflikt zwischen dem Interesse des Kindes und den finanziellen Interessen der Eltern besteht. Im Unterschied zum gesetzlichen Ausschluss der elterlichen Vertretungsbefugnis nach § 1795 II BGB erfordert der gerichtliche Entzug gem. § 1789 II 3, 4 BGB einen konkreten erheblichen Interessenkonflikt im Einzelfall.[399] Ein solcher Konflikt ist immer dann erheblich, wenn die Förderung des einen Interesses nur auf Kosten des anderen mit der Gefahr erfolgen kann, dass das Kindesinteresse nicht ausreichend berücksichtigt werden wird.[400] Das Deutsche Institut für Jugendhilfe und Familienrecht hat in einem Rechtsgutachten aus dem Jahr 2017 ohne weitere Begründung einen erheblichen Interessengegensatz angenommen, wenn das Kind als Hauptdarsteller auf dem YouTube-Kanal der Eltern zumindest teilweise den Lebensunterhalt seiner Eltern erwirtschaftet.[401] Diese Einschätzung fügt sich im Wesentlichen auch in die hier vertretene Argumentation ein. Vertiefte Betrachtung erfordert allerdings die Frage, ob ein erheblicher Interessengegensatz zwischen dem in den Medien tätigen Kind und seinen Eltern überhaupt vorliegt. Für die Annahme eines erheblichen Interessengegensatzes kommt es auf die objektive Interessenlage der Beteiligten an.[402] Dabei ist der elterliche Einwand, das Kind arbeite ohne Zwang allein aus eigener Motivation heraus und sehe die Arbeit in den Medien sogar als Freizeitbeschäftigung an, unbeachtlich. Gerade in jungen Jahren kann das Kind die Folgen seines Handelns häufig nicht vollständig überblicken. Wenn aber die subjektive Wahrnehmung eines Kindes für die Beurteilung des familiengerichtlichen Entzugs der Vertretungsmacht relevant wäre, wäre in den hier betrachteten Fallkonstellationen im Regelfall kein Interessengegensatz anzunehmen. Zudem wird auch für den Begriff der Beschäftigung in § 1 I JArbSchG nicht die subjektive Er-

---

[399] Noch zur alten Rechtslage BGH, Beschl. v. 5.3.2008 – XII ZB 2/07, DNotZ 782, 784; OLG Frankfurt, Beschl. v. 12.12.2017 – 1 UF 64/17, FamRZ 2018, 827, 828; OLG Köln, Beschl. v. 4.7.2011 – 21 UF 105/11, FamRZ 2012, 579, 581; *Veit*, in: BeckOK BGB, Stand: 1.1.2023, § 1629 Rn. 66ff.; *Huber*, in: MüKoBGB, § 1629 Rn. 42.

[400] KG, Beschl. v. 24.2.1966 – 1 W 3402/65, NJW 1966, 1320, 1322; OLG Frankfurt, Beschl. v. 2.7.2013 – 6 WF 104/13, FamRZ 2014, 678 m.w.N. Anders *Spickhoff*, in: MüKoBGB, § 1796 Rn. 5, der die Definition als zu eng erachtet.

[401] *Deutsches Institut für Jugendhilfe und Familienrecht*, JAmt 2017, 426.

[402] *Spickhoff*, in: MüKoBGB, § 1796 a.F. Rn. 8; *Veit*, in: Staudinger BGB, § 1796 a.F. Rn. 20; *Götz*, in: Grüneberg, 81. Aufl. 2022, § 1796 a.F. Rn. 2.

kenntnis des Kindes verlangt, dass es arbeite. Vielmehr kommt es auch hier ausschließlich auf die objektiven Voraussetzungen einer Beschäftigung nach arbeitsrechtlichen Maßstäben an. Wie das JArbSchG soll auch § 1796 BGB das Kind vor Überforderung und Nachteilen durch eine Beschäftigung in den Diensten seiner Eltern schützen. Die Einsichtsfähigkeit des Kindes und seine Motivation im Einzelfall können auch durch das Familiengericht im Rahmen der Entscheidung über den Entzug der Vertretungsmacht berücksichtigt werden. Diese Lösung wird den beiderseitigen Interessen am ehesten gerecht, denn das Familiengericht hat seine Entscheidung ohnehin am Maßstab der Verhältnismäßigkeit zu messen.[403]

Sofern das Kind durch seine Medientätigkeit den Lebensunterhalt der Familie zumindest teilweise erwirtschaftet, dürfte ein solcher erheblicher Interessengegensatz jedenfalls vorliegen. Durch die wirtschaftliche Motivation der Vermarktung des Kindes geraten die Eltern in eine Lage, in der die Kindesinteressen gegenüber der Befriedigung der eigenen und der Bedürfnisse der gesamten Familie zwangsläufig in den Hintergrund rücken müssen. Das Kind wird zum Versorger mindestens der eigenen Eltern. Ein erheblicher Interessengegensatz dürfte allerdings nur dann vorliegen, wenn die Einnahmen des Kindes durch die Medientätigkeit für die Familie wirtschaftlich notwendig sind. Sofern es sich (noch) lediglich um einen bloßen Zuverdienst zum Familienunterhalt handelt, sind die Eltern auch in der Lage, die Interessen des Kindes frei von wirtschaftlichen Zwängen ausreichend zu berücksichtigen. Im Ergebnis dürfte also bei einer zumindest teilweisen Erwirtschaftung des notwendigen Lebensunterhalts der Familie durch das Kind ein erheblicher Interessengegensatz zwischen den Eltern und dem Kind vorliegen. Gemäß § 1909 I BGB kann das zuständige Familiengericht im Falle der Entziehung der Vertretungsmacht der Eltern einen Ergänzungspfleger bestellen. Dieser entscheidet dann über die Einwilligung in die Beschäftigung des Kindes nach § 5 III JArbSchG.

cc) Leichte und für Kinder geeignete Beschäftigung

In Umsetzung von Art. 3 lit. d und Art. 4 II lit. c RL 94/33/EG bestimmt § 5 III JArbSchG den Begriff „leichte Beschäftigung" näher.[404] Eine Beschäftigung ist danach als leicht anzusehen, wenn sie die Sicherheit, Gesundheit und Entwicklung, berufliche und schulische Belange und die Fähigkeit, dem Unterricht mit Nutzen zu folgen, nicht nachteilig beeinflusst. Da diese Tatbestandsmerkmale allerdings lediglich abstrakt-generelle Kriterien zur Bestimmung der Zulässigkeit einer bestimmten Beschäftigung aufstellen, sieht § 5 IVa JArbSchG die Verpflichtung zur Konkretisierung vor.[405] Eine Beschäftigung ist aber jedenfalls dann nicht leicht, wenn

[403] *Kerscher*, in: BeckOGK BGB, Stand: 1.2.2024, § 1789 Rn. 90.

[404] Zur Entstehungsgeschichte und Anwendungsproblemen der RL *Lörcher*, AuR 1994, 360.

[405] Dass der Schutz der Kinder ab 13 Jahren aufgrund der begrifflichen Unbestimmtheit noch nicht ausreichend sichergestellt war, wurde auch vom Gesetzgeber so gesehen, vgl. BR-Drs. 186/98, S. 4.

sie gegen die Arbeitszeitregelung des § 5 III 3 JArbSchG oder gegen §§ 15 bis 31 JArbSchG verstößt.[406] Der Verpflichtung zur Konkretisierung im Übrigen ist der Verordnungsgeber mit der KindArbSchV[407] im Jahr 1998 nachgekommen.[408] § 2 I KindArbSchV lässt die Beschäftigung von Kindern für das Austragen von Zeitungen (Nr. 1), für Tätigkeiten in privaten Haushalten, wie Gartenarbeiten oder Botengänge (Nr. 2), für typische Tätigkeiten in landwirtschaftlichen Betrieben (Nr. 3), für Handreichungen beim Sport (Nr. 4) oder solchen, die in Vereinen, Verbänden, Parteien oder Kirchen typischerweise anfallen (Nr. 5), grundsätzlich zu. Es handelt sich somit, kurz gesagt, um die üblichen, gesellschaftlich anerkannten Arten der Beschäftigung von Kindern über 13 Jahren und vollzeitschulpflichtigen Jugendlichen.[409] Im Sinne eines Negativkatalogs konkretisieren § 2 II 1 Nr. 1 bis 3 KindArbSchV Merkmale einer Tätigkeit, bei deren Vorliegen eine Beschäftigung für das Kind oder den vollzeitschulpflichtigen Jugendlichen (mit Ausnahme von Satz 1 Nr. 1) nicht leicht und geeignet ist. Dabei handelt es sich um solche Beschäftigungen, die aufgrund physischer Belastungen besondere Gefahren für den jungen Menschen bergen. Die Formulierung „insbesondere" deutet darauf hin, dass der in § 2 II KindArbSchV konkretisierte Negativkatalog nicht abschließend sein soll. Im Einzelfall können daher auch andere Beschäftigungen außerhalb des Katalogs (z.B. aufgrund psychischer Risiken) als nicht leicht und geeignet angesehen werden. Die Entscheidung trifft gem. § 3 KindArbSchV die Aufsichtsbehörde, die sich gem. § 51 I JArbSchG nach dem Landesrecht bestimmt.[410] Dieser Behörde sollte nach der gesetzgeberischen Konzeption im Sinne der Rechtsklarheit lediglich die Beurteilung übertragen werden, ob eine Beschäftigung im Einzelfall als ungeeignet anzusehen ist. Eine Einschränkung oder Erweiterung des Umfangs der zulässigen Beschäftigung durch die Behörde soll ausdrücklich nicht erfolgen.[411] Eine Beschäftigung im Dienstleistungsgewerbe, im Handel und in der Produktion soll, außerhalb der Ausnahmetatbestände, grundsätzlich unzulässig sein, auch wenn eine solche Beschäftigung im Einzelfall als leicht und geeignet angesehen werden könne. Eine Tätigkeit in diesen Bereichen ist regelmäßig durch hohen Zeitdruck und einer notwendigen Zusammenarbeit mit in allen Bereichen überlegenen Erwachsenen gekennzeichnet, die in diesem Lebensabschnitt als unzumutbar angesehen wird.[412] Der Verordnungsgeber wollte zudem angesichts der im Jahr 1998 anhaltend hohen Ar-

---

406 Im Einzelnen *Kollmer*, NZA 1998, 1268, 1269.

407 Verordnung über den Kinderarbeitsschutz (Kinderarbeitsschutzverordnung – KindArbSchV) v. 23.6.1998, BGBl. 1998 I, S. 1508.

408 Dazu *Düwell*, AuR 1998, 232; *Kollmer*, NZA 1998, 1268; *Schlachter*, in: ErfK, § 5 JArbSchG Rn. 7.

409 *Kollmer*, NZA 1998, 1268, 1270.

410 Dies ist bspw. in Nordrhein-Westfalen die jeweilige Bezirksregierung (§ 1 Zuständigkeitsverordnung Arbeits- und technischer Gefahrenschutz (ZustVO ArbtG), GV-NRW 2012, 622).

411 BR-Drs. 186/98, S. 11.

412 *Zmarzlik*, in: Zmarzlik/Anzinger JArbSchG, Anh. 11 Rn. 3; *Wenzel*, DB 2001, 1613, 1614.

beitslosigkeit Kinderarbeit nicht dort zulassen, wo auch für Erwachsene Beschäftigungsmöglichkeiten bestanden hätten.[413] Es soll gerade keine Vermarktung des Kindes zur Erzielung eines Gewinnes stattfinden.[414]

Aufgrund einer im Jahr 2024 im Vergleich mit 1998 deutlich niedrigeren Arbeitslosenquote kann das letztgenannte Argument für die Beurteilung der Beschäftigung von Kindern nicht mehr herangezogen werden. Die übrigen Erwägungen lassen sich indes auch auf Beschäftigungen von Kindern in den Medien übertragen. Solche Beschäftigungen sind weder als ausdrücklich zulässig noch als unzulässig im Sinne von § 2 I, II KindArbSchV genannt. Die von Abs. 2 in den Blick genommenen Risiken sind indes für das Kind vergleichbar. Auch eine Beschäftigung in den Medien zeichnet sich regelmäßig durch eine intensive zeitliche Taktung, die zwangsläufig entstehende Prominenz mit den bereits genannten Auswirkungen auf die Entwicklung des Kindes und einen, auf allen Beteiligten lastenden hohen Druck aus. Ferner sollten lediglich solche Beschäftigungen von Kindern als zulässig erfasst werden, zu denen sie bereits in der Vergangenheit Zugang hatten und die gesellschaftlich anerkannt waren.[415] Kinder nahmen zwar schon seit jeher an Darstellungen in Film, Fernsehen und Aufführungen teil. Hätte der Verordnungsgeber eine gesellschaftliche Akzeptanz für diese Beschäftigungsformen erkannt und hätten Kinder aufgrund ihrer sozialen Beziehungen auch in der Vergangenheit schon immer Zugang zu diesen Beschäftigungen gehabt, hätte er diese auch in die KindArbSchV aufgenommen. Im Bereich des Influencer-Marketings gab es eine solche Beschäftigungspraxis in der Vergangenheit ohnehin nicht. Es handelt sich insofern um ein neueres Phänomen.

Bei der Beschäftigung von Kindern in den Medien handelt es sich im Ergebnis in der Regel um keine leichte und für Kinder geeignete Tätigkeit im Sinne von § 5 III JArbSchG.

b) Behördliche Ausnahmen für Veranstaltungen, § 6 JArbSchG

Eine weitere Ausnahme vom grundsätzlichen Verbot der Kinderarbeit in § 5 I JArbSchG ist die behördliche Ausnahme für Veranstaltungen. Gemäß § 6 I JArbSchG kann die zuständige Aufsichtsbehörde bei Einhaltung der entsprechenden Höchstarbeitszeiten auf Antrag eine Tätigkeit des Kindes im Rahmen von Theatervorstellungen, Musikaufführungen und anderen Aufführungen, bei Werbeveranstaltungen sowie bei Rundfunk-, Film- und Fotoaufnahmen bewilligen. Dies gilt im Einzelfall bereits für Kinder im Alter von über drei Jahren (§ 6 I Nr. 2 lit. a JArbSchG). Jüngere Kinder dürfen nicht tätig werden. Für diese gilt ein umfassendes gesetzliches Beschäftigungsverbot. Teilweise wird in der Literatur vertreten, dass ein rein passives Verhalten von Kindern unter drei Jahren in Filmaufnahmen keine

---

[413] BR-Drs. 186/98, S. 7 f.

[414] *Zmarzlik*, in: Zmarzlik/Anzinger JArbSchG, § 1 Rn. 49 ff.

[415] BR-Drs. 186/98, S. 8.

Beschäftigung darstelle und somit zulässig sei, wenn sie beim Spielen sich selbst überlassen werden.[416] Diese Sichtweise wird dem Schutzzweck des JArbSchG jedoch nicht gerecht. Unabhängig davon, ob das Kind das Gefühl hat zu arbeiten, ist das JArbSchG auf den Schutz des Kindes vor den Gefahren der Arbeitswelt gerichtet.[417] Das zu Werbezwecken beim Spielen gefilmte Kind erbringt eine Leistung für die Eltern, die die Organisationsgewalt innehaben. Zweck des Spielens ist in erster Linie die Generierung von Werbeeinnahmen. Das Kind vermag nicht zu erkennen, dass es zu gerade zu Werbezwecken tätig wird. Indem das Spielen den Mittelpunkt der Filmaufnahme darstellt, liegt ein gestaltender Beitrag des Kindes vor.[418]

Erforderlich für eine behördliche Ausnahme für Veranstaltungen sind die Anhörung des zuständigen Jugendamtes sowie die Einhaltung der in § 6 Abs. 2 Nr. 1 bis 6 JArbSchG genannten Vorgaben. Auch eine Ausnahme nach § 6 I JArbSchG erfordert die (schriftliche) Einwilligung der Eltern sowie insbesondere Vorkehrungen und Maßnahmen zum Schutz des Kindes gegen Gefahren und Beeinträchtigungen (Abs. 2 Nr. 3). Hinsichtlich der elterlichen Einwilligung kann auf die vorstehenden Ausführungen im Rahmen von § 5 III JArbSchG verwiesen werden.[419] Der Gesetzgeber hat mit der Schaffung der Ausnahmeregelung erkannt, dass die Mitwirkung von Kindern an bestimmten Veranstaltungen für deren Durchführung notwendig ist.[420] Die Mitwirkung von Kindern an Theatervorstellungen, an Musikaufführungen und als Darsteller in Film- und Fernsehproduktionen, in Werbeaufnahmen und als Fotomodelle ist somit unter den in § 6 JArbSchG genannten Voraussetzungen von der zuständigen Behörde im Regelfall zu bewilligen. Dies gilt gem. § 6 I 1 a. E. JArbSchG auch für die Teilnahme an erforderlichen Proben.[421] Erfasst ist auch die Teilnahme an Castingshows, die entweder Musikaufführungen oder „andere Aufführungen" darstellen dürften.[422] Auch die Mitwirkung des Kindes an Werbespots und Werbefilmen in Hörfunk und Fernsehen kann bewilligt werden. § 6 I Nr. 2 JArbSchG beschränkt sich im Gegensatz zu § 17 II Nr. 5 JArbSchG nicht auf Direktsendungen (Live-Sendungen).[423] Nicht bewilligungsfähig ist gem. § 6 I 2 JArbSchG die Mitwirkung in Kabaretts, Tanzlokalen, Vergnügungsparks, Kirmessen, Jahrmärkten und bei ähnlichen Veranstaltungen.

---

[416] So *Ambs/Häberle*, in: Erbs/Kohlhaas, § 6 JArbSchG Rn. 1; *Molitor/Volmer/Germelmann*, JArbSchG, § 6 Rn. 5.

[417] *Tillmanns*, in: HWK, § 1 JArbSchG Rn. 1.

[418] So auch *Herberger*, RdA 2021, 273, 277 mit Verweis auf die Parallelen zu Statistentätigkeiten.

[419] 3. Kapitel B. III. 2. a).

[420] BT-Drs. 7/2305, S. 27. Dass dieser Gedanke nicht neu und zugleich international verankert ist, zeigt die eingangs zitierte Aussage des US-Politikers *Charles Kramer* aus dem Jahr 1937, s. o. 1. Kapitel A.

[421] Eingehend zu Proben *Lakies*, JArbSchG, § 6 Rn. 4 f.

[422] *Lakies*, JArbSchG, § 6 Rn. 13 ff.

[423] So auch *Zmarzlik*, in: Zmarzlik/Anzinger JArbSchG, § 6 Rn. 16 m. w. N.

Während diese Formen der Mitwirkung von Kindern als Darsteller von der Ausnahme in § 6 I JArbSchG erfasst sind, ist dies im Bereich des Influencer-Marketings fraglich. Der Gesetzgeber hatte bei Inkrafttreten des JArbSchG im Jahr 1976 andere als die in § 6 JArbSchG genannten Formen der Mitwirkung von Kindern, insbesondere solche im digitalen Raum, nicht vor Augen. Insofern stellt sich die Frage, ob sich eine Tätigkeit als Kidfluencer unter die Ausnahmetatbestände von § 6 I JArbSchG fassen lässt. Insbesondere könnte es sich um Rundfunkaufnahmen, um Film- und Fotoaufnahmen oder um eine Werbeveranstaltung handeln. Voraussetzung für die Anwendbarkeit der Ausnahmeregelung ist, dass das Kind gestaltend mitwirkt, also selbst ein wesentliches Element der Aufführung darstellt.[424] Wann ein solches gestaltendes Mitwirken vorliegt, ist anhand des Einzelfalls zu bestimmen. Das Ministerium für Arbeit, Gesundheit und Soziales Nordrhein-Westfalen geht von einer gestaltenden Mitwirkung des Kindes aus, wenn es die Aufnahme prägt und – im Fall von Videoaufnahmen – der Videobetrachter vom Kind direkt angesprochen wird oder das Kind auf Kommentierungen der Zuschauer eingeht.[425] Dieses kommunikative Kriterium kann für die Bestimmung der Mitwirkung allein aber nicht ausreichend sein. Denn häufig tritt das Kind gar nicht direkt mit dem Zuschauer in Kontakt. So wird z. B. das Auspacken von Weihnachtsgeschenken von den Eltern als ungestellter Einblick in das Privatleben inszeniert, ohne dass das Kind dabei eine kommunikative Verbindung mit dem Zuschauer erzeugt. Dass es sich um eine bezahlte Werbepartnerschaft mit dem Spielwarenhersteller handelt, wird auf den ersten Blick nicht sichtbar. Insofern steht nicht die kommunikative Verbindung mit dem Zuschauer, sondern der wesentliche Einfluss des Kindes auf den Gesamteindruck der Aufnahme im Vordergrund. Lemmert nennt dieses unterschwellige Auftreten des Kindes den „Unique Selling Point“ der Eltern.[426]

aa) Rundfunkaufnahmen

Unabhängig von der Ausgestaltung des verfassungsrechtlichen und des einfachgesetzlichen Rundfunkbegriffs[427] definiert § 6 I Nr. 2 Var. 4 JArbSchG den Begriff des Rundfunks autonom in einem eng auszulegenden Sinne. Erfasst ist nach dem Wortlaut ausschließlich die Mitwirkung des Kindes in Hörfunk und Fernsehen. Trotz verschiedener Änderungen seit Inkrafttreten des JArbSchG[428] hat der Gesetzgeber bis heute an dieser ursprünglichen Definition festgehalten.[429] Auftritte von

---

[424] *Lakies*, JArbSchG, § 6 Rn. 17; *Weyand*, JArbSchG, § 6 Rn. 8 f.; *Schlachter*, in: ErfK, § 6 JArbSchG Rn. 1.

[425] LT-Drs. NRW 17/10300, S. 2.

[426] *Lemmert*, Die Vermarktung des Kindes im Influencer-Marketing, 2022, S. 89 f.

[427] Zur Abgrenzung des verfassungsrechtlichen und des einfachgesetzlichen Rundfunkbegriffs *Grabenwarter*, in: Dürig/Herzog/Scholz GG, Art. 5 Rn. 636 ff.

[428] Zuletzt durch Art. 2 Gesetz vom 16. 7. 2021, BGBl. 2021 I, S. 2989.

[429] Sog. Livestreams in sozialen Netzwerken können unter Umständen aber unter den rundfunkrechtlichen Rundfunkbegriff gefasst werden. Siehe hierzu die Checkliste der Dach-

Kindern in sozialen Netzwerken sind somit nicht von der Ausnahme für Aufnahmen im Rundfunk erfasst.

bb) Film- und Fotoaufnahmen

Die Tätigkeit in den Medien könnte aber unter das Tatbestandsmerkmal der Film- und Fotoaufnahmen zu fassen sein. Auch wenn der Gesetzgeber bei Schaffung des JArbSchG kaum vorausgesehen haben wird, dass Kinder in digitalen sozialen Netzwerken tätig werden, ergeben sich aus den Gesetzesmaterialien Anhaltspunkte, die auf eine Anwendbarkeit auf Kidfluencer hindeuten. So hat der Gesetzgeber neben Filmaufnahmen, die als das Anfertigen von Laufbildern auf jedem geeigneten Material definiert werden,[430] auch ausdrücklich Fotoaufnahmen in § 6 I 1 Nr. 2 Var. 6 JArbSchG aufgenommen. Dies sollte die Mitwirkung von Kindern an sogenannten Standfotos ermöglichen.[431] Nichts anderes als ein Standfoto stellt auch ein werbliches Posting z. B. im sozialen Netzwerk Instagram dar. Und auch der Upload eines Videos auf YouTube oder Tiktok ist das Veröffentlichen eines Laufbilds. Dass es sich dabei nicht um verkörperte Medienträger zu handeln braucht, wird anhand der inneren Systematik von § 6 I 1 Nr. 2 JArbSchG deutlich. Verkörperte Aufnahmen auf Ton und- Bildträgern sind als eigenständige Kategorie, unabhängig von Film- und Fotoaufnahmen, aufgeführt. Somit lassen sich auch digitale Film- und Fotoaufnahmen unter den Tatbestand von Nr. 2 fassen.[432]

cc) Werbeveranstaltungen

Unter Umständen kann die Tätigkeit als Kidfluencer auch unter den Tatbestand der bewilligungsfähigen Werbeveranstaltungen fallen, § 6 I 1 Nr. 2 Var. 3 JArbSchG. Der Gesetzgeber dachte bei der Ausnahme für Werbeveranstaltungen in erster Linie an Auftritte des Kindes vor Publikum zwecks Werbung für ein Produkt oder eine Idee.[433] Aber auch Werbeauftritte im digitalen Raum können von der Ausnahme für Werbeveranstaltungen erfasst sein, sofern die Intensität der kommerziellen Prägung überwiegt. Im Gesetzgebungsverfahren wurden Werbeveranstaltungen, entgegen der ursprünglichen gesetzlichen Konzeption[434], Film- und Fotoaufnahmen gleichge-

---

organisation der Landesmedienanstalten für die Beantragung einer Rundfunklizenz, https://www.medienanstalt-nrw.de/fileadmin/user_upload/lfm-nrw/Regulierung/Internet/Checkliste_-_Streaming-Angebote_im_Internet_1_.pdf [zuletzt geprüft am 24. 3. 2024].

[430] *Zmarzlik*, in: Zmarzlik/Anzinger JArbSchG, § 6 Rn. 17.

[431] BT-Drs. 7/4544, S. 4.

[432] So auch *Lemmert*, Die Vermarktung des Kindes im Influencer-Marketing, 2022, S. 89.

[433] *Schlachter*, in: ErfK, § 6 JArbSchG Rn. 4; *Zmarzlik*, in: Zmarzlik/Anzinger JArbSchG, § 6 Rn. 14 f.; *Albrecht*, WRP 1976, 592, 595; *Molitor/Volmer/Germelmann*, JArbSchG, § 6 Rn. 15.

[434] Vgl. die Stellungnahme des Bundesrats im Gesetzgebungsverfahren, BT-Drs. 7/2305, S. 41.

stellt. Der Gesetzgeber erkannte, dass die physische und psychische Belastung des Kindes im Rahmen von Werbeveranstaltungen mindestens genauso hoch sein kann wie bei den anderen Ausnahmetatbeständen.[435] Sofern der Schwerpunkt der Veranstaltung werblicher Art ist, handelt es sich also um eine bewilligungsfähige Werbeveranstaltung, für die aufgrund des vermarktenden Charakters und der damit einhergehenden gesteigerten Risiken für das Kind bei der Bewilligung ein strenger Maßstab angelegt werden muss.[436]

dd) Zwischenergebnis: Entscheidung der zuständigen Behörde

Nachdem die Tätigkeit von Kindern in den Medien im Grundsatz bewilligungsfähig ist,[437] richtet sich die tatsächliche Bewilligung nach einer Ermessensentscheidung der zuständigen Behörde. Diese kann die Tätigkeit im Einzelfall nur bewilligen, wenn die zeitlichen und altersgebundenen Beschränkungen gem. § 6 I JArbSchG und die inhaltlichen Beschränkungen gem. § 6 II JArbSchG eingehalten werden. Doch selbst wenn diese Vorgaben von den Eltern beachtet werden, wird die zuständige Behörde eine Tätigkeit des Kindes in den Medien in der Regel nicht bewilligen können. Im Rahmen des Gesetzgebungsverfahrens wurde erwogen, die Zahl der Tage im Jahr, an denen die Mitwirkung von Kindern bewilligt werden kann, auf 30 zu begrenzen. Davon wurde zwar aufgrund der Vielzahl und Unterschiedlichkeit der Einzelfälle Abstand gekommen. Dennoch ging der Gesetzgeber davon aus, dass die Aufsichtsbehörden Ausnahmen für mehr als 30 Tage im Jahr pro Kind ohnehin nicht erteilen werden.[438] Da diese Regelungsabsicht keinen Niederschlag im Gesetz gefunden hat, wird heute überwiegend davon ausgegangen, dass die Aufsichtsbehörde auch Ausnahmen für mehr als 30 Tage im Jahr pro Kind erteilen kann.[439] Nichtsdestotrotz sind diese gesetzgeberischen Schutzerwägungen im Rahmen der von § 6 II JArbSchG vorgesehenen Ermessensentscheidung der Aufsichtsbehörde zu berücksichtigen.[440] Entscheidendes Merkmal des Influencer-Marketings ist die dauerhafte Sichtbarkeit des Influencers in sozialen Netzwerken durch eine regelmäßige Präsenz. Das Kind muss in Ausübung dieser Tätigkeit nahezu täglich Postings produzieren, um seine Reichweite aufrechterhalten und steigern zu können. So sind auf dem Kanal „Mileys Welt" zwischen Juli 2021 und Juli 2022 mehr

---

[435] BT-Drs. 7/2305, S. 52.

[436] Auftritte jüngerer Kinder in den Abendstunden sollten nach Möglichkeit nicht zugelassen werden, BT-Drs. 7/4544, S. 4; so auch *Zmarzlik*, in: Zmarzlik/Anzinger JArbSchG, § 6 Rn. 14.

[437] So für Kidfluencer im Ergebnis auch *Lemmert*, Die Vermarktung des Kindes im Influencer-Marketing, 2022, S. 89; *Polster*, JMS-Report 2021, 2, 4; a. A. *Herberger*, RdA 2021, 273, 277 f.

[438] BT-Drs. 7/2305, S. 28; OVG Münster, Urt. v. 17.2.1986 – 12 A 1453/85, NJW 1987, 1443 f.

[439] *Schlachter*, in: ErfK, § 6 JArbSchG Rn. 5; *Weyand*, JArbSchG, § 6 Rn. 12; *Deutsches Institut für Jugendhilfe und Familienrecht*, JAmt 2017, 426.

[440] So grundsätzlich auch *Herberger*, RdA 2021, 273, 277.

als 20 Videos veröffentlicht worden.[441] Schließt man die Veröffentlichungen auf anderen Präsenzen wie Instagram oder Tiktok ein und berücksichtigt zusätzlich die für die Vor- und Nachbereitung eines Postings erforderliche Zeit, kann von einem deutlich höheren Zeitaufwand ausgegangen werden. Ähnliche Anforderungen an die Präsenz des Kindes gelten auch für Tätigkeiten in Film-, Fernseh- und Theaterproduktionen. Da das Kind mit dieser Tätigkeit jedenfalls teilweise den finanziellen Unterhalt der Familie sichert, ist ein hoher Zeitaufwand erforderlich. Eine derart breit erteilte Ausnahmebewilligung für deutlich mehr als 30 Tage im Jahr erscheint ausgeschlossen. Der in § 6 JArbSchG zum Ausdruck kommende Ausnahmecharakter der Bewilligung würde andernfalls konterkariert. Da Kinderarbeit grundsätzlich verboten ist, soll die Mitwirkung von Kindern in Bereichen, in denen ihre Mitwirkung erforderlich ist, nur in engen Grenzen ermöglicht werden. Bei der Ausnahmebewilligung handelt es sich in Abgrenzung zu § 5 II, III JArbSchG gerade nicht um einen gesetzlichen Ausnahmetatbestand, sondern um einen behördlichen Erlaubnisvorbehalt.[442] Somit hat die zuständige Aufsichtsbehörde bei der Entscheidung über die Ausnahmebewilligung das Interesse an der Mitwirkung des Kindes an einer bestimmten Veranstaltung mit den geschützten Rechten des Kindes in Einklang zu bringen. Wie sich aus den Tatbestandsvoraussetzungen in § 6 II JArbSchG ergibt, sind hier insbesondere das Fortkommen in der Schule, eine angemessene Freizeit und der Schutz vor Gefahren durch die Mitwirkung zu nennen. Dieser Tatbestandskatalog bezieht sich ausschließlich auf die zu bewilligende Tätigkeit. Wenn zwar die Tätigkeit im Sinne von § 6 JArbSchG bewilligungsfähig ist, allein der Umfang der Bewilligung aber zu einer mit den Tatbestandsvoraussetzungen von Abs. 2 vergleichbaren Belastung des Kindes führt, darf die Ausnahmebewilligung nicht erteilt werden. Unabhängig davon, ob die Aufsichtsbehörde den Grenzwert von 30 Tagen im Jahr pro Kind im Einzelfall überschreitet, ist die Bewilligung einer Mitwirkung für mehr als 30 Tage im Jahr im Regelfall geeignet, das Kind zeitlich, psychisch und physisch stark zu belasten. Die Aufsichtsbehörde ist bei Vorliegen der Voraussetzungen im Übrigen auch nicht verpflichtet, eine Bewilligung zu erteilen.[443]

Im Ergebnis ist die Tätigkeit von Kindern in den Medien, jedenfalls als sog. Kidfluencer, im Regelfall nicht bewilligungsfähig und unterfällt insofern nicht der Ausnahmeregelung von § 6 JArbSchG.[444] Wird das Kind trotzdem im zuvor beschriebenen Umfang beschäftigt, liegt gem. §§ 58 I Nr. 1, 2, 59 I Nr. 1 JArbSchG eine Ordnungswidrigkeit vor.

---

[441] https://www.youtube.com/c/MILEYSWELT/videos [zuletzt geprüft am 24. 3. 2024].

[442] *Zmarzlik*, in: Zmarzlik/Anzinger JArbSchG, § 6 Rn. 6.

[443] *Zmarzlik*, in: Zmarzlik/Anzinger JArbSchG, § 6 Rn. 51.

[444] So ausdrücklich auch *Lakies*, JArbSchG, § 6 Rn. 15.

3. Rechtsfolge: Auswirkungen auf die arbeitsvertraglichen Rechtsbeziehungen

Vertragsverhältnisse, die unter Verstoß gegen § 5 I JArbSchG geschlossen werden, sind gem. § 134 BGB grundsätzlich ex tunc nichtig. Bei § 5 JArbSchG handelt es sich um ein Verbotsgesetz im Sinne von § 134 BGB.[445] Bei einem Verstoß gegen ein gesetzliches Verbot gelten insofern die Grundsätze über das fehlerhafte Arbeitsverhältnis, wenn das Arbeitsverhältnis bereits in Vollzug gesetzt worden ist. Folge ist, dass das Arbeitsverhältnis des Kindes nur als ex nunc unwirksam behandelt wird.

Probleme ergeben sich aber bei der Anwendung der Lehre vom fehlerhaften Arbeitsverhältnis auf Konstellationen, in denen das Arbeitsverhältnis unter einem besonders schwerwiegenden Mangel leidet. Für eine Rechtsfortbildung ist dann kein Raum, wenn deren Anwendung in schwerwiegender Weise gesetzlichen Grundwertungen widersprechen würde.[446] Dies könnte insbesondere bei einem Verstoß gegen §§ 2, 5 JArbSchG in Betracht kommen. Die ex tunc-Wirksamkeit eines aufgrund eines Verstoßes gegen das JArbSchG unwirksamen Vertrages könnte den elementaren Gedanken des gesetzlichen Minderjährigenschutzes unterlaufen. Das Kind wäre unter Umständen Schadensersatzansprüchen aus dem für die Vergangenheit wirksamen Vertrag ausgesetzt. Zweck des JArbSchG ist der Schutz von Kindern und Jugendlichen vor mit einer Beschäftigung einhergehender Überbeanspruchung.[447] Dieser Zweck bezieht sich nicht nur auf die tatsächlichen Gefahren einer Beschäftigung, sondern soll Kinder und Jugendliche auch vor für sie nachteiligen vertraglichen Bindungen und wirtschaftlicher Ausbeutung schützen.[448] § 5 I JArbSchG stellt vor diesem Hintergrund ein Abschlussverbot dar.[449]

Kinder und Jugendliche sollen im Interesse ihrer Gesundheit, Entwicklung und schulischen Ausbildung von jeglicher Erwerbstätigkeit freigestellt bleiben. Der gesetzliche Schutz des Kindes bezweckt aber nicht nur die Abwehr von etwaigen nachteiligen Ansprüchen Dritter, sondern auch die Sicherung von Vergütungs- und Haftungsansprüchen in Fällen, in denen das Vertragsverhältnis bereits vollzogen

---

[445] BAG, Urt. v. 23.1.1973 – 1 AZR 30/72, DB 1973, 1078; Urt. v. 25.4.2013 – 8 AZR 453/12, NZA 2013, 1206, 1210; *Schlachter*, in: ErfK, § 5 JArbSchG Rn. 12; *Tillmanns*, in: HWK, § 5 JArbSchG Rn. 2; *Armbrüster*, in: MüKoBGB, § 134 Rn. 118 m. w. N.

[446] Zur Anwendung bereicherungsrechtlicher Grundsätze beim Fehlen einer ärztlichen Approbation BAG, Urt. v. 3.11.2004 – 5 AZR 592/03, NZA 2005, 1409, 1410. Vgl. auch *Maties*, in: BeckOGK BGB, Stand: 1.1.2024, § 611a Rn. 703; *Linck*, in: ArbR-Hdb., § 34 Rn. 51 f.; *Baumgärtner*, in: BeckOK BGB, Stand: 1.2.2024, § 611a Rn. 36.

[447] BT-Drs. 7/2305, S. 1.

[448] Vgl. BT-Drs. 7/2305, S. 25. Vgl. auch Erwägungsgrund 12 der RL 94/33/EG, der von „tatsächlichen und potentiellen Gefahren" spricht.

[449] *Schlachter*, in: ErfK, § 5 JArbSchG Rn. 12; *Joussen*, in: BeckOK ArbR, Stand: 1.12. 2023, § 611a Rn. 183. Anders *Maties*, in: BeckOGK BGB, Stand: 1.1.2024, § 611a Rn. 529, der ein Verbot der Beschäftigung annimmt, das zur Unmöglichkeit der Leistung nach § 275 I BGB führen soll.

wurde. Sofern ein wegen eines Verstoßes gegen § 5 JArbSchG nichtiger Vertrag vollzogen worden ist, entspricht es der Risikoverteilung des JArbSchG die Grundsätze über das fehlerhafte Arbeitsverhältnis nur zugunsten, aber nicht zulasten des Kindes anzuwenden.[450] Das Kind behält trotz der ansonsten eintretenden Nichtigkeit des Vertrages seinen Vergütungsanspruch und arbeitsvertragliche Haftungsansprüche gegen die Eltern. Umgekehrt dürfen die Eltern das Kind nicht wegen der Verletzung etwaiger Pflichten aus dem Arbeitsverhältnis in Anspruch nehmen.[451]

Dieses Ergebnis lässt sich auch damit begründen, dass sich aus dem Schutzzweck von § 5 JArbSchG „ein anderes" im Sinne von § 134 BGB ergibt.[452]

Das Arbeitsverhältnis ist hingegen dann als vollständig wirksam anzusehen, wenn die im JArbSchG einer Beschäftigung entgegenstehende Altersgrenze mittlerweile überschritten wurde. Das gesetzliche Verbot soll den Minderjährigen schützen und gerade nicht zum Verlust eines Arbeitsverhältnisses führen, das in der Zwischenzeit zulässig geworden ist. Ab diesem Zeitpunkt bestehen alle wechselseitigen vertraglichen Ansprüche uneingeschränkt.[453]

IV. Rechtsbeziehungen mit nicht geschäftsfähigen Kindern

Kinder, die das siebte Lebensjahr noch nicht vollendet haben, sind gem. § 104 Nr. 1 BGB geschäftsunfähig und können mit ihren Eltern keine arbeitsvertraglichen Beziehungen eingehen. Gleiches gilt für Kinder im Alter von über sieben Jahren, deren Eltern eine Ermächtigung nach § 113 BGB nicht vorgenommen haben. Diese Kinder gelten als nicht geschäftsfähig. Ein Vertragsschluss kommt somit nicht in Betracht[454] Dennoch sind auch solche Kinder in den Medien präsent.[455] Die Arbeitsleistung dieser Kinder unterscheidet sich nicht von den zuvor untersuchten

[450] *Verhoek*, Das fehlerhafte Arbeitsverhältnis, 2005, S. 149. Im Ergebnis auch für die Anwendung der Grundsätze über das fehlerhafte Arbeitsverhältnis *Tillmanns*, in: HWK, § 5 JArbSchG Rn. 2.

[451] *Vossler*, in: BeckOGK BGB, Stand: 1.12.2023, § 134 Rn. 133; *Joussen*, in: BeckOK ArbR, Stand: 1.3.2023, § 611a Rn. 172; *Hromadka/Maschmann*, IndivArbR, § 5 Rn. 148; *Verhoek*, Das fehlerhafte Arbeitsverhältnis, 2005, S. 149; *Walker*, JA 1985, 138, 142. Allgemein *Baumgärtner*, in: BeckOK BGB, Stand: 1.2.2024, § 611a Rn. 36. Vgl. auch *Canaris*, Gesetzliches Verbot und Rechtsgeschäft, 1983, S. 16.

[452] So auch am Beispiel des Mietwuchers *Canaris*, Gesetzliches Verbot und Rechtsgeschäft, 1983, S. 28 f.

[453] BAG, Urt. v. 25.4.2013 – 8 AZR 453/12, NZA 2013, 1206, 1210; *Tillmanns*, in: HWK, § 5 JArbSchG Rn. 2.

[454] S. o. 3. Kapitel B. I. 1.

[455] So wurde auf dem YouTube-Kanal „Mileys Welt" am 25.8.2015 ein Video mit dem Titel „CuteBabyMiley Spezial – Mileys 6. Geburtstag – Die Geschenke Teil 1" hochgeladen. Die Schauspielerin Emma Schweiger war bei ihrem ersten Auftritt im Film „Keinohrhasen" fünf Jahre alt, https://www.rnd.de/promis/emma-schweiger-von-meinem-vater-habe-ich-meine-emotionale-seite-RDD7R4K2TJBL3DS6OY2JNC66VI.html [zuletzt geprüft am 24.3.2024].

Ausprägungsformen. Auch diese Kinder üben Kinderarbeit aus und sind gleichermaßen schutzwürdig.[456]

Aufgrund der fehlenden Geschäftsfähigkeit in Ermangelung des erforderlichen Alters oder der fehlenden Ermächtigung kommt eine Anknüpfung an die Vorschriften des JArbSchG nicht in Betracht. Eigenständige Bedeutung erlangt das JArbSchG nur dann, wenn der gesetzliche Vertreter die Ermächtigung gem. § 113 I BGB erteilt hat und die Nichtigkeit eines Vertrages aufgrund fehlender Geschäftsfähigkeit ausscheidet.[457] Beruht die Nichtigkeit des Vertrages auf der Geschäftsunfähigkeit des Arbeitnehmers und wurde das Arbeitsverhältnis in Vollzug gesetzt, sind auch hier die Grundsätze über das fehlerhafte Arbeitsverhältnis anzuwenden. Der Gesetzgeber stuft den Schutz von Minderjährigen besonders hoch ein und geht von einem Vorrang des Schutzes minderjähriger Personen vor dem Verkehrsschutz aus.[458] Das fehlerhafte Arbeitsverhältnis wirkt somit nur zugunsten des Geschäftsunfähigen. Für den Arbeitgeber entstehen keine vertraglichen Ansprüche.[459] Dem Kind stehen somit alle Primär- und Sekundäransprüche aus dem Arbeitsvertrag gegen seine Eltern zu, ohne dass es selbst Ansprüchen seiner Eltern ausgesetzt wäre.

Dieses Ergebnis lässt sich auch mit Blick auf Art. 21 I GRC begründen. Danach ist eine Diskriminierung u. a. wegen des Alters verboten.[460] Das Merkmal des Alters bezieht sich auf jedes Alter. Das Diskriminierungsverbot kommt somit auch Kindern zugute.[461] Kinder im Alter von unter sieben Jahren können demnach nicht schlechter gestellt werden als ältere Kinder oder Erwachsene. Sie sind so zu stellen, als wären sie aufgrund eines wirksamen Arbeitsverhältnisses tätig geworden.

C. Selbstständige Tätigkeit des Kindes

Neben vertraglichen Beziehungen zu den Eltern und zu einem außerhalb der Familie stehenden Dritten kann das Kind aber auch selbstständig in den Medien tätig werden. Diese Selbstständigkeit zeigt sich insbesondere da, wo das Kind eigenständig mit wechselnden Partnern Werbeverträge schließt. Wie bei der arbeitsvertraglichen Bindung des Kindes, bedarf auch ein selbstständiges Tätigwerden der Ermächtigung des gesetzlichen Vertreters. Die gesetzliche Grundlage für eine solche Ermächtigung ergibt sich aus § 112 BGB. Danach bewirkt die Ermächtigung des gesetzlichen Vertreters die unbeschränkte Geschäftsfähigkeit des Kindes für solche

[456] 3. Kapitel B. I. 1.

[457] Vgl. *Verhoek*, Das fehlerhafte Arbeitsverhältnis, 2005, S. 138 f.

[458] *Mugdan*, Materialien I, 1899, S. 423 ff.

[459] *Joussen*, in: BeckOK ArbR, Stand: 1.12.2023, § 611a Rn. 172; *Benecke*, in: Münchener Handbuch ArbR, § 38 Rn. 55 f.; *Thüsing*, in: HWK, § 611a Rn. 235; *Verhoek*, Das fehlerhafte Arbeitsverhältnis, 2005, S. 139 ff.

[460] Vgl. dazu oben 3. Kapitel B. I. 3. c) bb).

[461] *Jarass*, GRC, Art. 21 Rn. 23 m. w. N.

Rechtsgeschäfte, die der Betrieb des Erwerbsgeschäfts mit sich bringt. Erforderlich ist zudem die Genehmigung des Familiengerichts.

I. Ausübung eines selbstständigen Erwerbsgeschäfts

Voraussetzung ist zunächst der selbstständige Betrieb eines Erwerbsgeschäftes seitens des Kindes. Im Umkehrschluss zu § 113 BGB ist eine selbstständige und auf Gewinnerzielung gerichtete berufliche Tätigkeit Voraussetzung.[462] Die Bestimmung der Selbstständigkeit ist im Einzelfall – gerade im künstlerischen Bereich – nicht einfach zu bestimmen. Die Rechtsprechung stellt in neueren Entscheidungen bei der Beurteilung im Wesentlichen auf den Reifegrad des Kindes für die Geschäftsausführung ab.[463] Obwohl das Arbeitsrecht dem Arbeitnehmerschutz dient, können die für Arbeitnehmer geltenden Kategorien im Wesentlichen auch zur Systematisierung im Bereich des Minderjährigenschutzes herangezogen werden.[464] Die im Arbeitsrecht geltenden Indizien der Einbindung in eine fremde Arbeitsorganisation aufgrund eines fremden Weisungsrechts gelten genauso für die Beurteilung der Selbstständigkeit des Minderjährigen. Wie das Arbeitnehmerschutzrecht im Wesentlichen auch, bezweckt das Minderjährigenschutzrecht den Schutz des Minderjährigen vor ihn benachteiligenden Rechtsgeschäften. Wie bereits ausgeführt ist das Tätigwerden des Kindes im Rahmen von Film-, Fernseh- und Theaterproduktionen mit einer Einbindung in einen engen Dreh-, Produktions- und Probenplan verbunden. Zudem unterliegt es für die künstlerische Darstellung im Regelfall den inhaltlichen Anforderungen eines Drehbuchs. Es besteht insofern sowohl in inhaltlicher als auch in zeitlicher und örtlicher Hinsicht eine Weisungsbindung des Kindes. Somit handelt es sich in Hinblick auf das Tätigwerden als Darsteller schon um keine selbstständige Tätigkeit im Sinne von § 112 BGB.

Anders stellt sich die Rechtslage in Bezug auf eine Tätigkeit als Kidfluencer dar. Selbst wenn das Kind mit wechselnden Werbepartner Werbeverträge schließt und diese ihm das zu bewerbende Produkt vorgeben, spricht dies nicht auch gleichzeitig für eine Weisungsbindung. Denn das Kind ist hinsichtlich Präsentation und Einbindung des Produkts in seinen Kanal weitestgehend frei. Sofern der Werbepartner Vorgaben in Bezug auf die Art und Weise der Produktpräsentation macht, stellen diese im Regelfall lediglich die Leitlinien dar und beeinträchtigen das Kind in seiner Darstellungsfreiheit nur unwesentlich. Das Kind ist insbesondere nicht an einen bestimmten Produktionsort oder an bestimmte Dreh- und Produktionspläne gebunden. Der Vorteil des Influencer-Marketings gegenüber linearen Arten der Wer-

---

[462] Explizit auf YouTuber und Influencer Bezug nehmend *Wendtland*, in: BeckOK BGB, Stand: 1.2.2024, § 112 Rn. 2; *Willems*, MMR 2018, 707, 710; *Ahrens/Heicke*, in: BeckOGK BGB, Stand: 1.10.2019, § 112 Rn. 18.

[463] Vgl. OLG Bamberg, Beschl. v. 12.4.2021 – 7 WF 64/21, FamRZ 2022, 915; OLG Naumburg, Beschl. v. 26.8.2013 – 8 UF 144/13, BeckRS 2014, 23394.

[464] *Ahrens/Heicke*, in: BeckOGK BGB, Stand: 1.10.2019, § 112 Rn. 22.

bung ist gerade die vermeintlich ungestellte und unterschwellige Produktpräsentation im vermeintlichen Privatleben des Influencers.[465] Eine durch allzu detaillierte Vorgaben des Werbepartners gestellt wirkende Produktpräsentation wäre dem Vermarktungsziel abträglich. Vor diesem Hintergrund liegt es nahe, den Kidfluencer als nicht weisungsgebunden gegenüber den Werbepartnern und somit als selbstständig anzusehen. Davon unabhängig ist die Frage zu beantworten, ob eine Weisungsbindung gegenüber den Eltern besteht. Dies hängt maßgeblich vom Alter des Kindes ab. Liegt gegenüber den Eltern eine Weisungsbindung gem. § 611a I BGB vor, ist das Kind Arbeitnehmer und eine Selbstständigkeit scheidet aus.[466]

Bei einer selbstständigen Tätigkeit als Kidfluencer müsste es sich nach § 112 BGB zudem um ein Erwerbsgeschäft des Kindes handeln. Dem Kind, das z. B. als Künstler über besondere Fähigkeiten verfügt, soll über § 112 BGB die Möglichkeit einer selbstbestimmten ökonomischen Verwertung dieser Fähigkeiten eröffnet werden.[467] Der Begriff des Erwerbsgeschäfts ist nicht deckungsgleich mit dem Gewerbebetrieb im Sinne der Gewerbeordnung, sondern breiter zu fassen. Umfasst sind insbesondere auch künstlerische und wissenschaftliche Berufe.[468] Ferner muss die Tätigkeit auf eine gewisse Dauer angelegt sein. Für diese Abgrenzung können grundsätzlich auch die im Rahmen von § 14 BGB relevanten Kriterien herangezogen werden.[469] Gerade im Bereich des Influencer-Marketings erzielt das Kind durch Produktplatzierungen auf den eigenen Kanälen ein bisweilen erhebliches Einkommen. Ferner erfordert ein erfolgreicher Auftritt in sozialen Netzwerken einen großen persönlichen Zeitaufwand. Es handelt sich dann um die Haupttätigkeit des Kindes und nicht um einen bloßen Zeitvertreib in der Freizeit.[470] Im Ergebnis sind Fallgestaltungen denkbar, in denen ältere Kinder somit ein Erwerbsgeschäft selbstständig betreiben.

II. Wirksame Ermächtigung

§ 112 BGB erfordert zudem eine wirksame Ermächtigung der gesetzlichen Vertreter für die Ausübung des selbstständigen Erwerbsgeschäfts des Kindes. Die für die Ermächtigungsausübung der gesetzlichen Vertreter geltenden Voraussetzungen sind im Wesentlichen die gleichen, die auch für die Ermächtigung zur Aufnahme

---

[465] Eingehend zu den Strategien und Vorteilen des Influencer-Marketings s. o. 2. Kapitel C. II.

[466] 3. Kapitel B. I. 3. a).

[467] *Ahrens/Heicke*, in: BeckOGK BGB, Stand: 1. 10. 2019, § 112 Rn. 4.

[468] So bereits *Mugdan*, Materialien I, 1899, S. 430; *Ahrens/Heicke*, in: BeckOGK BGB, Stand: 1. 10. 2019, § 112 Rn. 26; *Wendtland*, in: BeckOK BGB, Stand: 1. 2. 2024, § 112 Rn. 2; *Spickhoff*, in: MüKoBGB, § 112 Rn. 6.

[469] Eingehend dazu *Willems*, MMR 2018, 707, 710 f.; *Alberts*, Die rechtliche Bewertung der Tätigkeit von Influencern, 2021, S. 57 f.

[470] So auch *Willems*, MMR 2018, 707, 710.

eines Dienst- oder Arbeitsverhältnisses im Sinne von § 113 BGB gelten. Insofern kann auf die obigen Ausführungen verwiesen werden.[471] Unterschiede zu § 113 BGB bestehen bei der Ermächtigung nach § 112 BGB hingegen in Bezug auf die Einbindung des Familiengerichts. Im Gegensatz zu § 113 BGB sieht die Ermächtigung zum selbstständigen Betrieb eines Erwerbsgeschäfts gem. § 112 BGB einen obligatorischen Genehmigungsvorbehalt des Familiengerichts vor. Dieser dient dem Schutz des Minderjährigen vor dem finanziell und persönlich besonders riskanten Betrieb eines Erwerbsgeschäfts und einer Ausnutzung durch seine gesetzlichen Vertreter.[472] Maßgebliches Kriterium für die Entscheidung des Familiengerichts ist das Kindeswohl. Dies ergibt sich daraus, dass § 112 BGB die einzige Norm im Allgemeinen Teil des BGB ist, die das in Art. 6 II GG geschützte elterliche Erziehungsrecht unmittelbar begrenzt. Eigentliches Schutzgut des elterlichen Erziehungsrechts ist aber das Kindeswohl, das zugleich auch die Grenze des elterlichen Erziehungsrechts darstellt.[473] Das Gericht hat bei der Entscheidung alle Umstände des Einzelfalls einzubeziehen und im Rahmen einer Prognose abzuschätzen, inwieweit die beabsichtigte Geschäftstätigkeit Einfluss auf das Kindeswohl nimmt. Dabei sind insbesondere die Möglichkeit der Erfüllung altersspezifischer Pflichten, wie der Schulpflicht, die Kenntnisse und Fähigkeiten des Kindes und der Umfang der beabsichtigten Geschäftstätigkeit zu berücksichtigen.[474] Sofern aber eine Beschäftigung gegen jugendarbeitsschutzrechtliche Vorschriften verstößt, kann auch keine familiengerichtliche Genehmigung für eine selbstständige Geschäftstätigkeit im selben Tätigkeitsfeld erteilt werden.[475] Im Gegensatz zu einer selbstständigen Geschäftstätigkeit ist der Beschäftigte nämlich durch das Arbeitsrecht sowohl vor einem finanziellen Totalverlust als auch vor gesundheitsschädlichen Tätigkeiten weitestgehend geschützt. Für minderjährige Beschäftigte gilt durch das JArbSchG dabei ein besonders hoher Schutzstandard. Auf selbstständige Geschäftstätigkeiten finden das JArbSchG und das sonstige Arbeitsrecht aber gerade keine Anwendung. Erfasst werden soll ausschließlich die weisungsgebundene „Beschäftigung“, die in persönlicher Abhängigkeit erbracht wird (§ 1 I JArbSchG).[476] Wenn also trotz dieses hohen gesetzlichen Schutzstandards eine abhängige Beschäftigung unzulässig ist,

---

[471] S. o. 3. Kapitel B. I. 2.

[472] *Mugdan*, Materialien I, 1899, S. 431.

[473] BVerfG, Beschl. v. 17.2.1982 – 1 BvR 188/80, NJW 1982, 1379, 1381; Urt. v. 16.1. 2003 – 2 BvR 716/01, NJW 2003, 2005; Urt. v. 19.2.2013 – 1 BvL 1/11, 1 BvR 3247/09, NJW 2013, 847, 849; *Heiderhoff*, in: v. Münch/Kunig, Art. 6 Rn. 103; *Jeand'Heur*, Verfassungsrechtliche Schutzgebote zum Wohl des Kindes, 1993, S. 19 ff.; *Jeand'Heur*, Der Kindeswohl-Begriff aus verfassungsrechtlicher Sicht, 1993, S. 19 f.

[474] OLG Köln, Beschl. v. 13.4.1994 – 16 Wx 52/94, NJW-RR 1994, 1450. Vgl. zu den gerichtlichen Entscheidungskriterien eingehend auch *Ahrens/Heicke*, in: BeckOGK BGB, Stand: 1.10.2019, § 112 Rn. 60 ff.

[475] *Ahrens/Heicke*, in: BeckOGK BGB, Stand: 1.10.2019, § 112 Rn. 61.

[476] *Weyand*, JArbSchG, § 1 Rn. 3 ff.; *Molitor/Volmer/Germelmann*, JArbSchG, § 1 Rn. 17; *Lakies*, JArbSchG, § 1 Rn. 6 ff.; *Schlachter*, in: ErfK, § 1 JArbSchG Rn. 6 f.; *Zmarzlik*, in: Zmarzlik/Anzinger JArbSchG, § 1 Rn. 6 f.; *Tillmanns*, in: HWK, § 1 JArbSchG Rn. 3.

kann eine selbstständige Geschäftstätigkeit, die denselben Tätigkeitsbereich betrifft, nicht zulässig sein. Denn im Rahmen einer selbstständigen Tätigkeit bestehen für den Selbstständigen hohe finanzielle und potentiell gesundheitliche Risiken, die dieser vollständig allein zu tragen hat. Insofern besteht bei einer selbstständigen Geschäftstätigkeit ein erhöhtes Gefährdungspotential. Die Beschäftigung des Kindes verstößt aus den oben aufgeführten Gründen aber zumindest bei (der Vollzeitschulpflicht unterliegenden) Kindern und Jugendlichen (§ 2 JArbSchG) gegen § 5 JArbSchG.[477] Vor diesem Hintergrund wird auch das Familiengericht eine Ermächtigung der Eltern zur Aufnahme einer selbstständigen Tätigkeit als Kidfluencer nicht nach § 112 BGB genehmigen können. Aber auch bei nicht mehr der Vollzeitschulpflicht unterliegenden Jugendlichen legt die Rechtsprechung einen strengen Maßstab an.[478]

D. Fazit und Stellungnahme

Eine Tätigkeit von Kindern in den Medien realisiert sich auf verschiedenen rechtlichen Grundlagen. Wie die vorstehenden Ausführungen gezeigt haben, lässt sich die Medientätigkeit von Kindern unter die bestehenden schuld- und arbeitsrechtlichen Vorschriften subsumieren. Auch die dabei auftretenden familien- und verfassungsrechtlichen Wechselwirkungen lassen sich vertretbaren Lösungen zuführen. Das Kind wird in der Regel als Arbeitnehmer tätig und erwirbt als solcher durchsetzbare Vergütungsansprüche, sei es gegen seine Eltern oder gegen Dritte. Diese Ansprüche bleiben auch bei der Unwirksamkeit des Arbeitsverhältnisses bestehen. Die zivilrechtliche Einordnung ändert allerdings nichts an der Tatsache, dass es sich bei der Tätigkeit von Kindern in den Medien in abhängiger und weisungsgebundener Beschäftigung um verbotene Kinderarbeit im Sinne des Jugendarbeitsschutzrechts handelt. Das JArbSchG sieht in §§ 58 ff. für den Fall von Verstößen Bußgeld- und Strafvorschriften vor.

Trotz dieser vermeintlich klaren Rechtslage findet die Beschäftigung von Kindern im Medienbereich täglich statt. Für das Kind bedeutet dies ein erhebliches wirtschaftliches, gesundheitliches und entwicklungspsychologisches Gefährdungspotential. Das Problem ist also weniger auf gesetzlicher Ebene, sondern vielmehr in der praktischen Rechtsdurchsetzung zu suchen. Es besteht keine Gesetzeslücke, sondern ein – insbesondere auf Seiten der zuständigen Behörden bestehendes – Subsumtionsdefizit. Dies bedeutet nichtsdestotrotz nicht, dass das JArbSchG dem Phänomen der Kinderarbeit in den Medien ausreichend Rechnung trägt. Nur weil sich die Fallgruppen der Kinderarbeit in den Medien grundsätzlich unter die gesetzlichen

---

[477] 3. Kapitel B. III. 2. a).

[478] OLG Naumburg, Beschl. v. 26.8.2013 – 8 UF 144/13, BeckRS 2014, 23394; vgl. auch OLG Karlsruhe, Beschl. v. 11.8.2022 – 5 WF 72/22, NJW 2022, 3161 (15-jähriger Realschüler).

Regelungen des JArbSchG subsumieren lassen, bedeutet das nicht gleichzeitig, dass das JArbSchG Kinder wirksam vor einer nachteiligen Beschäftigung in den Medien schützt. Wie zu zeigen sein wird, bleibt die deutsche Rechtslage hier insbesondere hinter den unionsrechtlichen Vorgaben zurück.[479] Die Behörden tun sich in der Aufsichtspraxis zudem mit der engen Verknüpfung von privater und beruflicher Sphäre sowie mit der bisweilen aufwändigen Wohnsitzermittlung im digitalen Raum schwer.[480] Diesem Problem könnte durch eine erhöhte Sensibilisierung der Akteure begegnet werden.[481] Da die Durchsetzung der bestehenden jugendarbeitsschutzrechtlichen Vorschriften aber den zuständigen Aufsichtsbehörden übertragen ist, besteht ein stärkeres Bedürfnis nach gesetzlicher Klarstellung und Berücksichtigung der Besonderheiten in familiären Beschäftigungsverhältnissen und Beschäftigungsverhältnissen insbesondere im digitalen Raum. So könnte, dem französischen Vorbild für Kidfluencer entsprechend,[482] eine Beschäftigung in den Medien ausdrücklich in § 6 JArbSchG aufgenommen werden, ohne die grundlegende gesetzliche Konzeption ändern zu müssen. Eine explizite Aufnahme der ohnehin erwogenen und der gesetzlichen Regelung implizit zugrunde liegenden Höchstgrenze von 30 Tagen im Jahr würde das Phänomen der hauptberuflichen Tätigkeit des Kindes in den Medien zur Finanzierung des Familienunterhalts von vornherein ausschließen. Gleichzeitig würde dem Kind aber die Möglichkeit bleiben, die Tätigkeit in den Medien in einem überschaubaren Rahmen kennenzulernen.

---

[479] Zu diesem Aspekt ausführlich 4. Kapitel B.

[480] Vgl. für einen Überblick über die Herausforderungen in der behördlichen Aufsichtspraxis *Lemmert*, Die Vermarktung des Kindes im Influencer-Marketing, 2022, S. 95 ff.

[481] So existieren bereits verschiedene Leitfäden und Handlungsempfehlungen, z. B. des deutschen Werberats, *Deutscher Werberat*, Kinderregeln, 2017. Speziell auf Kidfluencer bezogen existiert eine Ausarbeitung der Arbeitsgruppe „Kinder-Influencing", https://mediasmart.de/wp-content/uploads/2020/12/Handlungsempfehlungen_Kinder-Influencing.pdf [zuletzt geprüft am 24. 3. 2024].

[482] Dazu s. u. 5. Kapitel C. II.

4. Kapitel

Kinderarbeit in den Medien im internationalen Recht

Kinderarbeit ist nicht auf einzelne Kulturkreise oder Regionen begrenzt, sondern tritt global auf.[1] Laut einem Bericht der International Labour Organization (ILO) übten zu Beginn des Jahres 2020 weltweit 160 Millionen Menschen im Alter von fünf bis 17 Jahren eine Tätigkeit aus, die als Kinderarbeit gilt. Eine weitergehende Aufschlüsselung in konkrete Tätigkeitsfelder wurde in diesem Bericht nicht vorgenommen. Insofern lässt sich auch nicht ohne Weiteres erkennen, welcher statistische Stellenwert der Mitwirkung von Kindern in den Medien global zukommt. Den einzigen Anhaltspunkt stellen Zahlen zu Tätigkeiten im Dienstleistungssektor dar, die im weltweiten Vergleich mit 19,7 % (31,4 Millionen) der arbeitenden Kinder nach der Landwirtschaft (70 %, 112,1 Millionen) und vor der Industrie (10,3 %, 16,5 Millionen) das zweitgrößte Tätigkeitsfeld darstellt.[2] Die dargestellten Erscheinungsformen der Einbindung von Kindern in der Medien- und Unterhaltungsindustrie dürften ihrem Wesen nach jedenfalls weit überwiegend dem Dienstleistungssektor zuzuordnen sein.[3] Dies rechtfertigt es, einen Blick auf die dargestellten Ausprägungen aus der Perspektive des internationalen Rechts zu werfen. Im Folgenden soll untersucht werden, inwiefern die Tätigkeit von Kindern in den Medien als unzulässige Kinderarbeit nach internationalem Recht einzuordnen ist und welche Rechtsfolge sich aus dieser Einordnung ergibt. Zunächst ist zum besseren Verständnis jeweils auf die allgemeinen Grundlagen des Völker- und Unionsrechts und der innerstaatlichen Geltung dieser Rechtsordnungen einzugehen, bevor im Anschluss die einzelnen Rechtsquellen mit kinderarbeitsrechtlichem Bezug dargestellt und eingeordnet werden.

[1] *ILO/UNICEF*, Child Labour – Global Estimates 2020, Trends and the Road Forward, S. 22 ff.

[2] *ILO/UNICEF*, Child Labour – Global Estimates 2020, Trends and the Road Forward, S. 38.

[3] Nach der wirtschaftlichen Definition umfasst der Dienstleistungssektor „alle Wirtschaftszweige, die Dienstleistungen produzieren", Gabler Wirtschaftslexikon, „Dienstleistungssektor".

A. Völkerrechtliche Rechtsquellen

Völkerrecht bezeichnet die Summe der Rechtsnormen, die die Beziehungen zwischen Völkerrechtssubjekten regeln, ohne deren inneren Rechtsordnungen anzugehören.[4] Wichtigste Adressaten des Völkerrechts sind Staaten als originäre Völkerrechtssubjekte.[5] Im Grundsatz stellt das Völkerrecht eine konsensbasierte zwischenstaatliche Rechtsordnung ohne unmittelbare Wirkung für den Einzelnen dar, die diesen Charakter auch dann behält, wenn sie Interessen einzelner Bürger berührt.[6] Grundsätzlich hat der Staat nach der klassischen Konzeption die Aufgabe, den Bürger auf internationaler Ebene zu vertreten (Mediatisierung).[7] Auch wenn sich das Völkerrecht im Laufe der Zeit von der radikalen Form der Mediatisierung gelöst hat und mittlerweile, gerade im Bereich des internationalen Menschenrechtsschutzes, den Einzelnen in den Mittelpunkt völkerrechtlicher Regelungen rückt, bestehen nach wie vor nur vereinzelt verbindliche individuelle Durchsetzungsmechanismen.[8] Das bedeutet freilich nicht, dass völkerrechtliche Bestimmungen im horizontalen Verhältnis der Bürger untereinander keinerlei Anwendung finden. Wie zu zeigen sein wird[9], wirken einige Normen in Bezug auf Kinderarbeit als universelle Menschenrechte auch im Verhältnis Privater untereinander.

Im Gegensatz zu nationalen Rechtsordnungen, in denen die Rechtsquellen, im Regelfall in der jeweiligen Verfassung, klar definiert sind, kennt das Völkerrecht eine solche Norm nicht.[10] In Art. 38 I lit. a bis c IGH-Statut[11] finden sich allerdings konkrete völkerrechtliche Bereiche, die der IGH im Rahmen seiner Spruchtätigkeit anzuwenden hat. Obwohl diese Vorschrift lediglich Anweisungen zur Tätigkeit des IGH bereithält, weist die Formulierung „to decide in accordance with international law such disuptes as are submitted to it" auf eine konkrete Kodifizierung des völkerrechtlichen Quellenkatalogs hin.[12] Diese Rechtsquellen sind namentlich das Völkervertragsrecht, das Völkergewohnheitsrecht und die allgemeinen Rechts-

---

[4] *Graf Vitzthum*, in: Graf Vitzthum/Proelß, Völkerrecht, Rn. 32.

[5] Vgl. zu den Völkerrechtssubjekten im Einzelnen z.B. *Herdegen*, Völkerrecht, § 7 Rn. 1 ff.

[6] Vgl. nur *Graf Vitzthum*, in: Graf Vitzthum/Proelß, Völkerrecht, Rn. 48.

[7] *Kau*, in: Graf Vitzthum/Proelß, Völkerrecht, Rn. 14.

[8] *Grzeszick*, AVR 43. Bd., 2005, 312, 334. Als Beispiel für einen solchen Durchsetzungsmechanismus sei das Individualbeschwerdeverfahren nach Art. 34, 35 EMRK genannt.

[9] 4. Kapitel A. II.

[10] *Wolfrum*, in: Max Planck Encyclopedia of Public International Law, Rn. 7.

[11] Römisches Statut des Internationalen Gerichtshofes vom 26.6.1945, BGBl. 1973 II, S. 430, 505.

[12] *Thirlway*, The Sources of International Law, 2019, S. 8 f. Als Beispiele für die Völkerrechtsquellen in der deutschen Rechtsprechung s. BVerfG, Beschl. v. 14.5.1968 – 2 BvR 544/63, NJW 1968 1667, 1671; BVerfG, Beschl. v. 6.12.2006 – 2 BvM 9/03, NJW 2007, 2605, 2606; BVerfG, Beschl. v. 8.5.2007 – 2 BvM 1/03, NJW 2007, 2610, 2611 f. Vgl. auch *Verdross*, Die Quellen des universellen Völkerrechts, 1985; *Stein/von Buttlar/Kotzur*, Völkerrecht, Rn. 23 ff.

grundsätze. Die Spruchpraxis internationaler Gerichte und Rechtsmeinungen der Völkerrechtslehre (Art. 38 I lit. d IGH-Statut) stellen keine Rechtsquellen im herkömmlichen Sinne dar, können aber als Hilfsmittel für die Auslegung und Feststellung von völkerrechtlichen Rechtsnormen dienen.[13]

Auf völkerrechtlicher Ebene existieren einige Vertragswerke, die sich mit Kinderrechten allgemein beschäftigen und speziell das Verbot der Kinderarbeit regeln. Herausragende Bedeutung besitzt dabei die UN-Kinderrechtskonvention. Aber auch andere völkerrechtliche Verträge weisen Bestimmungen in Bezug auf das Verbot der Kinderarbeit auf, die mittelbar und unmittelbar in das nationale Recht hineinwirken. Freilich können auch Normen des Völkergewohnheitsrechts, allgemeine Rechtsgrundsätze und internationale Rechtsprechung Einfluss auf das innerstaatliche Recht haben.[14] Da die relevanten völkerrechtlichen Normen in Bezug auf das Verbot der Kinderarbeit aber weit überwiegend Vertragswerken entstammen, liegt der Fokus im Folgenden auf den völkerrechtlichen Verträgen. Dies bedeutet indes nicht, dass die in diesen Verträgen niedergelegten Rechtsnormen in ihrem Wesensgehalt nicht zum Teil auch Völkergewohnheitsrecht oder gar zwingendes Völkerrecht (ius cogens) darstellen können, das über den jeweiligen Vertrag hinauswirkt.

I. Völkerrecht in der innerstaatlichen Rechtsordnung

Das Völkerrecht bindet im Grundsatz die Völkerrechtssubjekte untereinander; es trifft keine Aussage darüber, inwiefern die völkerrechtlichen Pflichten im Innenverhältnis zu vollziehen sind. Das Völkerrecht regelt nicht, in welcher Weise die innerstaatliche Rechtsordnung der Völkerrechtsordnung Geltung verschafft und die Völkerrechtsnormen anwendet. Es kommt allein auf das im Ergebnis völkerrechtskonforme Verhalten der einzelnen Völkerrechtssubjekte an.

1. Das Prinzip der Völkerrechtsfreundlichkeit des Grundgesetzes

Das Ziel der Öffnung der deutschen Rechtsordnung für internationale Einflüsse, das der Verfassungsgeber im Sinn hatte, ist dem Grundgesetz in seiner Präambel vorangestellt.[15] Das Bundesverfassungsgericht hat dazu ausgeführt, dass das Grundgesetz die Wiedereingliederung der Bundesrepublik Deutschland in die Völkerrechtsordnung der Staatengemeinschaft und somit die Idee einer offenen Staatlichkeit nach dem zweiten Weltkrieg gerade vor dem Hintergrund der Begründung im Parlamentarischen Rat als eine grundlegende Idee des Grundgesetzes

---

[13] Vgl. statt aller *Stein/von Buttlar/Kotzur*, Völkerrecht, Rn. 169 ff.

[14] Vgl. im Einzelnen *Schweitzer/Dederer*, Staatsrecht III, Rn. 871 ff.

[15] *Schweitzer/Dederer*, Staatsrecht III, Rn. 232.

betrachtet.[16] Schon früh hat das Bundesverfassungsgericht im Zusammenhang mit der Öffnung der Verfassung für völkerrechtliche Einflüsse den Begriff der Völkerrechtsfreundlichkeit geprägt.[17] Die Völkerrechtsfreundlichkeit lässt sich mangels einer ausdrücklichen Regelung nur aus der Gesamtschau der einschlägigen Normen des Grundgesetzes (Satz 1 der Präambel, Art. 1 II, Art. 9 II, Art. 24, Art. 26 und Art. 25 GG) ableiten.[18] Sie unterstreicht die Abkehr von der Idee des geschlossenen und wirtschaftlich wie politisch und kulturell isolierten Nationalstaates.[19] Diese Offenheit gilt aber nicht nur nach außen, sondern auch nach innen, da die Öffnung der deutschen Rechtsordnung dem Rechtsstaatsprinzip in Bezug auf völkerrechtliche Normen explizit Geltung verschafft.[20]

a) Völkerrechtsfreundlichkeit als ungeschriebenes Verfassungsprinzip

Konkrete Rechtsfolgen aus dem Prinzip der Völkerrechtsfreundlichkeit des Grundgesetzes können sich allerdings nur ergeben, wenn es sich um ein ungeschriebenes Verfassungsprinzip mit eigenem Regelungsgehalt handelt.[21] Dass das Grundgesetz auch ungeschriebenes Recht enthält, das über den konkreten Regelungsgehalt hinaus die verfassungsrechtlichen Normen ergänzt, wird exemplarisch an der Existenz der aus dem Bundesstaatsprinzip abgeleiteten Bundestreue sichtbar, die auch einen eigenständigen normativen Gehalt besitzt.[22] Das Bundesverfassungsgericht geht davon aus, dass die Verfassung auch aus den Leitideen und Grundsätzen besteht, die der Verfassungsgeber nicht eigenständig formuliert hat und die die einzelnen Rechtssätze verbinden und ergänzen.[23] Da sich das Prinzip der Völkerrechtsfreundlichkeit aus einer Gesamtschau einzelner verfassungsrechtlicher Bestimmungen ableitet, müssen sich daraus zwangsläufig auch Rechtsfolgen ab-

[16] BVerfG, Beschl. v. 22.3.1983 – 2 BvR 475/78, NJW 1983, 2757, 2761; BVerfG, Beschl. v. 14.10.2004 – 2 BvR 1481/04, NJW 2004, 3407, 3408. Vgl. zu den Beratungen des Hauptausschusses des Parlamentarischen Rates in Bezug auf das Verhältnis zwischen Völkerrecht und innerstaatlichem Recht *Feldkamp*, Der Parlamentarische Rat, 2009, S. 819 ff.

[17] BVerfG, Urt. v. 26.3.1957 – 2 BvG 1/55, BVerfGE 6, 309, 362 f.; Beschl. v. 30.6.1964 – 1 BvR 93/64, NJW 1964, 1783, 1784; Beschl. v. 4.5.1971 – 1 BvR 636/68, NJW 1971, 1509, 1511. Für jüngere Entscheidungen zu dieser Thematik vgl. auch BVerfG, Urt. v. 10.1.1995 – 1 BvF 1/90, 1 BvR 342, 348/90, NJW 1995, 2339, 2342; Beschl. v. 26.10.2004 – 2 BvR 955/00, 2 BvR 1038/01, NVwZ 2005, 560, 562 ff.

[18] BVerfG, Beschl. v. 4.5.1971 – 1 BvR 636/68, NJW 1971, 1509, 1511. Vgl. auch *Schweitzer/Dederer*, Staatsrecht III, Rn. 241.

[19] Für die Idee des isolierten Nationalstaates schon *Fichte*, Der geschloßne Handelsstaat, 1800, S. 1 ff.

[20] *Bleckmann*, DÖV 1996, 137, 140.

[21] *Kees*, Der Staat 2015, 63, 82.

[22] Vgl. BVerfG, Urt. v. 22.3.1995 – 2 BvG 1/89, NVwZ 1996, 1093, 1096.

[23] Vgl. zum Rechtsstaatsprinzip instruktiv BVerfG, Urt. v. 1.7.1953 – 1 BvL 23/51, NJW 1953, 1137, 1138.

leiten lassen. Insofern handelt es sich bei der Völkerrechtsfreundlichkeit um ein mit der Rechtsstaatlichkeit oder der Bundestreue vergleichbares Verfassungsprinzip.[24]

b) Grenzen der Völkerrechtsfreundlichkeit

Konkrete, aus der Völkerrechtsfreundlichkeit entstehende Rechtsfolgen, wie die Pflicht zur Befolgung völkerrechtlicher Pflichten, können aber nur so weit reichen, wie die sie begründenden verfassungsrechtlichen Bestimmungen.[25] Das Bundesverfassungsgericht stellte in diesem Zusammenhang fest, dass eine Pflicht zur Befolgung völkerrechtlicher Pflichten nur soweit aufrechtzuerhalten sei, wie sie dem Konzept des Grundgesetzes nicht widerspräche, sodass eine vollständige Unterwerfung der deutschen Verfassung unter das Völkerrecht nicht in Betracht komme.[26] Die deutsche Rechtsordnung verpflichtet sich, sie nach Möglichkeit völkerrechtskonform auszugestalten.[27] Dieser Möglichkeitsvorbehalt stellt nach dem Bundesverfassungsgericht allerdings dort eine Grenze dar, wo tragende Grundsätze der Verfassung unmittelbar berührt sind.[28] In Kollisionsfällen ist als Ausprägung der Völkerrechtsfreundlichkeit insbesondere eine völkerrechtsfreundliche Auslegung geboten.[29] Dieses Gebot leitet sich aus der Annahme ab, dass sich der Gesetzgeber im Fall einer Normenkollision nicht völkerrechtswidrig verhalten will, sofern er dies nicht ausdrücklich kundtut.[30] Bei dem Gebot der völkerrechtsfreundlichen Auslegung handelt es sich um eine Konfliktvermeidungsregel, die, ähnlich wie die verfassungskonforme Auslegung, nur dann zur Anwendung kommen soll, wenn die klassischen Auslegungsmethoden mehrere Deutungen der einschlägigen innerstaatlichen Rechtsnorm zulassen.[31] Bevor eine Verletzung des Völkerrechts angenommen werden kann, sind zunächst im Wege der völkerrechtsfreundlichen Auslegung alle Möglichkeiten auszuschöpfen und zu prüfen, ob sich der jeweilige innerstaatliche Akt in den Grenzen des Völkerrechts hält.[32] Ist das der Fall, ist derjenigen Interpretation der Vorzug zu geben, die den Anforderungen des Völkerrechts

[24] *Kees*, Der Staat 2015, 63, 83.

[25] *Kees*, Der Staat 2015, 63, 83.

[26] BVerfG, Beschl. v. 24.6.2003 – 2 BvR 685/03, NVwZ 2003, 1499; BVerfG, Beschl. v. 26.10.2004 – 2 BvR 955/00, 2 BvR 1038/01, NVwZ 2005, 560, 562; *Payandeh*, NJW 2016, 1279, 1280.

[27] BVerfG, Beschl. v. 26.10.2004 – 2 BvR 955/00, 2 BvR 1038/01, NVwZ 2005, 560, 562.

[28] BVerfG, Beschl. v. 14.10.2004 – 2 BvR 1481/04, NJW 2004, 3407, 3408.

[29] BVerfG, Urt. v. 30.6.2009 – 2 BvE 2/08 u.a., NJW 2009, 2267, 2270; Beschl. v. 8.7. 2010 – 2 BvR 2485/07 u.a., NJW 2011, 207, 208. Vgl. *Bernhardt*, in: FS Steinberger, 391, 392; *von Arnauld*, Völkerrecht, Rn. 522.

[30] BVerfG, Beschl. v. 23.6.1981 – 2 BvR 1107/77 u.a., NJW 1982, 507, 510; Beschl. v. 10.11.1981 – 2 BvR 1058/79, NJW 1982, 512, 514. Vgl. auch BVerfG, Beschl. v. 12.4.1983 – 2 BvR 678/81 u.a., BVerfGE 64, 1, 20; BVerfG, Beschl. v. 26.3.1987 – 2 BvR 589/79 u.a., NJW 1987, 2427.

[31] BVerfG, Urt. v. 4.5.2011 – 2 BvR 2365/09 u.a., BVerfGE 128, 326, 368.

[32] BVerfG, Beschl. v. 12.4.1983 – 2 BvR 678/81 u.a., BVerfGE 64, 1, 20.

gerecht wird. Das gilt auch, wenn die innerstaatliche Norm später entstanden ist.[33] Die lex-posterior-Regel wird in dieser Hinsicht beim Vorliegen einer völkervertraglichen Regelung, die im Gegensatz zum Wortlaut des Art. 25 GG den Gesetzen nicht vorgeht, regelmäßig vor dem Hintergrund einer völkerrechtsfreundlichen Interpretation außer Kraft gesetzt.[34] Dieses Vorgehen ist sowohl auf einfache Bundesgesetze als auch, im Fall von menschenrechtlichen Mindeststandards, auf verfassungsrechtliche Regelungen anwendbar.[35] Grenze der Auslegung ist der mit den klassischen Auslegungsmethoden gewonnene Gehalt der jeweiligen innerstaatlichen Norm.[36]

2. Das Verhältnis zwischen nationalem Recht und Völkerrecht

Die Beziehung zwischen Völkerrecht und innerstaatlichem Recht ist Gegenstand zweier, in ihren extremen Ausprägungsformen diametral gegenläufigen Positionen: dem Monismus und dem Dualismus.

a) Monismus

Die maßgeblich von Hans Kelsen geprägte Theorie des Monismus sieht im Völkerrecht und im nationalen Recht jeweils Teile einer einheitlichen Rechtsordnung.[37] Das innerstaatliche Recht sei dabei lediglich Teil einer übergeordneten Völkerrechtsordnung.[38] Kelsen sah im Monismus eine erkenntnistheoretische Theorie, die die Frage nach dem Verhältnis von nationalem Recht und Völkerrecht der Bewertung zweier grundlegender normativer Systeme unterordnete.[39] Ein solcher Gleichlauf der beiden Rechtsordnungen erfordere zwangsläufig eine hierarchische Gliederung, um Widersprüche zufriedenstellend auflösen zu können.[40] Zu diesem Zweck sah Kelsen verschiedene Theorien mit unterschiedlichen Vorrangregelungen vor. In der Literatur wird heutzutage überwiegend auf das Konzept des gemäßigten Monismus zurückgegriffen.[41] Dieses besagt, dass ein völkerrechtswid-

---

[33] BVerfG, Beschl. v. 26.3.1987 – 2 BvR 589/79 u.a., BVerfGE 74, 358, 370.

[34] *Proelß*, Bundesverfassungsgericht und überstaatliche Gerichtsbarkeit, 2014, S. 44; *Röben*, Außenverfassungsrecht, 2007, S. 207.

[35] BVerfG, Beschl. v. 19.9.2006 – 2 BvR 2115/01 u.a., NJW 2007, 499, 501.

[36] BVerfG, Beschl. v. 29.1.2019 – 2 BvC 62/14, BVerfGE 151, 1, 27 f. Vgl. allgemein zur völkerrechtskonformen Auslegung des Grundgesetzes *Polzin*, ZaöRV 2023, 741, 744 ff.

[37] *Kelsen*, Reine Rechtslehre, 1934 (2008), S. 51 ff.

[38] *Kelsen*, Reine Rechtslehre, 1934 (2008), S. 143 ff.

[39] *Kelsen*, Reine Rechtslehre, 1934 (2008), S. 144. Vgl. auch *Jakab*, ZaöRV 2004, 1045, 1049 f.; *Langford/Bryan*, JHIL 2012, 51, 73.

[40] *Schweitzer/Dederer*, Staatsrecht III, Rn. 41.

[41] *Herdegen*, Völkerrecht, § 22 Rn. 2; *Kunig*, in: Graf Vitzthum/Proelß, Völkerrecht, Rn. 28 ff.; *von Arnauld*, Völkerrecht, Rn. 502. Zur praktischen Anwendung des Monismus am Beispiel der Niederlande *Jacobs*, in: FS Lörcher, 125, 126 ff.

riger innerstaatlicher Akt zwar nicht automatisch nichtig sei, der Staat allerdings, z. B. durch die Aufhebung des völkerrechtswidrigen Aktes, dafür Sorge zu tragen habe, dass das Völkerrecht eingehalten werde.[42] Insofern setze sich das Völkerrecht als höherrangige Rechtsordnung stets durch.

b) Dualismus

Der Dualismus sieht das Völkerrecht und das nationale Recht als verschiedene Rechtsordnungen, die jeweils unterschiedliche Regelungsmaterien aufweisen. In seiner radikalen Form nimmt der Dualismus an, dass die Rechtsordnungen eigenständig nebeneinanderstehen.[43] Vertreter dieser Theorie verneinen die Möglichkeit einer unmittelbaren Geltung des Völkerrechts in der nationalen Rechtsordnung. Für die Geltung sei eine Geltungsanordnung im Sinne eines Vollzugsbefehls oder eines Transformationsaktes nötig.[44] Als Vertreter des Dualismus beschrieb Triepel das Völkerrecht und das innerstaatliche Recht als zwei Kreise, die sich höchstens berühren, allerdings niemals schneiden.[45] Solche Berührungspunkte können nach Triepel z. B. identische Rechtssätze sein.[46] Die auf diesen Gedanken Bezug nehmende Lehre vom gemäßigten Dualismus geht zwar auch davon aus, dass beide Rechtsordnungen grundsätzlich gänzlich unterschiedlicher Natur seien, leugnet dagegen nicht, dass es durchaus auch Konfliktmöglichkeiten gebe.[47] Es handele sich um Kreise, die sich durch gegenseitige Bezugnahme, Verweisungen oder Normumwandlungen teilweise überschneiden.[48] Die gemäßigt dualistische Lehre wendet gegen den radikal vertretenen Dualismus zudem ein, dass beide Rechtsordnungen nicht in jeder Hinsicht vollkommen verschieden und für unterschiedliche Sachbereiche gültig seien, sondern durchaus auch Gemeinsamkeiten aufweisen, sodass eine strikte Trennung nicht zweckmäßig sei.[49]

c) Bedeutung des Theorienstreits im deutschen Verfassungsrecht

Das Grundgesetz selbst enthält keine klare Positionierung für ein monistisches oder dualistisches Modell. Auch das Bundesverfassungsgericht legte sich lange Zeit

---

[42] *Amrhein-Hofmann*, Monismus und Dualismus in den Völkerrechtslehren, 2003, S. 17.

[43] *Amrhein-Hofmann*, Monismus und Dualismus in den Völkerrechtslehren, 2003, S. 111.

[44] *Triepel*, Völkerrecht und Landesrecht, 1958, S. 131 ff.; *Anzilotti*, Lehrbuch des Völkerrechts, 1929, S. 45. Ausführlich zum Dualismus, seinen Vertretern und Nuancen in der Anwendung *Amrhein-Hofmann*, Monismus und Dualismus in den Völkerrechtslehren, 2003, S. 80 ff.

[45] *Triepel*, Völkerrecht und Landesrecht, 1958, S. 111.

[46] *Triepel*, Völkerrecht und Landesrecht, 1958, S. 157.

[47] So z. B. schon *Walz*, Völkerrecht und staatliches Recht, 1933, S. 260 f.

[48] *Schweitzer/Dederer*, Staatsrecht III, Rn. 49.

[49] *Walz*, Völkerrecht und staatliches Recht, 1933, S. 242 f. Dazu auch *Amrhein-Hofmann*, Monismus und Dualismus in den Völkerrechtslehren, 2003, S. 132 ff.

nicht auf eine der beiden Theorien zur Frage nach dem Verhältnis von Völkerrecht und nationalem Recht fest und nahm in einer gemäßigten Weise Stellung, die sich gleichermaßen dem Monismus als auch dem Dualismus zuordnen ließ.[50] In der Literatur wird zum einen auf Art. 25 GG als kodifizierte Deklaration des Monismus abgestellt. Durch die generelle Inkorporation allgemeiner Regeln in einen Rang, der einfachem Bundesrecht vorgehe, sei eine Einheit von Völkerrecht und Bundesrecht zu sehen.[51] Jedoch kann die Ranganordnung des Art. 25 GG auch als dualistisches Bekenntnis verstanden werden, da nach monistischer Sichtweise dem Völkerrecht in Gänze ohnehin ein Vorrang eingeräumt wird und eben nicht nur seinen allgemeinen Regeln.[52] Auch der Wortlaut von Art. 100 II GG deutet auf eine dualistische Auffassung hin. Dass ein staatliches Organ (in diesem Fall das Bundesverfassungsgericht) über die Existenz und Geltung einer allgemeinen völkerrechtlichen Regel entscheidet, spricht für die Annahme, dass es sich beim Völkerrecht um eine vom innerstaatlichen Recht getrennte Rechtsordnung handelt. Denn die „Verifikation" von allgemeinen völkerrechtlichen Regeln ersetzt das Gesetzgebungsverfahren, das im Falle von völkervertragsrechtlichen Normen gem. Art. 59 II GG vorgeschrieben ist.[53]

Das Bundesverfassungsgericht ist im Jahr 2004 der dualistischen Auffassung gefolgt und hat deutlich gemacht, dass dem Grundgesetz die klassische Vorstellung zugrunde liegt, dass es sich bei dem Verhältnis von Völkerrecht und nationalem Recht um zwei verschiedene Rechtskreise handelt. Dass das Gericht von einer gemäßigt dualistischen Konzeption des Grundgesetzes ausgeht, wird an den Ausführungen deutlich, dass die Konzeption der Art. 25 und 59 II GG das Verhältnis zwischen Völkerrecht und nationalem Recht beschreibe. Das Gericht betonte zudem, dass in Fällen, in denen ein Verstoß gegen tragende Grundsätze der Verfassung nicht anders abgewendet werden könne, durchaus ein radikaler Dualismus in dem Sinne zur Anwendung komme, dass das völkerrechtswidrige nationale Recht bestehen bleibe und die Bundesrepublik Deutschland gezwungen sei, einen Völkerrechtsbruch zu begehen.[54] Anhand dieser Rechtsprechung und den systematischen Argumenten wird deutlich, dass das Grundgesetz durchaus einer dualistisch geprägten Grundkonzeption anhängt.

---

[50] BVerfG, Beschl. v. 21.3.1957 – 1 BvR 65/54, NJW 1957, 745; Beschl. v. 8.6.1977 – 1 BvL 4/75, BVerfGE 45, 83, 96. Vgl. auch BVerfG, Beschl. v. 24.6.1963 – 2 BvQ 1/63, BVerfGE 16, 220, 227f.; Urt. v. 31.7.1973 – 2 BvF 1/73, NJW 1973, 1539, 1540.

[51] *Verdross/Simma*, Universelles Völkerrecht, 1984, S. 57f.

[52] *Kunig*, in: Graf Vitzthum/Proelß, Völkerrecht, Rn. 153. Vgl. für einen Überblick über den Meinungsstand *Schweitzer/Dederer*, Staatsrecht III, Rn. 61f. Für einen gemäßigten Monismus z.B. *Verdross/Simma*, Universelles Völkerrecht, 1984, S. 54ff. Für einen gemäßigten Dualismus hingegen z.B. *Bleckmann*, Grundgesetz und Völkerrecht, 1975, S. 272f.; *Doehring*, Völkerrecht, 2004, Rn. 702ff.

[53] *Meyer*, in: v. Münch/Kunig, Art. 100 Rn. 114. In Bezug auf die Qualifikation als Verifikationsverfahren auch BVerfG, Beschl. v. 25.8.2008 – 2 BvM 3/06, BVerfGE 121, 388, 390.

[54] BVerfG, Beschl. v. 14.10.2004 – 2 BvR 1481/04, NJW 2004, 3407, 3408.

3. Geltung völkerrechtlicher Normen im innerstaatlichen Recht

Die verfassungsrechtliche Grundhaltung zum Verhältnis zwischen Völkerrecht und nationalem Recht beantwortet für sich genommen allerdings noch nicht die Frage, inwiefern den Normen aus dem grundsätzlich vom nationalen Recht weitgehend autarken Völkerrecht konkret in der innerstaatlichen Rechtsordnung Geltung (Wirksamkeit) verschafft wird. Die völkerrechtliche Geltung einer Rechtsnorm betrifft die Pflicht zur innerstaatlichen Geltung und die Tragweite ihrer innerstaatlichen Befolgung. Unmittelbar gelten völkerrechtliche Normen nur dann, wenn keine weitere Umsetzung in innerstaatliches Recht mehr notwendig ist. Es geht dabei um die Frage, ob völkerrechtliche Normen in deutsches Recht transformiert werden oder sich das Völkerrecht ohne einen solchen Rechtsakt in der innerstaatlichen Rechtsordnung wiederfindet. Zu diesem Zweck wurden in der Wissenschaft verschiedene Mechanismen entwickelt. Hauptsächlich sind dies die Transformationstheorie, die Adoptionstheorie und die Vollzugslehre.

a) Transformationstheorie

Die Transformationstheorie fordert für die Anwendung von Völkerrechtsnormen eine entsprechende Umwandlung der jeweiligen völkerrechtlichen Normen in das nationale Recht, sodass im Zuge einer solchen Transformation zwar gleichlautendes, aber hinsichtlich des Geltungsgrundes und des Geltungsbereiches unterschiedliches innerstaatliches Recht gesetzt wird.[55] Dies hat zur Folge, dass eine völkerrechtliche Regelung zeitgleich auf beiden Ebenen gilt. Wird eine völkerrechtliche Norm beispielsweise geändert, gilt diese Änderung nicht automatisch auch innerstaatlich. Hierzu ist eine entsprechende Änderung bzw. Aufhebung des jeweiligen Transformationsaktes auf innerstaatlicher Ebene notwendig.[56] Eine solche Sichtweise auf die Geltungsanordnung völkerrechtlicher Normen in der innerstaatlichen Rechtsordnung scheint am ehesten mit Triepels radikalem Dualismus vereinbar zu sein, jedoch schließt auch der Monismus eine Umwandlung im Sinne einer Transformation nicht gänzlich aus.[57]

b) Adoptionstheorie

Die Adoptionstheorie besagt, dass das Völkerrecht innerstaatlich ohne weitere Umwandlung in der innerstaatlichen Rechtsordnung Geltung erlangt und in seinem Charakter als Völkerrecht unmittelbar gilt.[58] Folglich richtet sich die Wirksamkeit der jeweiligen Rechtsnorm nach deren Wirksamkeit auf völkerrechtlicher Ebene,

---

[55] Vgl. *Schweitzer/Dederer*, Staatsrecht III, Rn. 798; *Amrhein-Hofmann*, Monismus und Dualismus in den Völkerrechtslehren, 2003, S. 300.

[56] *Amrhein-Hofmann*, Monismus und Dualismus in den Völkerrechtslehren, 2003, S. 301.

[57] *Schweitzer/Dederer*, Staatsrecht III, Rn. 801.

[58] *Amrhein-Hofmann*, Monismus und Dualismus in den Völkerrechtslehren, 2003, S. 307.

sodass die Norm z. B. durch eine Vertragsbeendigung unmittelbar auch innerstaatlich unwirksam würde.

c) *Vollzugslehre*

Nach der Vollzugslehre verleiht ein Rechtsanwendungsbefehl der völkerrechtlichen Norm Geltung. Dieser gibt den Vollzug des Völkerrechts innerstaatlich frei.[59] Das durch den Vollzugsbefehl freigegebene Völkerrecht ändert seinen Geltungsgrund nicht, es bleibt weiterhin Völkerrecht als solches. Der Vollzugsbefehl tritt ergänzend neben den Geltungsgrund und erfüllt dadurch die innerstaatlich an völkerrechtliche Normen gestellten Geltungsanforderungen.[60]

4. Vollzugsfähigkeit völkerrechtlicher Normen im innerstaatlichen Recht

Unabhängig davon, welche der vorgenannten Theorien zur Vollzugsanordnung des Völkerrechts vertreten wird, stellt sich gleichwohl die Frage nach der Vollzugsfähigkeit. Sofern eine Norm schon nicht vollzugsfähig ist, erübrigt sich die Diskussion über die Vollzugsanordnung der Norm im nationalen Recht.

Vollzugsfähigkeit bedeutet, dass die unmittelbar geltende völkerrechtliche Regelung auch aus sich selbst heraus anwendbar (self executing) ist.[61] Eine völkerrechtliche Norm muss also so ausgestaltet sein, dass sie nach Transformation, Adoption oder Vollzug die beabsichtigte Rechtswirkung innerstaatlich auch entfalten kann, sodass sie Staatsorgane und ggf. auch den Einzelnen unmittelbar bindet oder berechtigt.[62] Die Beurteilung der innerstaatlichen Geltung einer völkerrechtlichen Norm ist durch Vertragsauslegung nach völkerrechtlichen Grundsätzen zu ermitteln. Hintergrund ist die völkerrechtsfreundliche Grundhaltung des Grundgesetzes.[63] Liegen diese Voraussetzungen nicht vor, ist eine völkerrechtliche Norm nicht aus sich selbst heraus vollziehbar (non-self-executing) und bedarf einer staatlichen Durchführungsvorschrift. Es besteht in diesem Fall eine völkerrechtliche Verpflichtung; es tritt keine unmittelbare innerstaatliche Wirkung ein.[64]

---

[59] Vgl. *Partsch*, Die Anwendung des Völkerrechts im innerstaatlichen Recht, 1964, S. 20.

[60] *Amrhein-Hofmann*, Monismus und Dualismus in den Völkerrechtslehren, 2003, S. 303.

[61] *Iwasawa*, VJIL 1986, 627, 633; *Payandeh*, RW 2013, 397, 404.

[62] Vgl. nur *Schweitzer/Dederer*, Staatsrecht III, Rn. 814.

[63] *Cremer*, AnwBl 2011, 159, 162.

[64] Für eine Norm, die von vornherein nicht auf den innerstaatlichen Vollzug angelegt ist, s. z. B. Art. 1 des Vertrages über gute Nachbarschaft, Partnerschaft und Zusammenarbeit zwischen der Bundesrepublik Deutschland und der ehemaligen UdSSR vom 9. November 1990, BGBl. 1991 II, S. 703 ff.; *Schweitzer/Dederer*, Staatsrecht III, Rn. 815 f.

a) Unmittelbare Anwendbarkeit als Geltungsvoraussetzung

Fraglich ist, ob diese unmittelbare Anwendbarkeit Voraussetzung für die innerstaatliche Geltung der jeweiligen völkerrechtlichen Norm ist.[65] Teilweise wird davon ausgegangen, da die innerstaatliche Rechtsordnung nur solche völkerrechtlichen Normen übernähme, die auch self executing seien.[66] Eine solche Betrachtungsweise stößt jedoch dann an ihre Grenzen, wenn die unmittelbare Anwendbarkeit auf bestimmte Formen der Anwendung, wie auf Rechtsgrundlagen subjektiver Rechte, begrenzt wird.[67] Ein solches Verständnis stünde im Widerspruch zur völkerrechtsfreundlichen Grundhaltung des Grundgesetzes. Ginge man davon aus, dass die unmittelbare Anwendbarkeit Voraussetzung für die innerstaatliche Geltung einer völkerrechtlichen Norm ist, hielte dies die deutsche Rechtsordnung für den weit überwiegenden Teil des Völkerrechts verschlossen. So sind zahlreiche Regelungen der allgemeinen Regeln des Völkerrechts im Sinne des Art. 25 GG, wie das Gewaltverbot oder die Grundsätze über die Staatenimmunität, explizit staatsgerichtet.[68] Insofern muss die Frage, ob die jeweilige Regel auch unmittelbar anwendbar ist, von der Frage nach der Geltung klar unterschieden werden.

b) Individuelle unmittelbare Geltendmachung völkerrechtlicher Normen

Trotz der unmittelbaren Anwendbarkeit einer völkerrechtlichen Norm begründet diese nicht automatisch auch unmittelbare subjektive Rechte des Einzelnen.[69] Gerade im Falle von Menschenrechten sind Rechte des Einzelnen aber unmittelbar angesprochen, sodass fraglich ist, ob Individuen sich unmittelbar auf solche völkerrechtliche Garantien vor einem innerstaatlichen Gericht berufen können. Die Feststellung, ob eine Norm subjektive Rechte vermittelt, obliegt in diesem Fall den innerstaatlichen Gerichten und Behörden.[70] Für die Begründung solcher subjektiven Rechte wird in Deutschland auf die Anknüpfung an die Schutznormtheorie zurückgegriffen.[71] Nach der Schutznormtheorie liegt ein subjektives öffentliches Recht dann vor, wenn der Rechtssatz nicht nur den Interessen der Allgemeinheit, sondern

---

[65] Vgl. eingehend zum Streitstand *Schweitzer/Dederer*, Staatsrecht III, Rn. 817 ff.

[66] So *Partsch*, Die Anwendung des Völkerrechts im innerstaatlichen Recht, 1964, S. 20 ff.; *Rudolf*, Völkerrecht und deutsches Recht, 1967, S. 258.

[67] *Aust*, in: v. Münch/Kunig, Art. 25 Rn. 66 ff.; *Streinz*, in: Sachs, Art. 25 Rn. 42.

[68] Für eine Übersicht über die im nationalen Recht besonders relevanten Grundsätze des Völkerrechts im Sinne von Art. 25 GG vgl. *Herdegen*, in: Dürig/Herzog/Scholz, Art. 25 Rn. 50 ff.

[69] *Iwasawa*, VJIL 1986, 627, 684.

[70] So auch, für die Sichtweise plädierend bei der unmittelbaren Anwendbarkeit handele es sich in erster Linie um eine Frage der Auslegung der betreffenden völkervertragsrechtlichen Vorschrift *Peters*, Jenseits der Menschenrechte, 2014, S. 443.

[71] *Bauer*, AöR 113. Bd., 1988, 582, 583 f.; ausführlich u. a. zu den historischen Hintergründen der Schutznormtheorie *Scharl*, Die Schutznormtheorie, 2018.

auch Individualinteressen zu dienen bestimmt ist.[72] Ob diese Voraussetzungen, insbesondere ein hinreichendes Maß an individueller Bestimmtheit, erfüllt sind, ist durch Anwendung der klassischen Auslegungsmethoden Wortlaut, Systematik, Telos und Historie zu ermitteln.[73]

5. Vollzug völkervertragsrechtlicher Normen im innerstaatlichen Recht

Das Grundgesetz äußert sich hinsichtlich der Theorien zum innerstaatlichen Vollzug des Völkerrechts nicht ausdrücklich. Auch aus der Art der Veröffentlichung völkerrechtlicher Normen in Deutschland lässt sich keine hinreichende Festlegung ableiten.[74] Die Rechtsprechung des Bundesverfassungsgerichts lässt sich in dieser Hinsicht nicht einheitlich verstehen. So hat das Gericht anfangs den Begriff der Transformation ausdrücklich verwendet,[75] in späteren Entscheidungen aber Aussagen getroffen, die gerade in Bezug auf völkerrechtliche Verträge durchaus sowohl von der Transformationstheorie als auch von der Vollzugslehre in Anspruch genommen werden können.[76] In der Literatur wird überwiegend die Vollzugslehre vertreten, da sie keine Festlegung auf eine dualistische Sichtweise erfordert, sondern auch für monistische Deutungen offen ist.[77]

Die innerstaatliche Geltung völkervertragsrechtlicher Normen richtet sich nach Art. 59 II 1 GG. Das dort vorgesehene Vertragsgesetz zur Mitwirkung der innerstaatlichen Gesetzgebungsorgane dient neben der völkerrechtlichen Ratifikation auch dem innerstaatlichen Vollzug, stellt somit nach der hier vertretenen Auffassung den Transformationsakt dar. Dieser Gesetzesvorbehalt ist nach dem Wortlaut von Art. 59 II 1 GG auf solche Verträge, die die politischen Beziehungen des Bundes regeln (Alt. 1) oder sich auf Gegenstände der Bundesgesetzgebung beziehen (Alt. 2), beschränkt. Politisch sind solche Beziehungen, „die wesentlich und unmittelbar den

---

[72] BVerfG, Beschl. v. 17.12.1969 – 2 BvR 23/65, BVerfGE 27, 297, 307. Vgl. z.B. für die Literatur statt aller *Voßkuhle/Kaiser*, JuS 2009, 16, 17.

[73] BVerfG, Beschl. v. 9.12.1970 – 1 BvL 7/66, BVerfGE 29, 348, 360; Beschl. v. 30.10. 1962 – 2 BvM 1/60, NJW 1963, 435, 437; *Scharl*, Die Schutznormtheorie, 2018, S. 31 f. m.w.N.

[74] Vgl. die Formulierung „Die Konvention wird nachstehend *mit Gesetzeskraft* veröffentlicht [...] (Hervorhebung durch Verf.)" in Art. 2 Gesetz über die Konvention zum Schutze der Menschenrechte und Grundfreiheiten vom 7. August 1952, BGBl. 1952 II, S. 685; der Zusatz „mit Gesetzeskraft", der auf die Transformationstheorie hindeutet, wurde ab Frühjahr 1955 weggelassen; *Schweitzer/Dederer*, Staatsrecht III, Rn. 826.

[75] BVerfG, Urt. v. 30.7.1952 – 1 BvF 1/52, BVerfGE 1, 396, 411; Urt. v. 26.3.1957 – 2 BvG 1/55, BVerfGE 6, 309, 363.

[76] Das Gericht geht davon aus, dass bei der Auslegung völkerrechtlicher Verträge völkerrechtliche Auslegungsregeln anzuwenden seien, BVerfG, Beschl. v. 14.5.1968 – 2 BvR 544/ 63, NJW 1968, 1667, 1672; BVerfG, Beschl. v. 13.12.1977 – 2 BvM 1/76, NJW 1978, 485, 486.

[77] *Kempen*, in: v. Mangoldt/Klein/Starck, Art. 59 Rn. 89 f.; *von Arnauld*, Völkerrecht, Rn. 509; *Jarass*, in: Jarass/Pieroth, Art. 25 Rn. 2; *Streinz*, in: Sachs, Art. 25 Rn. 21.

Bestand des Staates oder dessen Stellung und Gewicht innerhalb der Staatengemeinschaft oder die Ordnung der Staatengemeinschaft betreffen."[78] Bei den Gegenständen der Bundesgesetzgebung handelt es sich nicht etwa um einen Verweis auf die Kompetenzunterscheidung in Bundes- und Landesgesetzgebung, sondern um die Abgrenzung zur Bundesverwaltung. Dies ergibt sich aus dem Zusammenhang mit Satz 2 für die Verwaltungsabkommen.[79] Völkerrechtliche Menschenrechtsgarantien wie das Verbot der Kinderarbeit vom Gesetzesvorbehalt des Art. 59 II 1 GG erfasst.[80]

Innerstaatlich nimmt die völkerrechtliche Regelung den Rang eines Bundesgesetzes mit den damit einhergehenden Derogationsregeln ein. Diese kommen aufgrund der völkerrechtsfreundlichen Grundhaltung des Grundgesetzes modifiziert zur Anwendung. Der völkerrechtliche Vertrag stellt gegenüber anderen einfachen Bundesgesetzen eine lex specialis dar. Spätere Bundesgesetze gehen dem transformierten völkerrechtlichen Vertrag nur dann vor, wenn der Bundesgesetzgeber in bestimmten Konstellationen den Bruch des Völkerrechts ausdrücklich gewollt hat (Treaty Override).[81] Völkerrechtliche Verpflichtungen aus Menschenrechtsabkommen sind hingegen der Disposition des Gesetzgebers auf quasi-verfassungsrechtlichem Rang fast gänzlich entzogen.[82] Diese menschenrechtlichen Mindeststandards sind als Auslegungshilfe nicht nur zur Interpretation des sonstigen einfachen Bundesrechts, sondern auch der Grundrechte des Grundgesetzes zur Vermeidung von Völkerrechtsverstößen heranzuziehen.[83]

6. Zwischenfazit

Das Völkerrecht nimmt in der innerstaatlichen Rechtsordnung eine herausgehobene Stellung ein. Entscheidender Ausgangspunkt für die Beurteilung dieses Befundes ist der anerkannte Grundsatz der Völkerrechtsfreundlichkeit des Grundgesetzes, der auch eine völkerrechtsfreundliche Auslegung des innerstaatlichen Rechts gebietet. Dieser entstammt unmittelbar der Idee einer offenen Staatlichkeit, die dem Verfassungsgeber nach dem Ende des zweiten Weltkrieges wichtig war. Als

---

[78] BVerfG, Urt. v. 29.7.1952 – 2 BvE 2/51, BVerfGE 1, 372, 382.

[79] BVerfG, Urt. v. 29.7.1952 – 2 BvE 2/51, BVerfGE 1, 372, 388; *Heun*, in: Dreier, Art. 59 Rn. 31.

[80] Vgl. das Vertragsgesetz zur UN-Kinderrechtskonvention, BGBl. 1992 II, S. 121 ff.

[81] *Schweitzer/Dederer*, Staatsrecht III, 2020, Rn. 828; zum Konzept des Treaty Override BVerfG, Beschl. v. 15.12.2015 – 2 BvL 1/12, NJW 2016, 1295 ff.; *Payandeh*, NJW 2016, 1279.

[82] Zur EMRK BVerfG, Beschl. v. 14.10.2004 – 2 BvR 1481/04, NJW 2004, 3407, 3411. Zur UN-Konvention über Rechte von Menschen mit Behinderungen BVerfG, Beschl. v. 23.3. 2011 – 2 BvR 882/09, NJW 2011, 2113, 2115. Zur UN-Kinderrechtskonvention BVerfG, Beschl. v. 5.7.2013 – 2 BvR 708/12, BeckRS 2013, 53752, Rn. 21.

[83] BVerfG, Beschl. v. 14.10.2004 – 2 BvR 1481/04, NJW 2004, 3407, 3411; BVerfG, Beschl. v. 23.3.2011 – 2 BvR 882/09, NJW 2011, 2113, 2115. Vgl. zuvor schon BVerfG, Beschl. v. 26.3.1987 – 2 BvR 589/79 u.a., NJW 1987, 2427.

im Ausgangspunkt dualistisch konzipierte Verfassung sieht das Grundgesetz im Völkerrecht und im nationalen Recht grundsätzlich zwei voneinander unabhängige Rechtskreise. Das Völkerrecht bedarf insofern einer Transformation in die innerstaatliche Rechtsordnung, die ihm den Rang eines Bundesgesetzes zuweist. Dass sich die deutsche Rechtsordnung nicht vollständig der Völkerrechtsordnung unterwerfen kann, steht mit Blick auf die Konzeption des Grundgesetzes außer Frage. Indes bieten gerade fundamentale menschenrechtliche Garantien die Möglichkeit, eine umfassende, auch innerstaatliche Bindung an das Völkerrecht anzunehmen. Durch die Ausstrahlung dieser Garantien auf die innerstaatlichen Grundrechte besteht eine nahezu verfassungsrechtliche Bindung.[84] Abseits dieser menschenrechtlichen Kerngarantien kann der Gesetzgeber, sofern es sich nicht um gem. Art. 25 I GG höherrangiges Völkergewohnheitsrecht handelt, abweichen.

II. Völkerrechtliche Rechtsquellen mit kinderarbeitsrechtlichem Bezug

Nachdem die allgemeine Geltung des Völkerrechts in der innerstaatlichen Rechtsordnung angesprochen ist, soll nun ein Blick auf die konkreten völkerrechtlichen Vertragspflichten in Bezug auf die Kinderarbeit und, sofern notwendig, ihre innerstaatliche Umsetzung geworfen werden. Nach einigen allgemeinen Ausführungen zu Grundlagen und Geltung der entsprechenden Vertragswerke soll in einer Untersuchung der einschlägigen Garantien der Frage nachgegangen werden, inwieweit die dargestellten Erscheinungsformen der Tätigkeit von Kindern in den Medien als völkerrechtlich unzulässige Kinderarbeit einzustufen sind.

1. Übereinkommen über die Rechte des Kindes (KRK)

a) Grundlagen, Geltung und Anwendbarkeit

Das Übereinkommen über die Rechte des Kindes (Convention on the Rights of the Child; Kinderrechtskonvention (KRK)) stellt mit 196 Ratifikationen das nach Beitrittsstaaten größte gültige menschenrechtliche Vertragswerk der Welt dar. Die Konvention wurde am 20. 11. 1989 von der UN-Generalversammlung angenommen und ist am 2. 9. 1990, für die Bundesrepublik Deutschland am 5. 4. 1992, in Kraft getreten.[85] Die drei in Kraft getretenen Fakultativprotokolle zur Konvention betreffen die Beteiligung von Kindern an bewaffneten Konflikten,[86] den Verkauf von Kindern, die Kinderpornographie und Kinderprostitution[87] und ein Individualbeschwerde-

[84] So in Bezug auf die Garantien der EMRK auch *Payandeh*, NJW 2016, 1279, 1282.

[85] BGBl. 1992 II, S. 990.

[86] BGBl. 2004 II, S. 1354 ff.

[87] BGBl. 2008 II, S, 1222 ff.

verfahren zum Kinderrechtsausschuss (Committee on the Rights of the Child) bei der Verletzung von Konventionsgarantien.[88]

Die Entstehungsgeschichte der Konvention ist eng mit der generellen Entwicklung subjektiver Kinderrechte verknüpft, insofern kann weitestgehend auf die obigen Ausführungen verwiesen werden.[89] Aufgrund der engen Einbindung auch von UN-Sonderorganisationen wie UNICEF oder menschenrechtlich befasster Nichtregierungsorganisationen bei der Ausarbeitung gelang es, einen breiten Konsens herzustellen, der in der Annahme der Konvention ohne förmliche Abstimmung in der Generalversammlung gipfelte.[90]

In personeller Hinsicht knüpft die KRK an die Vollendung des 18. Lebensjahres an (Art. 1). Den Mitgliedstaaten bleibt allerdings als Spielraum, die Volljährigkeit bereits früher eintreten zu lassen und den Anwendungsbereich der Konvention insofern einzuschränken.[91] Die Garantien gelten unabhängig von religiöser, ethnischer oder nationaler Zugehörigkeit und werden auch sonst unabhängig von dem etwaigen Status des Kindes gewährleistet (Art. 2 I KRK). Neben dem Diskriminierungsverbot spezifiziert Art. 2 I KRK die Rechtsnatur der aus der Konvention folgenden Staatenverpflichtungen. Die Vertragsstaaten haben die Konventionsrechte jedem Kind zu garantieren, das ihrer Hoheitsgewalt untersteht, sodass auch staatenlose und ausländische Kinder auf dem Hoheitsgebiet des Staates dem Schutz der Konvention unterliegen.[92] Mit Blick auf das lediglich in Bezug auf die Gewährleistungen der Konvention akzessorisch wirkende Diskriminierungsverbot des Abs. 1,[93] stellt Abs. 2 eine positive Schutzverpflichtung der Staaten in Bezug auf Status und Handlungen der Eltern auf.[94]

Als Teil eines völkerrechtlichen Vertrages nehmen die Bestimmungen der KRK gem. Art. 59 II 1 GG den Rang eines einfachen Bundesgesetzes ein. Die von der Bundesrepublik Deutschland ursprünglich erklärten Vorbehalte, die unter anderem darauf abzielten, die unmittelbare innerstaatliche Anwendbarkeit der Konventionsgarantien auszuschließen,[95] wurden im Juli 2010 zurückgenommen.[96] Die Bun-

---

[88] BGBl. 2012 II, S. 1546 ff.

[89] Siehe zu dieser Entwicklung oben 2. Kapitel B.

[90] *UN GA*, Resolution 44/25, Convention on the Rights of the Child, UN Doc. A/RES/44/25 (20.11.1989). Vgl. zum Einfluss von Nichtregierungsorganisationen auf den Ausarbeitungsprozess *Polonko/Lombardo*, IJCR 2015, 133, 134 ff.

[91] S. auch *Würth/Simon*, APuZ 2012, 28, 29.

[92] *Alston*, BHR 1991, 1, 5. Zu Ausnahmen s. z. B. Art. 22 KRK.

[93] *van Bueren*, The International Law on the Rights of the Child, 1998, S. 40.

[94] *Schmahl*, Kinderrechtskonvention, Art. 2 Rn. 32. Zu staatlichen Schutzpflichten ausführlich *Badura*, in: Dürig/Herzog/Scholz, Art. 6 Rn. 136 ff.; *Bernstorff*, AVR 49. Bd., 2011, 34, 37 ff. m. w. N.

[95] BGBl. 1992 II, S. 990 f.

[96] BGBl. 2011 II, S. 600; *Cremer*, UN-Kinderrechtskonvention, 2012. Zu Vorbehalten zu multilateralen völkerrechtlichen Verträgen im Allgemeinen vgl. nur *von Arnauld*, Völkerrecht, S. 214 ff.

desregierung war ursprünglich der Auffassung, das deutsche Recht entspreche bereits den von der Kinderrechtskonvention in den Blick genommenen Vorgaben.[97] Erst auf Druck verschiedener Nichtregierungsorganisationen und des Kinderrechtsausschusses fand ein Umdenken statt.[98] Dass die Kinderrechtskonvention als menschenrechtlicher Vertrag über den Rang eines einfachen Bundesgesetzes hinaus aber auch bei der Auslegung der insoweit höherrangigen Grundrechte zu beachten ist, wurde nach der Rücknahme der entsprechenden Vorbehalte auch zunehmend höchstrichterlich festgestellt. Als menschenrechtliches Vertragswerk sei die Kinderrechtskonvention bei der Auslegung der insoweit höherrangigen Grundrechte des Grundgesetzes heranzuziehen.[99]

Die innerstaatliche Geltung sagt indes noch nichts darüber aus, ob die vertragsrechtlichen Konventionsnormen auch unmittelbar in der innerstaatlichen Rechtsordnung Anwendung finden. Die KRK nimmt zur Frage nach der unmittelbaren Anwendbarkeit ihrer Garantien selbst nicht Stellung. Insofern ist nach den allgemeinen Regeln entscheidend, ob die fragliche Konventionsbestimmung ihrem Wesen nach self-executing ist. Aus der Präambel ergibt sich der Gedanke, dass jeder Mensch Anspruch auf die Verwirklichung der in den internationalen Menschenrechtspakten und der Allgemeinen Erklärung der Menschenrechte (AEMR) verkündeten Rechte und Freiheiten haben soll. Die Verneinung einer Individualrechtsposition für Kinder aus der KRK würde insofern einen Rückschritt in der Verwirklichung eines effektiven Menschenrechtsschutzes darstellen.[100] Auch die Venedig-Kommission betonte speziell in Bezug auf Art. 3 I KRK die unmittelbare Anwendbarkeit.[101] In einem General Comment spricht sich auch der Kinderrechtsausschuss für eine unmittelbare Anwendbarkeit aller Konventionsrechte aus, da effektive Maßnahmen gegen die Verletzung von Konventionsrechten im innerstaatlichen Recht geschaffen werden müssten, um der Konvention insgesamt die ihr vorgesehene Bedeutung zu verschaffen.[102] Viele der Konventionsbestimmungen enthalten zudem subjektive

---

[97] BT-Drs. 12/42, S. 32.

[98] *CRC*, Concluding Observations: Germany, UN Doc. CRC/C/15Add.43 (27.11.1995), Rn. 13; *Schmahl*, Kinderrechtskonvention, Einl. Rn. 24. Zur nunmehr obsolet gewordenen Debatte über die Wirkung der erklärten Vorbehalte *Dorsch*, Die Konvention der Vereinten Nationen über die Rechte des Kindes, 1994, S. 309 f.

[99] Ausdrücklich in Bezug auf die KRK: BVerfG, Beschl. v. 5.7.2013 – 2 BvR 708/12; BVerwG, Beschl. v. 10.2.2011 – 1 B 22/10; KG, Beschl. v. 23.9.2010 – 1 W 70/08, NJW 2011, 535, 536. Zur Anwendung der KRK im niederländischen Recht *Jacobs*, in: FS Lörcher, 125, 129 ff.

[100] *Bellwon*, Das Verbot der Kinderarbeit im internationalen und deutschen Recht, 2017, S. 16.

[101] *Venedig-Kommission*, Opinion no. 713/2013, CDL-AD (2014) 005 (24.3.2014), Rn. 37, 39.

[102] *CRC*, General Comment No. 5, UN Doc. CRC/GC/2003/5 (27.11.2003), Rn. 24. Vgl. auch mit Blick auf Art. 3 I KRK BVerwG, Beschl. v. 10.2.2011 – 1 B 22/10, BeckRS 2011, 48267 Rn. 4.

Rechte, die als weitestgehende Form der unmittelbaren Anwendbarkeit anzusehen sind.[103]

Aus der allgemeinen Implementierungspflicht aus Art. 4 S. 1 KRK kann nicht geschlossen werden, dass die Konvention als Ganzes nicht unmittelbar anwendbar wäre.[104] Wäre dies zutreffend, wäre eine effektive innerstaatliche Durchsetzung, die nach Art. 4 KRK gerade notwendig ist, praktisch nicht zu erreichen.[105] Auch sog. non-self-executing Normen begründen für die Vertragsparteien die objektive Verpflichtung, die Norm zu beachten und ggf. zu konkretisieren.[106] Aus dem gesonderten Standard in Art. 4 S. 2 KRK könnte allerdings geschlossen werden, dass wirtschaftliche, soziale und kulturelle Rechte gerade nicht von Art. 2 I, 4 S. 1 KRK erfasst sein sollen. Bürgerliche und politische Rechte sind als Abwehrrechte gegen den Staat nicht innerstaatlich unmittelbar anwendbar. Dagegen sind wirtschaftliche, soziale und kulturelle Rechte auf die Gewährung von Leistungen bzw. auf Teilhabe an Einrichtungen des Staates gerichtet. Da die Existenz von einklagbaren Leistungsrechten aber dem klassischen Verständnis von Grundrechten als reine Abwehrrechte widerspricht, wurden wirtschaftliche, soziale und kulturelle Rechte lange Zeit als bloße Programmsätze ohne individuell justiziablen Kerngehalt verstanden.[107] Mittlerweile ist weitgehend anerkannt, dass auch wirtschaftliche, soziale und kulturelle Rechte mindestens einen „harten Kern" enthalten, der innerstaatlich justiziabel ist.[108] Nach dem Wortlaut von Art. 32 I KRK, als für die Zwecke dieser Untersuchung besonders relevanten Norm,[109] erkennen die Vertragsstaaten das Recht des Kindes an, vor wirtschaftlicher Ausbeutung und gefährlicher Arbeit geschützt zu sein. Die Formulierung als „Recht des Kindes" findet sich auch in der authentischen englischen Sprachfassung der Konvention („[...] the right of the child [...]") wieder.[110]Auch nach der Auslegung von Art. 32 KRK ergibt sich der subjektivrechtliche Charakter der Norm. Zweck von Art. 32 I KRK ist der Schutz des Kindes vor wirtschaftlicher Ausbeutung. Würde man eine Individualrechtsposition des Kindes aus Art. 32 KRK ablehnen, liefe dies dem Ziel der KRK, nämlich der Verbesserung

---

[103] Sehr weitgehend *Cremer*, UN-Kinderrechtskonvention, 2012, S. 18. Restriktiver *Lorz*, Der Vorrang des Kindeswohls nach Art. 3 der UN-Kinderrechtskonvention in der deutschen Rechtsordnung, 2003, S. 16f.; *Benassi*, DVBl 2016, 617, 619f.

[104] So *Jeand'Heur*, Verfassungsrechtliche Schutzgebote zum Wohl des Kindes, 1993, S. 189ff. Dagegen *Schmahl*, Kinderrechtskonvention, 2017, Einl. Rn. 27; *Dorsch*, Die Konvention der Vereinten Nationen über die Rechte des Kindes, 1994, S. 309; *Tomuschat*, in: FS Zacher, 1143, 1153ff.

[105] *Rossa*, Kinderrechtskonvention, 2013, S. 127f.

[106] *Schmahl*, Kinderrechtskonvention, 2017, Einl. Rn. 27 m.w.N.

[107] Ausführlich zum Meinungsstand *Trilsch*, Die Justiziabilität wirtschaftlicher, sozialer und kultureller Rechte im innerstaatlichen Recht, 2012, S. 64ff.

[108] *von Arnauld*, Völkerrecht, Rn. 620 m.w.N.; *Cremer*, UN-Kinderrechtskonvention, 2012, S. 10.

[109] Vgl. den unmittelbar nachfolgenden Abschnitt.

[110] *Cremer*, UN-Kinderrechtskonvention, 2012, S. 10f.; s. auch *Bellwon*, Das Verbot der Kinderarbeit im internationalen und deutschen Recht, 2017, S. 19.

des menschenrechtlichen Schutzes des Kindes, entgegen. Das Fehlen eines aus Art. 32 I KRK abgeleiteten subjektiven Rechts würde einen geringeren Schutzstandard begründen, als er nach Völkergewohnheitsrecht oder anderen Menschenrechtsabkommen besteht. So verbieten Art. 8 Internationaler Pakt über bürgerliche und politische Rechte (IPbpR)[111] und Art. 4 Konvention zum Schutz der Menschenrechte und Grundfreiheiten (EMRK)[112] bereits ausdrücklich die Sklaverei und Zwangsarbeit.[113] Auch aus Art. 32 II KRK ergibt sich nichts anderes. Art. 32 II KRK kann nicht dahingehend gedeutet werden, dass die genannten Gesetzgebungs-, Verwaltungs-, Sozial- und Bildungsmaßnahmen als Erfordernis eines innerstaatlichen Vollzugsakts oder Einschränkung der unmittelbaren Anwendbarkeit zu verstehen sind. Für den Normgehalt eines völkerrechtlichen Vertrages spielt die Implementierung in das nationale Recht keine Rolle. Die generelle Aufforderung, die jeweilige Norm im nationalen Recht umzusetzen, kann nur dann als Einschränkung der unmittelbaren Anwendbarkeit verstanden werden, wenn der Vollzugsbefehl derart konkret ist, dass der entsprechende Wille der Staaten klar zum Ausdruck kommt.[114] Von einer solchen hinreichenden Bestimmtheit kann im Fall von Art. 32 II KRK aber keine Rede sein. Der Vollzugsbefehl beschränkt sich auf die grobe Anordnung, den Normgehalt in das nationale Recht in Form von Gesetzgebungs-, Verwaltungs-, Sozial- und Bildungsmaßnahmen zu implementieren. Allein diese Fülle an möglichen Maßnahmen zeigt, dass es den Vertragsstaaten nicht auf die konkrete Art der Implementierung ankam.

Art. 32 I KRK kann als subjektives Recht somit als hinreichend bestimmt und mithin als innerstaatlich unmittelbar anwendbar angesehen werden.

b) Schutz vor wirtschaftlicher Ausbeutung (Art. 32 KRK)

Art. 32 I KRK schützt das Kind vor wirtschaftlicher Ausbeutung („economic exploitation“) und gefahrgeneigter Arbeit („work that is likely to be hazardous or to interfere with the child's health or physical, mental, spiritual, moral or social development“). Wirtschaftliche Ausbeutung meint in diesem Sinne die Ziehung eines unrechtmäßigen Vorteils auf Kosten des Kindes zum Zwecke der Profiterzielung.[115] Zu beachten ist jedoch, dass ein wirtschaftliches Interesse an der Tätigkeit eines Kindes nicht automatisch auch als gleichbedeutend mit wirtschaftlicher Ausbeutung im Sinne der Konvention anzusehen ist. Als Hauptphänomen der wirtschaftlichen Ausbeutung von Kindern knüpft Art. 32 KRK nämlich ausschließlich an solche Tätigkeiten an, die der körperlichen und geistigen Entwicklung der Kinder schaden

[111] Internationaler Pakt über bürgerliche und politische Rechte vom 19. Dezember 1966, BGBl. 1973 II, S. 1553.

[112] Konvention zum Schutze der Menschenrechte und Grundfreiheiten vom 7. August 1952, BGBl. 1952 II, S. 685.

[113] *Cremer*, UN Kinderrechtskonvention, 2012, S. 11.

[114] *Iwasawa*, VJIL 1986, 627, 661.

[115] *CRC*, Report on the fourth session, CRC/C/20 (25. 10. 1993), Annex V, S. 51.

(sog. „exploitative child labour").[116] Dabei genügt bereits die bloße Gefährdung des Kindeswohls.[117] Der Kinderrechtsausschuss formuliert sogar ein Recht von Jugendlichen auf Ausübung leichter und altersgemäßer Arbeit, da diese zur Erfüllung eines selbstbestimmten Lebens beitragen kann.[118] Solche Tätigkeiten (sog. „light work" oder „beneficial work") tragen dazu bei, dass Kinder Verantwortung übernehmen und neue Fertigkeiten erlernen.[119] Entscheidend ist somit ein genauer Blick auf die Art und den Umfang, den Zweck und den Nutzen der jeweiligen Tätigkeit.[120] Die grundlegende Unterscheidung zwischen „economic exploitation" und „work" wird insofern auch durch den Wortlaut von Art. 32 I KRK deutlich, der beide Ausprägungsformen mit dem Wort „and" verbindet. „Exploitative child labour" dient dabei als Sammelbegriff für verschiedene Tätigkeiten, deren Einordnung als „exploitative" jeweils an unterschiedlichen Stellen ansetzt. Nicht die Existenz von Kinderarbeit an sich wird von Art. 32 KRK erfasst, sondern ausschließlich deren ausbeuterischer Missbrauch.[121]

Art. 32 KRK ist in einem engen Zusammenhang mit Art. 33 bis 36 und Art. 39 KRK zu sehen, die allesamt anderweitige Ausprägungsformen der Ausbeutung in den Blick nehmen.[122] Da die Ausbeutung im Sinne der Art. 32 bis 36 und Art. 39 KRK häufig auch mit der Verletzung anderer Konventionsgarantien, wie den Rechten auf Familienleben, Bildung, Gesundheit und Freiheit einhergeht, sind die sie betreffenden Vorschriften der Konvention aber nicht nur jeweils in Bezug zueinander, sondern auch im Zusammenhang mit den anderen Konventionsrechten zu sehen.[123] Aus diesem Zusammenhang ergeben sich ganzheitliche staatliche Verpflichtungen zum Schutz des Kindes, die sich nicht nur auf den Schutz vor wirtschaftlicher Ausbeutung im engeren Sinne beschränken. Art. 32 II 1 KRK verpflichtet die Vertragsstaaten als positive Vertragspflicht, geeignete Gesetzgebungs-, Verwaltungs-, Sozial- und Bildungsmaßnahmen zu treffen, um die Umsetzung von

---

[116] *Schmahl*, Kinderrechtskonvention, Art. 36 Rn. 4.

[117] Mit Verweis auf den Entstehungsprozess der KRK *Dorsch*, Die Konvention der Vereinten Nationen über die Rechte des Kindes, 1994, S. 221.

[118] *CRC*, General Comment No. 20, CRC/GC/20 (6.12.2016), Rn. 85. Der Kinderrechtsausschuss definiert den Begriff des Jugendlichen ausdrücklich nicht, sondern nimmt auf die individuelle Entwicklung eines jungen Menschen Bezug. Zum Zwecke der statistischen Konsistenz soll ein Kind aber in der Periode zwischen dem zehnten und 18. Geburtstag als Jugendlicher gelten, Rn. 5.

[119] *Liebel*, IJCR 2015, 529, 530 ff.

[120] Die Arbeit im Rahmen einer Schul- oder Berufsausbildung habe einen Nutzen für die Entwicklung des Kindes und verhindere als sog. „decent work" spätere Ausbeutung im Erwachsenenalter, *CRC*, General Comment No. 20, UN Doc. CRC/C/GC/20 (6.12.2016), Rn. 73 f.

[121] *van Bueren*, The International Law on the Rights of the Child, 1998, S. 264 ff.; *Schmahl*, Kinderrechtskonvention, Art. 36 Rn. 7.

[122] Z. B. *Schmahl*, Kinderrechtskonvention, Art. 36 Rn. 1.

[123] *van Bueren*, The International Law on the Rights of the Child, S. 262.

Art. 32 I KRK zu gewährleisten.[124] Art. 32 II 2 KRK fordert zudem die Berücksichtigung anderer einschlägiger Bestimmungen zur Bekämpfung ausbeuterischer Kinderarbeit, insbesondere der Abkommen der International Labour Organization (ILO) Nr. 138 und Nr. 182.[125]

Das bloße Tätigwerden des Kindes in den Medien dürfte nach den vorstehenden Erwägungen für sich allein genommen nicht ausreichen, den Tatbestand der wirtschaftlichen Ausbeutung zu erfüllen. Aus der Aufnahme der Tätigkeit allein ergibt sich noch keine Ausbeutung im Sinne von Art. 32 I KRK. Gerade in familiären Verhältnissen finden sich häufig Beschäftigungen, die als „light work" zu klassifizieren sind, da sie die Entwicklung des Kindes fördern.[126] Sofern die Medientätigkeit in einem geringen zeitlichen Umfang und ohne wirtschaftlichen Druck erfolgt, kann sie für das Kind vorteilhaft sein. Das Kind erwirbt Fähigkeiten wie Verantwortungsbewusstsein oder Medienkompetenzen.[127] Zudem kann eine solche Tätigkeit auch der beruflichen Orientierung dienen. Dies gilt grundsätzlich auch dann, wenn die Eltern oder ein Dritter das Kind zum Zwecke einer wirtschaftlichen Gewinnerzielung beschäftigen. Vor diesem Hintergrund ist eine klare Grenzziehung zur ausbeuterischen Kinderarbeit nicht ohne weiteres möglich. Anhaltspunkte für eine Bewertung könnten zum einen die Arbeitszeiten und zum anderen die durch die Medientätigkeit einhergehende Verantwortungsübernahme des Kindes darstellen. Sofern das Kind in zu jungem Alter zu lange arbeiten muss oder die Arbeit eine das Kind überfordernde Verantwortung mit sich bringt, sind dies Indizien dafür, dass die Tätigkeit die Entwicklung des Kindes beeinträchtigt.[128] Der Schutz des Kindes vor ausbeuterischer Kinderarbeit im Sinne von Art. 32 KRK ist somit in einem engen Zusammenhang mit dem Recht des Kindes auf Entwicklung aus Art. 6 II KRK zu sehen.

Eine Tätigkeit in den Medien stellt das Kind vor nicht unerhebliche Belastungen. Die Intensität der Belastung im Einzelfall variiert je nach Art und Umfang der Tätigkeit allerdings erheblich. Für eine einheitliche Betrachtung liegt es insofern nahe, die oben für das nationale Recht vorgeschlagenen Grenzen auch für die Beurteilung der ausbeuterischen Kinderarbeit zu verwenden.[129] Wenn nach nationalem Recht ein Fall von unzulässiger Kinderarbeit vorliegt, wird auch eine überfordernde Arbeitsbelastung im Sinne der KRK bestehen. Dies gilt insbesondere in Fällen, in denen die Medientätigkeit des Kindes die wirtschaftliche Grundlage der Familie darstellt. Das Kind trägt in diesen Fällen die alleinige Verantwortung für das

---

[124] *CRC*, General Comment No. 16, UN Doc. CRC/C/GC/16 (17.4.2013), Rn. 28, 37.

[125] *CRC*, Recommendations, Day of General Discussion: Economic Exploitation, UN Doc. CRC/C/20 (25.10.1993), Annex VI, Ziff. 3.

[126] *van Bueren*, The International Law on the Rights of the Child, S. 266f.

[127] Vgl. in Hinblick auf Art. 6 KRK *Verdoodt/van der Hof/Leiser*, in: The Regulation of Social Media Influencers, 98, 103.

[128] *Schmahl*, Kinderrechtskonvention, 2017, Art. 36 Rn. 7; *Noguchi*, in: Marauhn, Internationaler Kinderschutz, S. 26f.

[129] 3. Kapitel B. I. 3. a) dd) (2).

Wohlergehen der gesamten Familie. Die Übernahme einer solch weitreichenden Verantwortung ist mit dem Recht des Kindes auf Entwicklung nicht zu vereinbaren. Denn das Recht auf Entwicklung beinhaltet die Möglichkeit des Kindes zur vollständigen Ausübung aller für ihn existierenden Menschenrechte.[130] Der Begriff der Entwicklung ist somit in seiner weitestgehenden Begriffsdefinition zu verstehen. Das Recht auf Entwicklung aus Art. 6 II KRK umfasst nach dem Kinderrechtsausschuss nicht nur die körperliche Entwicklung, sondern schließt auch die physische, mentale, spirituelle, moralische, psychische und soziale Entwicklung des Kindes ein.[131] Durch die Übernahme der wirtschaftlichen Verantwortung für die Familie ist das Kind einem hohen finanziellen wie moralischen Druck ausgesetzt, dem es sich nicht ohne weiteres entziehen kann. Das Entwickeln und Aufrechterhalten natürlicher sozialer Kontakte, die schulische Ausbildung und die mentale Leistungsfähigkeit bleiben hinter der Aufgabe der Versorgung der Familie zurück. Die in diesem Umfang ausgeführte Medientätigkeit bringt somit erhebliche Gefahren für die Entwicklung des Kindes mit sich. Es handelt sich dann um wirtschaftliche Ausbeutung im Sinne von Art. 32 I KRK.

c) Unmittelbare Anwendbarkeit von Art. 32 I KRK im Horizontalverhältnis

Als innerstaatlich unmittelbar anwendbares subjektives Recht kann eine Verletzung des Verbots ausbeuterischer Kinderarbeit aus Art. 32 I KRK vor den nationalen Gerichten und Behörden gerügt werden. Für eine solche Geltendmachung der subjektiven Konventionsrechte müssten diese nicht nur im Verhältnis zum Staat, sondern auch zwischen Privaten justiziabel sein. Denn Kinderarbeit spielt sich fast ausnahmslos im Verhältnis des Kindes zu nichtstaatlichen Akteuren, wie den eigenen Eltern, ab. Damit ist die Frage nach der Horizontalwirkung der subjektiven Konventionsrechte und insbesondere dem Recht auf Schutz vor ausbeuterischer Kinderarbeit angesprochen. Die KRK ist nach ihrer Konzeption grundsätzlich staatsgerichtet. Das bedeutet, dass ausschließlich Staaten Vertragspartner der Konvention sind und von ihr verpflichtet werden können. Dennoch wirken insbesondere menschenrechtliche Garantien in den privaten Bereich hinein. Unterschieden werden kann zwischen einer staatlichen Pflicht zur Verhinderung von Konventionsrechtsverletzungen Privater einerseits und einer direkten horizontalen Wirkung der Konventionsrechte andererseits. Bei der Rechtsfigur der staatlichen Schutzpflicht handelt es sich um eine Pflicht des Staates, dort einzugreifen, wo die Konventionsrechte durch ein Handeln privater Akteure bedroht sind. Die Reichweite dieser Schutzpflicht ergibt sich aus der Intensität des Machtgefälles zwischen den Privaten (z. B.

---

[130] Vgl. *UN GA*, Resolution 41/128, Declaration on the right to development, UN Doc. A/RES/41/128 (4. 12. 1986).

[131] *CRC*, General Comment No. 5, UN Doc. CRC/GC/2003/5 (27. 11. 2003), Rn. 5.

zwischen Eltern und Kind) und damit nach der Schutzbedürftigkeit im Einzelfall.[132] Je größer das Machtgefälle im Einzelfall ist, desto höher ist auch die Einschränkung der eigenen Handlungsfreiheit und damit gleichzeitig die Schutzbedürftigkeit. Im Verhältnis zu den eigenen Eltern erhöht sich die Schutzbedürftigkeit aufgrund der Abhängigkeit und der fehlenden Einsichtsfähigkeit des Kindes weiter. Den Staat trifft daher eine Art Garantenpflicht zur Abwendung von Gefahren für das Kindeswohl.[133] Konsequenz dieser Einordnung als staatliche Schutzpflicht ist, dass eine Verletzung subjektiver Konventionsrechte durch Private lediglich als Verletzung dieser Schutzpflicht gegenüber dem Staat geltend gemacht werden kann. Eine direkte Geltendmachung im Verhältnis Privater käme jedoch nicht in Betracht.

Fraglich ist, ob über eine solche indirekte Horizontalwirkung der Konventionsrechte hinaus das Kind direkt gegen den Privaten gerichtlich wegen einer Verletzung von Art. 32 I KRK vorgehen kann. Dazu müssten die Konventionsrechte unmittelbare Horizontalwirkung entfalten. Das Bundesverfassungsgericht nimmt unmittelbare Handlungspflichten Privater dann an, „wenn und soweit dies der Vertragstext unzweideutig zum Ausdruck bringt."[134] Der Kinderrechtsausschuss erkennt eine solche umfassende Bindung Privater für die KRK bei Gefährdungen des Kindeswohls ausdrücklich an.[135] Dieser Auffassung ist auch in Bezug auf Art. 32 I KRK zuzustimmen. Zwar bindet Art. 32 I KRK ausweislich des Wortlauts ausschließlich die Vertragsstaaten. Vor dem Hintergrund des materiellen Gehalts der Norm ist dies allerdings als bloßer Verweis auf die Autoren der vertraglichen Regelung zu sehen.[136] Im Gegensatz zur GRC fehlt der KRK eine mit Art. 51 I GRC vergleichbare Regelung, die die Bindungswirkung der Mitgliedstaaten ausdrücklich festschreibt. Trotz dieser scheinbar klaren Rechtslage schließt der Europäische Gerichtshof nicht kategorisch aus, dass auch Privatpersonen unmittelbar durch die Grundrechte der Charta verpflichtet sein können.[137] Wenn aber bereits einer solchen Regelung der Bindungswirkung entgegen eine direkte Horizontalwirkung nicht zwingend ausge-

---

[132] Vgl. *Bischof*, Stärkung der Kinderrechte als Präventivschutz vor häuslicher Gewalt, 2016, S. 65; *Wyttenbach*, Schutzpflichten, 2006, S. 238.

[133] *Wyttenbach*, Schutzpflichten, 2006, S. 246 f.

[134] BVerfG, Beschl. v. 25. 1. 1977 – 1 BvR 2010, 221, 222, 248, 301/74, NJW 1977, 1010 f. Zuvor schon, wenn auch nicht auf die Frage unmittelbarer Handlungspflichten Privater, sondern auf die allgemeine Existenz von Handlungs- und Verhaltenspflichten bezogen BVerfG, Beschl. v. 7. 7. 1975 – 1 BvR 274/72 u. a., NJW 1975, 2287, 2288.

[135] *CRC*, General Comment No. 14, UN Doc. CRC/C/GC/14 (29. 5. 2013), Rn. 14. So wohl auch *Räuchle/Schmidt/Schlachter*, in: Schlachter/Heuschmid/Ulber, Arbeitsvölkerrecht, Rn. 91; *Wyttenbach*, in: Pollmann/Lohmann, Menschenrechte, S. 317 f.; *van Bueren*, The International Law on the Rights of the Child, 1998, S. 86. Kritisch *Wapler*, RdJB 2019, 252, 256 f.

[136] *Wiesbrock*, Internationaler Schutz der Menschenrechte vor Verletzungen durch Private, 1999, S. 33; a. A. *Weilert*, ZaöRV 2009, 883, 906.

[137] EuGH, Urt. v. 6. 11. 2018 – C-569/16, C-570/16, ECLI:EU:C:2018:871 Rn. 55 – Bauer und Willmeroth; Urt. v. 6. 11. 2018 – C-684/16, ECLI:EU:C:2018:874 Rn. 64 – Max-Planck-Gesellschaft zur Förderung der Wissenschaften.

schlossen wird, so kann dies für ein Vertragswerk wie der KRK, in der es an einer solchen ausdrücklichen Regelung gerade fehlt, erst recht auch nicht gelten. Eine Stärkung der Rechtsposition des Kindes im Sinne einer direkten Geltendmachung der Konventionsrechte ist auch aufgrund der strukturellen Unterlegenheit des Kindes und der Machtposition von Eltern und anderen Arbeitgebern geboten. Eine reine staatliche Schutzpflicht ist hier für den Schutz des Kindes nicht ausreichend. Eine solche kommt erst dann zum Tragen, wenn die staatlichen Institutionen auch von der Verletzung der Konventionsrechte Kenntnis erlangen. Gerade im Bereich der Kinderarbeit in den Medien existiert allerdings eine hohe Dunkelziffer. Trotz der weitestgehenden Umsetzung der KRK in deutsches Recht werden viele als Kinderarbeit einzustufende Tätigkeiten im Medienbereich den zuständigen Behörden gar nicht erst angezeigt. Es bedürfte eines hohen und grundrechtsintensiven staatlichen Überwachungsaufwands, die Schutzpflicht konsequent umzusetzen. Im Bereich des staatlichen Nichtwissens käme eine Intervention, gestützt auf die staatliche Schutzpflicht, häufig zu spät. Zu beachten ist außerdem, dass dem Kind auch im nationalen Recht keine eigenständig aus sich heraus einklagbare Rechtsposition aus dem die KRK umsetzenden JArbSchG zusteht. Es handelt sich um öffentlich-rechtliches Arbeitsschutzrecht, das im privatrechtlichen Bereich allenfalls über § 134 BGB oder über §§ 618, 241 II BGB eine Rolle spielt.[138] Eine im horizontalen Verhältnis einklagbare Rechtsposition hätte zur Verhinderung ausbeuterischer Kinderarbeit somit eine beträchtliche Signal- und Präventivwirkung.[139]

2. Internationaler Pakt über wirtschaftliche, soziale und kulturelle Rechte (IPwskR)

Als eines der ersten internationalen Menschenrechtsübereinkommen gilt der IPwskR[140] gemeinsam mit der Allgemeinen Erklärung der Menschenrechte (AEMR)[141] und dem IPbpR aufgrund der universellen Normierung grundlegender Menschenrechte als „Universal Bill of Rights".[142] Im Gegensatz zum IPbpR, der im Wesentlichen Abwehrrechte beinhaltet, garantiert der IPwskR Leistungsrechte, die der Befriedigung elementarer menschlicher Bedürfnisse dienen.[143] Der IPwskR ist

[138] Vgl. *Weyand*, JArbSchG, Einl. Rn. 51 ff.

[139] Vgl. ähnlich, jedoch zur häuslichen Gewalt im Kontext des Schweizer Verfassungsrechts Bezug nehmend, *Bischof*, Stärkung der Kinderrechte als Präventivschutz vor häuslicher Gewalt, 2016, S. 67 ff.

[140] Internationaler Pakt vom 19. Dezember 1966 über wirtschaftliche, soziale und kulturelle Rechte, BGBl. 1973 II, S. 1569.

[141] *UN GA*, Resolution 217 A (III), Universal Declaration of Human Rights, UN Doc. A/Res/3/217 A (10. 12. 1948).

[142] *Riedel*, in: Internationaler Menschenrechtsschutz, S. 14, 18. Zur allgemeinen historischen Entwicklung des völkerrechtlichen Menschenrechtsschutzes *Haratsch*, Die Geschichte der Menschenrechte, 2020, S. 86 ff.

[143] *Duchstein*, Das internationale Benchmarkingverfahren und seine Bedeutung für den gewerblichen Rechtsschutz, 2010, S. 5.

am 3.1.1976 in Kraft getreten. Im Jahr 2023 haben 171 Staaten den IPwskR ratifiziert.[144]

a) Grundlagen, Geltung und Anwendbarkeit

Die Bestrebungen zur Normierung universeller Menschenrechte begannen unmittelbar nach dem Zweiten Weltkrieg. Mit der Allgemeinen Erklärung der Menschenrechte von 1948 schufen die Staaten die Grundlage aller noch folgenden universellen Menschenrechtsverträge. Diese hatte allerdings lediglich deklaratorischen Charakter. Aufgrund der zu diesem Zeitpunkt noch vorherrschenden Ansicht, das Völkerrecht diene in erster Linie den internationalen Beziehungen und nicht den Individuen, erstellte die Menschenrechtskommission die unverbindliche allgemeine Erklärung einerseits und einen verbindlichen Pakt andererseits.[145] Aufgrund unterschiedlicher Ideologien freiheitlich-orientierter westlicher und sozialistisch geprägter östlicher Staaten wurde der ursprünglich einheitliche Menschenrechtspakt in den IPbpR und den IPwskR gespalten.[146] Beide Pakte wurden im Jahr 1966 verabschiedet.[147]

Mit Inkrafttreten des IPwskR im Jahr 1976 hat dieser für die Bundesrepublik Deutschland Geltung erlangt.[148] Jenseits der reinen Geltung des Paktes ist aber auch hier die Frage nach der unmittelbaren Anwendbarkeit in der innerstaatlichen Rechtsordnung umstritten. Insbesondere die generalklauselartige Formulierung in Art. 2 IPwskR gibt Anlass zu Diskussionen über Art und Reichweite der Staatenverpflichtungen aus dem Pakt.[149] Im Folgenden soll ein Überblick über die Problematik der unmittelbaren Anwendbarkeit des IPwskR gegeben werden. Sofern für die Beurteilung der Kinderarbeit in den Medien relevant, erfolgt an der entsprechenden Stelle eine eingehendere Auseinandersetzung.

---

[144] https://treaties.un.org/Pages/ViewDetails.aspx?src=TREATY&mtdsg_no=IV-3&chapter=4&clang=_en [zuletzt geprüft am 24.3.2024].

[145] *Human Rights Commission*, Report of the Commission on Human Rights, UN Doc. E/600 (17.12.1947), S. 17 ff., 30 ff.

[146] Zur Entstehungsgeschichte der Menschenrechtspakte und der AEMR mit zahlreichen Nachweisen *Riedel*, in: Internationaler Menschenrechtsschutz, S. 11 ff.; *Duchstein*, Das internationale Benchmarkingverfahren und seine Bedeutung für den gewerblichen Rechtsschutz, 2010, S. 5 ff.

[147] *UN GA*, Resolution 2200 A (XXI), International Covenant on Economic, Social and Cultural Rights, International Covenant on Civil and Political Rights and Optional Protocol to the International Covenant on Civil and Political Rights, UN Doc. A/6316 (16.12.1966).

[148] BGBl. 1976 II, S. 428. *Lörcher*, AuR 2016, 488, 489 sieht aufgrund des hohen Ratifizierungsstandes sogar eine allgemeine Regel des Völkerrechts im Sinne von Art. 25 GG.

[149] Eine ausführliche Analyse zu dieser Thematik findet sich bei *Klee*, Die progressive Verwirklichung wirtschaftlicher, sozialer und kultureller Menschenrechte, 2000, S. 76 ff. Siehe auch *Trilsch*, Die Justiziabilität wirtschaftlicher, sozialer und kultureller Rechte im innerstaatlichen Recht, 2012, S. 23 ff.

Auch der IPwskR lässt explizit keinen Rückschluss auf eine Festlegung hinsichtlich der unmittelbaren Anwendbarkeit zu. Aus dem Wortlaut von Art. 2 I IPwskR (hier insbesondere wegen der Formulierung „nach und nach“) könnte sich ergeben, dass dem Pakt insgesamt lediglich Staatenverpflichtungen entnommen werden können, die einer innerstaatlichen Umsetzung bedürfen.[150] Dieser Ansicht folgt im Wesentlichen auch die wohl herrschende Meinung.[151] Aus der Ausgestaltung der Normen des Paktes als Freiheitsrechte könnte hingegen gefolgert werden, dass diese insgesamt unmittelbar und direkt in der innerstaatlichen Rechtsordnung gelten sollen.[152] Die „Limburg Principles on the Implementation of the International Covenant on Economic, Social and Cultural Rights“, ein von einem Expertengremium im Jahr 1987 erarbeitetes Dokument zur Implementierung der Normen des IPwskR, bemerken, dass der beschriebene progressive Charakter des Paktes die Staaten nicht davor schützt, Maßnahmen zur Implementierung so schnell wie möglich zu treffen.[153] Der Sozialausschuss schloss sich dieser Auffassung im Jahr 1990 an und nahm eine Differenzierung zwischen progressiven Staatenverpflichtungen („progressive realization“), deren Realisierung je nach verfügbaren Ressourcen nach und nach erfolgen soll und sofortigen Staatenverpflichtungen („immediate effect“) vor. Zudem identifiziert der Ausschuss sogenannte „minimum core obligations“ – Kernverpflichtungen – in Bezug auf die grundlegenden menschlichen Kernbedürfnisse, die jedenfalls unmittelbar anwendbar sein sollen.[154] Zum gleichen Ergebnis kamen die Maastricht Guidelines aus dem Jahr 1997.[155] In einem späteren General Comment erweiterte der Sozialausschuss seine ursprüngliche Sichtweise und geht mittlerweile davon aus, dass sämtliche Paktrechte, unabhängig von der wirtschaftlichen oder finanziellen Lage des Staates, einen justiziablen Kern aufweisen.[156] Diese Justiziabilität ist nach dem Sozialausschuss allerdings nicht automatisch gleichbedeutend mit der unmittelbaren Anwendbarkeit. Vielmehr bedeute der Begriff der Justiziabilität, dass die Paktrechte ihrem Wesen

[150] So VGH Mannheim, Urt. v. 17.12.1991 – 9 S 2163/90, FamRZ 1993, 828, 830; OVG Münster, Urt. v. 9.10.2007 – 15 A 1596/07, DVBl 2007, 1442. Das BVerwG hat die Frage hingegen ausdrücklich offengelassen, BVerwG, Urt. v. 29.4.2009 – 6 C 16/08, NVwZ 2009, 1562, 1567. S. hierzu auch *Zimmermann*, ZaöRV 1993, 360, 366; *Weilert*, ZaöRV 2009, 883, 903 f.

[151] Vgl. mit umfangreichen Nachweisen *Trilsch*, Die Justiziabilität wirtschaftlicher, sozialer und kultureller Rechte im innerstaatlichen Recht, 2012, S. 112 ff.

[152] So im Ergebnis VG Frankfurt a.M., Urt. v. 9.11.1998 – 9 E 1570-98 (V), NVwZ-RR 1999, 325, 330.

[153] The Limburg Principles on the Implementation of the International Covenant on Economic, Social and Cultural Rights, UN Doc. E/CN.4/187/17 (1987), Annex, Rn. 21; Human Rights Quarterly, Vol. 9 (1987), S. 122 ff.

[154] *CESCR*, General Comment No. 3, UN Doc. E/1991/23 (14.12.1990), Rn. 1. Ausführlich zum Sozialausschuss und der Bedeutung der General Comments für die Rechtsprechung und Auslegung des Paktes *Lörcher*, AuR 2016, 488, 489 f.

[155] Maastricht Guidelines on Violations of Economic, Social and Cultural Rights, abgedruckt in Human Rights Quarterly, Vol. 20, No. 3 (Aug. 1998), S. 709–730.

[156] *CESCR*, General Comment No. 9, UN Doc. E/C.12/1998/24 (3.12.1998), Rn. 10.

nach gerichtlich verhandelt werden können. Der Begriff „self-executing" bedeute dagegen, dass die Normen so bestimmt seien, dass sie innerstaatlich unmittelbar angewendet werden könnten.[157] Teilweise wird die unmittelbare Anwendbarkeit der Paktrechte an deren Charakter zur Abwehr staatlicher Eingriffe unabhängig von finanziellen Ressourcen festgemacht.[158] Aus einem Vergleich mit der KRK ließe sich jedoch auch grundsätzlich die unmittelbare Anwendbarkeit sämtlicher Paktrechte feststellen. Aus Art. 2 II IPwskR und Art. 2 I KRK lassen sich die im Wesentlichen gleichen Implementierungspflichten ableiten.[159] Insofern kann auf die im Rahmen der Betrachtung der KRK vorgebrachten Argumente zurückgegriffen werden. Nach Art. 4 IPwskR erkennen die Staaten zudem an, dass in die im Pakt gewährleisteten Rechte nur eingegriffen werden darf, sofern dies gesetzlich vorgesehen ist. Die Formulierung „gewährleistet" („provided by the State") spricht für eine unmittelbare innerstaatliche Anwendbarkeit.[160] Der unmittelbaren Anwendbarkeit der in Teil III des Paktes normierten Rechte stehen somit grundsätzlich keine Einwände entgegen. Im Einzelfall hängt die unmittelbare Anwendbarkeit, wie schon im Rahmen der Betrachtung der KRK ausgeführt[161], jedoch vom Gehalt der jeweiligen Norm ab.

b) Art. 10 III IPwskR

Art. 10 III IPwskR schützt Kinder und Jugendliche vor wirtschaftlicher Ausbeutung. Ferner sollen die Vertragsstaaten solche Beschäftigungen, die ihrer Moral oder Gesundheit schaden, ihr Leben gefährden oder voraussichtlich ihre normale Entwicklung behindern, gesetzlich unter Strafe stellen. Die Staaten sollen zudem verbindliche Höchstaltersgrenzen für die Beschäftigung von Kindern festlegen. Der Gehalt von Art. 10 III IPwskR ist somit weitestgehend mit Art. 32 KRK vergleichbar.[162] Unterschiede ergeben sich allerdings bei der Betrachtung des Schutzbereiches. Während sich Art. 10 III IPwskR auf die durchschnittliche Entwicklung des Kindes bezieht, nimmt Art. 32 KRK die individuellen Entwicklungsmöglichkeiten in den Blick.[163] Für die Kinderarbeit in den Medien lässt sich aber aus dieser

---

[157] *CESCR*, General Comment No. 9, UN Doc. E/C.12/1998/24 (3.12.1998), Rn. 10; *Weilert*, ZaöRV 2009, 883, 904; *Trilsch*, Die Justiziabilität wirtschaftlicher, sozialer und kultureller Rechte im innerstaatlichen Recht, 2012, S. 116 f.

[158] *Craven*, NILR 1993, 367, 395.

[159] *Bellwon*, Das Verbot der Kinderarbeit im internationalen und deutschen Recht, 2017, S. 25.

[160] So auch *Bellwon*, Das Verbot der Kinderarbeit im internationalen und deutschen Recht, 2017, S. 25.

[161] 4. Kapitel A. II. 1.

[162] Vgl. BT-Drs. 12/42, S. 29. So auch *Detrick*, A Commentary on the United Nations Convention on the Rights of the Child, S. 563.

[163] *Schmahl*, Kinderrechtskonvention, 2017, Art. 36 Rn. 25. Vgl. näher zum Zusammenhang von KRK und IPwskR *Räuchle/Schmidt/Schlachter*, in: Schlachter/Heuschmid/Ulber, Arbeitsvölkerrecht, S. 94 f.; *Dorsch*, Die Konvention der Vereinten Nationen über die Rechte des Kindes, 1994, S. 221 f.

Unterscheidung nur herleiten, dass Art. 10 III IPwskR weniger stark eine Einzelfallbetrachtung fordert. Hinsichtlich des Normgehalts und der Tatbestandsvoraussetzungen kann im Übrigen auf die Ausführungen bei Art. 32 I KRK verwiesen werden.[164]

c) Unmittelbare innerstaatliche Anwendbarkeit von Art. 10 III IPwskR

Aus dem Wortlaut von Art. 10 III IPwskR könnte zunächst geschlossen werden, dass eine unmittelbare innerstaatliche Anwendbarkeit gerade nicht gewollt ist. Denn im Gegensatz zu Art. 24 IPpbR („Every child shall have [...] the right") wurde in der Formulierung von Art. 10 III IPwskR kein ausdrückliches Anerkenntnis eines Rechts gewählt („Children and young persons should be protected [...]").[165] Aus diesem sprachlichen Unterschied könnte sich bereits die Notwendigkeit eines vorgeschalteten innerstaatlichen Umsetzungsakts ergeben. Der Sozialausschuss hat die unmittelbare Anwendbarkeit von unter anderem Art. 10 III IPwskR allerdings ausdrücklich anerkannt und ausgeführt, dass der Einwand, die Normen des IPwskR seien nicht self-executing, ausgeschlossen werden sollte.[166] Das Argument, dass die Tatbestandsvoraussetzungen von Art. 10 III IPwskR aufgrund ihrer Unbestimmtheit keine unmittelbar anwendbaren Rechte beinhalten können, schlägt zudem nicht durch. Gerade der deutschen Rechtsordnung sind unbestimmte Rechtsbegriffe nicht fremd. Insbesondere im Bereich des Jugendarbeitsschutzes finden sich eine Reihe von Rechtsbegriffen, die mit der Formulierung in Art. 10 III IPwskR vergleichbar sind. Zu nennen sind hier die Tatbestandsmerkmale der Sicherheit, Gesundheit und Entwicklung in § 5 III Nr. 1 JArbSchG, die sich auch in Art. 10 III 3 IPwskR („harmful to their morals or health or dangerous to life or likely to hamper their normal developement [...]") wiederfinden. Aufgrund der stärkeren Fokussierung auf die durchschnittliche kindliche Entwicklung besteht hier sogar ein im Vergleich zur KRK vereinfachter Auslegungsmaßstab. Systematisch beruht Art. 10 IPwskR zudem auf Art. 25 AEMR, der einen Anspruch des Kindes auf besondere Fürsorge und Unterstützung enthält.[167] Als rechtsverbindliche Übersetzung und Fortschreibung der sozialen Elemente der AEMR würde der Pakt insofern, bezogen auf Art. 10 IPwskR, seiner Effektivität beraubt. Zweck des Pakts war es nämlich, die in der ursprünglich als politische Absichtserklärung bestehenden AEMR existierenden Rechtssätze einer juristisch verbindlichen Geltung zuzuführen.[168] Diese Sichtweise

[164] 4. Kapitel A. II. 1. b).

[165] *Bellwon*, Das Verbot der Kinderarbeit im internationalen und deutschen Recht, 2017, S. 25.

[166] *CESCR*, General Comment No. 3, E/1991/23, 1990, Rn. 5; General Comment No. 9, E/C.12/1998/24, 1998, Rn. 10f.

[167] *Eichenhofer*, WSK-Rechte, 2021, S. 58.

[168] *Trilsch*, Die Justiziabilität wirtschaftlicher, sozialer und kultureller Rechte im innerstaatlichen Recht, 2012, S. 30ff. Vgl. mit Ausführungen zur völkergewohnheitsrechtlichen Geltung der WSK-Rechte *Riedel*, in: Internationaler Menschenrechtsschutz, S. 14ff.

ist auch mit der Tendenz in der wissenschaftlichen Auseinandersetzung, die lange in der Menschenrechtsdogmatik geltende Aufteilung in Menschenrechte der „ersten Generation" und der „zweiten Generation" aufzugeben, vereinbar. Mittlerweile wird anerkannt, dass den Staaten, unabhängig von der Art des Rechts, eine menschenrechtliche Pflichtentrias obliegt. Hierbei handelt es sich um die Pflicht zur Achtung („duty to respect"), zum Schutz („duty to protect") und zur Gewährleistung von Infrastruktur und Ressourcen („duty to fulfil").[169] Dem Schutz des Kindes vor wirtschaftlicher Ausbeutung aus dem Pakt die unmittelbare innerstaatliche Anwendbarkeit zu verwehren, würde dieser Tendenz zuwiderlaufen. Vor diesem Hintergrund ist von einer unmittelbaren innerstaatlichen Anwendbarkeit von Art. 32 III IPwskR auszugehen.

Fraglich ist aber auch in diesem Zusammenhang, ob Art. 32 III IPwskR im Horizontalverhältnis zwischen Privaten und insbesondere im Verhältnis des Kindes zu seinen Eltern Anwendung finden kann. Der Sozialausschuss hat in mehreren General Comments zu Art. 6, 11 und 12 IPwskR eine horizontale Drittwirkung der jeweiligen Paktrechte abgelehnt. Zwar erkennt der Ausschuss an, dass auch Private eine Verantwortung für die Realisierung der Paktrechte trügen, allerdings vom Pakt selbst könnten sie nicht gebunden werden. In erster Linie verpflichte der Pakt die Staaten, die sicherzustellen hätten, dass private Akteure die Garantien des Paktes nicht verletzten.[170] Dieser Befund lässt sich auch mit der Intention der Vertragsstaaten begründen. Während sich dem Pakt selbst keine Aussage zur Wirkungsweise im horizontalen Verhältnis entnehmen lässt, ergibt sich aus Erwägungsgrund Nr. 5 der Präambel zum Fakultativprotokoll, dass ausschließlich die Staaten Maßnahmen treffen sollen, die der vollständigen Realisierung der Paktrechte dienen.[171] Es handelt sich insofern um reine staatliche Schutzverpflichtungen ohne Drittwirkung. Aufgrund der unmittelbaren Anwendbarkeit des IPwskR in der innerstaatlichen Rechtsordnung kann allerdings die Verletzung dieser Schutzverpflichtung unmittelbar vor innerstaatlichen Gerichten geltend gemacht werden. Mittelbar wirken die Paktrechte somit auch im horizontalen Verhältnis zwischen Privaten.

3. Übereinkommen der Internationalen Arbeitsorganisation

Als Sonderorganisation der Vereinten Nationen hat die ILO den Auftrag, durch die Schaffung und Überwachung von internationalen Mindeststandards für menschenwürdige, faire und soziale Arbeit zu sorgen und damit Armut nachhaltig zu

[169] Vgl. hierzu ausführlich *Banafsche*, in: Banafsche/Platzer, Soziale Menschenrechte und Arbeit, S. 61 f.; *Duchstein*, Das internationale Benchmarkingverfahren und seine Bedeutung für den gewerblichen Rechtsschutz, 2010, S. 34 ff.

[170] *CESCR*, General Comment No. 18, UN Doc. E/C.12/GC/18 (6.2.2006), Rn. 52; General Comment No. 14, UN Doc. E/C.12/2000/4 (11.8.2000), Rn. 42; General Comment No. 12, E/C.12/1999/5 (12.5.1999), Rn. 20.

[171] *UN GA*, Resolution 63/117, Optional Protocol to the International Covenant on Economic, Social and Cultural Rights, UN Doc. A/RES/63/117 (10.12.2008), Annex.

bekämpfen. Die ILO wurde im Jahr 1919 durch den Versailler Vertrag als Bestandteil des Völkerbundes gegründet. 1944 wurden die Ziele und Aufgaben der ILO in der „Erklärung von Philadelphia" bestätigt und mit grundlegenden Freiheitsrechten verbunden.[172] Im Jahr 1998 definierten die Mitgliedstaaten einstimmig mit der „Erklärung über die grundlegenden Prinzipien und Rechte bei der Arbeit"[173] vier Standards als grundlegende Rechte, die als unverhandelbare Grundwerte der Organisation dienen. Dabei handelt es sich um die Vereinigungsfreiheit und das Recht auf Kollektivverhandlungen, die Beseitigung aller Formen von Zwangs- und Pflichtarbeit, die Beseitigung der Diskriminierung in Beschäftigung und Beruf und um die effektive Abschaffung der Kinderarbeit.[174] Diese sogenannten Kernarbeitsnormen ergeben sich einerseits bereits aus der ILO-Verfassung, wurden andererseits aber durch acht Übereinkommen konkretisiert. Mit der Erklärung verfolgte die ILO das Ziel, die genannten Rechte als grundlegende Menschenrechte zu betonen und die Ratifikationsquoten der einzelnen Übereinkommen zu erhöhen. Mittlerweile haben über 140 Staaten alle acht fundamentalen Übereinkommen ratifiziert. Einzelne Übereinkommen weisen zum Teil eine noch höhere Ratifikationsquote auf.[175] Aktuell existieren insgesamt 190 ILO-Übereinkommen. Fast alle Staaten weltweit sind Mitglied der ILO.[176] Die Bundesrepublik Deutschland trat am 12.6.1951 bei.[177]

a) Innerstaatliche Geltung und Auslegung von ILO-Übereinkommen

Die Frage der Geltung von ILO-Übereinkommen ist eng mit ihrer generellen Rechtsnatur verknüpft. Innerstaatliche Wirksamkeit über Art. 59 GG erlangen nämlich ausschließlich völkerrechtliche Verträge. Doch die Einordnung der ILO-Übereinkommen als völkerrechtliche Vertragswerke ist aufgrund der organisationsspezifischen Besonderheiten umstritten. Anders als klassische völkerrechtliche Verträge ist gem. Art. 19 II der ILO-Verfassung beim Zustandekommen von Über-

---

[172] Vgl. zur historischen Entwicklung der ILO *Eichenhofer*, WSK-Rechte, 2021, S. 64 ff.; *Stolzenberg*, ILO und EU, 2021, S. 32 ff.; *Zimmer*, in: Schlachter/Heuschmid/Ulber, Arbeitsvölkerrecht, S. 125 f.; *Weiss*, in: FS Lörcher, 21 ff. Umfassend zu den Zielen und Aufgaben der ILO *Rodgers/Lee/Swepston/van Daele*, The International Labour Organization and the quest for social justice, 2009, S. 171 ff.

[173] *ILO*, Declaration on Fundamental Principles and Rights at Work and its Follow-Ups, ILCon, 86th Session, 1998 and amended at the 110th Session, 2022, https://www.ilo.org/wcmsp5/groups/public/–ed_norm/–declaration/documents/normativeinstrument/wcms_716594.pdf [zuletzt geprüft am 24.3.2024].

[174] *Schubert*, Arbeitsvölkerrecht, S. 108 f.

[175] Vgl. die Forced Labour Convention vom 1.5.1932, die von 181 Staaten ratifiziert wurde, https://www.ilo.org/dyn/normlex/en/f?p=NORMLEXPUB:11300:0::NO:11300:P11300_INSTRUMENT_ID:312174:NO [zuletzt geprüft am 24.3.2024].

[176] https://www.ilo.org/global/about-the-ilo/how-the-ilo-works/member-states/lang-en/index.htm [zuletzt geprüft am 24.3.2024].

[177] *ILO*, Resolution concerning the Admission of the Federal Republic of Germany to Membership of the International Labour Organisation, IL-Con, 34th Session, 1951, Record of Proceedings, S. 53, 505.

einkommen keine Einstimmigkeit, sondern eine Zweidrittelmehrheit in dem obersten Beschlussgremium der ILO, der Internationalen Arbeitskonferenz (IAK), notwendig. Zudem werden ILO-Übereinkommen, wie beim Zustandekommen völkerrechtlicher Verträge normalerweise üblich, nicht ausschließlich von Staatenvertretern verabschiedet, sondern unter Beteiligung von Delegierten der Sozialpartner.[178] Aufgrund dieser Besonderheiten wurden ILO-Übereinkommen teilweise als gesetzesähnliche Normen angesehen, die bis zur Ratifikation aufschiebend bedingt bleiben.[179] Die herrschende Auffassung sieht ILO-Übereinkommen dagegen mittlerweile ungeachtet der bestehenden Besonderheiten als völkerrechtliche Verträge an.[180] Für die innerstaatliche Wirksamkeit spielt diese Unterscheidung allerdings keine Rolle. Denn unabhängig davon, ob die ILO-Übereinkommen als klassische völkerrechtliche Verträge oder als Sonderkategorie mit gesetzesähnlichem Charakter angesehen werden, so erkennen auch die Anhänger der Einordnung als Sonderkategorie an, dass ILO-Übereinkommen weitgehend wie völkerrechtliche Verträge zu behandeln sind.[181] Somit erlangen auch die ILO-Übereinkommen über Art. 59 GG innerstaatliche Geltung.[182]

Relevanter als im Rahmen der Betrachtung der innerstaatlichen Geltung sind die organisationsspezifischen Besonderheiten bei der Betrachtung der Auslegungsgrundsätze der ILO-Übereinkommen. Nur sofern ILO-Übereinkommen als völkerrechtliche Verträge eingeordnet werden können, sind sie einer Auslegung nach den Grundsätzen der WVK zugänglich.[183] Selbst wenn man die Übereinkommen als rechtliche Sonderkategorie ansehen wollte, stellt die WVK aber als Völkergewohnheitsrecht den Ausgangspunkt für die Auslegung dar.[184] Aus Art. 5 WVK ergibt sich, dass der Vertrag der errichteten Organisation selbst Modifikationen von den Auslegungsregeln der WVK vorsehen kann. Eine solche Modifikation ergibt sich schon bei der Frage, wer zur Auslegung berechtigt ist. Nach allgemeinen völkerrechtlichen Grundsätzen sind die Vertragsstaaten dazu berufen, sich auf eine ein-

---

[178] Vgl. zur Struktur der ILO *Zimmer*, in: Schlachter/Heuschmid/Ulber, Arbeitsvölkerrecht, S. 126 f.

[179] *Fried*, Rechtsvereinheitlichung im Internationalen Arbeitsrecht, 1961, S. 65 ff. Zum Streit umfassend *Böhmert*, Das Recht der ILO, 2002, S. 66 m. w. N.

[180] Vgl. *Stolzenberg*, ILO und EU, S. 68; *Bartolomei de la Cruz*, in: von Maydell/Nußberger, Social Protection by Way of International Law, 19, 22 f. m. w. N. *Zimmer*, Soziale Mindeststandards und ihre Durchsetzungsmechanismen, 2008, S. 67 ff., ordnet die Übereinkommen als Sonderkategorie ein.

[181] *Zimmer*, in: Schlachter/Heuschmid/Ulber, Arbeitsvölkerrecht, S. 130.

[182] Siehe auch den Sachstand des Wissenschaftlichen Dienstes des Deutschen Bundestages v. 11.5.2016 – WD 6-3000-065/16, Verfahren der Internationalen Arbeitsorganisation (ILO) bei Verstößen gegen Kernarbeitsnormen und Zusammenarbeit mit der Welthandelsorganisation (WTO), S. 5.

[183] *Zimmer*, in: Schlachter/Heuschmid/Ulber, Arbeitsvölkerrecht, S. 129. Eingehend zur Auslegung anhand der Vorgaben der WVK *Stolzenberg*, ILO und EU, S. 102 ff.

[184] Zur Geltung der WVK als Völkergewohnheitsrecht und Grundlagen bei der Auslegung völkerrechtlicher Verträge *von Arnauld*, Völkerrecht, Rn. 198 f.

heitliche Auslegung des jeweiligen Vertrages zu einigen.[185] Diese Auslegungskompetenz wird allerdings der tripartistisch angelegten Organisation der ILO, die auch die Beteiligung von Sozialpartnern vorsieht, nicht gerecht.[186] Vielmehr existieren eine Reihe von Organen, die mit der Auslegung der Übereinkommen befasst sind.[187] Aus Art. 37 I der ILO-Verfassung ist dem IGH das Letztentscheidungsrecht über die Auslegung der ILO-Übereinkommen übertragen. Dieser kann von einem Staat, dem ein Verstoß gegen ein Übereinkommen vorgeworfen wird, oder von dem Verwaltungsrat angerufen werden. In der Geschichte der ILO ist dies allerdings bisher noch nicht vorgekommen. Auch von der in Art. 37 II der ILO-Verfassung eingeräumten Möglichkeit, ein spezielles Gericht für Auslegungsfragen einzurichten, wurde bislang kein Gebrauch gemacht.[188] In der Praxis spielt der Sachverständigenausschuss bei der Auslegung der ILO-Übereinkommen daher die wichtigste Rolle.[189] Dieser Ausschuss besteht aus 20 unabhängigen Rechtsgelehrten aus allen Kontinenten. Hauptaufgabe des Ausschusses ist die Überprüfung der Einhaltung der Vorgaben eines Übereinkommens durch die Mitgliedstaaten.[190]

Ob der Sachverständigenausschuss allerdings auch die Kompetenz für die verbindliche Auslegung der ILO-Übereinkommen besitzt, wird in Frage gestellt. Diese Auffassung wird insbesondere mit der fehlenden Anbindung an die Verfassung der ILO begründet. Diese sieht, jenseits der Letztentscheidungskompetenz des IGH, keine Auslegung durch den Sachverständigenausschuss vor.[191] Die Äußerungen des Ausschusses können daher höchstens dadurch an Gewicht gewinnen, dass sich die ILO und ihre Mitgliedstaaten an der Einschätzung des Ausschusses orientieren. Insofern könne sich allenfalls eine Übung der Mitgliedstaaten bei der Auslegung im Sinne von Art. 31 III lit. b WVK ergeben.[192] Die Gegenauffassung sieht eine Kompetenz des Sachverständigenausschusses zur verbindlichen Auslegung der ILO-Übereinkommen. Es habe sich eine langjährige Spruchpraxis des Ausschusses herausgebildet. Zudem seien die Ausschussmitglieder in hohem Maße unabhängig,

---

[185] Vgl. *Herdegen*, Völkerrecht, § 15 Rn. 39; *Zimmer*, in: Schlachter/Heuschmid/Ulber, Arbeitsvölkerrecht, S. 137.

[186] So auch *Zimmer*, in: Schlachter/Heuschmid/Ulber, Arbeitsvölkerrecht, S. 137; *Wagner*, Internationaler Schutz sozialer Rechte, 2002, S. 202.

[187] Im Einzelnen *Stolzenberg*, ILO und EU, S. 105 ff.

[188] *Zimmer*, in: FS Lörcher, 29, 36 f.

[189] *Zimmer*, in: Schlachter/Heuschmid/Ulber, Arbeitsvölkerrecht, S. 138; *Stolzenberg*, ILO und EU, S. 118; *Schlachter*, RdA 2011, 341, 345; *Wagner*, Internationaler Schutz sozialer Rechte, 2002, S. 205; *Böhmert*, Das Recht der ILO, 2002, S. 87; *Samson*, in: Social Rights as Human Rights, 115, 129.

[190] Vgl. ausführlich zum Sachverständigenausschuss mit zahlreichen Nachweisen *Zimmer*, in: Schlachter/Heuschmid/Ulber, Arbeitsvölkerrecht, S. 131 f.; *Wagner*, Internationaler Schutz sozialer Rechte, 2002, S. 53 ff.; *Stolzenberg*, ILO und EU, S. 118 ff.

[191] *Seifert*, in: FS Eichenhofer, 603, 609; *Weiss/Seifert*, in: GS Zachert, 130, 137; *Böhmert*, Das Recht der ILO, 2002, S. 87.

[192] *Seifert*, in: FS Eichenhofer, 603, 610 f.; *Weiss/Seifert*, in: GS Zachert, 130, 137; *Stolzenberg*, ILO und EU, S. 145 f.

sodass sich der Charakter des Sachverständigenausschusses dem eines Gerichts annähere.[193]

Dieser letztgenannten Auffassung ist zuzustimmen. Zwar wurde eine Befugnis zur verbindlichen Auslegung des Sachverständigenausschusses nach seiner Einführung im Jahr 1926 nicht in der ILO-Verfassung verankert. Dennoch hat im Laufe der Zeit eine Kompetenzerweiterung stattgefunden, die letztlich in der Befugnis zur verbindlichen Auslegung mündete.[194] Dass dem IGH noch keine Gelegenheit gegeben wurde, zur Frage der Auslegung der ILO-Übereinkommen Stellung zu nehmen, ist nicht zuletzt darauf zurückzuführen, dass mit dem Sachverständigenausschuss bereits ein Organ existiert, das mittels seiner Äußerungen eine Auslegung vornimmt.[195] Dies spricht ebenfalls für die gewachsene Bedeutung des Sachverständigenausschusses und der Tendenz der Mitgliedstaaten, sich an seinen Äußerungen zu orientieren.[196] Wenn die Gegenauffassung als Argument anführt, es könne sich allenfalls eine Übung aus Art. 31 III lit. b WVK und gerade keine verbindliche Auslegungsbefugnis erkennen lassen, so wird verkannt, dass gerade durch eine solche Übung eine gewohnheitsrechtlich verfassungsgemäße Befugnis des Sachverständigenausschusses begründet wurde.[197] Somit würde auch dieser Weg zu einer verbindlichen Berücksichtigung der Äußerungen des Sachverständigenausschusses führen.

b) ILO-Übereinkommen Nr. 138 und Nr. 182

Im Kontext des Rechts der ILO sind zwei Übereinkommen für die Betrachtung der Kinderarbeit in den Medien relevant. Zum einen das Übereinkommen über das Mindestalter zur Beschäftigung Nr. 138 vom 26.6.1973 (ILO Nr. 138)[198] und zum anderen das Übereinkommen über das Verbot und unverzügliche Maßnahmen zur Beseitigung der schlimmsten Formen der Kinderarbeit Nr. 182 vom 17.6.1999 (ILO Nr. 182)[199]. Das ILO-Übereinkommen Nr. 138 wurde bisher von 175 Staaten, das

---

[193] *Schlachter*, RdA 2011, 341, 345; *Zimmer*, in: FS Lörcher, 29, 38 f.; *Heuschmid/Klebe*, in: FS Lörcher, 336, 337 f.

[194] So auch *Zimmer*, in: Schlachter/Heuschmid/Ulber, Arbeitsvölkerrecht, S. 139, der den fehlenden Eingang der Auslegungsbefugnis in die ILO-Verfassung mit der Schwerfälligkeit der politischen Prozesse innerhalb der ILO begründet. Vgl. zu diesem Prozess *Stolzenberg*, ILO und EU, S. 123 ff. S. zudem *Samson*, in: Social Rights as Human Rights, S. 129; *Wagner*, Internationaler Schutz sozialer Rechte, 2002, 115, 129.

[195] *Schubert*, Arbeitsvölkerrecht, S. 112.

[196] So auch *Heuschmid/Klebe*, in: FS Lörcher, 336, 338.

[197] Vgl. *Schlachter*, in: FS Lörcher, 302, 306; *Zimmer*, in: Schlachter/Heuschmid/Ulber, Arbeitsvölkerrecht, S. 141.

[198] Convention Concerning Minimum Age for Admission to Employment No. 138, United Nations Treaty Series, Vol. 521, S. 231, BGBl. 1976 II, S. 201 ff.

[199] Convention concerning the Prohibition and Immediate Action for the Elimination of the Worst Forms of Child Labour No. 182, BGBl. 2001 II, S. 1290 ff.

ILO-Übereinkommen Nr. 182 von 187 Staaten ratifiziert, darunter auch von der Bundesrepublik Deutschland.[200]

aa) ILO Nr. 138

Als Teil der Kernarbeitsnormen gilt das ILO-Übereinkommen Nr. 138 als fundamentales Rechtsinstrument im Bereich der Kinderarbeit. Als solches schafft das Übereinkommen ein allgemeingültiges Mindestalter für die Beschäftigung von Kindern. Allerdings existierten bereits vor Inkrafttreten des ILO-Übereinkommens Nr. 138 branchenbezogene Altersgrenzen für Kinderarbeit.[201] Die Schaffung eines verbindlichen Mindestalters für die Beschäftigung von Kindern war insofern keine neue Errungenschaft. Vielmehr konsolidierte das Übereinkommen Nr. 138 die in der Vergangenheit für die einzelnen Wirtschaftssektoren bestehenden Altersgrenzen und schuf ein allgemeinverbindliches Rechtsinstrument, das auf alle Sektoren und jegliche Art der Beschäftigung anwendbar sein sollte.[202] Dieses Grundverständnis ergibt sich wesentlich aus Abs. 4 der Präambel, in der es heißt „Considering that the time has come to establish a general instrument on the subject, which would gradually replace the existing ones applicable to limited economic sectors, with a view to achieving the total abolition of child labour [...]“. Damit ist gleichzeitig auch das Ziel des Übereinkommens Nr. 138 angesprochen: Die vollständige Abschaffung jeglicher Kinderarbeit. Trotz dieses eindeutig in der Präambel formulierten Ziels lässt sich im ILO-Übereinkommen Nr. 138 weder eine Definition noch ein explizites Verbot von Kinderarbeit finden. Art. 1 ILO Nr. 138 unterstreicht hingegen den dualistischen Zweck des Übereinkommens der Abschaffung von Kinderarbeit einerseits und der Anhebung des Mindestalters für die Zulassung zur Arbeit durch eine effektive innerstaatliche Politik andererseits. Das ILO-Übereinkommen Nr. 138 ist daher nicht als statisches Instrument zu lesen, das lediglich ein international verbindliches Mindestalter für die Zulassung zur Arbeit festlegt. Vielmehr handelt es sich um ein dynamisches Instrument, das, mit Rücksicht auf die physische und psychische Entwicklung des Kindes, die schrittweise Verbesserung der innerstaatlichen Standards im Bereich der Kinderarbeit sicherstellen soll.[203]

---

[200] Zu Nr. 138 https://www.ilo.org/dyn/normlex/en/f?p=1000:11300:0::NO:11300:P11300_INSTRUMENT_ID:312283 [zuletzt geprüft am 24.3.2024]; zu Nr. 182 https://www.ilo.org/dyn/normlex/en/f?p=1000:11300:0::NO:11300:P11300INSTRUMENTID:312327 [zuletzt geprüft am 24.3.2024].

[201] Für eine Auflistung der einschlägigen sektorbezogenen Übereinkommen vgl. Fn. 3 bei *La Hovary*, in: International and European Labour Law, C 138 Rn. 2.

[202] *Noguchi*, in: Marauhn, Internationaler Kinderschutz, S. 23.

[203] *ILO*, Report IV (1), Minimum Age for Admission to Employment, ILCon, 57th Session, 1972, S. 31. Siehe auch *La Hovary*, in: International and European Labour Law, C 138 Rn. 5f.

Das ILO-Übereinkommen Nr. 138 sieht einen differenzierten Zugang von Kindern zur Arbeit vor.[204] Ähnlich wie in der Systematik der Vorschriften der KRK sind auch hier Kinder nicht gänzlich vom Arbeitsmarkt ausgeschlossen. Unter Umständen ist somit eine Beschäftigung möglich. Das Mindestalter darf dabei gem. Art. 2 III ILO Nr. 138 nicht unter dem Alter liegen, in dem die Schulpflicht nach innerstaatlichem Recht endet, keinesfalls jedoch unter 15 Jahren. Abs. 4 setzt das Mindestalter in Staaten, deren Wirtschaft und schulische Einrichtungen noch ungenügend entwickelt sind, auf 14 Jahre fest. Für sog. „Light Work", also Arbeit, die weder die Entwicklung und die Gesundheit noch die Ausbildung des Kindes gefährdet, räumt Art. 7 ILO Nr. 138 den Mitgliedstaaten besondere Flexibilität ein. „Light Work" ist demnach grundsätzlich bereits ab einem Alter von 13 Jahren (12 Jahre in gem. § 2 IV ILO Nr. 138 weniger entwickelten Mitgliedstaaten, Art. 7 IV ILO Nr. 138) zulässig. Für Tätigkeiten, die aufgrund ihrer Art oder den Verhältnissen, unter denen sie erbracht werden, geeignet sind, gefährlich für das Leben, die Gesundheit oder die Sittlichkeit („morals") des Kindes zu sein, liegt das Mindestalter gem. Art. 3 I ILO Nr. 138 bei 18 Jahren. Der Sachverständigenausschuss nutzt zur Umschreibung der von Art. 3 ILO Nr. 138 erfassten Fallgruppen dabei in Anlehnung an die Begrifflichkeiten in Art. 32 KRK den Begriff „hazardous", überlässt die genaue Definition allerdings den Mitgliedstaaten.[205] Im Sinne eines effektiven Schutzes von Kindern ist mit „hazardous" nicht nur physisch gefährliche mechanische Arbeit gemeint. Vielmehr sollte man sich an der Formulierung in Art. 32 KRK orientieren, in der es heißt: „[...] work that is likely to be hazardous or to interfere with the child's education, or to be harmful to child's health physical, mental spiritual, mental or social development".[206]

Die Ausnahmeregelung in Art. 4 ILO Nr. 138 gilt gem. Art. 4 III ILO Nr. 138 ausdrücklich für die in Art. 3 ILO Nr. 138 genannten gefährlichen Tätigkeiten nicht. Für andere, nicht von Art. 3 ILO Nr. 138 erfassten Tätigkeiten, besteht gem. Art. 4 I, II ILO Nr. 138 die Möglichkeit, den Anwendungsbereich des Übereinkommens zu begrenzen. Für eine solche Begrenzung ist das Vorliegen von Schwierigkeiten in der innerstaatlichen Umsetzung des Übereinkommens erforderlich, welche von den Mitgliedstaaten unter Beteiligung von Arbeitgeber- und Arbeitnehmerverbänden für einzelne Beschäftigungssektoren identifiziert worden sind. Der Sachverständigenausschuss versteht unter solchen Umsetzungsschwierigkeiten sinngemäß entgegenstehendes innerstaatliches Recht („legal difficulties") oder Probleme bei der innerstaatlichen Durchsetzung des Übereinkommens („difficulties in enforce-

---

[204] Für einen Überblick über die Systematik vgl. die Tabelle bei *Noguchi*, in: Marauhn, Internationaler Kinderschutz, S. 25.

[205] Siehe z. B. *ILO*, Report III (1 A), ILCon, 105th Session, 2016, S. 221 ff.; *Noguchi*, in: Marauhn, Internationaler Kinderschutz, S. 26 f.; *La Hovary*, in: International and European Labour Law, C 138 Rn. 14.

[206] *Noguchi*, in: Marauhn, Internationaler Kinderschutz, S. 27.

ment").[207] Besondere Bedeutung erlangt die Ausnahmeregelung in Art. 4 I, II ILO Nr. 138 bei Tätigkeiten in Familienunternehmen, in kleinen landwirtschaftlichen Betrieben und für Tätigkeiten im Haushalt.[208]

Im Kontext der Kinderarbeit in den Medien erfordert Art. 8 ILO Nr. 138 zudem besondere Beachtung. Für die Teilnahme an künstlerischen Darbietungen („artistic performances") können die Mitgliedstaaten Ausnahmen vom Mindestalter aus Art. 2 III ILO Nr. 138 zulassen. Erforderlich ist, wie auch bei der Ausnahmeregelung in Art. 4 ILO Nr. 138, die vorherige Konsultation von Arbeitgeber- und Arbeitnehmerverbänden sowie die Festlegung eines zeitlichen Grenzwerts und besonderer Maßnahmen zum Schutz des tätigen Kindes (Abs. 2). Welche Tätigkeiten unter den Begriff der „artistic performances" fallen sollen, ist weitestgehend unklar. Auffällig ist, dass in früheren ILO-Übereinkommen zur Regulierung des Mindestalters im nicht-industriellen Sektor (Nr. 33 und Nr. 60) ein deutlich detailliertes Regelwerk zu Kinderarbeit in diesem Bereich existierte. Beide Übereinkommen erlaubten Kinderarbeit im Rahmen von „artistic performances" ausschließlich zum Zwecke der Kunst, der Wissenschaft oder Ausbildung („in the interest of art, science or education").[209] Es entspricht dem Zweck des ILO-Übereinkommens Nr. 138, den Mitgliedstaaten durch eine weitestgehend unbestimmte Formulierung die Möglichkeit zu geben, die Verpflichtungen des Übereinkommens flexibel in die innerstaatliche Rechtsordnung zu integrieren. Dies ermöglicht eine hohe Akzeptanz des Übereinkommens unter den Staaten im Einklang mit den Zielen und Prinzipien der ILO.[210] Vor diesem Hintergrund ist auch der Begriff der „artistic performances" weit zu verstehen. Erfasst sind insofern nicht nur künstlerische Darbietungen im engeren Sinne, sondern jegliche Auftritte von Kindern in den Medien unabhängig von einem künstlerischen Anspruch und nicht beschränkt auf eine bestimmte Darbietungsform.[211]

---

[207] *ILO CEACR*, General Survey of the Reports relating to Convention No. 138 and Recommendation No. 146 concerning Minimum Age, 1981, Rn. 75.

[208] Für Tätigkeiten in Familienunternehmen haben z. B. Barbados (2010), Ägypten (2004), Fiji (2005), Island (2003), Japan (2004), Lesotho (2006), die Philippinen (2004), Syrien (2004) und Trinidad and Tobago (2010) die Anwendung einer Ausnahme gem. Art. 4 II ILO Nr. 138 erklärt. Im Bereich kleiner landwirtschaftlicher Betriebe haben Ägypten (2004) und Äthiopien (2009) eine Ausnahme erklärt. Für Tätigkeiten im Haushalt haben Kambodscha (2010), Island (2003) und Japan (2004) entsprechende Erklärungen abgegeben; *ILO CEACR*, General Survey on the fundamental Conventions concerning rights at work in light of the ILO Declaration on Social Justice for a Fair Globalization, 2012, Rn. 334.

[209] Vgl. *ILO CEACR*, General Survey of the Reports relating to Convention No. 138 and Recommendation No. 146 concerning Minimum Age, 1981, Rn. 194; *La Hovary*, in: International and European Labour Law, C 138 Rn. 28.

[210] Vgl. *Rodgers/Lee/Swepston/van Daele*, The International Labour Organization and the quest for social justice, 2009, S. 6 ff.

[211] Der Sachverständigenausschuss sieht insofern jegliche öffentliche Auftritte des Kindes als erfasst an, vgl. *ILO CEACR*, Direct Request Togo, Minimum Age Convention (No. 138), 2013, https://www.ilo.org/normlex-permalink/comment/en/3134195 [zuletzt geprüft am 24. 3. 2024]. So auch *Noguchi*, in: Marauhn, Internationaler Kinderschutz, S. 30.

Gemäß Art. 5 ILO Nr. 138 besteht für weniger entwickelte Länder jenseits der zuvor gezeigten Ausnahmen die Möglichkeit, den Anwendungsbereich des Übereinkommens generell zu begrenzen. Auf den ersten Blick besteht insofern eine Befugnis dieser Mitgliedstaaten, den Anwendungsbereich des ILO-Übereinkommens Nr. 138 eigenverantwortlich teilweise oder vollständig auszuschließen. Um einen vollständigen Ausschluss der Anwendbarkeit des Übereinkommens zu verhindern, sieht Art. 5 III ILO Nr. 138 einen Mindeststandard vor, den auch noch weniger entwickelte Mitgliedstaaten in jedem Fall zu erfüllen haben. Dabei handelt es sich im Wesentlichen um Tätigkeiten in Wirtschaftssektoren, die sich durch ein besonders hohes Gefahrenpotential auszeichnen, wie z. B. in Bergwerken, im Baugewerbe oder bei landwirtschaftlichen Betrieben, die für den kommerziellen Markt produzieren. Von diesem Mindeststandard nicht erfasst sind allerdings die Arbeit innerhalb der Familie und in kleinen Betrieben, einschließlich Landwirtschaftsbetrieben, die für den lokalen Verbrauch produzieren oder nicht regelmäßig feste Mitarbeiter beschäftigen.

Wie schon gezeigt, handelt es sich bei der Kinderarbeit in den Medien um eine das Kindeswohl gefährdende Erscheinungsform.[212] Insofern ergibt sich auch in Bezug auf das ILO-Übereinkommen Nr. 138 keine abweichende Bewertung. Wie auch bei der Betrachtung von Art. 32 KRK ausgeführt[213], kann die Tätigkeit in den Medien die Entwicklung des Kindes in erheblichem Maße gefährden. Es handelt sich insofern auch um „hazardous work" im Sinne von Art. 3 ILO Nr. 138. Insbesondere mit Art. 8 ILO Nr. 138 besteht aber eine besondere Möglichkeit der Mitgliedstaaten, den Anwendungsbereich von Art. 3 ILO Nr. 138 im Bereich der Kinderarbeit in den Medien zu begrenzen. Art. 8 ILO Nr. 138 umfasst, wie gezeigt, nicht nur die klassische Form der Darstellungen von und mit Kindern in Theateraufführungen, sondern auch die Mitwirkung an Werbeproduktionen in Film, Fernsehen und Internet. Bereits im Jahr 1981 nutzten viele Staaten die Möglichkeit, Kinderarbeit in den Medien vom Anwendungsbereich des Übereinkommens auszuschließen.[214] Obwohl seitdem keine konkreten Zahlen mehr zum Umfang der Ausnahmeregelung seitens der ILO erhoben wurden, ist davon auszugehen, dass insbesondere die Kinderarbeit in digitalen Medien auch in den nationalen Rechtsordnungen der Mitgliedstaaten an Bedeutung gewonnen hat.

bb) ILO Nr. 182

Im Gegensatz zum ILO-Übereinkommen Nr. 138 beschränkt sich das ILO-Übereinkommen Nr. 182 auf die schlimmsten Formen der Kinderarbeit. Das Übereinkommen sollte die bisherigen Entwicklungen auf dem Gebiet des Schutzes

---

[212] S.o. 3. Kapitel B. I. 1. b) cc).

[213] 4. Kapitel A. II. 1. b).

[214] *ILO CEACR*, General Survey of the Reports relating to Convention No. 138 and Recommendation No. 146 concerning Minimum Age, 1981, Rn. 196ff.

von Kindern vor nachteiliger Arbeit bündeln. Wie bei dem das Mindestalter in den Blick nehmende ILO-Übereinkommen Nr. 138 existierten auch vor der einstimmigen Verabschiedung des ILO-Übereinkommens Nr. 182 im Jahr 1999 bereits verschiedene andere Übereinkommen der ILO, die gefährliche Kinderarbeit betrafen.[215] Trotz des eingeschränkten Anwendungsbereichs auf die schlimmsten Formen der Kinderarbeit war das ILO-Übereinkommen Nr. 182 nicht dazu gedacht, den Schutzstandard aus dem ILO-Übereinkommen Nr. 138 zu vermindern. ILO Nr. 182 trägt vielmehr dem breiten Konsens unter den Mitgliedstaaten Rechnung, dass der Schutz des Kindes vor den schlimmsten Formen von Kinderarbeit der erste Schritt zur Erreichung des langfristigen Ziels der Abschaffung jeglicher Kinderarbeit sein muss.[216] Der Fokus auf den schlimmsten Formen der Kinderarbeit basiert auf dem Verständnis, dass Kinderarbeit in Gänze nicht zu akzeptieren ist. Die Bekämpfung der schlimmsten Formen ist dabei aber als besonders dringend anzusehen und erfordert insofern besondere Anstrengungen der Mitgliedstaaten.[217]

Das ILO-Übereinkommen Nr. 182 ist, wie die KRK auch, anwendbar auf alle Personen unter 18 Jahren (Art. 2). Aus Art. 1 ILO Nr. 182 ergibt sich die Verpflichtung der Mitgliedstaaten, die schlimmsten Formen der Kinderarbeit im innerstaatlichen Recht zu verbieten und zu bekämpfen. Art. 1 ILO Nr. 182 fordert insofern effektive und unmittelbare Maßnahmen der Mitgliedstaaten ungeachtet etwaiger politischer, geographischer oder wirtschaftlicher Besonderheiten.

Zentrale Norm für die Subsumtion der Kinderarbeit in den Medien unter das ILO-Übereinkommen Nr. 182 ist Art. 3. Zu den schlimmsten Formen der Kinderarbeit gehören danach Sklaverei, Kinderhandel, Zwangsarbeit und der Einsatz in bewaffneten Konflikten (lit. a), Prostitution und die Mitwirkung an der Herstellung von Pornographie (lit. b), Drogenhandel und der Einsatz in sonstigen unerlaubten Tätigkeiten (lit. c) sowie jegliche Arbeit, die eine Gefahr für Gesundheit, Sicherheit oder Sittlichkeit des Kindes darstellen kann (lit. d). Die ersten drei Kategorien (lit. a–c) können aufgrund ihrer Konsequenzen für das Kind als „unconditional worst forms“ unter keinen Umständen zulässig sein.[218] Die vierte Kategorie (lit. d) beinhaltet dagegen als „hazardous work“ Tätigkeiten, deren Gefährlichkeit nicht schon aus der Natur der Tätigkeiten selbst, sondern aus den Umständen ihrer Aus-

---

[215] Hier sind z. B. die Übereinkommen Nr. 77, 78 und 79 zu nennen, die regelmäßig durchzuführende medizinische Überprüfungen für Kinder vorsahen, die in bestimmten Sektoren tätig waren. Siehe dazu auch *Ebert*, in: International and European Labour Law, C 182 Rn. 1 f. Zum Verhältnis des ILO-Übereinkommens Nr. 182 zur KRK vgl. *Noguchi*, IJCR 2002, 355.

[216] *Noguchi*, in: Marauhn, Internationaler Kinderschutz, S. 31; *Noguchi*, IJCR 2002, 355, 363; *Ebert*, in: International and European Labour Law, C 182 Rn. 2.

[217] *ILO*, Report IV (2 A), ILCon, 87th Session, 1999, S. 34. So auch *Noguchi*, in: Marauhn, Internationaler Kinderschutz, S. 32.

[218] *ILO*, Report I (B), A Future Without Child Labour – Global Report under the Follow-up to the ILO Declaration on Fundamental Principles and Rights at Work, ILCon, 90th Session 2002, Rn. 31.

übung erwächst. Ursprünglich nach Art. 1, 3 lit. d ILO Nr. 182 unzulässige Kinderarbeit kann somit zulässig werden, wenn sich die Umstände ihrer Ausübung durch Maßnahmen der Mitgliedstaaten verbessern.[219]

(1) Kinderarbeit in den Medien als Sklaverei oder Leibeigenschaft

Art. 3 lit. a ILO Nr. 182 definiert den Begriff der Sklaverei nicht autonom. Vor diesem Hintergrund kann für eine Definition des Sklavereibegriffs auf das Sklaverei-Übereinkommen des Völkerbundes aus dem Jahr 1926[220] verwiesen werden. Sklaverei ist nach Art. 1 des Sklaverei-Übereinkommens die Rechtsstellung oder die Lage einer Person, über die eine oder alle mit dem Recht auf Eigentum verbundenen Befugnisse ausgeübt werden („[...] the status or condition of a person over whom any or all of the powers attaching to the right of ownership are exercised"). Dieses klassische Begriffsverständnis orientiert sich stark an der Ausübung der mit einem Eigentumsrecht verbundenen Befugnisse. Der „Halter" muss den Betroffenen insofern zu einer „Sache" in völliger Abhängigkeit machen.[221] Gerade an dieser Eigentümerstellung dürfte es aber in den Fallgruppen der Kinderarbeit in den Medien fehlen. Zwar ist die vollständige Abhängigkeit des in den Medien tätigen Kindes entscheidendes Merkmal der Beziehungen, insbesondere zu seinen Eltern. Auch können die Arbeitsverhältnisse des Kindes zu Dritten, wie bereits oben beschrieben, gerade erst durch die organisatorische Vorarbeit der Eltern entstehen[222], sodass auch hier eine fremdgesteuerte Vermittlung und Verschiebung des Kindes an unterschiedliche dritte Vertragspartner (z.B. Produzenten) gesehen werden kann. Dennoch zeichnen sich diese Abhängigkeitsverhältnisse gerade nicht durch die Ausübung eines Eigentumsrechts im Sinne der klassischen Sklavereidefinition aus. Es fehlt an einer vollständigen für die Sklaverei typischen Verfügung über das Kind, wie sie in Eigentumsverhältnissen möglich ist. Die Gegenleistung wird nicht für die Überlassung des Kindes an sich (vergleichbar mit der Übereignung einer Sache), sondern für die Tätigkeit geleistet, die das Kind erbringt.

Im Gegensatz zum Sklavereibegriff ist der Begriff der Leibeigenschaft nicht an die Befugnisse aus einem Eigentumsrecht gebunden. Die Definition des Leibeigenschaftsbegriffs ergibt sich mangels einer Konkretisierung im ILO-Übereinkommen Nr. 182 erneut aus einem Spezialabkommen. Art. 1 lit. b des Zusatzabkommens über die Abschaffung der Sklaverei, des Sklavenhandels und sklaverei-

---

[219] Dies impliziert die Empfehlung des ILO-Sachverständigenausschusses Nr. 190, ILO, Recommendation Concerning the Prohibition and Immediate Action for the Elimination of the Worst Forms of Child Labour (No. 190), ILCon, 87th Session, 1999, Rn. 4. Siehe auch *Ebert*, in: International and European Labour Law, C 182 Rn. 9; *Noguchi*, IJCR 2002, 355, 358.

[220] Slavery Convention v. 25.9.1926, League of Nations Treaty Series Vol. 40, 1927, S. 254 ff.; deutsche Übersetzung BGBl. 1972 II, S. 1473.

[221] Vgl. zur EMRK, die insofern den selben begrifflichen Maßstab wie das ILO-Übereinkommen Nr. 182 anlegt, EGMR, Urt. v. 26.7.2005 – 73316/01 (Siliadin/Frankreich), NJW 2007, 41, 45; *Frenz*, NZA 2007, 734, 735.

[222] 3. Kapitel B. II.

ähnlichen Einrichtungen und Praktiken[223] definiert die Leibeigenschaft als eine Verpflichtung des Pächters, auf einem einer anderen Person gehörenden Grundstück zu leben und zu arbeiten und dieser Person bestimmte Dienste, unabhängig von der Entgeltlichkeit, zu leisten, ohne seine Rechtsstellung selbstständig ändern zu können. Gerade diese enge räumliche Verknüpfung steht einer Subsumtion der Fallgruppen der Kinderarbeit in den Medien aber entgegen. Denn konstitutives Merkmal der Arbeit in den Medien ist gerade die Flexibilität hinsichtlich des Arbeitsortes. Sowohl die Arbeit im Rahmen von Film- und Fernsehproduktionen als auch im Rahmen des Influencer-Marketings ist durch eine Vielzahl von wechselnden Produktionsstandorten gekennzeichnet. Eine „besonders schwere Form der Freiheitsberaubung“[224], die die Leibeigenschaftsdefinition kennzeichnen soll, liegt in diesem Kontext daher nicht vor.

Auch Art. 1 lit. d des Zusatzabkommens kann in diesen Fällen nicht eingreifen. Zwar besteht hier eine explizite Verknüpfung mit der wirtschaftlichen Ausbeutung des Kindes durch Kinderarbeit, jedoch liegt auch hier der Fokus auf der Überlassung des Kindes durch die Eltern an einen Dritten („whereby a child [...] is delivered“) zur Ausbeutung seiner Arbeitskraft und gerade nicht auf der Gewinnerzielung durch die Arbeit des Kindes selbst.

(2) Kinderarbeit in den Medien als Zwangs- oder Pflichtarbeit

Als „sklavereiähnliche Praktik“ ist auch die Zwangs- oder Pflichtarbeit im Sinne des ILO-Übereinkommens Nr. 182 durch ein völkerrechtliches Abkommen konkretisiert. Art. 2 I des Übereinkommens über die Zwangs- oder Pflichtarbeit Nr. 29 (ILO Nr. 29)[225] definiert die Zwangs- oder Pflichtarbeit als „jede Art von Arbeit oder Dienstleistung, die von einer Person unter Androhung von Strafe verlangt wird und für die sie sich nicht freiwillig zur Verfügung gestellt hat.“[226] Der Begriff der Zwangs- oder Pflichtarbeit ist also zwingend mit der Ausübung von Zwang verbunden, der sich klassischerweise durch die Androhung einer Strafe manifestiert. Dabei mag man im Regelfall zunächst an physischen Zwang denken. Der Betroffene leistet seine Arbeit aufgrund der Androhung dieses Zwangs nicht freiwillig. Jedoch kann es an der Freiwilligkeit auch ohne Androhung einer Strafe im eigentlichen Sinne fehlen. Im Falle einer psychischen Zwangslage manifestiert sich, wie bei Zwang durch Androhung einer physischen Strafe, die gleiche subjektive Bedrohungssituation.[227] Der Europäische Gerichtshof für Menschenrechte hat im Falle einer sich illegal in

[223] Supplementary Convention on the Abolition of Slavery, the Slave Trade, and Institutions and Practices Similar to Slavery v. 7.9.1956, United Nations Treaty Series, Vol. 266, S. 3, BGBl. 1958 II, S. 203.

[224] *Frenz*, NZA 2007, 734, 735.

[225] Convention concerning Forced or Compulsory Labour (No. 29) as modified by the Final Articles Revision Convention, 1946 v. 28.6.1930, United Nations Treaty Series Vol. 39, 1949, S. 55, BGBl. 1956 II, S. 640.

[226] Vgl. EGMR, Urt. v. 26.7.2005 – 73316/01 (Siliadin/Frankreich), NJW 2007, 41, 44.

[227] Vgl. *Frenz*, NZA 2007, 734, 736.

Frankreich aufhaltenden minderjährigen Togolesin, die in Erwartung des Erhalts einer Aufenthaltserlaubnis als unbezahlte Haushaltshilfe für verschiedene französische Familien ohne Ruhepausen tätig wurde, unter Verweis auf die Definition aus Art. 2 ILO Nr. 29, eine solche psychische Zwangslage angenommen.[228] Dieser Befund wird auch durch die Systematik des ILO-Übereinkommens Nr. 29 gestützt. Die ausdrückliche Nähe zum Sklavereibegriff als „sklavereiähnliche Praktik" deutet darauf hin, dass der Tatbestand der Zwangs- oder Pflichtarbeit im Sinne des ILO-Übereinkommens Nr. 29 nicht zwingend eine Strafe im herkömmlichen Sinne erfordert. Ansonsten würde sich der Anwendungsbereich auf solche Fälle beschränken, in denen die Arbeit unter der Androhung von physischer Gewalt erzwungen wird. Dass dieses Ergebnis nicht dem Willen der Mitgliedstaaten entspricht, wird angesichts des Wortlauts von Art. 2 ILO Nr. 29 deutlich, der keine Entscheidung hinsichtlich der Art der Strafe trifft, sondern irgendeine Form („any penalty") ausreichen lässt. Während des Entstehungsprozesses des ILO-Übereinkommens Nr. 29 wurde zudem klargestellt, dass mit dem Begriff der Strafe keinesfalls ausschließlich strafrechtliche Sanktionen gemeint sind, sondern auch z. B. der Verlust des Rechts auf die freie Wahl der Berufsausübung ausreichend sein kann.[229] Diese Positionierung der Mitgliedstaaten deutet ebenfalls auf eine Flexibilität des Begriffs der Strafe hin.

In Fällen, in denen das Kind durch seine Tätigkeit den Unterhalt der gesamten Familie oder wesentliche Teile des Unterhalts nach den im Rahmen der Ausführungen zum nationalen Recht aufgestellten Grundsätzen erwirtschaftet, besteht eine solche psychisch wirkende Zwangslage. Das Kind hat zwar die Medientätigkeit in aller Regel freiwillig aufgenommen. In dem Moment, in dem das Kind die Verantwortung für die wirtschaftliche Situation der Familie trägt, ist die Freiwilligkeit, zumindest gerichtet auf die Zukunft, aber entfallen. Die Arbeit des Kindes ist notwendig, um die wirtschaftliche Existenz der Familie zu sichern. Hypothetisch besteht jederzeit die Möglichkeit, die Tätigkeit zu beenden. Praktisch werden sich in diesem Fall die finanziellen Mittel der Eltern zur Versorgung der Familie aber deutlich verschlechtern. Das Kind befindet sich in einer psychisch wirkenden Zwangslage, aus der es aus der Sichtweise des Kindes keinen Ausweg gibt. Bei dieser Form der Kinderarbeit in den Medien handelt sich daher um Zwangsarbeit, die als schlimmste Form der Kinderarbeit gem. Art. 1, 3 lit. a ILO Nr. 182 von den Mitgliedstaaten zu verbieten und zu beseitigen ist.

---

[228] EGMR, Urt. v. 26.7.2005 – 73316/01 (Siliadin/Frankreich), NJW 2007, 41, 44 f.

[229] *ILO*, ILCon, 14th Session, 1930, Record of Proceedings, S. 691. Siehe auch die Stellungnahmen des Sachverständigenausschusses zu dieser Frage, *ILO CEACR*, General Survey on the Reports concerning the Forced Labour Convention, 1930 (No. 29), and the Abolition of Forced Labour Convention, 1957 (No. 105), 1968, Rn. 27; *ILO CEACR*, General Survey concerning the Forced Labour Convention, 1930 (No. 29), and the Abolition of Forced Labour Convention, 1957 (No. 105), 2007, Rn. 37.

c) Unmittelbare Anwendbarkeit der ILO-Übereinkommen Nr. 138 und 182

Wie auch die anderen betrachteten völkerrechtlichen Verträge binden die ILO-Übereinkommen Nr. 138 und Nr. 182 in erster Linie Staaten. Damit das von Kinderarbeit in den Medien betroffene Kind auch innerstaatlich die Verletzung der ILO-Übereinkommen geltend machen kann, ist auch in diesem Zusammenhang ihre unmittelbare Anwendbarkeit erforderlich. Im Verhältnis zu seinen Eltern oder Dritten müssten die ILO-Übereinkommen Nr. 138 und Nr. 182 horizontale Drittwirkung aufweisen. Aufgrund des hohen Ratifikationsstandes kann mittlerweile davon ausgegangen werden, dass es sich bei beiden Übereinkommen um Völkergewohnheitsrecht handelt.[230] Da die Einordnung als Völkergewohnheitsrecht allerdings nur die Geltung der ILO-Übereinkommen betrifft, ist für die Betrachtung der unmittelbaren Anwendbarkeit erneut die Bestimmtheit der jeweiligen Normen entscheidend.

Nach Art. 1 ILO Nr. 138 sind die Mitgliedstaaten verpflichtet, eine Politik zu verfolgen, die darauf gerichtet ist, die Abschaffung der Kinderarbeit sicherzustellen und das Mindestalter für die Zulassung zur Beschäftigung auf einen Stand anzuheben, bei dem die vollständige Entwicklung des Kindes gesichert ist. Im Gegensatz zur KRK, die an verschiedenen Stellen (z. B. in Art. 32) unmittelbar anwendbare subjektive Rechte vorsieht, lässt sich ein individualrechtlicher Anspruch auf Abschaffung der Kinderarbeit aus Art. 1 ILO Nr. 138 nicht ableiten. Der Wortlaut der Norm ist ausschließlich staatsgerichtet. Es obliegt den Mitgliedstaaten eine Politik zu verfolgen, die in Einklang mit dem ILO-Übereinkommen Nr. 138 steht. Gleiches gilt auch für das ILO-Übereinkommen Nr. 182. Art. 1 ILO Nr. 182 verpflichtet ebenfalls die Mitgliedstaaten, unverzügliche und wirksame Maßnahmen zu treffen, um die schlimmsten Formen der Kinderarbeit prioritär zu beseitigen. Dieser Befund ergibt sich auch aus dem Sinn und Zweck und dem Inhalt der ILO-Übereinkommen Nr. 138 und 182. Beide Übereinkommen waren auf eine schnelle und umfassende Ratifikation der Mitgliedstaaten angelegt. Denn den Staaten fällt die Ratifikation von Vertragswerken häufig leichter, wenn diesen wirksame Durchsetzungsmechanismen oder unmittelbar anwendbare subjektive Rechte fehlen.[231] Neben den jeweiligen Art. 1 der ILO-Übereinkommen Nr. 138 und 182 finden sich zudem ausschließlich Begriffsbestimmungen und Konkretisierungen zur Umsetzung, aber keine weiteren subjektiven Rechte. Vor diesem Hintergrund sind beide Übereinkommen als in der innerstaatlichen Rechtsordnung nicht unmittelbar anwendbar anzusehen.

---

[230] *Zimmer*, in: FS Lörcher, 29, 31; *Bellwon*, Das Verbot der Kinderarbeit im internationalen und deutschen Recht, 2017, S. 31.

[231] Vgl. zur KRK *Geißler*, HuV 2001, 148.

4. Konvention zum Schutze der Menschenrechte und Grundfreiheiten (EMRK)

Bei der EMRK[232] handelt es sich um das älteste Instrument im Bereich des regionalen Menschenrechtsschutzes[233]. Sie wurde von allen 46 Mitgliedstaaten des Europarates ratifiziert.[234] Nach Ratifikation am 5. 12. 1952 ist die Konvention in der Bundesrepublik Deutschland am 3. 9. 1953 in Kraft getreten.[235]

a) Grundlagen und Geltung

Als Antwort auf die systematische Verletzung fundamentaler Menschenrechte, insbesondere im Dritten Reich, ist die EMRK eng mit der Gründung des Europarates verknüpft.[236] Vorläufer der Konvention war die AEMR. Die Ursprünge der Konvention reichen zurück auf eine Resolution des Europakongresses, der im Jahr 1948 in Den Haag ausgerichtet wurde. Zweck des Kongresses war die Einigung der Mitgliedstaaten auf einen grundlegenden individuell verbindlichen staatsbürgerlichen Rechtekatalog im Zuge der Neugestaltung Europas nach dem Ende des Zweiten Weltkrieges.[237] Bereits in diesem frühen Stadium des Entwicklungsprozesses spielte die Idee einer Implementierung von sozialen subjektiven Konventionsgarantien eine entscheidende Rolle.[238]

Nachdem die Beratende Versammlung (heute: Parlamentarische Versammlung) des Europarates, die zuständigen Fachausschüsse und die parallel stattfindenden Beratungen der Menschenrechtskommission der Vereinten Nationen im Jahr 1950 ihre Arbeiten abschlossen, trat die Konvention mit Erreichen der erforderlichen Zahl

[232] European Convention for the Protection of Human Rights and Fundamental Freedoms v. 4. 11. 1950, BGBl. 1952 II, S. 685, ber. S. 953.

[233] Zum Begriff des regionalen Menschenrechtsschutzes *Vasel*, Regionaler Menschenrechtsschutz als Emanzipationsprozess, 2017, S. 317 ff. Vgl. zu regionalen Menschenrechtsverträgen in der Praxis *Weiß*, MRM 2019, 38, 41 ff.; *Haratsch*, Die Geschichte der Menschenrechte, 2020, S. 99 f.

[234] Die Russische Föderation wurde durch Resolution des Ministerrats v. 23. 3. 2022 (CM/Res(2022)3) aus dem Europarat ausgeschlossen, sodass die EMRK nur bis zum 16. 9. 2022 in Russland Anwendung fand, https://www.coe.int/en/web/conventions/full-list?module=signatures-by-treaty&treatynum=005 [zuletzt geprüft am 24. 3. 2024].

[235] BGBl. 1954 II, S. 14.

[236] *Klein*, AVR 39. Bd., 2001, 121.

[237] Vgl. eingehend zu den Vorarbeiten *Partsch*, ZaöRV 1953, 631, 633 ff.

[238] So statuiert Ziff. 5 der Abschlussresolution des Europakongresses: „[...] establishing progressively a democratic social system, the aim of which shall be to free men from all types of slavery and economic insecurity, just as political democracy aims at protecting them against the exercise of arbitrary power.", *Council of Europe*, Congress of Europe (The Hague 7–11 May 1948), Resolutions, S. 411 ff. (englische Übersetzung verfügbar unter https://www.cvce.eu/en/obj/political_resolution_of_the_hague_congress_7_10_may_1948-en-15869906-97dd-4c54-ad85-a19f2115728b.html [zuletzt geprüft am 24. 3. 2024]).

von zehn Ratifikationen in Kraft.[239] Die Ergebnisse der Beratungen flossen maßgeblich in die Formulierung des späteren Konventionstextes mit ein. Besonders umstritten war insbesondere die Frage der Definition der einzelnen formulierten Rechte. Letztlich setzte sich eine Strömung unter Führung der USA durch, die die Formulierung der Rechte möglichst allgemein halten und die Eingriffsmöglichkeiten lediglich generell andeuten wollte.[240]

Die Konvention wurde im Laufe der Zeit durch 14 Zusatzprotokolle ergänzt.[241]

aa) Anwendungsbereich

Als völkerrechtlicher Vertrag verpflichtet die EMRK in persönlicher Hinsicht die Konventionsstaaten. Diese sind verpflichtet, den ihrer Jurisdiktion unterstehenden Personen die Konventionsgarantien zu sichern (Art. 1 EMRK).[242] Sofern nicht ein Vorbehalt nach Art. 57 EMRK vorliegt, führt die EMRK zu einer umfassenden Bindung der Staatsgewalt in den Grenzen der tatsächlichen Ausübung der Hoheitsgewalt.[243] Der Geltungsbereich ist nicht auf Staatsbürger der Konventionsstaaten beschränkt. Die Konventionsgarantien stehen vielmehr allen natürlichen Personen zu, die, ungeachtet ihres Status, der Hoheitsgewalt eines Konventionsstaates unterliegen. Juristische Personen sind geschützt, sofern sie nicht dem Staat zurechenbar und die Konventionsgarantien dem Wesen nach auf sie anwendbar sind.[244] In räumlicher Hinsicht knüpft die EMRK an die territorial zu bestimmende Hoheitsgewalt des Konventionsstaates an.[245]

bb) Auslegung

Die Auslegung der EMRK richtet sich im Wesentlichen nach den allgemeinen Regeln der WVK.[246] Ausgangspunkt ist gemäß der Schlussformel der EMRK die grammatische Auslegung der französischen und englischen Sprachfassung, wobei gemäß Art. 33 III WVK beiden Sprachfassungen die gleiche Bedeutung zukommt. Im Falle von Textdivergenzen sind diese durch eine harmonisierende Interpretation (Art. 31 I WVK) aufzulösen. Gelingt dies nicht, ist diejenige Interpretation zu wählen, die unter Berücksichtigung von Ziel und Zweck der Bestimmung die

239 *Weiß*, EMRK, 1954, S. 9.

240 *Partsch*, ZaöRV 1953, 631, 647.

241 https://www.echr.coe.int/documents/d/echr/archives_evolution_convention_eng [zuletzt geprüft am 24.3.2024].

242 *Meyer-Ladewig/Nettesheim*, in: Meyer-Ladewig/Nettesheim/von Raumer, Einl. Rn. 15.

243 *Meyer-Ladewig/Nettesheim*, in: Meyer-Ladewig/Nettesheim/von Raumer, § 1 Rn. 10.

244 Vgl. zum geschützten Personenkreis im Einzelnen *Ulber*, in: Schlachter/Heuschmid/Ulber, Arbeitsvölkerrecht, Rn. 39 ff.

245 Vgl. nur EGMR, Urt. v. 30.6.2005 – 45036/98 (Bosporus Hava Yollari Turizm ve Ticaret Anonim Sirketi/Irland), NJW 2006, 197, 200.

246 Ausführlich *Däubler*, in: Schlachter/Heuschmid/Ulber, Arbeitsvölkerrecht, Rn. 5 ff.

Wortlaute am besten miteinander in Einklang bringt (Art. 33 IV WVK). Während der historischen Auslegung im Rahmen der EMRK lediglich eine untergeordnete Bedeutung zukommt,[247] erfolgt eine systematische Interpretation der EMRK durch den EGMR auch unter Berücksichtigung anderer völkerrechtlicher Verträge.[248] Hinsichtlich der teleologischen Auslegung gilt die Besonderheit, dass der EGMR die EMRK seit jeher als „living instrument“ betrachtet.[249] Als solches müsse die Konvention stets so ausgelegt werden, dass ihre Rechte „praktisch und wirksam“ garantiert würden und nicht „theoretisch und illusorisch“ blieben.[250] Praktische Konsequenz dieser dynamischen Interpretation der Konvention ist es letztlich, dass ältere Rechtsprechung des EGMR nicht unreflektiert übernommen, sondern geprüft wird, ob ein Wandel in dem die Entscheidung umgebenen rechtlichen Umfeld stattgefunden hat.[251] Dies führt insgesamt zu einer expansiven Handhabung des Menschenrechtsschutzes durch den EGMR, da auch solche Konventionsstaaten, die hinter der allgemeinen Rechtsentwicklung in den übrigen Staaten zurückbleiben, ohne eine erneute Ratifikation der Konvention automatisch gebunden bleiben.[252]

cc) Geltung und unmittelbare Anwendbarkeit

Als völkerrechtlicher Vertrag kommt der EMRK in der deutschen Rechtsordnung der Rang eines einfachen Bundesgesetzes zu (Art. 59 II GG). Auch wenn die EMRK bisweilen als „Grundrechtsverfassung“ mit unmittelbarer verfassungsrechtlicher Geltung gesehen wird,[253] hat das Bundesverfassungsgericht in ständiger Rechtsprechung festgestellt, dass der EMRK in Deutschland kein Verfassungsrang zukommt und die Verletzung einer Konventionsgarantie somit auch nicht unmittelbar im Rahmen einer Verfassungsbeschwerde angegriffen werden kann.[254] Eine mittelbare Geltendmachung der Verletzung einer Konventionsgarantie ist allerdings nach jüngerer Rechtsprechung des Bundesverfassungsgerichts in den Grenzen des innerstaatlichen Grundrechtsstandards im Rahmen der völkerrechtsfreundlichen

---

[247] *Grabenwater/Pabel*, EMRK, 2021, § 5 Rn. 5; eingehend *Bleier*, Die extraterritoriale Anwendbarkeit der EMRK, 2019, S. 163 ff.

[248] *Ulber*, in: Schlachter/Heuschmid/Ulber, Arbeitsvölkerrecht, Rn. 50 f.

[249] Z. B. EGMR, 12. 11. 2008 – 34503/97 (Demir und Baykara/Türkei), Rn. 68, 146.

[250] Bereits EGMR, 12. 11. 2008 – 34503/97 (Demir und Baykara/Türkei), Rn. 66; EGMR, 24. 6. 2004 – 59320/00 (Caroline von Hannover/Deutschland), Rn. 71. Vgl. auch ausführlich *Buchholtz*, in: Schlachter/Heuschmid/Ulber, Arbeitsvölkerrecht, Rn. 5 ff.

[251] *Ulber*, in: Schlachter/Heuschmid/Ulber, Arbeitsvölkerrecht, Rn. 58.

[252] *Lörcher*, in: Dorssemont/Lörcher/Schömann, The European Convention on Human Rights and the Employment Relation, S. 9 ff.

[253] So z. B. mit einer dogmatischen Anknüpfung an Art. 1 II GG *Hoffmeister*, Der Staat 2001, 349, 367 ff., der für eine Auslegung der Schutz- und Schrankenrechte des Grundgesetzes im Lichte der EMRK-Garantien plädiert.

[254] BVerfG, Beschl. v. 14. 1. 1960 – 2 BvR 243/60, NJW 1960, 1243, 1244; Beschl. v. 14. 3. 1973 – 2 BvR 621/72 u. a., BVerfGE 34, 384, 395; Beschl. v. 14. 10. 2004 – 2 BvR 1481/04, NJW 2004, 3407, 3408.

Auslegung des Grundgesetzes möglich.[255] Eine darüber hinausgehende Geltung von Regelungen der EMRK im deutschen Verfassungsrecht kann bei solchen Menschenrechtsgehalten erfolgen, die als allgemeine Regeln des Völkerrechts im Sinne des Art. 25 GG anerkannt sind und als solche übergesetzlichen Rang einnehmen.[256] Auf diesen Aspekt wird bei der Betrachtung der einzelnen Konventionsgarantien näher eingegangen.

Aufgrund ihrer inhaltlich hinreichend konkreten Fassung sind die Konventionsgarantien des ersten Abschnitts (Art. 2 bis 14 EMRK) in der innerstaatlichen Rechtsordnung auch als unmittelbar anwendbar anzusehen.[257]

Über Art. 6 III EUV sind die Grundrechte der EMRK zudem als allgemeine Grundsätze Teil des primären Unionsrechts[258] und werden von der Rechtsprechung des EuGH berücksichtigt.[259] Die verfahrensrechtliche Durchsetzung von geltend gemachten Ansprüche darf für den Bürger nicht ungünstiger sein als bei rein innerstaatlichen Verfahren. Die innerstaatlichen Verfahren dürfen dabei die Ausübung der unionsrechtlichen Rechte nicht übermäßig erschweren oder unmöglich machen.[260] Insofern wirken die Garantien der EMRK als allgemeine Grundsätze über das Unionsrecht in die innerstaatliche Rechtsordnung ein.

Wenn und soweit die in der GRC enthaltenen Rechte denen der EMRK entsprechen, hat das jeweilige Unionsgrundrecht nach Art. 52 III GRC zudem die gleiche Tragweite wie das EMRK-Grundrecht.[261]

Der EGMR hat zudem eine horizontale Wirkung der Konventionsrechte anerkannt. Die Vertragsstaaten haben danach im Sinne einer positiven Vertragspflicht sicherzustellen, dass die Konventionsrechte auch im Verhältnis Privater ausreichend

---

[255] BVerfG, Urt. v. 4.5.2011 – 2 BvR 2365/09 u.a., BVerfGE 128, 326, 370 ff.; Beschl. v. 20.6.2012 – 2 BvR 1048/11, BVerfGE 131, 268, 295. Exemplarisch für den in der Literatur bereits zuvor vertretenen Ansatz *Schaefer*, EuR 2017, 80, 86 ff.

[256] *Grabenwater/Pabel*, EMRK, § 1 Rn. 11.

[257] Vgl. BVerfG, Beschl. v. 14.10.2004 – 2 BvR 1481/04, NJW 2004, 3407, 3411; *Meyer-Ladewig/Nettesheim*, in: Meyer-Ladewig/Nettesheim/von Raumer, Einl. Rn. 18; *Sauer*, ZaöRV 2005, 35, 39 m.w.N.

[258] *Nettesheim*, in: Meyer-Ladewig/Nettesheim/von Raumer, Einl. Rn. 22. Zur Kohärenz von GRC und EMRK *Thiele*, in: Nowak/Thiele, Effektivität des Grundrechtsschutzes in der Europäischen Union, 45, 46 ff.

[259] EuGH, Urt. v. 29.5.2018 – C-426/16, ECLI:EU:C:2018:335 Rn. 45 – Liga van Moskeeën en Islamitische Organisaties Provincie Antwerpen VZW; Urt. v. 15.2.2016 – C-601/15, ECLI:EU:C:2016:84 Rn. 81 – J.N.

[260] *Thiele*, in: Nowak/Thiele, Effektivität des Grundrechtsschutzes in der Europäischen Union, 45, 47 ff.

[261] Im Einzelnen *Kingreen*, in: Calliess/Ruffert EUV/AEUV, Art. 52 GRC Rn. 21; *Thiele*, in: Nowak/Thiele, Effektivität des Grundrechtsschutzes in der Europäischen Union, 45, 54; vgl. hierzu auch 4. Kapitel B. II. 2. b).

Beachtung finden.[262] Es handelt sich insofern um eine mittelbare Horizontalwirkung der Konventionsrechte durch einen staatlichen Eingriff. Den Vertragsstaaten obliegt ein Beurteilungsspielraum, in welcher Weise sie diese positive Verpflichtung erfüllen. Dies bedeutet auch, dass eine direkte Geltendmachung der Konventionsrechte durch Private ausgeschlossen ist. Erforderlich ist eine Zurechnung zu dem jeweiligen Vertragsstaat.[263]

b) *Konventionsrechte mit kinderarbeitsrechtlichem Bezug*

In der EMRK finden sich keine expliziten Regelungen in Bezug auf von Kindern verrichtete Arbeit. Als Konventionsgarantien, die Kinderarbeit betreffen können, sind aber Art. 4 und Art. 8 EMRK näher zu betrachten.

aa) Art. 4 EMRK

Art. 4 EMRK verbietet zum einen Sklaverei und Leibeigenschaft (Abs. 1) und zum anderen die Zwang- und Pflichtarbeit (Abs. 2). Es handelt sich um kein Freiheitsrecht, sondern um eine Verbotsnorm für Eingriffe in die Freiheit der Person und die Selbstbestimmung des Einzelnen.[264] Beide Tatbestandsvarianten gelten absolut. Ein Eingriff in den Schutzbereich ist somit nicht zu rechtfertigen.[265]

Die EMRK definiert den Begriff der Sklaverei nicht. Zur Auslegung wird, wie auch für das ILO-Übereinkommen Nr. 182, gemeinhin auf den Sklavereibegriff des Übereinkommens betreffend Sklaverei Bezug genommen.[266] Da die Definitionsansätze im Rahmen von Art. 4 EMRK somit dieselben sind wie die des ILO-Übereinkommens Nr. 182, kann für die weitere Betrachtung auf die obigen Ausführungen verwiesen werden.[267] Die Kinderarbeit in den Medien in der hier konkretisierten Art und Weise verstößt somit auch gegen Art. 4 II EMRK.

bb) Art. 8 EMRK

Art. 8 I EMRK fasst den Schutz von vier Rechten zusammen. Jede Person hat danach ein Recht auf Achtung ihres Privat- und Familienlebens, ihrer Wohnung und ihrer Korrespondenz. Für die Betrachtung der Kinderarbeit besonders relevant ist das Recht auf Achtung des Privatlebens des Kindes. Das Recht auf Achtung des Privatlebens umfasst auch das Recht über die Entscheidung für oder gegen berufliche

---

262 Vgl. die umfangreichen Nachweise bei *Dröge*, Positive Verpflichtungen der Staaten in der Europäischen Menschenrechtskonvention, 2003, S. 13 ff.

263 *Ulber*, in: Schlachter/Heuschmid/Ulber, Arbeitsvölkerrecht, Rn. 34.

264 *Schubert*, in: EuArbRK, EMRK, Art. 4 Rn. 1.

265 Vgl. *Schrader*, Nachteilige Kinderarbeit, 2008, S. 253.

266 Dazu ausführlich *Aichele*, in: Karpenstein/Mayer, Art. 4 Rn. 7.

267 4. Kapitel A. II. 3. b) bb).

Beziehungen zu anderen Personen.[268] Als Ausdruck einer selbstbestimmten Lebensführung kann das Berufsleben auch Teil des Rechts auf Achtung des Privatlebens sein. Der Europäische Gerichtshof für Menschenrechte leitet allerdings kein Recht auf die Ausübung eines bestimmten Berufes aus Art. 8 I EMRK ab. Berufsbezogene Maßnahmen können dann dem Anwendungsbereich von Art. 8 I EMRK unterfallen, wenn diese auch auf das Privatleben in erheblichem Maße einwirken. Der Europäische Gerichtshof für Menschenrechte unterscheidet insofern zwischen den Gründen für die berufsbezogene Maßnahme einerseits und der Konsequenzen für das Privatleben andererseits. Die Schwere der Beeinträchtigung ist dabei besonders beim letzteren sogenannten folgenbasierten Ansatz zu berücksichtigen.[269] Die vom Europäischen Gerichtshof für Menschenrechte in der Vergangenheit entschiedenen Sachverhalte mit Bezug zu Art. 8 EMRK betrafen zum einen weitestgehend staatliche Maßnahmen, die den Betroffenen im beruflichen Umfeld trafen, aber in das Privatleben hineinwirkten. Zum anderen hatten die dem Europäischen Gerichtshof für Menschenrechte vorgelegten Beschwerden Ausschlüsse von oder die Entlassung aus bestimmten Berufen zum Gegenstand.[270] Der Gerichtshof hatte bis heute über keine Beschwerde zu entscheiden, die das Verbleiben des Betroffenen in einem bestimmten Beruf gegen seinen Willen zum Gegenstand hatte. Gerade diese Konstellation besteht aber im Fall der Kinderarbeit in den Medien. In dem Moment, in dem das Kind durch die Tätigkeit in den Medien teilweise die Verantwortung für die Versorgung seiner Familie übernimmt, wirkt der dadurch entstehende subjektive Zwang auch auf das Privatleben ein. Das Tragen der finanziellen Verantwortung für die Familie beeinträchtigt das Kind in seiner selbstbestimmten Lebensgestaltung. Gerade Minderjährige sind auf den besonderen Schutz der Rechtsordnung angewiesen. Aufgrund ihrer im Vergleich zu Erwachsenen gesteigerten Entwicklungsbedürftigkeit müssen Einschränkungen in das Recht auf eine selbstbestimmte Lebensgestaltung besonders schwer wiegen. Die Folgen einer solchen Beeinträchtigung sind in jungem Alter für die Zukunft häufig nicht abschätzbar. Vor diesem Hintergrund können sich Beeinträchtigungen, die sich in dem faktischen Zwang zur Beibehaltung eines Berufs manifestieren, auf das Privatleben des Kindes ganz erheblich auswirken. Im Ergebnis verstoßen die beschriebenen Ausprägungsformen der Kinderarbeit in den Medien somit auch gegen Art. 8 I EMRK.

---

[268] St. Rsp., EGMR, Urt. v. 9.10.2003 – 48321/99 (Slivenko/Lettland), EuGRZ 2006, 560; Urt. v. 12.6.2014 – 56030/07 (Fernández Martinez/Spanien), NZA 2015, 533, 534 f.; Urt. v. 15.12.2020 – 33399/18 (Piskin/Türkei), AuR 2021, 324. Siehe auch *Pätzold*, in: Karpenstein/Mayer, Art. 8 Rn. 14; *Schubert*, in: EuArbRK, Art. 8 Rn. 12.

[269] EGMR, Urt. v. 25.9.2018 – 76639/11 (Denisov/Ukraine), NLMR 2018, 446, 449 f.; Urt. v. 27.6.2017 – 50446/09 (Jankauskas/Litauen Nr. 2), NJW 2018, 3371, 3372; Urt. v. 27.6.2017 – 48427/09 (Lekavičienė/Litauen), NJW 2018, 3369 f.

[270] Vgl. zu den einzelnen Fallgruppen die Auflistung bei *Pätzold*, in: Karpenstein/Mayer, Art. 8 Rn. 21.

5. Europäische Sozialcharta (ESC)

a) Grundlagen, Geltung und Anwendbarkeit

Die Europäische Sozialcharta (ESC)[271] beinhaltet die wirtschaftlichen, sozialen und kulturellen Grundrechte der Bürger der Mitgliedstaaten des Europarates. Analog zur Aufspaltung der Menschenrechte in IPbpR und IPwskR handelt es sich bei der ESC um das „soziale Gegenstück“[272] zur EMRK. Die revidierte Fassung der ESC gilt für die Bundesrepublik Deutschland seit dem 1.5.2021.[273] Ebenso wie die EMRK liegen auch die Ursprünge der ESC in der Allgemeinen Erklärung der Menschenrechte begründet. Als Kodifizierung wirtschaftlicher, sozialer und kultureller Rechte war die ESC von Anfang an dem Vorwurf ausgesetzt, lediglich eine Einigung auf den kleinsten gemeinsamen Nenner zu sein. Dies änderte sich mit dem Inkrafttreten der revidierten Fassung am 1.7.1999.[274] Die folgenden Ausführungen beziehen sich daher ausschließlich auf diese revidierte Fassung, auch wenn die ursprüngliche Fassung der ESC durch die Revision nicht automatisch ungültig geworden ist und weiter fortbesteht.[275] Die Überwachung der Umsetzung der Verpflichtungen aus der Charta obliegt dem Europäischen Ausschuss für Sozialrechte (Sozialausschuss (ECSR), Art. 24 ESC a.F., Art. C ESC), der diese Funktion im Wege der Veröffentlichung von Schlussfolgerungen (Conclusions) ausfüllt.

Aufgrund der Ratifizierung der ESC durch die Bundesrepublik Deutschland hat diese als Bundesgesetz gem. Art. 59 II GG unmittelbare innerstaatliche Geltung erlangt.[276] Umstritten ist hingegen die unmittelbare Anwendbarkeit der Rechte der ESC in der innerstaatlichen Rechtsordnung. Das Bundesverfassungsgericht hat die Frage der unmittelbaren Anwendbarkeit der ESC ausdrücklich offengelassen, wenn auch bemerkt, dass die Gewährleistungen der ESC reine Staatenverpflichtungen darstellen.[277] In einer neueren Entscheidung erkennt das Bundesverfassungsgericht die Bedeutung der ESC als Hilfe zur Auslegung des nationalen Rechts an.[278] Auch im Schrifttum überwiegt die Auffassung, dass die Bestimmungen des zweiten Teils der

---

[271] European Charta v. 18.10.1961 i. d. revidierten Fassung v. 3.5.1996, European Treaty Series No. 163; BGBl. 2020 II, S. 900, 901.

[272] *Lörcher*, AuR 2016, 488.

[273] BGBl. 2021 II, S. 1060.

[274] Vgl. ausführlich zur Entstehungsgeschichte *Trilsch*, Die Justiziabilität wirtschaftlicher, sozialer und kultureller Rechte im innerstaatlichen Recht, 2012, S. 30ff.

[275] Ausweislich der Präambel soll die revidierte Fassung der ESC „nach und nach den Platz“ der ursprünglichen Fassung einnehmen. Siehe dazu auch *Trilsch*, Die Justiziabilität wirtschaftlicher, sozialer und kultureller Rechte im innerstaatlichen Recht, 2012, S. 32.

[276] Noch zur ursprünglichen Fassung der ESC, in der Sache aber weiterhin zutreffend *Zuleeg*, ZaöRV 1975, 341, 348.

[277] BVerfG, Beschl. v. 20.10.1981 – 1 BvR 404/78, NJW 1982, 815, 817.

[278] BVerfG, Beschl. v. 1.2.2018 – 1 BvR 1379/14, BeckRS 2014, 123508 Rn. 14. So auch BVerwG, Urt. v. 29.4.2009 – 6 C 16/08, NVwZ 2009, 1562, 1567 und BAG, Urt. v. 19.6. 2007 – 1 AZR 396/06, NZA 2007, 1055, 1058.

ESC, obschon als subjektive Rechte formuliert, keine unmittelbaren Rechte für den Einzelnen begründen.[279] Aus dem Annex zur ESC ergebe sich in den Bemerkungen zu Teil III ein Anwendungsvorbehalt, der die Durchführung der Staatenpflichten ausschließlich dem in der ESC vorgesehenen Überwachungssystem und nicht dem staatlichen Richter zuordne.[280] Zudem seien die in Teil II normierten Rechte nicht als unmittelbar innerstaatlich anwendbar konzipiert, sondern bezweckten in erster Linie die Formulierung bloßer Staatenpflichten, die einer politischen Umsetzung bedürfen.[281] Die Bundesregierung vertritt ebenfalls die Auffassung, dass die ESC „im Unterschied zur Konvention [...] zwischenstaatliche Verpflichtungen der Vertragsparteien" ohne die Möglichkeit der individuellen Geltendmachung durch Einzelne begründe.[282]

Diese Auffassung vermag in ihrer Pauschalität allerdings nicht zu überzeugen. So erklärt das Berufen auf bloße Staatenpflichten nicht, aus welchen Gründen Teil I der ESC auf bloße Ziele der innerstaatlichen Sozialpolitik verweist, während Teil III gerade die Übernahme von konkreten Rechten als innerstaatlich bindend vorsieht. Vor dem Hintergrund dieser Binnendifferenzierung spricht einiges dafür, auch im Rahmen der Betrachtung der ESC die bereits genannten allgemeinen Kriterien zur Bestimmung der unmittelbaren Anwendbarkeit völkerrechtlicher Verträge anzuwenden.[283] Die unmittelbare Anwendbarkeit richtet sich demnach nach der hinreichenden Bestimmtheit der jeweiligen Norm.

b) Art. 7 ESC

Bei Art. 7 ESC handelt es sich um die wesentliche Norm zum Schutz von Kindern und Jugendlichen. Nr. 1 verpflichtet die Staaten, ein Mindestalter für die Zulassung zu allgemeinen Beschäftigungen von 15 Jahren festzulegen. Eine Ausnahme gilt, wie in den einschlägigen Normen der KRK und der ILO-Übereinkommen, für leichte Arbeiten. Dies sind solche Tätigkeiten, bei deren Ausübung keinerlei Gefahren für das Kind oder seine Ausbildung bestehen, wobei auch überlange Arbeitszeiten eine solche Gefahr bedeuten können.[284] Diese Staatenverpflichtung kann nicht ausschließlich durch eine innerstaatliche Normsetzung erfüllt werden. Auch die ef-

---

[279] Vgl. die umfangreichen Nachweise bei *Trilsch*, Die Justiziabilität wirtschaftlicher, sozialer und kultureller Rechte im innerstaatlichen Recht, 2012, S. 107 Fn. 371.

[280] *Trilsch*, Die Justiziabilität wirtschaftlicher, sozialer und kultureller Rechte im innerstaatlichen Recht, 2012, S. 107.

[281] *Tomandl*, Der Einbau sozialer Grundrechte in das positive Recht, 1967, S. 7 f.

[282] Denkschrift zur ESC, BT-Drs. 4/2117, S. 28.

[283] So auch *Trilsch*, Die Justiziabilität wirtschaftlicher, sozialer und kultureller Rechte im innerstaatlichen Recht, 2012, S. 109.

[284] *European Committee of Social Rights*, International Commission of Jurists (CIJ)/Portugal – Complaint No. 1/1998, Decision on the merits v. 9. 9. 1999 Rn. 29 ff., https://hudoc.esc.coe.int/eng/?i=cc-01-1998-dmerits-en [zuletzt geprüft am 24. 3. 2024].

fektive Durchsetzung und Überwachung ist Teil der Verpflichtung.[285] Für gefährliche Tätigkeiten in bestimmten Berufen soll nach Nr. 2 ein Mindestalter von 18 Jahren festgelegt werden. Hinsichtlich der Voraussetzungen der Gefährlichkeit einer Tätigkeit in den Medien kann auch für die ESC auf die obigen Ausführungen verwiesen werden.[286]

Art. 7 ESC sieht weiter detaillierte Regelungen in Hinblick auf z. B. den Erfolg der Schulausbildung (Nr. 3), den Jahresurlaub (Nr. 7) und den Schutz vor körperlichen und sittlichen Gefahren, die sich aus der Tätigkeit ergeben (Nr. 10) vor. Gerade Art. 7 Nr. 10 ESC dient als Auffangnorm für die Beurteilung weitreichender Formen der Ausbeutung des Kindes. Die Vertragsstaaten haben die Verpflichtung, die Ausbeutung von Kindern, z. B. durch nachteilige Kinderarbeit, zu verhindern. Dies betrifft nach der Auffassung des Sozialausschusses auch den Schutz des Kindes im digitalen Raum.[287] In allen Anwendungsbereichen von Art. 7 Nr. 10 ESC müssen die Mitgliedstaaten erneut nicht nur die bloße legislative Umsetzung sicherstellen, sondern auch dafür sorgen, dass diese effektiv durchgesetzt und überwacht wird.[288]

Aus der Überschrift von Art. 7 ESC („The right of children and young persons to protection") könnte sich auf den ersten Blick ein subjektives Kinderrecht ergeben. Aus dem Wortlaut von Art.7 I ESC („With a view to ensuring the effective exercise of the right of children and young persons to protection, the Parties undertake") ergibt sich allerdings ein gegenteiliges Bild. Die Vertragsstaaten sollen lediglich die wirksame Ausübung des Rechts des Kindes gewährleisten, aber gerade nicht das Recht selbst.[289] Art. 7 ESC verpflichtet die Vertragsstaaten zur Festlegung eines Mindestalters für die Beschäftigung. Zwar lässt sich insbesondere aus Art. 7 I ESC implizit ein Verbot der Arbeit von Kindern unter 15 Jahren schließen, ein subjektives Recht lässt sich daraus aber nicht ableiten.

B. Unionsrechtliche Rechtsquellen

Als internationale Organisation mit eigenen völkerrechtlichen Rechten und Pflichten hat die Europäische Union (EU) eigene Rechtspersönlichkeit erhalten

---

[285] *European Committee of Social Rights*, International Commission of Jurists (CIJ)/Portugal – Complaint No. 1/1998, Decision on the merits v. 9. 9. 1999 Rn. 32 https://hudoc.esc.coe.int/eng/?i=cc-01-1998-dmerits-en [zuletzt geprüft am 24. 3. 2024]. S. auch *Stalford*, in: International and European Labour Law, Art. 7 ESC Rn. 3.

[286] 4. Kapitel A. II. 3. b) aa).

[287] Vgl. *ECSR*, Conclusions 2004, Bulgaria – 2004/def/BGR/7/10/EN, Art. 7 para. 10.

[288] *ECSR*, Conclusions 2006, Albania – 2006/def/ALB/7/10/EN, Art. 7 para. 10; *ECSR*, Conclusions 2006, Bulgaria – 2006/def/BGR/7/10/EN, Art. 7 para. 10. *Stalford*, in: International and European Labour Law, Art. 7 ESC Rn. 31.

[289] *Bellwon*, Das Verbot der Kinderarbeit im internationalen und deutschen Recht, 2017, S. 44 f.

(Art. 47 EUV[290]). Als solche können die von ihr errichteten Organe einen eigenen, von den 27 Mitgliedstaaten unabhängigen Willen bilden. Aufgrund dieser starken Integration kann das Recht der EU (im Folgenden: Unionsrecht) mit klassischen völkerrechtlichen Kategorien nicht mehr erfasst werden. Angesichts der Übertragung wesentlicher mitgliedstaatlicher Hoheitsrechte (Art. 23 GG)und des Hineinwirkens in die innerstaatlichen Rechtsordnungen hat das Unionsrecht trotz seiner partikulären, regionalen völkerrechtlichen Konzeption supranationalen Charakter.[291] Die Quellen des Unionsrecht werden gemeinhin in Primär- und Sekundärrechtsquellen unterteilt. Das Primärrecht umfasst die Gesamtheit aller Rechtsregeln, die von den Mitgliedstaaten zur Konstituierung der EU geschaffen worden sind.[292] Rechtsakte des Primärrechts werden nach völkerrechtlichen Maßstäben von den Mitgliedstaaten ausgehandelt, unterzeichnet und ratifiziert. Auf Basis des Primärrechts erfolgt die eigenständige Rechtssetzung der EU durch ihre Organe. Diese Rechtssetzung wird Sekundärrecht genannt. Art. 288 AEUV sieht hierfür Verordnungen, Richtlinien, Entscheidungen, Beschlüssen, Empfehlungen und Stellungnahmen vor. Die folgenden Ausführungen beschränken sich auf Richtlinien und Verordnungen als die beiden im Kontext rechtlich wie praktisch relevantesten Teile des Sekundärrechts. Bevor auf die einzelnen Rechtsquellen mit kinderarbeitsrechtlichem Bezug eingegangen werden kann, bedarf es zum Verständnis der Wirkung des Unionsrechts einiger Bemerkungen zur innerstaatlichen Umsetzung.

I. Innerstaatliche Umsetzung von Unionsrecht

Wie im Rahmen der oben erläuterten völkerrechtlichen Rechtsquellen, müssen auch die Rechtsquellen des Unionsrechts in der innerstaatlichen Rechtsordnung Geltung erlangen. Damit sich aus dem Unionsrecht für den Einzelnen unmittelbare Rechte herleiten lassen, müssen die in Frage kommenden unionsrechtlichen Normen auch unmittelbar anwendbar sein. Bei der Frage nach der unmittelbaren Geltung und Anwendbarkeit handelt es sich in der Rechtswissenschaft um „eine Art Evergreen [unionsrechtlicher] Grundsatzdiskussion“.[293]

1. Unmittelbare Geltung des Unionsrechts

Damit das Unionsrecht auch innerstaatlich beachtet werden kann, müssen seine Normen unmittelbar innerstaatlich gelten. Häufig wird die unmittelbare Geltung

[290] Vertrag über die Europäische Union in der konsolidierten Fassung, ABl. C 202/1, S. 13 ff.

[291] *Herdegen*, Völkerrecht, § 1 Rn. 8 f.; *von Arnauld*, Völkerrecht, S. 71. Vgl. zum supranationalen Charakter der EU eingehend *Herdegen*, Europarecht, § 5 Rn. 16 ff.

[292] Statt aller *Haratsch/Koenig/Pechstein*, Europarecht, Rn. 384.

[293] So zum Gemeinschaftsrecht bereits im Jahr 1988 *Klein*, Unmittelbare Geltung, Anwendbarkeit und Wirkung von europäischem Gemeinschaftsrecht, 1988, S. 3.

nicht klar von der unmittelbaren Anwendbarkeit abgegrenzt, obwohl eine klare Unterscheidung, wie bei der Betrachtung völkerrechtlicher Rechtsquellen, auch im unionsrechtlichen Kontext notwendig ist.[294] Unmittelbare Geltung bedeutet hier, dass die Normen des Unionsrechts ihre volle Wirksamkeit in sämtlichen Mitgliedstaaten ohne vorgeschalteten Transformations- oder Umsetzungsakt entfalten. Insofern ergibt sich keine Abweichung zum oben im völkerrechtlichen Kontext erläuterten Begriff der unmittelbaren Geltung.[295]

Im Gegensatz zu anderen völkerrechtlichen Verträgen ist für die Geltung des primären Unionsrechts kein innerstaatlicher Umsetzungsakt erforderlich. Der EuGH hat zum EWG-Vertrag bereits früh festgestellt, dass es sich beim (heutigen) Unionsrecht aufgrund der weit fortgeschrittenen Integration um eine autonome Rechtsordnung handele.[296] Angesichts der Zuweisung weitreichender, originär nationalstaatlicher Hoheitsrechte auf die EU und der Übertragung der Befugnis zur eigenständigen Rechtssetzung durch ihre Organe sei keine innerstaatliche Umsetzung der primärrechtlichen Rechtssetzungsakte notwendig.[297]

Eng mit der unmittelbaren Geltung des primären Unionsrechts verknüpft ist auch die unmittelbare Geltung des Sekundärrechts. Für Verordnungen ergibt sich die unmittelbare Geltung aus Art. 288 II 1 AEUV. Der innerstaatliche Geltungsbefehl leitet sich unmittelbar aus ihrer unionsrechtlichen Erzeugung ab.[298] Solange die Gründungsverträge der EU ihre Geltung nicht verlieren, bedürfen Verordnungen für ihre unmittelbare Geltung auch keiner Transformation oder Zustimmung der Mitgliedstaaten.[299]Auch Richtlinien beanspruchen als Rechtsakt der EU grundsätzlich unmittelbar innerstaatliche Geltung.[300] Richtlinien sind Teil der autonomen unionsrechtlichen Rechtsordnung und gelten als solche auch unmittelbar kraft ihrer unionsrechtlichen Erzeugung. Dagegen spricht auch nicht, dass Art. 288 III AEUV

---

[294] Bisweilen wird, wenig trennscharf, von „unmittelbarer Wirkung" gesprochen, so z. B. *Thüsing*, Europäisches Arbeitsrecht, § 1 Rn. 40; *Kocher*, Europäisches Arbeitsrecht, § 1 Rn. 66 ff. Vgl. zur insofern nicht einheitlichen Begriffsverwendung *Nettesheim*, in: Grabitz/Hilf/Nettesheim, EU-Recht, Art. 288 AEUV Rn. 41 f.; *Klein*, Unmittelbare Geltung, Anwendbarkeit und Wirkung von europäischem Gemeinschaftsrecht, 1988, S. 3 ff.

[295] 4. Kapitel A. I. 3.

[296] EuGH, Urt. v. 15. 7. 1964 – 6/64, ECLI:EU:C:1964:34, NJW 1964, 2372 Rn. 3 – Costa.

[297] EuGH, Urt. v. 15. 7. 1964 – 6/64 ECLI:EU:C:1964:34, NJW 1964, 2372 Rn. 3 – Costa. Siehe auch *Herdegen*, Europarecht, § 5 Rn. 18; *Nettesheim*, in: Grabitz/Hilf/Nettesheim, EU-Recht, Art. 1 AEUV Rn. 67. Vgl. zur – insbesondere in den nationalen Rechtsordnungen – nicht abschließend geklärten Frage des Vorrangs des Unionsrechts gegenüber dem nationalen Recht *Skouris*, EuR 2021, 3.

[298] EuGH, Urt. v. 10. 10. 1973 – 34/73, ECLI:EU:C:1973:101 Rn. 15 – Fratelli Variola Spa; Urt. v. 30. 11. 1978 – 31/78, ECLI:EU:C:1978:217 Rn. 28 ff. – Bussone.

[299] *Nettesheim*, in: Grabitz/Hilf/Nettesheim, EU-Recht, Art. 288 AEUV Rn. 41, Rn. 101; *König/Kleinlein*, in: Schulze/Janssen/Kadelbach, § 2 Rn. 41.

[300] So auch *König/Kleinlein*, in: Schulze/Janssen/Kadelbach, § 2 Rn. 57; *Schroeder*, in: Streinz/Michl, EUV/AEUV, Art. 288 AEUV Rn. 90. Anders *Nettesheim*, in: Grabitz/Hilf/Nettesheim, EU-Recht, Art. 288 AEUV Rn. 104.

den Mitgliedstaaten die Art und Weise der Umsetzung von Richtlinien überlässt. Hinsichtlich des zu erreichenden Ziels entfaltet die Richtlinie nämlich bereits vor der innerstaatlichen Umsetzung Geltung. Den Mitgliedstaaten verbleibt hinsichtlich des Richtlinienziels kein Spielraum. Es handelt sich um eine Vorwirkung, die durch das bloße Inkrafttreten der Richtlinie dem Ziel unmittelbar innerstaatliche Geltung verleiht.[301]

2. Unmittelbare Anwendbarkeit unionsrechtlicher Normen

Auch hier kennzeichnet der Begriff der unmittelbaren Anwendbarkeit die Anforderungen an die hinreichende Bestimmtheit und unbedingte Formulierung des Unionsrechts, um ohne weitere Konkretisierung unmittelbar von innerstaatlichen Behörden und Gerichten angewandt werden zu können. Sofern diese Voraussetzungen vorliegen, kann der Einzelne aus der unionsrechtlichen Norm unmittelbar Rechte herleiten und sich gegenüber den Mitgliedstaaten auf diese berufen.[302] Hinsichtlich des Primärrechts hat der Europäische Gerichtshof einer Reihe von Vertragsbestimmungen unmittelbare Anwendbarkeit zugesprochen.[303] Daraus ergibt sich, dass sich der Einzelne unmittelbar auf solche Normen des Primärrechts berufen kann, die die Voraussetzungen der unmittelbaren Anwendbarkeit erfüllen. Aufgrund ihrer auf den Einzelnen zugeschnittenen Zielrichtung gilt dies insbesondere für die unionsrechtlichen Grundfreiheiten.

Als mit dem innerstaatlichen Gesetz vergleichbarer Regelungstypus entfaltet die Verordnung nach übereinstimmender Auffassung insoweit „Durchgriffswirkung“ für den Einzelnen.[304]

In Bezug auf Richtlinien zeigt sich hingegen ein differenziertes Bild. Gemäß Art. 288 III AEUV sind Richtlinien gegenüber dem jeweiligen Mitgliedstaat ausschließlich in Hinblick auf das zu erreichende Ziel verbindlich. Die jeweilige Umsetzung zur Erreichung des unmittelbar geltenden Ziels bleibt den Mitgliedstaaten überlassen. Art. 288 III AEUV ordnet somit die Notwendigkeit eines innerstaatli-

---

[301] Vgl. noch zum EGV EuGH, Urt. v. 18.12.1997 – C-129/96 (Inter-Environnement Wallonie ASBL), NVwZ 1998, 385, 386 f. So auch *Schroeder*, in: Streinz/Michl, EUV/AEUV, Art. 288 AEUV Rn. 90, Rn. 68 f.; *König/Kleinlein*, in: Schulze/Janssen/Kadelbach, § 2 Rn. 57.

[302] Statt aller *Haratsch/Koenig/Pechstein*, Europarecht, Rn. 205.

[303] In Bezug auf Art. 12 EG (heute Art. 30 AEUV), EuGH, Urt. v. 5.2.1963 – C-26/62, ECLI:EU:C:1963:1, Slg. 1963, 7, 24 ff. – van Gend & Loos; in Bezug auf Art. 110 I AEUV, Urt. v. 16.6.1966 – C-57/65, ECLI:EU:C:1966:34, Slg. 1966, 259, 265 f. – Lütticke; in Bezug auf die Arbeitnehmerfreizügigkeit, Urt. v. 4.12.1974 – C-41/74, ECLI:EU:C:1974:133 Slg. 1974, 1338, 1347 – van Duyn.

[304] EuGH, Urt. v. 14.12.1971 – C-43/71, ECLI:EU:C:1971:122, Slg. 1971, 1039, 1049 – Politi; *Herdegen*, Europarecht, § 8 Rn. 61; *Nettesheim*, in: Grabitz/Hilf/Nettesheim, EU-Recht, Art. 288 AEUV Rn. 101; *Ruffert*, in: Calliess/Ruffert EUV/AEUV, Art. 288 AEUV Rn. 21.

chen Aktes zur Umsetzung der Richtlinie implizit an. Nicht nur der explizit staatsgerichtete Charakter von Richtlinien, sondern auch die Abhängigkeit von einem innerstaatlichen Umsetzungsakt spricht somit gegen die unmittelbare Anwendbarkeit. Die Bundesrepublik Deutschland kommt dieser unionsrechtlichen Umsetzungspflicht häufig durch den Erlass von Rechtsverordnungen nach.[305] Trotz dieser scheinbar klaren Rechtslage hat der Europäische Gerichtshof Richtlinien grundsätzlich die Möglichkeit einer unmittelbaren Anwendbarkeit zuerkannt. Als Begründung zeigen sich zwei wesentliche Argumentationslinien. Zum einen wäre der effet-utile Grundsatz eingeschränkt, könnten sich Einzelne nicht unmittelbar auf die Richtlinie berufen. Zum anderen dürfe das Umsetzungsversäumnis der Mitgliedstaaten nicht dazu führen, dass sich Einzelne gegenüber den Mitgliedstaaten nicht auf eine Richtlinie berufen können. Nach Fristablauf zur Umsetzung müssten die Mitgliedstaaten das dann unmittelbar geltende Richtlinienrecht aus dem Grundsatz von Treu und Glauben gegen sich gelten lassen. Aus der unmittelbaren Anwendbarkeit von Verordnungen folge nicht automatisch, dass sich Richtlinien nicht eine ähnliche Wirkung entnehmen lasse.[306] Auch das Schrifttum erkennt die innerstaatliche unmittelbare Anwendbarkeit von Richtlinien aus Rechtsschutzgesichtspunkten zugunsten des Unionsbürgers an.[307] Als Begründung wird im Wesentlichen der Dogmatik des Europäischen Gerichtshofs gefolgt. Kritisch wird bisweilen der Rückgriff der Rechtsprechung auf das Instrument des Grundsatzes von Treu und Glauben betrachtet, ohne dass die unmittelbare Anwendbarkeit an sich in Frage gestellt würde.[308] Neben den bereits angesprochenen allgemeinen Erfordernissen bestehen für die unmittelbare Anwendbarkeit von Richtlinien mit Blick auf Art. 288 III AEUV besondere Anwendbarkeitsvoraussetzungen. So setzt die unmittelbare Anwendbarkeit von Richtlinien zum einen den Ablauf der Umsetzungsfrist[309] und zum anderen einen Verstoß gegen die Pflicht zur Umsetzung seitens des Mitgliedstaates[310] voraus. Die Richtlinie muss für ihre unmittelbare Anwendbarkeit also entweder nicht umgesetzt oder der Umsetzungsakt muss in einer nicht unionsrechtskonformen Art und Weise ausgelegt worden sein.[311]

---

[305] *Remmert*, in: Dürig/Herzog/Scholz GG, Art. 80 Rn. 44 m. w. N. für die Rechtsprechung des BVerfG.

[306] Vgl. eingehend mit ausführlichen Nachweisen für die Rechtsprechung *Ruffert*, in: Calliess/Ruffert EUV/AEUV, Art. 288 AEUV Rn. 48 f.

[307] *Haratsch/Koenig/Pechstein*, Europarecht, Rn. 405 ff.; *Jarass*, NJW 1990, 2420, 2422; *Schilling*, ZaöRV 1988, 637, 648 ff.; *Ruffert*, in: Calliess/Ruffert EUV/AEUV, Art. 288 AEUV Rn. 51 m. w. N.

[308] Vgl. *Schilling*, ZaöRV 1988, 637, 653 f.; *Klein*, Unmittelbare Geltung, Anwendbarkeit und Wirkung von europäischem Gemeinschaftsrecht, 1988, S. 23 f.

[309] EuGH, Urt. v. 5. 4. 1979 – C-148/78, ECLI:EU:C:1979:110 Rn. 24 – Ratti.

[310] EuGH, Urt. v. 19. 1. 1982 – C-8/81, ECLI:EU:C:1982:7 Rn. 25 – Becker; Urt. v. 26. 2. 1986 – C-152/84, ECLI:EU:C:1986:84 Rn. 46 – Marshall I.

[311] *Ruffert*, in: Calliess/Ruffert EUV/AEUV, Art. 288 AEUV Rn. 53; *Haratsch/Koenig/Pechstein*, Europarecht, Rn. 406 f.

Aufgrund von Art. 288 III AEUV können sich Einzelne grundsätzlich nicht auf Richtlinienbestimmungen berufen. Verbindlich ist eine Richtlinie nur gegenüber den Mitgliedstaaten. Etwas anderes gilt nach der Rechtsprechung des EuGH nur dann, wenn eine inhaltlich unbedingte und hinreichend bestimmte Richtlinie nicht fristgemäß oder nicht ordnungsgemäß in nationales Recht umgesetzt wurde.[312] Liegen diese Voraussetzungen im Einzelfall vor, entfaltet die jeweilige Richtlinienbestimmung entgegen Art. 288 III AEUV unmittelbare Wirkung.

II. Unionsrechtliche Rechtsquellen mit kinderarbeitsrechtlichem Bezug

Auch im Unionsrecht finden sich Normen, die Relevanz für die Thematik der Kinderarbeit in den Medien besitzen. Im Folgenden sollen daher die EU-Grundrechtecharta und die Richtlinie RL 94/33/EG in dieser Hinsicht betrachtet werden.

1. Richtlinie 94/33/EG

Die Richtlinie 94/33/EG (RL 94/33)[313] nimmt den Schutz junger Menschen vor den Gefahren des Arbeitslebens in den Blick. In der Bundesrepublik Deutschland ist die RL 94/33 durch das Zweite Gesetz zur Änderung des Jugendarbeitsschutzgesetzes vom 24. 2. 1997[314] umgesetzt worden.

Da Kinder aufgrund ihrer noch nicht abgeschlossenen geistigen und körperlichen Entwicklung im Arbeitsleben besonderen Risiken ausgesetzt sind, bedurfte es seitens der EU eines Rechtsinstruments, das diese Situation explizit adressiert.[315] Bereits im Jahre 1967 erließ die Kommission der damaligen EWG eine Empfehlung zum Jugendarbeitsschutz[316], die die Schaffung einer einheitlichen jugendarbeitsschutzrechtlichen Gesetzgebung vorsah. Dennoch dauerte es bis ins Jahr 1987, bis das Europäische Parlament in einer Entschließung die Kommission ersuchte, einen Entwurf zur Harmonisierung der nationalrechtlichen Vorschriften in Bezug auf die

---

[312] St. Rsp. EuGH, Urt. v. 6. 11. 2018 – C-619/16, ECLI:EU:C:2018:872, Rn. 20 – Kreuziger; Urt. v. 5. 10. 2004 – C-397/01 bis C-403/01, ECLI:EU:C:2004:584 Rn. 103 – Pfeiffer u. a.; Urt. v. 19. 11. 1991 – C-6/90 und C-9/90, ECLI:EU:C:1991:428 Rn. 11 – Francovich; Urt. v. 19. 1. 1982 – C-8/81, ECLI:EU:C:1982:7 Rn. 25 – Becker.

[313] Richtlinie 94/33/EG des Rates vom 22. Juni 1994 über den Jugendarbeitsschutz, ABl. 1994 L 216, 12 ff., in der konsolidierten Fassung v. 26. 7. 2019.

[314] BGBl. 1997 I, S. 311.

[315] *Balze*, in: EAS, B 5200 Rn. 1; *Tillmanns*, in: Schlachter/Heinig, § 18 Rn. 1; *Hartwig*, in: Child Labour in a Globalized World, S. 247 ff. Einen Überblick, insbesondere über die gesundheitlichen Gefahren der Kinderarbeit, findet sich bei *Hay*, Jugendarbeitsschutz im Deutschen und Europäischen Arbeitsrecht, 2019, S. 101 ff.

[316] Empfehlung 67/125/EWG der Kommission vom 31. Januar 1967 an die Mitgliedstaaten zum Jugendarbeitsschutz, ABl. 1967 L 25/405.

Kinderarbeit vorzulegen.[317] Ein entsprechender Entwurf wurde von der Kommission am 18. 3. 1992 vorgelegt und nach mehreren Änderungen am 22. 6. 1994 vom Rat angenommen.[318]

Die RL 94/33 gilt gem. Art. 2 I für alle Personen unter 18 Jahren, die einen Arbeitsvertrag haben bzw. in einem nach mitgliedstaatlichen Recht zu definierenden Arbeitsverhältnis stehen. Zum Schutz junger Menschen ist der Begriff des Arbeitsverhältnisses weit auszulegen. Erfasst sind danach auch unentgeltliche Tätigkeiten.[319] Gegenstand der Richtlinie ist das Treffen der erforderlichen Maßnahmen durch die Mitgliedstaaten, um Kinderarbeit zu verbieten (Art. 1 RL 94/33). Kind ist gem. Art 3 lit. b RL 94/33, wer noch nicht 15 Jahre alt ist oder jedenfalls gemäß dem mitgliedstaatlichen Recht der Vollzeitschulpflicht unterliegt. Als Jugendlicher gelten Personen, die mindestens 15, aber noch nicht 18 Jahre alt sind und jedenfalls gemäß dem mitgliedstaatlichen Recht der Vollzeitschulpflicht nicht mehr unterliegen (Art. 3 lit. a RL 94/33).

Für die Betrachtung der Kinderarbeit ist Art. 4 RL 94/33 von entscheidender Bedeutung. Es handelt sich um die „zentrale Regelung" der RL 94/33.[320] Nachfolgend wird daher zunächst der Regelungsgehalt beleuchtet, ehe auf die Umsetzung und Wirkung der Regelung in der Bundesrepublik Deutschland eingegangen wird.

a) Regelungsgehalt

Art. 4 I RL 94/33 verpflichtet die Mitgliedstaaten, die erforderlichen Maßnahmen für ein Verbot der Kinderarbeit zu treffen. Einschränkungen dieser Vorgabe enthalten Abs. 2 und 3. Danach können die Mitgliedstaaten für Tätigkeiten, die im Rahmen der Berufsausbildung ausgeübt werden und für leichte Arbeiten für Kinder ab 13 Jahren (Art. 3 lit. d RL 94/33) Ausnahmen von dem Verbot der Kinderarbeit festlegen. Ziel dieser weitreichenden Ausnahmetatbestände ist das Erreichen von Flexibilität, um Kindern das Sammeln von Arbeitserfahrung in einem geschützten Rahmen zu ermöglichen.[321] Einen weiteren Ausnahmetatbestand beinhaltet der für die Kinderarbeit in den Medien besonders relevante Art. 5 RL 94/33. Danach bedarf eine Tätigkeit von Kindern im Rahmen von kulturellen, künstlerischen oder sportlichen Anlässen oder eine Werbetätigkeit der Genehmigung der zuständigen Stelle im Einzelfall (Abs. 1). Als Rückausnahme eröffnet Abs. 3 den Mitgliedstaaten die Möglichkeit, eine entsprechende Tätigkeit von Kindern, die mindestens 13 Jahre alt

[317] Entschließung des Europäischen Parlaments v. 16. Juni 1987 zur Kinderarbeit, ABl. 1987 C 190/44.

[318] Ausführlich zur Entstehung der RL 94/33 *Balze*, in: EAS, B 5200 Rn. 10 ff.; *Tillmanns*, in: Schlachter/Heinig, § 18 Rn. 3 ff.; *Hay*, Jugendarbeitsschutz im Deutschen und Europäischen Arbeitsrecht, 2019, S. 64 ff.

[319] *Tillmanns*, in: Schlachter/Heinig, § 18 Rn. 15; *Benecke*, in: International and European Labour Law, Directive 94/33/EC Rn. 11.

[320] *Balze*, in: EAS, B 5200 Rn. 29.

[321] *Benecke*, in: International and European Labour Law, Art. 4 Directive 94/33/EC Rn. 20.

sind, abweichend von Abs. 1 generell zuzulassen und mit Bedingungen zu versehen. Die Ausnahmeregelung in Art. 5 RL 94/33 trägt dem Bedürfnis, insbesondere der Werbeindustrie, nach einer Einbindung von Kindern Rechnung.[322] Im Zusammenhang mit dem Regelungsgehalt von Art. 4 RL 94/33 ergibt sich, dass alle in Art. 5 RL 94/33 genannten Tätigkeiten zwingend auch als leicht im Sinne von Art. 3 lit. d RL 94/33 gelten müssen.[323] Denn Art. 5 II RL 94/33 repliziert die Legaldefinition aus Art. 3 lit. d RL 94/33 als Voraussetzung für die Erteilung einer Genehmigung. Da Art. 5 III RL 94/33 aber nur eine Abweichung von dem in Abs. 1 vorgesehenen Verfahren beschreibt, sind die Einschränkungen in Abs. 2 auch auf Abs. 3 anwendbar. Da sowohl künstlerische als auch Tätigkeiten in der Werbung von Art. 5 RL 94/33 erfasst sind, könnte sich für die Kinderarbeit in den Medien eine Anwendbarkeit von Art. 4 II lit. c, III, 5 RL 94/33 ergeben. Wie bereits an verschiedener Stelle festgestellt, ist die Kinderarbeit in den Medien in den hier beschriebenen Ausprägungsformen aber schon aufgrund ihrer Beschaffenheit geeignet, die Entwicklung des Kindes nachteilig zu beeinträchtigen.[324] Insofern handelt es sich gerade nicht um leichte Tätigkeiten im Sinne der RL 94/33. Die Kinderarbeit in den Medien ist demnach von den Mitgliedstaaten gem. Art. 4 RL 94/33 zu verbieten oder zumindest so zuzulassen, dass sich keine Beeinträchtigung des Kindes ergibt.

b) Umsetzungsdefizit und unmittelbare Drittwirkung

Wie gezeigt wurde[325], entfaltet die RL 94/33 nur dann unmittelbare Wirkung, wenn ihre Bestimmungen hinreichend genau und inhaltlich unbedingt sind und wenn die Umsetzungsfrist abgelaufen ist oder die Richtlinie nicht ordnungsgemäß in mitgliedstaatliches Recht umgesetzt wurde. Aus der einschlägigen Rechtsprechung ergibt sich, dass diese Begrifflichkeiten im Kontext der tatsächlichen unmittelbaren Geltendmachung zu sehen sind. Sofern also eine Regelung in der Weise genau und unbedingt genug ist, dass sich der Einzelne effektiv auf sie berufen kann, liegen die genannten Voraussetzungen vor und die jeweilige Regelung gilt als self executing.[326]

Die RL 94/33 wurde innerhalb der Umsetzungsfrist mit dem JArbSchG in deutsches Recht umgesetzt. Sofern aber eine Bestimmung der Richtlinie nicht ordnungsgemäß umgesetzt worden ist, muss der Mitgliedstaat diese Regelung unmittelbar gegen sich gelten lassen. Es kommt insofern ausschließlich auf den jeweiligen Gehalt der entsprechenden Vorschrift an. Für eine ordnungsgemäße Umsetzung müsste sich hinsichtlich Art. 4 RL 94/33 in einem ersten Schritt eine hin-

---

[322] *Benecke*, in: International and European Labour Law, Art. 5 Directive 94/33/EC Rn. 23.

[323] *Končar*, in: Schlachter, EU Labour Law, S. 330.

[324] 3. Kapitel B. I. 1. b) cc).

[325] 4. Kapitel B. I. 2.

[326] Vgl. EuGH, Urt. v. 15. 1. 2014 – C-176/12, ECLI:EU:C:2014:2 Rn. 31 – Association de mediation sociale; Urt. v. 5. 10. 2004 – C-397/01 bis C-403/01, ECLI:EU:C:2004:584 Rn. 103 – Pfeiffer u.a; Urt. v. 19. 11. 1991 – C-6/90 und 9/90, ECLI:EU:C:1991:428 Rn. 11 – Francovich.

reichende Genauigkeit und inhaltliche Unbedingtheit feststellen lassen. Die Vorschrift regelt, dass die Mitgliedstaaten Maßnahmen zu treffen haben, die für ein Verbot der Kinderarbeit erforderlich sind. Zwar ist gerade nicht hinreichend bestimmt, was die erforderlichen Maßnahmen sind, jedoch bedeutet dies nicht, dass die Regelung nicht hinreichend genau ist. Denn die Erforderlichkeit der jeweiligen Maßnahme bezieht sich ausweislich des Wortlauts auf die Situation in dem betreffenden Mitgliedstaat. Die Regelung ist also für diesen Staat und den Einzelnen, der mit dem Stand des Verbots der Kinderarbeit innerhalb des Staates vertraut ist, hinreichend genau. Zudem legt Art. 4 RL 94/33 konkrete Altersgrenzwerte fest, ist also auch in dieser Hinsicht inhaltlich unbedingt. Gegen diesen Befund spricht auch nicht, dass noch Maßnahmen des Mitgliedstaates zur Erreichung des Ziels erforderlich sind. Sinn und Zweck einer Richtlinie ist gerade die effektive Umsetzung in mitgliedstaatliches Recht.[327]

In einem zweiten Schritt ist sodann die ordnungsgemäße Umsetzung der Richtlinie in mitgliedstaatliches Recht zu überprüfen. Obwohl die Mitgliedstaaten hinsichtlich der Umsetzung einer Richtlinie im Grundsatz frei sind, gelten in Hinblick auf das unmittelbar geltende Richtlinienziel Mindestanforderungen an die Umsetzung. So muss die Umsetzung der Richtlinie sowohl effektiv sein (Effektivitätsgebot) als auch das bestehende unionsrechtliche Schutzniveau nicht beeinträchtigen (Verschlechterungsverbot). Zudem müssen die Rechte bei Verstößen gegen das umgesetzte mitgliedstaatliche Recht denen eines Verstoßes gegen das Unionsrecht gleichwertig sein (Äquivalenzgrundsatz).[328] Ob diese Mindestanforderungen bei der Schaffung des JArbSchG hinsichtlich der Kinderarbeit in den Medien eingehalten worden sind, ist fraglich. Insbesondere die Frage der Effektivität der Richtlinienumsetzung in die deutsche Rechtsordnung ist nicht unproblematisch.

aa) Effektivität der Richtlinienumsetzung

Der Grundsatz der Effektivität des Rechtsschutzes ergibt sich für das Unionsrechts unmittelbar aus Art. 47 GRC, der ein einheitliches EU-Grundrecht darstellt.[329] Nach Art. 288 III AEUV ist der Gehalt des Richtlinienziels durch effektive mit-

---

[327] Siehe zu diesem Aspekt EuGH, Urt. v. 14.5.2019 – C-55/18, ECLI:EU:C:2019:402 Rn. 40 – Federación de Servicios de Comisiones Obreras; Urt. v. 19.4.2012 – C-415/10, ECLI:EU:C:2012:217 Rn. 34 – Meister; Urt. v. 11.7.2002 – C-62/00, ECLI:EU:C:2002:435 Rn. 26 – Marks & Spencer plc; *Ruffert*, in: Calliess/Ruffert EUV/AEUV, Art. 288 AEUV Rn. 28 f.; *Haratsch/Koenig/Pechstein*, Europarecht, Rn. 403; *Kocher*, Europäisches Arbeitsrecht, § 4 Rn. 201 ff.

[328] EuGH, Urt. v. 26.11.2014 – C-22/13 u.a., ECLI:EU:C:2014:2401 Rn. 78 – Mascolo; Urt. v. 16.1.2014 – C-429/12, ECLI:EU:C:2014:12 Rn. 23 ff. – Pohl; Urt. v. 14.12.1995 – C-312/93, ECLI:EU:C:1995:437 Rn. 12 – Peterbroeck. Im Einzelnen auch *Haratsch/Koenig/Pechstein*, Europarecht, Rn. 1333; *Tillmanns*, in: HWK, Art. 6 EUV Rn. 4; *Kocher*, Europäisches Arbeitsrecht, § 4 Rn. 202 ff.

[329] *Blanke*, in: Calliess/Ruffert EUV/AEUV, Art. 47 GRC Rn. 2; *Jarass*, GRC, Art. 47 Rn. 1; *Schmidt-Aßmann*, in: Dürig/Herzog/Scholz GG, Art. 19 IV Rn. 40.

gliedstaatliche Maßnahmen vor praktischer Aushöhlung zu schützen und die praktische Durchsetzung und Wirkung zu sichern.[330] Zwar ist die Richtlinienumsetzung grundsätzlich den Mitgliedstaaten übertragen. Dies gilt auch für die Art und Weise der Effektivitätsgewährleistung. Dennoch regelt die RL 94/33 gewisse Mindestanforderungen, die jedenfalls durch die Mitgliedstaaten gewährleistet werden müssen. Zu nennen sind hier insbesondere die Regelungen über das Mindestalter für die Zulassung zur Arbeit aus Art. 4 RL 94/33 und die Regelungen über die Arbeits- und Ruhezeiten aus Art. 8 ff. RL 94/33.

Zur Umsetzung dieser Richtlinienregelungen hat der deutsche Gesetzgeber im JArbSchG ein grundsätzliches Verbot der Kinderarbeit und entsprechende Ausnahmen für leichte und geeignete Aufgaben vorgesehen (Art. 5 ff. JArbSchG).[331] Auch finden sich im JArbSchG im Wesentlichen die nach der RL 94/33 erforderlichen Regelungen, sodass das JArbSchG auf Tatbestandsebene weitestgehend mit der RL 94/33 übereinstimmt.[332] Nichtsdestotrotz bestehen vereinzelt weiterhin Defizite in der effektiven Umsetzung der RL 94/33 in der Bundesrepublik Deutschland. Diese beziehen sich in erster Linie auf Fragen der Nachtarbeit, der Arbeit in Erfüllung einer richterlichen Weisung und auf Arbeits- und Ruhezeiten.[333] Für die Betrachtung der Kinderarbeit in den Medien sind diese Punkte aber von geringerer Relevanz, da die jeweils geltenden Altersgrenzen und der Maßstab für kulturelle und werbende Tätigkeiten (Art. 5 RL 94/33, § 6 JArbSchG) jeweils in ausreichender Art und Weise in nationales Recht umgesetzt worden ist.

Bedenken begegnet aber die konkrete Effektivität der Umsetzung des Jugendarbeitsschutzes in den Medien. Dass die jeweiligen unionsrechtlichen Richtlinienstandards grundsätzlich umgesetzt worden sind, bedeutet nicht automatisch auch, dass deren effektive Durchsetzung gesichert ist. Art. 14 RL 94/33 sieht hier eine Verpflichtung der Mitgliedstaaten vor, wirksame und angemessene („effective and proportional") Maßnahmen zu treffen, um Verstöße zu erkennen, zu ahnden und damit durchzusetzen. Die Durchsetzung ist dabei ein wesentliches Merkmal einer effektiven Richtlinienumsetzung. Den unionsrechtlichen Vorgaben wäre nicht ent-

---

[330] Grundlegend EuGH, Urt. v. 8.4.1976 – C-48/75, ECLI:EU:C:1976:57 Rn. 69/73 – Royer; *Haratsch/Koenig/Pechstein*, Europarecht, Rn. 403; *Nettesheim*, in: Grabitz/Hilf/Nettesheim, EU-Recht, Art. 288 AEUV Rn. 119 ff.; *Kocher*, Europäisches Arbeitsrecht, § 4 Rn. 206. Zur Rechtsfolge bei einer unzureichenden Richtlinienumsetzung EuGH, Urt. v. 30.9.2003 – C-224/01, ECLI:EU:C:2003:513 Rn. 31 ff. – Köbler.

[331] Vgl. für eine synoptische Gegenüberstellung der Regelungen der RL 94/33 und des JArbSchG die Darstellung bei *Balze*, in: EAS, B 5200 Rn. 64.

[332] *Balze*, in: EAS, B 5200 Rn. 68. Auch vor der Harmonisierung des JArbSchG mit der RL 94/33 im Jahr 1997 war der Umsetzungsbedarf gering, da die Bundesrepublik Deutschland bereits einen hohen Jugendarbeitsschutzstandard implementiert hatte, *Seifert*, in: Schulze/Janssen/Kadelbach, § 40 Rn. 153.

[333] Vgl. für eine Übersicht über die Defizite bei der Umsetzung in das deutsche Recht *Balze*, in: EAS, B 5200 Rn. 23 ff.; *Tillmanns*, in: Schlachter/Heinig, § 18 Rn. 10; *Schlachter*, in: ErfK, § 5 JArbSchG Rn. 4 f.; § 7 Rn. 1; § 21a Rn. 3; *Hay*, Jugendarbeitsschutz im Deutschen und Europäischen Arbeitsrecht, 2019, S. 89 ff.; *Heink*, SpuRt 2011, 134, 137.

sprochen, würden die Mitgliedstaaten die jeweiligen Bestimmungen bloß in mitgliedstaatliches Recht übertragen, ohne auch gleichzeitig Durchsetzungsmechanismen vorzusehen. Nichts anderes kann die an verschiedenen Stellen der RL 94/33 genannte Formulierung der Erforderlichkeit (z. B. Art. 4 I, Art. 8 I, Art. 12) bedeuten. Denn erforderlich ist nicht nur die Implementierung von Schutzstandards, sondern stets auch ihre effektive Durchsetzung. Dies stellt Art. 14 RL 94/33 klar.

Die Inanspruchnahme des in der Theorie in der Bundesrepublik Deutschland vorgesehenen gerichtlichen Rechtsschutzes bei einer Verletzung von jugendarbeitsschutzrechtlichen Vorschriften kommt in der Praxis so gut wie nicht vor. Dies liegt daran, dass insbesondere in familiären Konstellationen den Kindern das Gefühl für die Schädlichkeit der Tätigkeit fehlt und auch keine Unterstützungsmöglichkeiten zur Geltendmachung ihrer Rechte bestehen. Demgegenüber fehlt den Eltern häufig das Unrechtsbewusstsein in Hinblick auf die Tätigkeit ihres Kindes. Vielfach wollen sie auch auf die mit der Kinderarbeit in den Medien verbundenen finanziellen Einnahmen nicht verzichten.[334]

Aus der Beschreibung dieses mitgliedstaatlichen Ist-Zustandes folgt also eine Diskrepanz zu dem unionsrechtlich vorgesehenen Soll-Zustand der erforderlichen effektiven Durchsetzung der jugendarbeitsschutzrechtlichen Vorgaben. Nicht die Umsetzung ist defizität, sondern die effektive Durchsetzung auf mitgliedstaatlicher Ebene. Die Umsetzung der RL 94/33 durch das JArbSchG in der Bundesrepublik Deutschland verstößt somit gegen das unionsrechtliche Gebot der Effektivität der Richtlinienumsetzung. Diesen Verstoß kann der Einzelne gegenüber dem Staat und den staatlichen Einrichtungen geltend machen.

bb) Unmittelbare Drittwirkung

Aus dem Wesen von Richtlinien ergibt sich, dass ihre Wirkung ausschließlich staatsgerichtet ist. Im Horizontalverhältnis zwischen Privaten besteht die Möglichkeit der unmittelbaren Geltendmachung von Richtliniengarantien daher nur über das in die mitgliedstaatliche Rechtsordnung umgesetzte Recht. Eine unmittelbare Horizontalwirkung von Richtlinienbestimmungen ist nach der Rechtsprechung und herrschenden Auffassung in der Literatur ausgeschlossen.[335] Auch die unmittelbare Wirkung der Richtlinie im Einzelfall für die Bürger gegenüber den Mitgliedstaaten aus dem Grundsatz von Treu und Glauben ändert an diesem Grundsatz nichts.

---

334 Hierzu ausführlich *Tillmanns*, in: Schlachter/Heinig, § 18 Rn. 2.

335 EuGH, Urt. v. 26. 2. 1986 – C-152/84, ECLI:EU:C:1986:84 Rn. 48 – Marshall I; Urt. v. 4. 12. 1997 – C-97/96, ECLI:EU:C:1997:581 Rn. 24 – Daihatsu Deutschland; Urt. v. 7. 1. 2004 – C-201/02, ECLI:EU:C:2004:12 Rn. 56 – Delena Wells; *Ruffert*, in: Calliess/Ruffert EUV/AEUV, Art. 288 AEUV Rn. 58 ff. m. w. N. Zur Möglichkeit der individualbelastenden Wirkung von Richtlinienbestimmungen *Graf von Kielmansegg*, EuR 2014, 30.

2. EU-Grundrechtecharta (GRC)

Die EU-Grundrechtecharta (GRC)[336] normiert grundlegende Rechte für alle Bürger der EU. Ihre Ursprünge finden sich bereits in der Europäischen Einheitlichen Akte aus dem Jahr 1986[337], in der schon Grundrechte als allgemeine Rechtsgrundsätze enthalten waren. Im Zusammenhang mit der fragmentarischen Rechtsprechung des EuGH wurde in den Jahren 1999 und 2000 die Notwendigkeit erkannt, die EU-Grundrechte verbindlich in einem einheitlichen Dokument zu verankern. Aus diesem Grund erarbeitete ein Grundrechtekonvent, der aus Vertretern der Mitgliedstaaten, der Kommission und der nationalen Parlamente zusammengesetzt war, einen Entwurf der Grundrechtecharta.[338] Der Entwurf wurde am 18.12.2000 veröffentlicht[339], entfaltete aber zunächst keine verbindliche Rechtswirkung.[340] Dies änderte sich mit dem Inkrafttreten des Vertrages von Lissabon, der der Charta über Art. 6 I UAbs. 1 S. 1 EUV als Teil des Primärrechts verbindliche Rechtswirkung verlieh.[341]

a) Geltung und unmittelbare Anwendbarkeit

Als primäres Unionsrecht gilt die GRC ohne Weiteres in den Mitgliedstaaten. Das Gleiche gilt nach den obigen Ausführungen zum Primärrecht grundsätzlich auch für die unmittelbare Anwendbarkeit.[342] Damit die GRC aber innerstaatlich anwendbar sein kann, muss zunächst ihr Anwendungsbereich eröffnet sein. Erster Anknüpfungspunkt für die Frage nach dem Anwendungsbereich ist Art. 51 GRC. Adressat der GRC und somit an die enthaltenen Grundrechte gebunden ist danach in erster Linie die EU. Für die Mitgliedstaaten soll die GRC dagegen nur anwendbar sein, wenn diese das Unionsrecht durchführen (Art. 51 Abs. 1 S. 1 GRC). Eine solche Durchführung liegt immer dann vor, wenn die Aktivitäten der Mitgliedstaaten zu einer Anwendung des Unionsrechts führen und ein hinreichender Zusammenhang

---

[336] Charta der Grundrechte der Europäischen Union v. 12.12.2007, ABl. 2016 C 202/389.

[337] Einheitliche Europäischen Akte v. 28.2.1986, ABl. 1987 L 169/1.

[338] Eingehend zur Entstehungsgeschichte *Jarass*, GRC, Einl. Rn. 4; *Trilsch*, Die Justiziabilität wirtschaftlicher, sozialer und kultureller Rechte im innerstaatlichen Recht, 2012, S. 41 ff.

[339] ABl. 2000 C 364/1.

[340] EuGH, Urt. v. 27.6.2006 – C-540/03, ECLI:EU:C:2006:429 Rn. 38 – Europäisches Parlament/Rat der Europäischen Union. Das EuG hatte zuvor bereits 2003 festgestellt, dass die GCR zwar keine verbindliche Bindungswirkung vermittelt, allerdings als Auslegungshilfe der EU-Grundrechte Bedeutung hat, EuG, Urt. v. 15.1.2003 – T-377/00, ECLI:EU:T:2003:6 Rn. 122 – Morris.

[341] ABl. 2008 C 115/1.

[342] *Jarass*, GRC, Einl. Rn. 9; *Kingreen*, in: Europäische Grundrechte und Grundfreiheiten, § 8.2 Rn. 4 ff.; *Schubert*, in: EuArbRK, Art. 6 EUV Rn. 31.

von einem gewissen Grad zum Unionsrecht besteht.[343] Der Zusammenhang fehlt, wenn der fragliche Bereich tatsächlich nicht durch das Unionsrecht geregelt ist, das nationale Recht und das Unionsrecht lediglich benachbarte Sachbereiche regeln oder die Regelungen nur mittelbare Auswirkungen aufeinander haben.[344] Der Anwendungsbereich der Grundrechte der GRC darf damit nicht mit dem Zuständigkeitsbereich der EU verwechselt werden.[345] Entscheidend ist, ob der jeweilige Sachverhalt vom Unionsrecht bestimmt wird. Fällt eine nationale Rechtsvorschrift in den Geltungsbereich des Unionsrechts, ist nach der Rechtsprechung stets auch der Anwendungsbereich der GRC eröffnet.[346] Erforderlich ist nicht, dass die nationale Norm zur Umsetzung des Unionsrechts erlassen worden ist.[347]

Zusammenfassend ist die GRC also nur im Rahmen der innerstaatlichen Durchführung des Unionsrechts unmittelbar anwendbar. Wenn diese Durchführung gegeben ist, sind die Grundrechte der GRC aufgrund ihres subjektivrechtlichen Charakters aber unmittelbar innerstaatlich anwendbar, soweit sich die jeweilige Norm für die unmittelbare Anwendbarkeit eignet, insbesondere also hinreichend bestimmt ist.

b) Art. 24 GRC

Als grundlegende Norm zum Schutz des Kindeswohls enthält Art. 24 I 1 GRC einen Anspruch des Kindes auf den Schutz und die Fürsorge, die für sein Wohlergehen notwendig sind. Im Gegensatz zu Art. 32 GRC, der Art. 24 GRC als lex specialis vorgeht,[348] ist Art. 24 GRC den Diskriminierungsverboten zuzuordnen.[349] Im Anwendungsbereich von Art. 32 GRC gewährt Art. 24 GRC keinen weitergehenden Schutz. Art. 32 GRC bildet insofern eine Konkretisierung des Art. 24

[343] EuGH, Urt. v. 22.1.2020 – C-177/18, ECLI:EU:C:2020:26 Rn. 57 ff. – Almudena Baldonedo Martin; Urt. v. 6.3.2014 – C-206/13, ECLI:EU:C:2014:126 Rn. 21 – Siragusa.

[344] EuGH, Urt. v. 24.2.2022 – C-262/20, ECLI:EU:C:2022:117 Rn. 60 – Glavna direktsia „Pozharna bezopasnost i zashtita na naselenieto“; Urt. v. 22.4.2021 – C-485/19, ECLI:EU:C:2021:313 Rn. 37 – Profi Credit Slovakia. Vgl. umfassend zur Durchführung des Unionsrechts *Kingreen*, in: Calliess/Ruffert EUV/AEUV, Art. 51 GRC Rn. 8 ff.; *Tillmanns*, in: HWK, Art. 6 EUV Rn. 9; *Skouris*, AuR 2015, 294, 296.

[345] *Jarass*, GRC, Art. 51 Rn. 24.

[346] EuGH, Urt. v. 20.10.2022 – C-301/21, ECLI:EU:C:2022:811 Rn. 74 – Curtea de Apel Alba Iulia; Urt. v. 19.11.2019 – C-609/17 und C-610/17, ECLI:EU:C:2019:981 Rn. 43 – TSN; Urt. v. 8.5.2019 – C-396/17, ECLI:EU:C:2019:375 Rn. 57 Leitner; Urt. v. 17.4.2018 – C-414/16, ECLI:EU:C:2018:257 Rn. 49 – Egenberger; Urt. v. 5.2.2015 – C-117/14, ECLI:EU:C:2015:60 Rn. 29 – Nisttahuz Poclava; Urt. v. 26.2.2013 – C-617/10, ECLI:EU:C:2013:105 Rn. 17 – Åkerberg Fransson.

[347] EuGH, Urt. v. 16.5.2017 – C-682/15, ECLI:EU:C:2017:373 Rn. 40 – Berlioz Investment Fund SA; Urt. v. 26.2.2013 – C-617/10, ECLI:EU:C:2013:105 Rn. 20 f. – Åkerberg Fransson.

[348] S. u. 4. Kapitel, B. II. 2. c) bb).

[349] *Böhringer*, in: Heselhaus/Nowak, Handbuch EU Grundrechte, § 45 Rn. 14.

GRC.[350] Abs. 2 konkretisiert den breiten Schutzanspruch von Abs. 1, indem verdeutlicht wird, dass das Kindeswohl bei allen Kinder betreffenden Maßnahmen vorrangig zu berücksichtigen ist. Wer ein Kind im Sinne von Art. 24 GRC ist, wird nicht definiert. Im Gegensatz zu Art. 32 GRC dient der Begriff des Kindes nicht vornehmlich der Abgrenzung zu Jugendlichen, sondern enthält eine breitere Begriffsbestimmung. Somit kann für die Definition des Kindesbegriffs im Sinne der Charta auf Art. 1 KRK zurückgegriffen werden.[351] Als Kind gilt daher jede Person bis zur Vollendung des 18. Lebensjahres. Adressaten von Art. 24 I 1 GRC sind gem. Art. 51 I 1 GRC die EU und ihre Mitgliedstaaten. Ob sich aus Art. 24 GRC auch eine horizontale Drittwirkung im Verhältnis des Kindes zu einem Dritten ergeben kann, wird im Anschluss näher beleuchtet.[352]

Aus dem Anspruch des Kindes auf Schutz und Fürsorge ergibt sich eine doppelte Zielrichtung. Zum einen wird Art. 24 I 1 GRC durch die nachfolgenden Rechte aus Abs. 2 und Abs. 3 konkretisiert.[353] Zum anderen beinhaltet Abs. 1 S. 1 aber auch einen eigenen, von den übrigen Garantien unabhängigen Regelungsgehalt.[354] Aufgrund der Unbestimmtheit des Begriffs des Wohlergehens („well being“) sind operationalisierbare Komponenten herauszuarbeiten, anhand derer eine Begriffsbestimmung erfolgen kann. Entscheidend für diese Operationalisierung ist die Zielrichtung von Art. 24 I 1 GRC, nämlich die Erziehung des Kindes zu einer eigenständigen und gemeinschaftsfähigen Persönlichkeit.[355] Vor diesem Hintergrund sind als Komponenten des Begriffs des Wohlergehens alle Merkmale anzusehen, die dazu geeignet sind, diese Zielrichtung zu fördern. Insbesondere sind damit das gesundheitliche, seelische und soziale Wohlergehen gemeint.[356] Dieses ist beeinträchtigt, sofern die Adressaten nicht für einen ausreichenden Schutz des Kindes durch eine entsprechende Normsetzung sorgen. Insofern sind auch Beeinträchtigungen durch Dritte, wie den eigenen Eltern, entgegenzutreten.[357] Der Grundsatz der vorrangigen Erwägung des Kindeswohls (Abs. 2) konkretisiert Abs. 1 S. 1 insofern, als dass er öffentlichen Stellen und privaten Einrichtungen, die für das Aufwachsen des Kindes Bedeutung haben, auferlegt, alle das Kind betreffende Entscheidungen am Maßstab des Kindeswohls zu messen. Insofern wird das Wohlergehen nicht nur durch Normsetzung der EU und ihrer Mitgliedstaaten, sondern durch konkrete

[350] *Jarass*, GRC, Art. 32 Rn. 4. Ausführlich zum Verhältnis von Art. 32 GRC und Art. 24 GRC *Böhringer*, in: Heselhaus/Nowak, Handbuch EU Grundrechte, § 45 Rn. 14.

[351] In den amtlichen Erläuterungen zu Art. 24 GRC wird dieser Zusammenhang mit der KRK explizit herausgestellt, ABl. 2007 C 303/25; *Jarass*, GRC, Art. 24 Rn. 9; *Ross*, in: Schwarze, EU-Kommentar, Art. 24 GRC Rn. 4; *Hölscheidt*, in: NK-GRC, Art. 24 Rn. 18.

[352] 4. Kapitel B. II. 2. d).

[353] *Blanke*, in: Calliess/Ruffert EUV/AEUV, Art. 24 GRC Rn. 3.

[354] *Ross*, in: Schwarze, EU-Kommentar, Art. 24 GRC Rn. 5.

[355] *Ross*, in: Schwarze, EU-Kommentar, Art. 24 GRC Rn. 6; *Jarass*, GRC, Art. 24 Rn. 10.

[356] So auch *Ross*, in: Schwarze, EU-Kommentar, Art. 24 GRC Rn. 6.

[357] *Jarass*, GRC, Art. 24 Rn. 11; *Frenz*, Handbuch Europarecht, Rn. 3448.

Maßnahmen sichergestellt.[358] Aus der klaren Formulierung von Art. 24 I 1 GRC folgt der subjektive Rechtscharakter der Norm als Grundrecht.[359] Dies wird auch anhand des Fehlens von Formulierungen, wie „achtet" oder „anerkennt" (z. B. in Art. 22 und 25 GRC) deutlich, die regelmäßig in solchen Normen zu finden sind, die keinen subjektiven Charakter aufweisen, sondern ausschließlich staatsgerichtet sein sollen.[360]

Dass Kinderarbeit in den Medien dem Wohlergehen des Kindes schadet, ist bereits an mehreren Stellen festgestellt worden.[361] Aus den Ausführungen zum nationalen Recht ergibt sich mit Blick auf Art. 24 GRC, dass die Rechtsordnung der Bundesrepublik Deutschland zwar den entsprechenden regulativen Rahmen bereithält, das Wohlergehen des Kindes in dieser Hinsicht zu schützen, es aber an ausreichenden Durchsetzungsmechanismen fehlt.[362] Hinsichtlich der vorrangigen Berücksichtigung des Kindeswohls wären daher notwendigerweise weitere Maßnahmen zur wirksamen Durchsetzung geboten. Dem Anspruch des Kindes auf Schutz und Fürsorge im Rahmen der Medienarbeit durch eine vorrangige Berücksichtigung des Kindeswohls wird die deutsche Rechtslage im unionsrechtlichen Kontext von Art. 24 I 1 GRC somit nicht gerecht.

c) Art. 32 GRC

Zentrale Regelung für die Beschäftigung von Kindern ist Art. 32 GRC. Abs. 1 S. 1 erklärt Kinderarbeit grundsätzlich für verboten. Nach S. 2 darf das Mindestalter für die Aufnahme einer Beschäftigung das Alter, in dem die Schulpflicht endet, nicht unterschreiten. Abs. 2 regelt die Arbeitsbedingungen für Jugendliche, die vor Ausbeutung geschützt und deren körperliche, geistige, sittliche oder soziale Entwicklung durch die Beschäftigung weder beeinträchtigt noch gefährdet werden darf. Art. 32 GRC trägt den Bemühungen der EU zur Abschaffung der schlimmsten Formen der Ausbeutung von Kindern Rechnung. Vor diesem Hintergrund besteht eine enge Verknüpfung mit der RL 94/33.[363]

---

[358] Vgl. *Kingreen*, in: Calliess/Ruffert EUV/AEUV, Art. 24 Rn. 7; *Ross*, in: Schwarze, EU-Kommentar, Art. 24 GRC Rn. 9; *Jarass*, GRC, Art. 24 Rn. 15 f.

[359] *Schwerdtfeger*, in: NK-GRC, Art. 24 Rn. 20; *Blanke*, in: Calliess/Ruffert EUV/AEUV, Art. 24 Rn. 3; *Jarass*, GRC, Art. 24 Rn. 4; *Ross*, in: Schwarze, EU-Kommentar, Art. 24 Rn. 1; *Steindorff-Classen*, EuR 2011, 19, 32; *Frenz*, Handbuch Europarecht, Rn. 3433.

[360] *Ross*, in: Schwarze, EU-Kommentar, Art. 24 Rn. 3.

[361] 4. Kapitel A. II. 3. b) bb).

[362] 3. Kapitel D.

[363] Vgl. die EU-Kinderrechtsstrategie *Europäische Kommission*, EU-Kinderrechtsstrategie, COM (2021) 142 final. Siehe dazu auch *Stalford*, in: International and European Labour Law, Art. 32 GRC Rn. 1 f.

aa) Anwendungsbereich

Art. 32 GRC bestimmt nicht, wer Kind oder Jugendlicher ist, sondern stellt auf das Ende der Vollzeitschulpflicht ab. Insofern knüpft Art. 32 I GRC indirekt wiederum an die RL 94/33 an. Aus Art. 3 lit. b RL 94/33 ergibt sich eine „günstigere Vorschrift" im Sinne von Art. 32 I 2 GRC.[364] Art. 3 lit. b, c RL 94/33 definiert Kinder als solche Personen, die das 15. Lebensjahr noch nicht vollendet haben, während Jugendliche solche Personen sind, die mindestens 15, aber noch nicht 18 Jahre alt sind. Das Mindestalter von 15 Jahren findet sich zudem auch in Art. 7 Nr. 1 ESC. Der ursprüngliche Entwurf zu Art. 32 GRC enthielt ausweislich der travaux préparatoires ferner ebenfalls eine Festlegung auf ein Mindestalter von 15 Jahren. Diese wurde zugunsten einer weniger detaillierten Formulierung später wieder aus dem Entwurf entfernt.[365] Vor diesem Hintergrund spricht viel dafür, diese Altersgrenzen auch im Rahmen von Art. 32 GRC anzuwenden.[366]

In Hinblick auf den Begriff der Kinderarbeit ist Art. 32 I GRC nach allgemeiner Auffassung weit auszulegen, um einen möglichst effektiven Kinderschutz sicherzustellen. Kinderarbeit ist danach jede Tätigkeit im Rahmen eines Arbeitsverhältnisses.[367] Es käme somit auf die Arbeitnehmereigenschaft des Kindes an. Art. 32 GRC verwendet den Begriff „Arbeitnehmer" allerdings nicht.

Für im Unionsrecht verwendete Begriffe kann grundsätzlich nicht auf die nationalen Definitionen zurückgegriffen werden.[368] Am Beispiel der Arbeitnehmerfreizügigkeit hat der EuGH festgestellt, dass es ansonsten den Mitgliedstaaten überlassen wäre, durch eine Definition des Arbeitnehmerbegriffs den unionsrechtlichen Anwendungsbereich der Freizügigkeit beliebig einzuengen.[369] Das Unionsrecht kennt jedoch keine einheitliche Definition des Begriffs „Arbeitnehmer". Nach der Rechtsprechung hängt die Bedeutung des Arbeitnehmerbegriffs vom jeweiligen Normkontext ab.[370] Für die Arbeitnehmerfreizügigkeit hat der EuGH einen autonomen Arbeitnehmerbegriff definiert. Arbeitnehmer ist danach, „wer während einer bestimmten Zeit für einen anderen nach dessen Weisung Leistungen erbringt, für die

[364] *Schubert*, in: EuArbRK, Art. 32 GRC Rn. 7; *Tillmanns*, in: Schlachter/Heinig, § 18 Rn. 15.

[365] Dokument Convent 18 v. 27. 3. 2000, Chartre 4192/00; *Coghlan/Steiert*, GCR, Travaux Préparatoires, S. 1363.

[366] So auch *Schubert*, in: EuArbRK, Art. 32 GRC Rn. 7; *Jarass*, GRC, Art. 32 Rn. 5; *Krebber*, in: Calliess/Ruffert EUV/AEUV, Art. 32 GRC Rn. 1.

[367] *Schubert*, in: EuArbRK, Art. 32 GRC Rn. 8; *Jarass*, GRC, Art. 32 Rn. 6; *Krebber*, in: Calliess/Ruffert EUV/AEUV, Art. 32 GRC Rn. 2.

[368] Zur Arbeitnehmerfreizügigkeit EuGH, Urt. v. 3. 7. 1986 – C-66/85, ECLI:EU:C:1986:284 Rn. 16 – Lawrie Blum.

[369] EuGH, Urt. v. 19. 3. 1964 – C-75/63, ECLI:EU:C:1964:19 – Unger, Slg. 1964, 379, 396; Urt. v. 21. 6. 1988 – C-39/86, ECLI:EU:C:1988:322 Rn. 41 – Lair.

[370] EuGH, Urt. v. 13. 1. 2004 – C-256/01, ECLI:EU:C:2004:18 Rn. 63 – Allonby; Urt. v. 12. 5. 1998 – C-85/96, ECLI:EU:C:1998:217 Rn. 31 – Martínez Sala; *Sagan*, in: Preis/Sagan, Rn. 1.110 ff.; *Tillmanns*, in: HWK, Art. 45 AEUV Rn. 13 ff.

er als Gegenleistung eine Vergütung erhält."[371] Den Begriff der Vergütung legt der EuGH weit aus, sodass weder die Herkunft noch deren konkrete Finanzierung für die Arbeitnehmereigenschaft relevant ist.[372]

Konsequenz der Anwendung dieser Definition wäre, dass die Tätigkeit zwingend ein Entgelt oder eine andere vergleichbare Form der Vergütung als vereinbarte Gegenleistung erfordern würde. Fehlt es in tatsächlicher Hinsicht an einer Gegenleistung, wäre der Anwendungsbereich von Art. 32 GRC nicht eröffnet und ein Schutz des Kindes wäre allenfalls über das Verbot der Sklaverei und Zwangsarbeit möglich (Art. 5 I, II GRC).[373] Die Existenz einer tatsächlichen Entlohnung macht die Kinderarbeit in Branchen, in denen aufgrund der Eigenart der Tätigkeit gerade kein Entgelt gezahlt wird, indes nicht weniger schutzwürdig.[374] Im Gegenteil: Insbesondere solche Tätigkeitsbereiche erfordern aufgrund der oftmals unklaren Vertragsbeziehungen einen besonderen Schutz der beteiligten Kinder. Dies gilt besonders im Rahmen der Kinderarbeit in den Medien. Gerade diese Vertragsverhältnisse sind von einer besonderen Dynamik zwischen dem Kind, seinen Eltern und Dritten geprägt.[375] Handelt es sich bei den Eltern um die Arbeitgeber des Kindes, werden diese in der Regel keine Vergütung an das Kind leisten. Das gleiche gilt für Bereiche, in denen Vertragsverhältnisse mit Dritten bestehen. Auch hier werden die Eltern regelmäßig die von dem Dritten gezahlte Vergütung einbehalten und nur im Idealfall zu einem späteren Zeitpunkt an das Kind auszahlen.[376]

Im Bereich des unionsrechtlichen Kinder- und Jugendarbeitsschutzes ist daher die RL 94/33[377] heranzuziehen, auf die sich Art. 32 GRC stützt.[378] Art. 2 I RL 94/33 stellt für den Begriff „Arbeitsvertrag" bzw. „Arbeitsverhältnis" auf das in den Mitgliedstaaten geltende Recht ab. In Deutschland ist dies der weite Begriff des JArbSchG, nachdem schon die „Beschäftigung" eines Kindes oder Jugendlichen

---

[371] EuGH, Urt. v. 19.6.2014 – C-507/12, ECLI:EU:C:2014:2007 Rn. 35 – Saint Prix; Urt. v. 3.5.2012 – C-337/10, ECLI:EU:C:2012:263 Rn. 23 – Neidel; Urt. v. 6.11.2003 – C-413/01, ECLI:EU:C:2003:600 Rn. 24 – Ninni-Orasche.

[372] Für die Arbeitnehmereigenschaft einer Praktikantin, für die der Arbeitgeber keine Vergütung zahlt, deren Praktikum aber mit öffentlichen Mitteln gefördert wird, EuGH, Urt. v. 9.7.2015 – C-229/14, ECLI:EU:C:2015:455 Rn. 50ff. – Balkaya. Dazu auch *Lunk*, NZA 2015, 917, 919.

[373] So *Schubert*, in: EuArbRK, Art. 32 Rn. 8; *Jarass*, GRC, Art. 32 Rn. 6.

[374] So mit Verweis auf die Mitarbeit im landwirtschaftlichen Familienbetrieb und die Tätigkeit als Volunteer bei Sportveranstaltungen *Hüpers/Reese*, in: NK-GRC, Art. 32 Rn. 21.

[375] 3. Kapitel B. I., II.

[376] 3. Kapitel B. II.

[377] Vgl. 4. Kapitel B. II. 1.

[378] Erläuterung zu Art. 32 GRC, ABl. 2007 C 303/26. Vgl. auch *Balze*, in: EAS, B 5200 Rn. 7; *Klein*, SR 2023, 20, 22.

genügt (§§ 5, 7 JArbSchG) und für die es nach § 612 BGB nicht auf eine ausdrückliche Vergütungsvereinbarung ankommt.[379]

bb) Unmittelbare Anwendbarkeit

Die unmittelbare Anwendbarkeit von Art. 32 GRC ist umstritten, sodass fraglich ist, ob sich das Kind auch innerstaatlich unmittelbar auf eine Verletzung von Art. 32 I 1 GRC berufen kann. Weder aus der Überschrift noch aus dem Wortlaut von Art. 32 GRC lassen sich Rückschlüsse auf die unmittelbare Anwendbarkeit ziehen. Teilweise wird gerade aus der Formulierung der Überschrift („Verbot der Kinderarbeit") gefolgert, dass Art. 32 GRC lediglich einen Grundsatz ohne individuell einklagbaren Rechtsgehalt darstelle.[380] Demgegenüber spreche eine Gesamtbetrachtung unter Einbeziehung des Regelungsgehalts von Art. 24 GRC für die subjektive Rechtsqualität von Art. 32 GRC.[381] Art. 24 GRC enthält explizit einen generellen Schutz- und Fürsorgeanspruch des Kindes. Art. 32 GRC geht diesem als lex specialis vor, gewährleistet aber keinen weitergehenden Schutz.[382] Würde man Art. 32 GRC die unmittelbare Anwendbarkeit absprechen wollen, wäre sein Regelungsgehalt aufgrund der allgemeinen Anwendbarkeit von Art. 24 GRC zur Wahrung der Kinderrechte „praktisch auf Null reduziert"[383]. Mit dem Anspruch von Art. 32 GRC, Kinder vor wirtschaftlicher Ausbeutung effektiv zu schützen, steht ein solches Ergebnis nicht in Einklang. Insofern ist Art. 32 GRC als unmittelbar anwendbar anzusehen.

d) Unmittelbare horizontale Drittwirkung von Unionsgrundrechten

Wie schon im Rahmen der allgemeinen Geltung und Anwendbarkeit ausgeführt, verpflichtet die GRC in erster Linie die EU und ihre Mitgliedstaaten bei der Durchführung von Unionsrecht.[384] Art. 51 I 1 GRC nennt Privatpersonen nicht, sodass schon aus diesem Grund eine Drittwirkung der Unionsgrundrechte abgelehnt werden könnte. Die Problematik der Kinderarbeit in den Medien ergibt sich aber gerade aus dem Verhältnis des Kindes zu seinen Eltern und privaten Dritten.[385] Die

---

[379] *Balze*, in: EAS, B 5200 Rn. 23. Vgl. zum Beschäftigungsbegriff i.S.d. JArbSchG 3. Kapitel B. III. 1.

[380] *Ross*, in: Schwarze, EU-Kommentar, Art. 32 GRC Rn. 1, 3.

[381] *Krebber*, in: Calliess/Ruffert EUV/AEUV, Art. 32 GRC Rn. 2; *Jarass*, GRC, Art. 32 Rn. 2; *Frenz*, Handbuch Europarecht, Rn. 3940; offen gelassen *Hüpers/Reese*, in: NK-GRC, Art. 32 Rn. 23; dagegen *Ross*, in: Schwarze, EU-Kommentar, Art. 32 GRC Rn. 3; Nußberger/Ennuschat, in: Stern/Sachs, Art. 32 Rn. 15.

[382] *Jarass*, GRC, Art. 32 Rn. 4; *Nußberger/Ennuschat*, in: Stern/Sachs, Art. 32 Rn. 14; *Schubert*, in: EuArbRK, Art. 32 Rn. 5; *Frenz*, Handbuch Europarecht, Rn. 3945.

[383] *Frenz*, Handbuch Europarecht, Rn. 3939 f.

[384] S.o. 4. Kapitel B. II. 2. a).

[385] S.o. 3. Kapitel B. I., II.

Frage, ob und inwiefern die Unionsgrundrechte auch zwischen Privaten Anwendung finden, ist in Rechtsprechung und Literatur im Einzelnen weitestgehend ungeklärt.[386] Der Gerichtshof hat mittlerweile eine horizontale Drittwirkung von Art. 31 II[387] und Art. 15 II[388] GRC ausdrücklich anerkannt. Eine dem entsprechende Rechtsprechung existiert bisher hinsichtlich Art. 24 und Art. 32 GRC nicht.[389]

Im Schrifttum zeigt sich ein differenziertes Bild. Teilweise wird von einer unmittelbaren horizontalen Drittwirkung von Art. 32 GRC ausgegangen.[390] Die unmittelbare horizontale Drittwirkung von Art. 32 GRC werde anhand der Formulierung deutlich. Die Normierung der Unzulässigkeit von Kinderarbeit deutet auf die Ausrichtung auf Privatrechtsverhältnisse als für die Ausbeutung von Kindern zentraler Ort hin.[391] Auch der Zweck der Vorschrift verdeutlicht die unmittelbare Drittwirkung. Mit der Formulierung in Art. 5 III GRC „Menschenhandel ist verboten." wollte der Grundrechtskonvent neuen Entwicklungen, auch auf dem Gebiet der Kinderarbeit, Rechnung tragen und hat sich für eine Formulierung entschieden, die an diesem expliziten Verbot keinen Zweifel lässt.[392] In diesen Gefährdungslagen soll die unmittelbare horizontale Drittwirkung besonders schutzbedürftigen Personen effektiven Schutz gewähren.[393] Dies gilt insbesondere in Fällen struktureller

---

[386] Eingehend zur unionsrechtlichen Drittwirkung *Fischer*, Die Horizontalwirkung der EU-Grundrechtecharta im Arbeitsrecht, 2023, S. 119 ff.; *Unseld*, Zur Bedeutung der Horizontalwirkung von EU-Grundrechten, 2018, S. 119 ff.

[387] EuGH, Urt. v. 9. 11. 2023 – C-271/22 u. a., ECLI:EU:C:2023:834 Rn. 24 (Keolis Agen); EuGH, Urt. v. 6. 11. 2018 – C-684/16, ECLI:EU:C:2018:874 Rn. 20 (Max-Planck-Gesellschaft zur Förderung der Wissenschaften); EuGH, Urt. v. 6. 11. 2018, C-569/16, ECLI:EU:C:2018:871 Rn. 51 (Bauer).

[388] EuGH, Urt. v. 29. 10. 2020 – C-243/19, ECLI:EU:C:2020:872 Rn. 36 (Veselības ministrija); EuGH, Urt. v. 22. 1. 2019 – C-193/17, ECLI:EU:C:2019:43 Rn. 76 f. (Cresco Investigation); EuGH, Urt. v. 11. 9. 2018 – C-68/17, ECLI:EU:C:2018:696 Rn. 69 (IR); EuGH, Urt. v. 17. 4. 2018 – C-414/16, EU:C:2018:257 Rn. 76 f. (Egenberger).

[389] Kritisch zur Rechtsprechung des EuGH *Schwerdtfeger*, in: NK-GRC, Art. 51 Rn. 57 ff.; *Ladenburger/Vondung*, in: Stern/Sachs, Art. 51 Rn. 16 f.; *Seifert*, EuZA 2013, 299, 309 f.; *Hatje*, in: Schwarze, EU-Kommentar, Art. 51 Rn. 22.

[390] *Bücker*, in: Münchener Handbuch ArbR, § 173 Rn. 3e; *Nußberger/Ennuschat*, in: Stern/Sachs, Art. 32 Rn. 17; *Tillmanns*, in: HWK, Art. 6 EUV Rn. 11; *Kolbe/Lasserre*, VSSAR 2022, 117, 122; *Schmitz*, JZ 2001, 833, 840; differenzierend *Jarass*, GRC, Art. 51 Rn. 41. Im Einzelnen zur Unterscheidung zwischen mittelbarer und unmittelbarer horizontaler Drittwirkung *Fischer*, Die Horizontalwirkung der EU-Grundrechtecharta im Arbeitsrecht, 2023, S. 46 ff.

[391] *Pötters*, in: Preis/Sagan, § 3 Rn. 3.35; *Seifert*, EuZW 2011, 696, 700; *Bücker*, in: Münchener Handbuch ArbR, § 173 Rn. 3e; *Mahlmann*, ZEuS 2000, 419, 438. Die Privatrechtsausrichtung als einzig entscheidendes Argument ablehnend *Fischer*, Die Horizontalwirkung der EU Grundrechtecharta im Arbeitsrecht, 2023, S. 306 f.

[392] *Borowsky*, in: NK-GRC, Art. 5 Rn. 20 f.

[393] *Bücker*, in: Münchener Handbuch ArbR, § 173 Rn. 3e.

Ungleichheit in Arbeitsverhältnissen.[394] Der unmittelbaren Horizontalwirkung von Art. 32 GRC steht auch nicht Art. 51 I 1 GRC entgegen. Die Norm regelt lediglich die Bindung der Mitgliedstaaten an die Charta und trifft keine Regelung in Hinblick auf eine unmittelbare oder mittelbare Wirkung.[395] Damit ist insgesamt die unmittelbare Drittwirkung des Art. 32 GRC zu bejahen.

Die gleiche horizontale Drittwirkung könnte sich auch für Art. 24 II GRC ergeben. Abs. 2 verpflichtet ausdrücklich auch private Einrichtungen, das Wohl des Kindes vorrangig zu berücksichtigen. Diese Formulierung erkennt nicht nur in rein deklaratorischer Art und Weise den Umstand an, dass im Kinder- und Jugendbereich typischerweise auch private Einrichtungen agieren.[396] Mit der Nennung privater Einrichtungen in Art. 24 II GRC wird vielmehr der Rechtspraxis bei der Durchsetzung von Kinderrechten Rechnung getragen. Art. 24 II GRC ist auf eine Wirkungsentfaltung unter Privaten angelegt.[397] Im Gegensatz zu anderen Unionsgrundrechten manifestieren sich Kinderrechte weit überwiegend im privaten Bereich. Sofern sich auch in diesem Bereich lediglich eine mittelbare Drittwirkung annehmen ließe, wäre dem Schutzanspruch von Art. 24 II GRC in der praktischen Rechtsanwendung nicht gedient. Durch eine mittelbare Drittwirkung würden Dritte nur durch die Gesetzgebung der EU oder der Mitgliedstaaten verpflichtet.[398] Die Gefährdung von Kindern durch eine unzureichende oder fehlende Berücksichtigung des Kindeswohls entsteht in vielen Staaten aber nicht aufgrund fehlender Gesetzgebungsakte, sondern, wie am Beispiel der Bundesrepublik Deutschland gezeigt wurde, aufgrund des Fehlens einer effektiven Rechtsdurchsetzung. Sofern also im unmittelbaren Verhältnis zwischen Privaten das Recht aus Art. 24 II GRC geltend gemacht werden kann, verlagert sich der Schutz des Kindes auf eine frühere Ebene. Es sprechen somit gute Argumente dafür, Art. 24 II GRC eine unmittelbare Drittwirkung zuzuerkennen.[399]

Auf Art. 24 I GRC sind diese Überlegungen hingegen nicht uneingeschränkt anzuwenden.[400] Im Gegensatz zu Abs. 2 betont der Wortlaut von Abs. 1 S. 1 den

---

[394] *Mahlmann*, ZEuS 2000, 419, 438; gegen das Argument der strukturellen Ungleichheit *Fischer*, Die Horizontalwirkung der EU-Grundrechtecharta im Arbeitsrecht, 2023, S. 308 ff.; *Frantziou*, The Horizontal Effect of Fundamental Rights in the European Union, S. 165 f.

[395] *Bücker*, in: Münchener Handbuch ArbR, § 173 Rn. 3e; *Streinz/Michl*, in: Streinz/Michl, EUV/AEUV, Art. 51 GRC Rn. 30; *Borowsky*, in: NK-GRC, Art. 51 Rn. 31.

[396] *Steindorff-Classen*, EuR 2011, 19, 33; *Seifert*, EuZW 2011, 696, 700 f.; *Schmitz*, JZ 2001, 833, 840; *Kugelmann*, in: HGR VI/1, § 160 Rn. 75; ausdrücklich dagegen *Ross*, in: Schwarze, EU-Kommentar, Art. 24 GRC Rn. 9.

[397] *Mahlmann*, ZEuS 2000, 419, 438.

[398] *Hölscheidt*, in: NK-GRC, Art. 24 Rn. 19.

[399] Im Ergebnis auch *Steindorff-Classen*, EuR 2011, 19, 33 f.; *Schmitz*, JZ 2001, 833, 840. Die wohl herrschende Auffassung lehnt eine unmittelbare Drittwirkung von Art. 24 II GRC ab, *Hölscheidt*, in: NK-GRC, Art. 24 Rn. 19; *Kingreen*, in: Calliess/Ruffert EUV/AEUV, Art. 24 Rn. 8; *Jarass*, GRC, Art. 24 Rn. 7 m. w. N.

[400] *Jarass*, GRC, Art. 24 Rn. 7; *Kingreen*, in: Calliess/Ruffert EUV/AEUV, Art. 24 Rn. 6; *Mahlmann*, ZEuS 2000, 419, 438.

Schutz und Fürsorgeanspruch des Kindes, ohne die Bindung Privater ausdrücklich zu nennen. Zwar kann hiergegen eingewendet werden, dass sich der Schutz und die Fürsorge am ehesten im privaten Bereich manifestiert und somit auch eine unmittelbare Drittwirkung geboten ist. Art. 51 GRC ordnet die Schutz- und Fürsorgeverpflichtung aber in erster Linie der EU und den Mitgliedstaaten zu. Für die Annahme einer mit Art. 24 II GRC gegenüber Art. 51 GRC vergleichbaren Spezialregelung ist daher mangels einer Anknüpfung im Wortlaut kein Raum. Aufgrund der Konkretisierung des Schutz- und Fürsorgeanspruchs durch Abs. 2 ergibt sich allerdings wiederum auch eine unmittelbare Anwendbarkeit von Abs. 1 S. 1.[401]

III. Fazit

Auch auf unionsrechtlicher Ebene finden sich sowohl im Primär- als auch im Sekundärrecht Regelungen in Bezug auf das Verbot von Kinderarbeit und den Schutz arbeitender Kinder. Wie im Völkerrecht gelten diese hinsichtlich der Kinderarbeit in den Medien aber nicht ohne weiteres auch im Horizontalverhältnis. Für Primärrechtsnormen entscheidend ist die Zielrichtung der jeweiligen Regelung. Kann hier ein Zuschnitt auf das Privatrecht festgestellt werden, spricht viel für eine unmittelbare horizontale Drittwirkung. Im Bereich des Sekundärrechts kommt es auf die Umsetzung durch das nationalen Recht an. Diese unmittelbare horizontale Drittwirkung ist für einen effektiven Rechtsschutz des Kindes, insbesondere gegenüber den eigenen Eltern, essenziell. Das im Unionsrecht vorgesehene Schutzniveau wird in Deutschland, insbesondere in Hinblick auf den Aspekt des Rechtsschutzes, nur begrenzt effektiv umgesetzt. Es mangelt zum einen an Instrumenten zur Aufklärung des Kindes über seine Rechte und zum anderen an Möglichkeiten, diese effektiv durchzusetzen. Wie hier eine Verbesserung erzielt werden kann, soll das folgende Kapitel zeigen.

[401] *Ross*, in: Schwarze, EU-Kommentar, Art. 24 GRC Rn. 9; im Ergebnis auch *Steindorff-Classen*, EuR 2011, 19, 32 f.

5. Kapitel

Durchsetzung und Überwachung des Kinderrechtsschutzes in den Medien

Dass aus nationalem Recht resultierende Ansprüche und Schutzrechte grundsätzlich vor dem jeweils zuständigen Gericht geltend gemacht werden können, ist in Deutschland eine Selbstverständlichkeit. Das Gleiche gilt für national unmittelbar anwendbare und unmittelbare Drittwirkung entfaltende Normen des Völker- und Unionsrechts. Auf diese kann sich der Einzelne, auch im Verhältnis zu anderen Privaten, vor nationalen Gerichten unmittelbar berufen. Wie im 4. Kapitel gezeigt, existieren diverse nationale und internationale Regeln, die auf die Kinderarbeit in den Medien anwendbar sind und diese sogar explizit verbieten. Da aber ausbeuterische Medienarbeit von Kindern nach wie vor und in steigender Tendenz praktiziert wird, ist das Problem insbesondere bei der effektiven Durchsetzung dieser Regelungen zu suchen. Nachfolgend werden daher die prozessualen und tatsächlichen Rechtsschutzmöglichkeiten des Kindes und die damit einhergehenden Schwierigkeiten analysiert und Möglichkeiten aufgezeigt, die zu einer Verbesserung der Effektivität der Durchsetzung dieser Normen führen können.

A. Durchsetzung im nationalen Recht

Für die prozessuale Durchsetzung von Kinderrechten, insbesondere gegenüber den Eltern, aber auch gegenüber Dritten, stellen sich vielfältige Probleme. Problematisch ist die in faktischer und rechtlicher Hinsicht bestehende Abhängigkeit des Kindes von seinen Eltern. Eine Aufklärung oder gar Unterstützung des Kindes hinsichtlich der Erlangung effektiven Rechtsschutzes, z.B. bei arbeitsrechtlichen Verfahren, wird in den seltensten Fällen erfolgen. Die Eltern sind in diesen Fällen regelmäßig von eigenen finanziellen Interessen getrieben, sodass es dem Kind nahezu unmöglich ist, sich gegen einen Rechtsverstoß zur Wehr zu setzen. Erneut zeigt sich hier das Spannungsverhältnis zwischen der Elternverantwortung und den wirtschaftlichen Interessen als Arbeitgeber des Kindes.

I. Arbeitsrechtliche Ansprüche des Kindes

Für alle zivilrechtlichen Ansprüche des Kindes sind grundsätzlich die allgemeinen Vorschriften über die Minderjährigkeit anwendbar. Im Rahmen der Eingehung eines Dienst- oder Arbeitsverhältnisses wird das Kind nach § 113 BGB im Umfang der Ermächtigung geschäfts- und auch prozessfähig (§ 51 I ZPO).[1] Das Kind kann in eigenem Namen Klagen erheben und die Zwangsvollstreckung betreiben, ohne von seinen Eltern vertreten werden zu müssen.[2] Dies gilt sowohl im Verhältnis zu den eigenen Eltern als auch zu Dritten, die als Arbeitgeber des Kindes auftreten. Soweit das Kind also von den Eltern zur Eingehung vertraglicher Verpflichtungen nach § 113 BGB ermächtigt worden ist, besteht auch eine Prozessfähigkeit zur Durchsetzung von daraus resultierenden Ansprüchen.[3] Dieser Befund ist weitestgehend anerkannt.[4] Im Ergebnis kann das Kind somit – zumindest theoretisch – alle ihm zustehenden Ansprüche aus dem Arbeitsverhältnis unmittelbar eigenständig prozessual geltend machen. Wenn die Eltern keine Ermächtigung gem. § 113 BGB (konkludent) erteilt haben sowie für Kinder, die das siebte Lebensjahr noch nicht vollendet haben (§ 104 Nr. 1 BGB), besteht keine Prozessfähigkeit und der Minderjährige bliebe auf die Vertretung durch die Eltern angewiesen bzw. können Ansprüche erst nach Eintritt der Volljährigkeit geltend machen.

II. Familiengerichtliches Verfahren zum Schutz des Kindeswohls

In solchen Fällen, in denen keine Ermächtigung seitens der Eltern vorliegt oder das Kind zu jung ist, um seine rechtlichen Interessen wirksam wahrnehmen zu können, ist die Verwirklichung des Rechtsschutzes problematisch. Nach geltendem Recht könnte Rechtsschutz bestehen, wenn eine Gefährdung des Kindeswohls nach § 1666 BGB vorliegt. In diesen Fällen liegt in aller Regel eine Gefährdung des Kindeswohls durch eine Überforderung des Kindes vor, deren Abwendung den elterlichen Interessen zuwiderläuft.[5]

Zuständig für die Entscheidung nach § 1666 BGB ist gemäß § 23b GVG, §§ 111 Nr. 2, 151 Nr. 1 FamFG das Familiengericht. Die örtliche Zuständigkeit richtet sich nach dem gewöhnlichen Aufenthalt des Kindes, § 152 II FamFG.

---

[1] *Ahrens/Heicke*, in: BeckOGK BGB, Stand: 1.10.2019, § 113 Rn. 86; *Wendtland*, in: BeckOK BGB, Stand: 1.2.2024, § 113 Rn. 15, 11 ff.; *Spickhoff*, in: MüKoBGB, § 113 Rn. 36. Das BAG hat diese Frage offengelassen, BAG, Urt. v. 22.2.2018 – 6 AZR 50/17, NJW 2018, 2144, 2145.

[2] *Ahrens/Heicke*, in: BeckOGK BGB, Stand: 1.10.2019, § 113 Rn. 86; *Spickhoff*, in: MüKoBGB, § 113 Rn. 36.

[3] Siehe hierzu ausführlich oben 3. Kapitel B. I. 1.

[4] *Ahrens/Heicke*, in: BeckOGK BGB, Stand: 1.10.2019, § 113 Rn. 86; § 112 Rn. 104; *Wendtland*, in: BeckOK BGB, Stand: 1.2.2024, § 113 Rn. 15; *Spickhoff*, in: MüKoBGB, § 113 Rn. 36; *Mansel*, in: Jauernig BGB, § 113 Rn. 4 f.

[5] S. o. 3. Kapitel B. I. 1. b) cc).

Ob eine familiengerichtliche Maßnahme antragsgebunden ist oder von Amts wegen eingeleitet werden kann, richtet sich nach den materiellen familienrechtlichen Vorschriften.[6] So sehen beispielsweise §§ 1626a II, 1628 S. 1 und 1631 III BGB das Erfordernis eines Antrags zur Einleitung familiengerichtlicher Maßnahmen explizit vor. § 1666 BGB enthält hingegen keine vergleichbare Formulierung. § 1632 IV BGB ermächtigt das Gericht bei einer Gefährdung des Kindeswohls sogar ausdrücklich zur Einleitung von Maßnahmen von Amts wegen. Es kann somit davon ausgegangen werden, dass im Rahmen familiengerichtlicher Maßnahmen zur Abwendung von Gefahren für das Kindeswohl ein Antrag an das Gericht grundsätzlich nicht erforderlich ist. Dies bedeutet allerdings nicht, dass die Durchsetzung des Schutzes des Kindes vor Überforderung gänzlich ohne die Mitwirkung von Personen und Institutionen außerhalb der Justiz auskommt. Nicht selten erhalten die Familiengerichte von Gefährdungen des Kindeswohls keine Kenntnis. Dies liegt bei der Kinderarbeit in den Medien entscheidend an der Ausübung in den eigenen vier Wänden. Vor diesem Hintergrund kann die Einleitung eines familiengerichtlichen Verfahrens gemäß § 24 I FamFG angeregt werden, ohne dass der Kreis der anregungsberechtigten Personen in irgendeiner Weise beschränkt wäre.[7] Aus der Anregung selbst ergibt sich noch keine Beteiligung am Verfahren (§ 7 FamFG). Das Familiengericht erhält aber durch die Anregung erstmals Kenntnis von einer möglichen Kindeswohlgefährdung und kann von Amts wegen über die Einleitung entsprechender Maßnahmen entscheiden. Folgt das Familiengericht der Anregung nicht, hat es den Anregenden vorbehaltlich eines berechtigten Interesses über diese Entscheidung zu unterrichten (§ 24 II FamFG). Die bloße Anregung leitet noch kein familiengerichtliches Verfahren ein. Vielmehr hat das Gericht nach Eingang der Anregung Vorermittlungen durchzuführen, um festzustellen, ob ein hinreichender Anfangsverdacht für eine Kindeswohlgefährdung vorliegt.[8] In der Praxis erfolgt die Mehrzahl der Anregungen an die Familiengerichte durch die Jugendämter.[9] Diese sind nach § 8a II SGB VIII unter Umständen verpflichtet, die Einleitung familiengerichtlicher Maßnahmen anzuregen. Das Kind selbst hat in erster Linie die Möglichkeit, sich an das Jugendamt zu wenden (§§ 8 II, 10a SGB VIII). Dafür ist es nicht erforderlich, dass das Kind sozialrechtlich handlungsfähig (§ 36 I 1 SGB I) oder verfahrensfähig (§ 11 I Nr. 1, 2 SGB X) ist. Das Jugendamt hat das Kind in einer „verständlichen, nachvollziehbaren und wahrnehmbaren Form" zu beraten (§ 8 IV SGB VIII). Die Beratung kann ggf. auch ohne Kenntnis der personensorgeberechtigten Eltern erfolgen (§ 8 III 1 SGB VIII). Erkennt das Jugendamt ge-

[6] *Burghart*, in: BeckOGK BGB, Stand: 1.2.2024, § 1666 Rn. 147.

[7] *Ulrici*, in: MüKoFamFG, § 24 Rn. 3; *Perleberg-Kölbel*, in: BeckOK FamFG, Stand: 1.2.2024, § 24 Rn. 4 ff.; *Burghart*, in: BeckOGK BGB, Stand: 1.2.2024, § 1666 Rn. 148.

[8] *Ulrici*, in: MüKoFamFG, § 24 Rn. 5 ff.; *Perleberg-Kölbel*, in: BeckOK FamFG, Stand: 1.2.2024, § 24 Rn. 9 f.

[9] Dies hat bereits im Jahr 2009 eine Arbeitsgruppe des Bundesministeriums der Justiz festgestellt, „Familiengerichtliche Maßnahmen bei Gefährdung des Kindeswohls – § 1666 BGB", Abschlussbericht vom 14.7.2009, S. 14, https://opus-hslb.bsz-bw.de/frontdoor/deliver/index/docId/444/file/Anlagen.pdf [zuletzt geprüft am 24.3.2024].

wichtige Anhaltspunkte für eine Gefährdung des Kindeswohls, muss es tätig werden (§ 8a I SGB VIII). Hierfür muss das Jugendamt eine Risikoabschätzung vornehmen und ist verpflichtet, die dafür notwendigen Informationen ggf. auch gegen den Willen der Betroffenen zu ermitteln.[10] Wenn die Eltern es ablehnen, bei der Ermittlung der Gefährdung und etwaigen Hilfsangeboten mitzuwirken, bleibt dem Jugendamt grundsätzlich nur die Möglichkeit, gem. § 8a III SGB VIII das Familiengericht anzurufen. Das Gericht wird ein Erörterungsgespräch nach § 157 FamFG anberaumen, für das nur eine mögliche Gefährdung des Kindeswohls Voraussetzung ist (§ 157 I 1 FamFG). In dem Gespräch sind die Situation und die nötigen Maßnahmen mit den Eltern und dem Jugendamt zu besprechen. Kann auf diese Weise die Kindeswohlgefährdung nicht abgewendet werden, ist das FamFG verpflichtet, geeignete und notwendige Anordnungen zur Gefahrenabwehr zu treffen.[11] In diesem familiengerichtlichen Verfahren ist das Kind gem. § 8 Nr. 1 FamFG beteiligtenfähig.

1. Verfahrensfähigkeit von Kindern unter 14 Jahren

Aus der Beteiligtenfähigkeit folgt aber nicht auch unmittelbar die Verfahrensfähigkeit des Kindes. Mit Blick auf § 9 I FamFG besteht die Verfahrensfähigkeit nämlich für Kinder unter 14 Jahren nicht. Konsequenz dieser fehlenden Fähigkeit, wirksam Verfahrenshandlungen vorzunehmen, ist die Vertretungsbefugnis der Eltern. Dies ergibt sich aus § 14 II FamFG i. V. m. § 1629 I 1, 2 BGB für beide Elternteile gemeinschaftlich. Die elterliche Vertretungsbefugnis in Verfahren, die Maßnahmen nach § 1666 BGB zum Gegenstand haben, ist allerdings nicht unproblematisch. Die Stellung der Eltern als gesetzliche Vertreter des Kindes folgt unmittelbar aus der Übertragung ihrer Personen- und Vermögenssorgeverpflichtung für das Kind[12] und ist als solche über Art. 6 II GG auch verfassungsrechtlich abgesichert. Wie bereits an anderen Stellen dargestellt[13], besteht für die Eltern von in den Medien tätigen Kindern aber ein erheblicher Interessengegensatz.[14] Es kann für den Regelfall nicht unterstellt werden, dass die Eltern im familiengerichtlichen Verfahren eine ihrem gesetzlichen Vertretungsauftrag entsprechende Entscheidung treffen, die ausschließlich das Wohl des Kindes zum Gegenstand hat. Dieser Befund wird gesetzlich hingenommen.

Zur Lösung dieser Problematik kann § 158 FamFG herangezogen werden. Dieser ordnet die Bestellung eines fachlich und persönlich geeigneten Verfahrensbeistandes für das Kind an, soweit dies zur Wahrnehmung der kindlichen Interessen erforderlich ist (Abs. 1 S. 1). Dabei ist die Bestellung unter anderem dann zwingend erforderlich, wenn das Gericht die teilweise oder vollständige Entziehung des Sorgerechts nach

---

[10] *Tillmanns*, in: MüKoBGB, § 8a SGB VIII Rn. 4.

[11] *Tillmanns*, in: MüKoBGB, § 8a SGB VIII Rn. 7, 8.

[12] *Huber*, in: MüKoBGB, § 1626 Rn. 25.

[13] S. o. 3. Kapitel B. III. 1. b) bb).

[14] *Deutsches Institut für Jugendhilfe und Familienrecht*, JAmt 2017, 426 f.

§ 1666 BGB erwägt (Abs. 2 Nr. 1). Bei den Fallgruppen der obligatorischen Bestellung eines Verfahrensbeistandes handelt es sich somit um besonders grundrechtsrelevante Verfahren, die eine Unterstützung des Kindes zwingend notwendig werden lassen.[15] Für besonders extreme Fälle der Kinderarbeit in den Medien ist der Entzug des Sorgerechts der Eltern als ultima ratio grundsätzlich denkbar. Zentrales Anliegen des Gesetzgebers ist allerdings die Ausschöpfung der vielfältigen, in § 1666 BGB in Frage kommenden Maßnahmen und nicht der gerichtliche Entzug des Sorgerechts bei jedem Verstoß gegen das Kindeswohl.[16] Daher sind seitens des Familiengerichts zunächst mildere Maßnahmen zu prüfen.

Auch für gerichtliche Maßnahmen jenseits des Entzugs der Personensorge kommt die Bestellung eines Verfahrensbeistands des Kindes in Betracht. § 158 III FamFG enthält Regelbeispiele für die Bestellung eines Verfahrensbeistandes. § 158 III Nr. 1 FamFG erkennt die Erforderlichkeit der Bestellung in der Regel an, wenn die Interessen des Kindes zu dem seiner gesetzlichen Vertreter in erheblichem Gegensatz stehen. Erheblich ist der Gegensatz nach übereinstimmender Ansicht in Rechtsprechung und Literatur dann, wenn die Förderung des einen Interesses nur auf Kosten eines anderen Interesses geschehen kann, also die Gefahr besteht, dass die Eltern das Interesse des Kindes nicht genügend berücksichtigen würden, z. B. weil sie in erster Linie eigene Interessen mit dem Kind verfolgen.[17] Der eingangs beschriebene Interessengegensatz zwischen Eltern und Kind im Kontext der Medienarbeit ist grundsätzlich als erheblich zu beurteilen. Die Eltern verfolgen in der Regel in erster Linie eigene (finanzielle) Interessen mit der Arbeit ihres Kindes. Insofern ist in diesen Fällen für familiengerichtliche Verfahren ein Verfahrensbeistand für das Kind zu bestellen. In Abgrenzung von der Ergänzungspflegschaft (§ 1809 BGB) ist dieser gemäß § 158b III FamFG Verfahrensbeteiligter und zur Einlegung von Rechtsmitteln im Interesse des Kindes berechtigt, er ist jedoch nicht gesetzlicher Vertreter des Kindes. Als milderes Mittel zum Entzug der Vertretungsbefugnis ist die Bestellung eines Verfahrensbeistandes auch geeignet, das Interesse des Kindes im Verfahren hinreichend zu wahren. Der zusätzlichen Bestellung eines Ergänzungspflegers bedarf es vor diesem Hintergrund spätestens seit einer entsprechenden Entscheidung des Bundesgerichtshofs aus dem Jahr 2011 nicht.[18]

---

[15] *Schlünder*, in: BeckOK FamFG, Stand: 1.2.2024, § 158 Rn. 7.

[16] BT-Drs. 16/6815, S. 9.

[17] BVerfG, Beschl. v. 29.10.1998 – 2 BvR 1206/98, NJW 1999, 631, 632; OLG Düsseldorf, Beschl. v. 25.11.1985 – 3 WF 206/85, FamRZ 1986, 202; KG, Beschl. v. 24.2.1966 – 1 W 3402/65, NJW 1966, 1320, 1321; *Eickelmann*, in: Haußleiter, FamFG, § 158 Rn. 9; *Schlünder*, in: BeckOK FamFG, Stand: 1.2.2024, § 158 Rn. 25. Zu § 158 II Nr. 1 FamFG a. F.; *Schumann*, in: MüKoFamFG, § 158 Rn. 8; *Stößer*, FamRZ 2009, 656, 661. Zur ähnlichen Situation bei Erteilung der Einwilligung nach § 5 III 1 JArbSchG 3. Kapitel B. III. 2. a) aa).

[18] BGH, Beschl. v. 7.9.2011 – XII ZB 12/11, NJW 2011, 3454, 3455. Vgl. zu der nach der Reform des familiengerichtlichen Verfahrens im Jahr 2009 zunächst umstrittenen Frage, ob die Bestellung eines Verfahrensbeistandes ausreichend sei, die umfangreichen Nachweise bei *Schumann*, in: MüKoFamFG, § 158 Rn. 41. Mit der zitierten Entscheidung des BGH im Jahr 2011 dürfte sich dieser Streit erledigt haben.

2. Verfahrensfähigkeit älterer Kinder

Streitig ist hingegen, ob ältere Kinder im Alter von über 14 Jahren verfahrensfähig sind.[19] Der Wortlaut von § 9 I Nr. 3 FamFG spricht zunächst für die Annahme einer Verfahrensfähigkeit des Kindes. Sofern das über 14 Jahre alte Kind ein ihm nach bürgerlichem Recht zustehendes Recht geltend macht, besteht die Verfahrensfähigkeit unbeschränkt. Der BGH sieht in Verfahren nach § 1666 BGB das Merkmal des nach bürgerlichem Recht zustehenden Rechts als nicht erfüllt an und lehnt dementsprechend die Verfahrensfähigkeit ab.[20] § 1666 BGB enthalte keinen bürgerlich-rechtlichen Anspruch des Kindes, sondern eine aus dem Wächteramt resultierende, staatliche Eingriffsbefugnis in das Erziehungsrecht der Eltern.[21] Hier liege die Abgrenzung zu verwaltungs- oder verfassungsrechtlichen Rechtspositionen. Der Systematik der Regelungen über die Geschäftsfähigkeit entsprechend, müsse ein beschränkt geschäftsfähiges Kind von seinem gesetzlichen Vertreter vertreten werden. § 9 I Nr. 3 FamFG sehe insofern eine – eng auszulegende – Ausnahme von diesem Grundsatz vor. Die Beschwerdebefugnis in § 60 FamFG spreche zudem für einen ausreichenden Schutz des ansonsten nicht verfahrensfähigen Kindes.[22]

Entgegen dieser Auffassung sprechen die besseren Argumente dafür, das über 14 Jahre alte Kind für verfahrensfähig zu halten. Gegenstand des kindesschutzrechtlichen Verfahrens ist der Schutzanspruch des Kindes aus der elterlichen Sorge. Aus der elterlichen Sorge, die entscheidender Bezugspunkt für familiengerichtliche Maßnahmen nach § 1666 BGB ist, resultiert ein originär bürgerlich-rechtlicher Schutzanspruch. Als einfaches Recht ergänzt es das verfassungsrechtliche Verhältnis des Kindes gegenüber dem Staat.[23] Zwar handelt es sich bei Maßnahmen nach § 1666 BGB um originär staatliche Eingriffsmaßnahmen in das elterliche Erziehungsrecht. Die Ausgestaltung dieses Erziehungsrecht im Einzelfall ergibt sich aber aus dem bürgerlich-rechtlichen Eltern-Kind-Verhältnis. Die Frage nach der Erfüllung des verfassungsrechtlichen elterlichen Schutzauftrages ist somit eine solche des bürgerlichen Rechts.

Da die familiengerichtliche Verfahrensfähigkeit des Kindes nach den Vorschriften über die Geschäftsfähigkeit beurteilt werden soll (§ 9 I Nr. 3 FamFG), dann muss

---

[19] Dazu eingehend *Burghart*, FamRZ 2019, 1029, 1030 ff.

[20] Zu den vorgebrachten Argumenten BGH, Beschl. v. 12.5.2021 – XII ZB 34/21, NJW 2021, 2734, 2736 m. w. N.

[21] Vgl. auch *Volke*, in: MüKoBGB, § 1666 Rn. 244.

[22] So im Ergebnis auch OLG Frankfurt a. M., Beschl. v. 16.12.2020 – 4 WF 188/20, FamRZ 2021, 773; *Pabst*, in: MüKoFamFG, § 9 Rn. 6; *Heiter*, FamRZ 2009, 85; *Schael*, FamRZ 2009, 265, 267.

[23] OLG Brandenburg, Beschl. v. 5.8.2021 – 13 WF 81/21, NJW-RR 2021, 1522, 1524; Beschl. v. 31.3.2014 – 13 UF 50/14, BeckRS 2014, 10188; OLG Schleswig, Beschl. v. 8.11. 2018 – 8 WF 170/18, FamRZ 2019, 1700, 1701; *Burghart*, in: BeckOGK BGB, Stand: 1.2. 2024, § 1666 Rn. 162.1.

dem beschränkt geschäftsfähigen Minderjährigen zudem auch ein Mehr an eigener Vertretungsbefugnis zugebilligt werden. Denn die §§ 107 ff. BGB sehen für den beschränkt geschäftsfähigen Minderjährigen im Gegensatz zum Geschäftsunfähigen die Möglichkeit vor, bestimmte Handlungen in rechtlich verbindlicher Art und Weise vorzunehmen. Andernfalls wäre die gesetzliche Unterscheidung zwischen Kindern im Alter von über 14 Jahren und jüngeren Kindern im FamFG obsolet. Das Kind wird durch die Anerkennung seiner Verfahrensfähigkeit auch nicht übermäßig belastet. Dem Familiengericht bleibt unbenommen, dem Kind trotz seiner bestehenden Verfahrensfähigkeit einen Verfahrensbeistand zur Unterstützung zu bestellen, soweit dies erforderlich ist. § 158 FamFG bezieht sich auf die in § 151 FamFG genannten Kindschaftssachen und hängt nicht von einer Beurteilung der rechtlichen Stellung der Beteiligten im Verfahren ab.[24] Das kinderschutzrechtliche Verfahren ist zudem nicht von der aktiven Teilnahme der Beteiligten abhängig. Das Gericht hat alle entscheidungserheblichen Tatsachen von Amts wegen zu ermitteln und zu bewerten (§ 26 FamFG).[25]

Die Annahme der Verfahrensfähigkeit gibt dem Kind somit die Möglichkeit einer aktiven Interessenvertretung im familiengerichtlichen Verfahren, ohne für das Kind von Nachteil zu sein.

III. Fazit

Die deutsche Rechtsordnung bietet Kindern und Jugendlichen die Möglichkeit, im Falle ausbeuterischer Medienarbeit Beratung und Hilfe durch das Jugendamt in Anspruch zu nehmen. Soweit dieses Anhaltspunkte für eine Kindeswohlgefährdung erkennt und diese nicht im Zusammenhang mit den Eltern beheben kann, muss es das Familiengericht anrufen Bei der gerichtlichen Durchsetzung eigener Rechte bewirken die gesetzlichen Regelungen zum Minderjährigenschutz, dass das Kind im gerichtlichen Verfahren von seinen Sorgeberechtigten abhängig ist, deren Verhalten für die Einleitung eines Verfahrens überhaupt erst den Anlass bietet. Dieses Problem hat auch der Gesetzgeber erkannt und Regelungen zur Bestellung eines Verfahrensbeistandes vorgesehen. Aus der Altersdifferenzierung innerhalb der gesetzlichen Systematik ergibt sich aber auch, dass ältere Kinder im Einzelfall ihre Rechte eigenständig geltend machen können sollen. Das Gericht ist berufen, den Interessenkonflikt zwischen Elterninteresse und Kindeswohl zu erkennen und unter Ausschöpfung aller möglichen Instrumente eine wirksame Interessenvertretung des Kindes zu ermöglichen. Dabei kommt es entscheidend auf einen schonenden Ausgleich zwischen einem Eingriff in das Elternrecht einerseits und dem Interesse des Kindes an einer effektiven Rechtswahrnehmung andererseits an.

---

[24] Vgl. *Schumann*, in: MüKoFamFG, § 158 Rn. 15; *Schlünder*, in: BeckOK FamFG, Stand: 1.2.2024, § 158 Rn. 4.

[25] OLG Koblenz, Beschl. v. 15.1.2018 – 9 WF 12/18, FamRZ 2018, 1012.

Diese Möglichkeiten des Rechtsschutzes im Falle ausbeuterischer Medienarbeit von Kindern ändern freilich nichts daran, dass es in der Praxis nur in seltenen Fällen zu einer Inanspruchnahme kommt. Dies liegt vor allem an der umfassenden Abhängigkeit des Kindes von seinen Eltern, die das Kind daran hindern wird, Hilfe beim Jugendamt zu suchen. Insofern werden weitere Rechtsinstrumente erforderlich sein, die ein Einschreiten der Behörden des Arbeitsschutzes und der Jugendämter von Amts wegen fördern. Für die Schaffung entsprechender Regelungen könnten auch die völkerrechtlichen Verpflichtungen Deutschlands sprechen.

B. Völkerrechtliche Durchsetzungs- und Überwachungsmechanismen

Trotz seiner im Grundsatz auf Kooperation basierenden Konzeption kennt das Völkerrecht in einigen menschenrechtlichen Abkommen konkrete Mechanismen zur Durchsetzung und Überwachung ihrer Garantien. Die Darstellung der nachfolgend exemplarisch für das internationale Recht zu betrachtenden Durchsetzungs- und Überwachungsmechanismen soll aber nicht darüber hinwegtäuschen, dass die Durchsetzung völkerrechtlicher Menschenrechtsschutzstandards nach wie vor von zwischenstaatlicher Kooperation abhängig ist. Ein der staatlichen Zwangsvollstreckung ähnlicher Durchsetzungsmechanismus existiert im Völkerrecht nicht. Nichtsdestotrotz lohnt sich ein Blick auf die völkerrechtlichen Durchsetzungs- und Überwachungsmechanismen, da diese jenseits der Zwangsvollstreckung politischen Druck auf die Staaten ausüben können.

Grundsätzlich bestünde neben diesen Mechanismen auf der Ebene des Unionsrechts auch die Möglichkeit, dass die Kommission der EU gem. Art. 258 AEUV ein Vertragsverletzungsverfahren gegen Mitgliedstaaten anstrengt, welche im Bereich der Medienarbeit von Kindern die RL 94/33 vor dem Hintergrund der Art. 24, 32 GRC nicht ausreichend umgesetzt haben. Die EU-Kinderrechtsstrategie der Kommission[26] vom 24.3.2021 lässt aber in ihren Passagen zur Kinderarbeit nicht erkennen, dass die Kommission entsprechende Anhaltspunkte sieht.

I. Völkervertragsrechtliche Mechanismen zur Durchsetzung und Überwachung am Beispiel der UN-Kinderrechtskonvention

Für im innerstaatlichen Recht unmittelbar anwendbare und Drittwirkung erzeugende völkerrechtliche Normen ergibt sich die Möglichkeit der Berufung vor innerstaatlichen Gerichten unmittelbar aus dem Normgehalt heraus. Die jeweilige

[26] COM (2021) 142 final, dort unter 6, S. 22 ff.

Norm ist unmittelbarer Bestandteil des nationalen Rechts[27], sodass die Durchsetzung mittels völkerrechtlicher Mechanismen nicht notwendig ist. Anders liegt der Fall bei der Betrachtung völkerrechtlicher Normen, die die Kriterien der unmittelbaren Anwendbarkeit und Drittwirkung nicht erfüllen. Der Betroffene ist hier auf die Mechanismen angewiesen, die die jeweiligen Vertragswerke bereithalten. Wie gezeigt, entfalten nur wenige völkerrechtliche Normen mit kinderarbeitsrechtlichem Bezug unmittelbare Drittwirkung.[28] Vor diesem Hintergrund lohnt sich ein Blick auf verschiedene völkerrechtliche Mechanismen zur Überwachung und Durchsetzung menschenrechtlicher Garantien. Als das praktisch bedeutsamste Vertragswerk zur Thematik der Kinderarbeit sollen nachfolgend die in der KRK angelegten Durchsetzungsmechanismen vorgestellt werden. Denn diese Mechanismen basieren in ihren Voraussetzungen und ihrer Wirkungsweise auf verschiedenen anderen menschenrechtlichen Verträgen und dienen daher als Beispiel für die Durchsetzung internationaler kinderarbeitsrechtlicher Schutzstandards. Zweck der Darstellung ist eine Überprüfung der Effektivität der jeweiligen Mechanismen zur Durchsetzung von Kinderrechten in den Medien.

1. Berichtsverfahren

Art. 44 I, Art. 45 lit. d KRK sehen zur Kontrolle der Umsetzung der Konventionsrechte ein Staatenberichtsverfahren vor. Danach sind die Vertragsstaaten verpflichtet, in regelmäßigen Abständen über den Stand der Umsetzung im eigenen Land zu berichten. Erforderlich ist eine umfassende Information über die konkrete Situation, die auch Schwierigkeiten in der Umsetzung einschließen soll. Adressaten des Staatenberichts sind die gesamte innerstaatliche Öffentlichkeit sowie der Kinderrechtsausschuss, der sich ein umfassendes Bild über die Fortschritte in dem betreffenden Land machen muss.[29] Der Ausschuss prüft die eingereichten Staatenberichte und verfasst eine sogenannte Abschließende Betrachtung („Concluding Observation").[30] Die „Concluding Observations" sind das zentrale Instrument des Kinderrechtsausschusses zur Abgabe von Stellungnahme zu den eingereichten Staatenberichten und für Empfehlungen zur künftigen Entwicklung. Diese werden wiederum den betroffenen Vertragsstaaten und der Generalversammlung übermittelt (Art. 45 lit. d KRK) und üben in dieser Hinsicht politischen Druck auf den Vertragsstaat aus. Aufgrund der in Art. 44 VI KRK festgeschriebenen Publizitätsverpflichtung dürfte sich der Druck auf die Vertragsstaaten, die Konventionsgarantien

[27] S. dazu oben 4. Kapitel A. II. 1. a).

[28] 4. Kapitel A. II. 1. c), 2. c), 3. c), 4. b), 5.

[29] *Schmahl*, Kinderrechtskonvention, Art. 45 Rn. 2; *Dorsch*, Die Konvention der Vereinten Nationen über die Rechte des Kindes, 1994, S. 281.

[30] Eingehend zum Berichtsverfahren *Verheyde/Goedertier*, in: Alen u. a., Art. 43–45, S. 15 ff.; *Schmahl*, Kinderrechtskonvention, 2017, Art. 45 Rn. 4 ff.; *Rossa*, Kinderrechtskonvention, 2013, S. 129 ff.; *Geißler*, HuV 2001, 148, 149 f.

vollständig umzusetzen, auch durch eine breite Kenntnisnahme der Öffentlichkeit weiter verstärken.[31]

Über ein bloßes „naming and shaming" hinaus entfaltet das Berichtsverfahren aber keine weitere Rechtswirkung. Die in den „Concluding Observations" enthaltenen Bedenken und Empfehlungen des Kinderrechtsausschusses entfalten für die Vertragsstaaten keinerlei rechtliche Bindungswirkung.[32] Nichtsdestotrotz stellen die Stellungnahmen des Ausschusses die Rechtsauffassung des höchsten Überwachungsgremiums der KRK dar.[33] Die beharrliche Widersetzung, eine Empfehlung des Ausschusses umzusetzen, dürfte also zumindest in der Zivilgesellschaft des Staates kritisiert werden und eine entsprechende Wirkung erzielen.[34]

2. Mitteilungsverfahren

In ihrer Entstehung war die KRK von dem Gedanken der zwischenstaatlichen Kooperation und Diskussion geprägt. Vor diesem Hintergrund verwundert es nicht, dass die Konvention ursprünglich ohne die Möglichkeit einer Individualbeschwerde ausgestaltet wurde.[35] Dass der bewusste Verzicht auf Individualbeschwerdemöglichkeiten beim Abschluss völkerrechtlicher Verträge auch ein Mittel zur Erhöhung der Ratifizierungsquote sein kann, zeigen verschiedene Beispiele menschenrechtlicher Verträge. So sind z. B. die Individualbeschwerdemechanismen für den IPbpR und dcn IPwskR ebenfalls in Fakultativprotokollen enthalten, die in beiden Fällen eine deutlich geringere Anzahl an Ratifizierungen aufweisen.[36] Das gleiche Phä-

---

[31] Diese Publizitätsverpflichtung war bei Schaffung der KRK ein Novum in einem menschenrechtlichen Abkommen, *Dorsch*, Die Konvention der Vereinten Nationen über die Rechte des Kindes, 1994, S. 287.

[32] *Verheyde/Goedertier*, in: Alen u. a., Art. 43–45, S. 30; *Schmahl*, Kinderrechtskonvention, Art. 45 Rn. 8.

[33] *Verheyde/Goedertier*, in: Alen u. a., Art. 43–45, S. 30.

[34] In Deutschland legt die National Coalition, ein Zusammenschluss von rund 100 bundesweit tätigen Organisationen und Initiativen, bspw. parallel zu den Staatenberichten sog. „Schattenberichte" vor, die sich kritisch mit dem Staatenbericht auseinandersetzen. Vgl. für den aktuellen Bericht, *National Coalition Deutschland*, Die Umsetzung der UN-Kinderrechtskonvention in Deutschland – 5./6. Ergänzender Bericht an die Vereinten Nationen, 2019, https://umsetzung-der-kinderrechtskonvention.de/wp-content/uploads/2019/10/NC_Ergaenzen derBericht_DEU_Web.pdf [zuletzt geprüft am 24. 3. 2024].

[35] *Rossa*, Kinderrechtskonvention, 2013, S. 138; *Geißler*, HuV 2001, 148, 150. Vielfach wird das Verfahren des 3. Fakultativprotokolls zur KRK auch Individualbeschwerdeverfahren genannt, vgl. z. B. *Schmahl*, Kinderrechtskonvention, Art. 11 3. FP-KRK Rn. 1 ff.; *Löhr*, MRM 2011, 115. Angesichts der authentischen englischen Sprachfassung („communications procedure") ist der Begriff des Mitteilungsverfahrens aber sprachlich präziser und soll im Folgenden für die Beschreibung des Verfahrens verwendet werden.

[36] Vgl. für den IpbpR https://treaties.un.org/Pages/ViewDetails.aspx?src=TREATY&mtdsg_no=IV-5&chapter=4&clang=_enund [zuletzt geprüft am 24. 3. 2024], für den IPwskR https://treaties.un.org/Pages/ViewDetails.aspx?src=TREATY&mtdsg_no=IV-3-a&chapter=

nomen zeigt sich auch für das Mitteilungsverfahren der KRK. Während das ursprüngliche Vertragswerk 196 Staaten ratifiziert haben,[37] gilt dies für das 3. Fakultativprotokoll zur KRK (3. FP-KRK), mit dem das Mitteilungsverfahren eingeführt wurde,[38] nur für lediglich 50 Staaten.[39] Für die Bundesrepublik Deutschland ist das Fakultativprotokoll am 14.4.2014 in Kraft getreten.[40]

a) Zulässigkeitsvoraussetzungen

Das Mitteilungsverfahren der KRK orientiert sich im Wesentlichen an den existierenden Verfahren anderer Menschenrechtsübereinkommen.[41] Zuständiges Organ für die Durchführung ist nach Art. 1 3. FP-KRK der Kinderrechtsausschuss. Das Mitteilungsverfahren kann gemäß Art. 5 I 3. FP-KRK durch eine der Hoheitsgewalt eines Vertragsstaats unterstehende Einzelperson oder Personengruppe eingeleitet werden, die eine Verletzung eines Rechts aus der KRK oder ihrer Fakultativprotokolle behauptet. Die Möglichkeit, eine Mitteilung bei dem Kinderrechtsausschuss einzureichen, ist bewusst nicht auf Kinder im Sinne von Art. 1 KRK beschränkt.[42] Innerstaatliche Regelungen zur Vertretung des Kindes sind im Mitteilungsverfahren unbeachtlich.[43] Mitteilungsberechtigt sind auch volljährige Personen, die eine Verletzung vor Eintritt der Volljährigkeit geltend machen.[44]

Wie auch grundsätzlich im innerstaatlichen Recht ist die Mitteilungsfähigkeit von der Mitteilungsbefugnis zu trennen. Mitteilungsbefugt sind ausschließlich solche Personen oder Personengruppen, die eine eigene und gegenwärtige Verletzung ihrer Konventionsrechte hinreichend substantiiert geltend machen. Konsequenterweise

---

4&clang=_en [zuletzt geprüft am 24.3.2024]. Vgl. für eine Übersicht über die Überwachungsausschüsse anderer menschenrechtlicher Vertragswerke *Löhr*, MRM 2011, 115, 116.

[37] https://treaties.un.org/Pages/ViewDetails.aspx?src=TREATY&mtdsg_no=IV11&chapter=4&clang=_en [zuletzt geprüft am 24.3.2024].

[38] *UN GA*, Resolution 66/138, Optional Protocol to the Convention on the Rights of the Child on a communications procedure, UN Doc. A/RES/66/138 (19.12.2011); BGBl. 2012 II, S. 1546.

[39] https://tbinternet.ohchr.org/_layouts/15/TreatyBodyExternal/Treaty.aspx?Treaty=CRC&Lang=en [zuletzt geprüft am 24.3.2024].

[40] BGBl. 2014 II, S. 300. Zur individuellen Beschwerdemöglichkeit des Fakultativprotokolls nach dem Beitritt der Bundesrepublik Deutschland *Lörcher*, AuR 2023, 278, 279 ff.

[41] Zu nennen sind hier z. B. die oben bereits genannten IPbpR und IPwskR. Aber auch das Internationale Übereinkommen zur Beseitigung jeder Form von Rassendiskriminierung oder das Übereinkommen über die Rechte von Menschen mit Behinderungen sehen vergleichbare Verfahren vor, *Löhr*, MRM 2011, 115, 116; *Schmahl*, Kinderrechtskonvention, Art. 11 3. FP-KRK Rn. 1; *Rossa*, Kinderrechtskonvention, 2013, S. 143 ff.

[42] *UN GA*, Report of the Open-ended Working Group on an optional protocol to the Convention on the Rights of the Child to provide a communications procedure, UN-Doc. A/HRC/17/36, Rn. 39.

[43] *Schmahl*, Kinderrechtskonvention, Art. 11 3. FP-KRK Rn. 4; *Rossa*, Kinderrechtskonvention, 2013, S. 149 f.; *Löhr*, MRM 2011, 115, 120 f.

[44] *Löhr*, MRM 2011, 115, 120 f.

können daher auch nur subjektiv-individuelle Konventionsrechte Gegenstand eines Mitteilungsverfahrens sein.[45] Art. 7 3. FP-KRK sieht die wesentlichen sonstigen Zulässigkeitsvoraussetzungen vor. Herauszuheben ist hier insbesondere die Subsidiarität des Mitteilungsverfahrens gegenüber innerstaatlichen Rechtsbehelfen. Der Mitteilungsführer muss zuvor alle innerstaatlichen administrativen und judikativen Möglichkeiten ausgeschöpft haben, gegen die behauptete Rechtsverletzung vorzugehen (Art. 7 lit. e 3. FP-KRK). In Deutschland umfasst dies auch die Verfassungsbeschwerde zum Bundesverfassungsgericht.[46] Die Ausschöpfung des innerstaatlichen Rechtswegs dient zum einem der Souveränitätsschonung der Vertragsstaaten und soll zum anderen Anreize schaffen, effektive Rechtsschutzmechanismen zum Wohl des Kindes einzuführen.[47]

Mitteilungen haben sich immer gegen einen Staat zu richten, der Vertragspartei des Fakultativprotokolls ist (Art. 1 III 3. FP-KRK). Der Mitteilung zugrunde liegende Tatsachen dürfen sich daher auch nur auf den Zeitraum beziehen, in dem das Fakultativprotokoll für den entsprechenden Staat bereits in Kraft getreten war. Eine Mitteilung gestützt auf Tatsachen vor Inkrafttreten des Fakultativprotokolls ist vor dem Hintergrund von Art. 7 lit. g 3. FP-KRK unzulässig. Ferner ergibt sich aus Art. 7 lit. d 3. FP-KRK ein Kumulationsverbot. Der dem Kinderrechtsausschuss mitgeteilte Sachverhalt darf nicht bereits durch den Ausschuss untersucht worden sein. Dies gilt auch für andere in internationalen Menschenrechtsverträgen vorgesehene Verfahren, sofern sie mit dem Mitteilungsverfahren vor dem Kinderrechtsausschuss vergleichbar sind.[48]

b) Verfahren und Maßnahmen des Kinderrechtsausschusses

Ist eine Mitteilung bei dem Kinderrechtsausschuss eingegangen, prüft dieser zunächst die Zulässigkeit. Dies und das gesamte weitere Verfahren folgt einem festgelegten Muster, das sich aus Art. 5 bis 11 3. FP-KRK sowie aus verschiedenen Verfahrensordnungen ergibt.[49] Kommt der Ausschuss zu dem Schluss, dass die Mitteilung zulässig ist, leitet er sie dem betroffenen Staat zu, der über den Sachverhalt und über bereits getroffene oder zu treffende Maßnahmen innerhalb von sechs Monaten schriftlich Stellung zu nehmen hat (Art. 8 3. FP-KRK). Nach Mitteilungseingang und vor einer abschließenden Entscheidung ist es dem Ausschuss

---

[45] *Schmahl*, Kinderrechtskonvention, Art. 11 3. FP-KRK Rn. 5.

[46] *Payandeh*, Rechtsgutachten Individualbeschwerde, 2014, S. 67 f.

[47] *Schmahl*, Kinderrechtskonvention, Art. 11 3. FP-KRK Rn. 9; *Rossa*, AVR 52. Bd., 2014, 566, 578.

[48] Mit dem Mitteilungsverfahren nicht vergleichbar sein sollen die Staatenberichtsverfahren oder die „Complaint Procedure“ vor dem UN-Menschenrechtsrat, *Schmahl*, Kinderrechtskonvention, Art. 11 3. FP-KRK Rn. 10; *Payandeh*, Rechtsgutachten Individualbeschwerde, 2014, S. 32 f.

[49] Im Einzelnen *Rossa*, Kinderrechtskonvention, 2013, S. 152 ff.; *Payandeh*, Rechtsgutachten Individualbeschwerde, 2014, S. 17 ff.; *Eilebrecht/Gölz*, MRM 2020, 116, 118 ff.

zudem jederzeit möglich, den betreffenden Vertragsstaat zur Abwendung irreversibler Schäden zur Ergreifung vorläufiger Maßnahmen aufzufordern (Art. 6 3. FP-KRK). Diese Aufforderung entfaltet allerdings keine rechtlich bindende Wirkung für den Vertragsstaat.[50]

Der Ausschuss orientiert sich zunächst an der Herbeiführung einer gütlichen Einigung (Art. 9 3. FP-KRK). Erst wenn eine Einigung mit dem Vertragsstaat nicht möglich ist, wird die Sache durch den Ausschuss abschließend geprüft und entschieden.[51] Dem Ausschuss stehen dabei Instrumente der Auffassung („view“) und der Empfehlung („recommendation“) zur Verfügung (Art. 10 V 3. FP-KRK). Bereits an dieser Formulierung wird der unverbindliche Rechtscharakter der Entscheidungsinstrumente deutlich. Zwar sind die Vertragsstaaten nach Treu und Glauben verpflichtet, die Auffassungen und Empfehlungen des Ausschusses bei der Ergreifung etwaiger Maßnahmen in Erwägung zu ziehen, jedoch entsteht keine unmittelbare rechtliche Bindungswirkung.[52] Gemäß Art. 11 3. FP-KRK hat der betroffene Staat im Rahmen eines sogenannten Follow-Up-Verfahrens über ergriffene Maßnahmen zur Umsetzung der Auffassungen und Empfehlungen zu berichten.[53]

3. Stellungnahme

Die auf völkerrechtlicher Ebene bestehenden Durchsetzungsmechanismen im Bereich der Kinderarbeit haben einen eher politischen Charakter. Positiv herauszustellen ist zwar, dass die existierenden Mechanismen der KRK erstmals verbindliche Regeln für die Durchsetzung von völkerrechtlichen Pflichten im Bereich der Kinderarbeit vorsehen.[54] Am Beispiel der KRK wird allerdings deutlich, dass die vorgesehenen Mechanismen allenfalls den kleinsten gemeinsamen Nenner der Staatengemeinschaft darstellen können. Es fehlt an verbindlich durchsetzbaren Sanktionen gegen Staaten, die gegen die Garantien der KRK verstoßen.

Der beschriebene politische und gesellschaftliche Druck, der eine Verletzung von völkerrechtlichen Pflichten aus der KRK nach sich ziehen kann, darf nicht darüber hinwegtäuschen, dass einzelne Staaten sich über die dort verankerten Regeln hinwegsetzen können, ohne Konsequenzen fürchten zu müssen. Allerdings können internationale Kooperation und zwischenstaatlicher Austausch, insbesondere in Hinblick auf „best practices“, dazu beitragen, Probleme in der Umsetzung zu er-

---

[50] Mit Verweis auf die Entstehungsgeschichte des 3. Fakultativprotokolls *Löhr*, MRM 2011, 115, 124.

[51] *Schmahl*, Kinderrechtskonvention, Art. 11 3. FP-KRK Rn. 14; *Löhr*, MRM 2011, 115, 125.

[52] *Schmahl*, Kinderrechtskonvention, Art. 11 3. FP-KRK Rn. 14.

[53] *Schmahl*, Kinderrechtskonvention, Art. 11 3. FP-KRK Rn. 14.

[54] So im Ergebnis für die KRK auch *Eilebrecht/Gölz*, MRM 2020, 116, 125 f.; *Rossa*, Kinderrechtskonvention, 2013, S. 156 f.; *Löhr*, MRM 2011, 115, 127.

kennen, zu adressieren und gemeinsam zu beheben.[55] Für eine effektive Durchsetzung von Rechtsverletzungen und der Verbesserung der Lage von konkret betroffenen Kindern sind sie im Ergebnis aber nur sehr eingeschränkt geeignet.

II. Durchsetzung mithilfe unilateraler völkerrechtlicher Gegenmaßnahmen

Um Kinderrechte effektiv durchsetzen zu können, bedarf es insofern Maßnahmen solcher Staaten, denen die Bedeutung dieser Rechte bewusst ist. Das institutionelle Durchsetzungsdefizit auf völkerrechtlicher Ebene muss durch ein Mehr an zwischenstaatlichem Engagement kompensiert werden. Notwendig ist daher ein zweistufiger Ansatz, um Rechtsverstöße einerseits zwischenstaatlich zu sanktionieren und andererseits Kinder zu befähigen, ihre Rechte eigenständig gegenüber den existierenden Durchsetzungsmechanismen effektiver wahrzunehmen,

1. Gegenmaßnahmen nach dem Grundsatz der Reziprozität

Der Grundsatz der Reziprozität, also der Wechselseitigkeit völkerrechtlicher Rechte und Pflichten, ist für die Entstehung und Weiterentwicklung des Völkerrechts von grundlegender Bedeutung.[56] Die Eingehung und Befolgung völkerrechtlicher Pflichten durch einen Staat schafft gleichzeitig die Grundlage für die Befolgung völkerrechtlicher Pflichten anderer Staaten ihm gegenüber.[57] Aus diesem Gedanken heraus erwachsen gleichzeitig auch die wechselseitigen Reaktionsmöglichkeiten auf Rechtsverletzungen anderer Staaten. Die Reaktions- und Sanktionsmöglichkeiten der Staaten auf eine Rechtsverletzung sind grundsätzlich mannigfaltig. Zu unterscheiden sind aber vertragsinterne Reaktionsmöglichkeiten und solche, die sich aus den Grundsätzen der Staatenverantwortlichkeit ergeben.[58] Zwischen den im Völkervertragsrecht vorgesehenen Reaktionsmöglichkeiten und den Grundsätzen der Staatenverantwortlichkeit besteht kein Ausschlussverhältnis. Das Völkervertrags-

---

[55] Vgl. zu den im Kontext der Kinderarbeit besonders relevanten internationalen Konferenzen und ihren Auswirkungen auf die Rechtssetzung der ILO *Pauly/Nierhoff*, ZESAR 2022, 489 ff.

[56] *Herdegen*, Völkerrecht, § 1 Rn. 16. Eine umfassende Auseinandersetzung mit dem Reziprozitätselement findet sich bei *Simma*, Das Reziprozitätselement im Zustandekommen völkerrechtlicher Verträge, 1972, S. 50 ff. Vgl. am Beispiel der WVK, anhand derer der Grundsatz der völkerrechtlichen Reziprozität besonders deutlich wird, *von Arnauld*, Völkerrecht, § 3 Rn. 221.

[57] *Herdegen*, Völkerrecht, § 1 Rn. 16.

[58] Zu dieser Thematik ausführlich *Forlati*, LJIL 2012, 759, 761 ff.

recht ist kein „self contained regime“, sodass beide Rechtsregime grundsätzlich autonom auf denselben Sachverhalt anwendbar sind.[59]

a) Vertragsintern ansetzende Gegenmaßnahmen

Deutlich wird die Reziprozität für vertragsinterne Reaktionsmöglichkeiten am Beispiel von Art. 60 II WVK.[60] Im Falle einer erheblichen Verletzung eines multilateralen völkerrechtlichen Vertrags durch eine Vertragspartei sind die anderen Vertragsparteien berechtigt, Gegenmaßnahmen zu ergreifen. Diese bestehen im Wesentlichen in der Beendigung oder Suspendierung des Vertrages gegenüber dem vertragsbrüchigen Staat oder gegenüber allen Vertragsstaaten (Art. 60 II lit. a–c WVK). Hinsichtlich menschenrechtlicher Vertragswerke schließt Art. 60 V WVK eine Beendigung oder Suspendierung allerdings gänzlich aus. An dieser Stelle wird der normbildende Charakter von Menschenrechtsabkommen im Gegensatz zu reinen Austauschverträgen deutlich.[61] Doch selbst wenn man diese Gegenmaßnahmen auf menschenrechtliche Abkommen anwenden wollte, wäre eine effektive Durchsetzung nicht gewährleistet. Die Suspendierung oder Beendigung eines menschenrechtlichen Vertragswerks wie der KRK stellt in dieser Hinsicht einen Rückschritt dar, da im Falle der Beendigung nicht einmal mehr der beschriebene politische und gesellschaftliche Druck durch die Existenz völkerrechtlicher Pflichten gegeben wäre.

b) Vertragsexterne Gegenmaßnahmen nach den Grundsätzen über die Staatenverantwortlichkeit

Für eine effektive Durchsetzung völkerrechtlicher Vertragspflichten ist somit auf die vertragsextern ansetzenden allgemeinen Regeln der völkerrechtlichen Verantwortlichkeit zu verweisen. Gedankliche Grundlage für die Staatenverantwortlichkeit ist die Erkenntnis, dass Staaten für ein völkerrechtswidriges Verhalten einstehen müssen. Sie begehen ein völkerrechtliches Delikt.[62] Einen Anhaltspunkt für die rechtliche Beurteilung der Staatenverantwortlichkeit bieten die Artikel der International Law Commission zur Staatenverantwortlichkeit (Articles on the Respon-

---

[59] Dies wurde von verschiedenen Staaten bisweilen in Frage gestellt, ist aber mittlerweile vom IGH klargestellt worden. Vgl. mit ausführlichen Nachweisen für die internationale Rechtsprechung *Forlati*, LJIL 2012, 759, 761 f.

[60] Zwar haben nicht alle Vertragsstaaten der KRK auch die WVK ratifiziert, jedoch handelt es sich aufgrund ihrer großen Akzeptanz bei der weit überwiegenden Mehrheit der Bestimmungen der WVK um Völkergewohnheitsrecht, so auch *von Arnauld*, Völkerrecht, § 3 Rn. 194; *Herdegen*, Völkerrecht, § 15 Rn. 4.

[61] Dazu ausführlich *von Arnauld*, Völkerrecht, § 3 Rn. 197, 247.

[62] *Crawford*, State Responsibility, 2013, S. 49; zur historischen Entwicklung des Konzepts der Staatenverantwortlichkeit, S. 3 ff. Instruktiv zu den Voraussetzungen des völkerrechtlichen Delikts *von Arnauld*, Völkerrecht, § 5 Rn. 388 ff.

sibility of States for Internationally Wrongful Acts – ASR).[63] Bei diesen Artikeln handelt es sich zwar nicht um einen völkerrechtlich verbindlichen Vertrag, als Kodifizierung des geltenden Völkergewohnheitsrechts bilden sie aber einen wichtigen Referenzpunkt für das Recht der Staatenverantwortlichkeit.[64]

Anknüpfungspunkt für das Vorliegen eines völkerrechtlichen Delikts ist ein zurechenbarer Normverstoß eines Staates (Art. 4 bis 11 ASR). Rechtsfolge ist in erster Linie die Wiederherstellung des vorherigen Zustandes, ggf. im Sinne von Schadensersatz. Bei rein immateriellen Schäden kommt auch eine Genugtuung in Betracht (Art. 34 bis 39 ASR). Art. 49 bis 54 ASR sehen zudem die Möglichkeit von Gegenmaßnahmen vor. Eine Gegenmaßnahme ist eine an sich völkerrechtswidrige gewaltfreie (Art. 50 ASR) Maßnahme eines Geschädigten, die ausnahmsweise gestattet ist, um ein völkerrechtliches Delikt eines anderen Staates abzustellen. Ziel einer Gegenmaßnahme ist die Rückkehr zur Rechtstreue des anderen Staates.[65] Mögliche Gegenmaßnahmen können insofern z. B. wirtschaftliche Sanktionen sein.

Schwierigkeiten bei der Beurteilung der Sanktionsfähigkeit eines völkerrechtlichen Delikts bereitet die Frage, ob das die Gegenmaßnahme ausführende Völkerrechtssubjekt im Sinne einer Verletzung von dem Völkerrechtsbruch unmittelbar betroffen ist.[66] Art. 31 ASR spricht in dieser Hinsicht von einer erlittenen Verletzung des Staates („injury") als Voraussetzung für die Geltendmachung der Staatenverantwortlichkeit. Zwar tritt die Verantwortlichkeit des Staates für die Begehung eines völkerrechtlichen Deliktes stets unabhängig von einer konkreten Geltendmachung ein,[67] jedoch ist die passive Deliktsfähigkeit elementare Voraussetzung für die Anwendbarkeit der ASR. Für international weitestgehend anerkannte menschenrechtliche Verpflichtungen wie die der KRK fällt diese Problematik allerdings weniger ins Gewicht. Zentrale Pflichten des internationalen Menschenrechtsschutzes gelten erga omnes, also über das konkrete Rechtsverhältnis zweier Vertragsparteien hinaus. Dies bedeutet, dass alle Signatarstaaten berechtigt sind, Verletzungen elementarer Bestandteile eines menschenrechtlichen Vertragswerkes zu rügen und Gegenmaßnahmen zu ergreifen.[68] Menschenrechtliche Normen zum Schutz von Kindern stellen solche elementaren Bestandteile des völkerrechtlichen Menschenrechtsregime dar. Dies zeigt bereits die breite internationale Akzeptanz und die hohe Ratifizierungs-

---

[63] *UN GA*, Resolution 56/83, Responsibility of States for internationally wrongful acts, UN Doc. A/Res/56/83 (28. 1. 2002). Im Einzelnen *Crawford*, State Responsibility, 2013, S. 45 ff.

[64] *Herdegen*, Völkerrecht, § 58 Rn. 1; *von Arnauld*, Völkerrecht, § 5 Rn. 384. Auch der IGH nimmt auf die ASR Bezug, was ihre Bedeutung für die Völkerrechtspraxis unterstreicht, vgl. IGH, Urt. v. 25. 9. 1997, Gabčíkovo-Nagymaros (Hungary ./. Slovakia), ICJ-Rep. 1997, 7, 50 ff.

[65] *von Arnauld*, Völkerrecht, § 5 Rn. 425.

[66] Zur Frage, ob die passive Deliktsfähigkeit einen erlittenen Schaden voraussetzt *Crawford*, State Responsibility, 2013, S. 54 ff.

[67] *Crawford*, State Responsibility, 2013, S. 67 f.

[68] *von Arnauld*, Völkerrecht, § 5 Rn. 425; *Herdegen*, Völkerrecht, § 59 Rn. 8.

quote der KRK. Es besteht eine universelle völkerrechtliche Anerkennung des Schutzes von Kindern, insbesondere vor schädlicher Arbeit.[69]

Bei der weit überwiegenden Zahl der Menschenrechtsabkommen mit kinderrechtlichem Bezug handelt es sich auch nicht um sogenannte „self contained regime", die als lex specialis zu den Regeln über das völkerrechtliche Delikt eigene Sanktionsmöglichkeiten vorsehen. Am Beispiel der KRK zeigt sich, dass die Entscheidungen des Kinderrechtsausschusses keine rechtlich verbindliche Wirkung aufweisen. Für die These, dass der Durchsetzungsmechanismus der KRK nach dem Staatenwillen als „self contained regime" konzipiert war, findet sich keine Stütze.[70] Eine Ausnahme von diesem Befund ergibt sich in Hinblick auf die rechtlich verbindliche Entscheidungsbefugnis des Europäischen Gerichtshofs für Menschenrechte für den Bereich der EMRK.[71]

Schließlich bedarf es für eine Maßnahme als Reaktion auf die Begehung eines völkerrechtlichen Delikts der Zurechnung zu einem Staat (Art. 4 bis 11 ASR). Dem Zurechnungskriterium kommt gerade bei Verstößen gegen Normen zum Schutz von Kindern vor schädlicher Arbeit eine besondere Bedeutung zu. Nur selten wird ein Staat unmittelbar durch eigenes Verhalten z. B. gegen das Verbot von wirtschaftlicher Ausbeutung in Art. 32 KRK verstoßen. Viel häufiger findet sich ein Verstoß gegen völkerrechtliche Pflichten im Verhalten Privater. Das Verhalten Privater ist dem Staat aber nicht ohne Weiteres zuzurechnen. Art. 4 bis 11 ASR knüpfen für die Zurechnung an eine originäre Verbindung zwischen den Privaten und dem Staat an. Eine solche Verbindung existiert im Fall der Kinderarbeit regelmäßig gerade nicht. Die Verletzungshandlung spielt sich im horizontalen Verhältnis zwischen Privaten ab. Staaten treffen aber Schutz- und Sorgfaltspflichten, deren Missachtung eine eigenständige Grundlage für die Staatenverantwortlichkeit darstellt.[72] Die Handlungen Privater stellen mangels Verbindung zum Staat nicht den Anknüpfungspunkt für das völkerrechtliche Delikt dar. Erst die Missachtung der Sorgfaltspflicht des Staates, effektive Maßnahmen zur Verhinderung dieser deliktischen Handlung durch Private zu treffen, löst die Staatenverantwortlichkeit aus.

Das Recht zu Gegenmaßnahmen nach den Regeln über das völkerrechtliche Delikt hängt somit von einer Feststellung der unzureichenden Befolgung der staatlichen Schutz- und Sorgfaltspflicht durch den deliktisch handelnden Staat ab. An einer solchen verbindlichen Feststellung fehlt es aber häufig. Zudem räumen auch die Regeln über die Staatenverantwortlichkeit dem Individuum keine eigenständige Rechtsposition ein, sondern sind vom Willen und den Fähigkeiten der übrigen Staaten abhängig.

---

[69] *Rossa*, Kinderrechtskonvention, 2013, S. 158 ff.

[70] Dazu ausführlich *Rossa*, Kinderrechtskonvention, 2013, S. 161 ff.

[71] *von Arnauld*, Völkerrecht, § 9 Rn. 643.

[72] *Seibert-Fohr*, ZaöRV 2013, 37, 42 ff.; *Pisillo-Mazzeschi*, GYIL 1992, 9, 10 ff.; *Crawford*, State Responsibility, 2013, S. 64 ff.; *Weatherall*, Jus Cogens, 2017, S. 356.

2. Befähigung und Unterstützung des Kindes zur Inanspruchnahme eigener Rechte

Um eine die Staatenverantwortlichkeit auslösende Rechtsverletzung verbindlich festzustellen, bedarf es, dem völkerrechtlichen Grundsatz der Kooperation folgend, des Votums einer international akzeptierten Stelle. Wie schon eingangs erwähnt,[73] sehen viele Menschenrechtsabkommen solche eigene Durchsetzungsmechanismen vor. Diese entfalten zwar, wie gezeigt wurde[74], für sich genommen keine verbindliche Rechtswirkung, können aber mittelbar über die Feststellung einer Rechtsverletzung verbindliche Rechtsfolgen im Bereich der Staatenverantwortlichkeit auslösen. Am Beispiel der KRK können die „Concluding Observations" des Kinderrechtsausschusses im Berichtsverfahren und die „Views" und „Recommendations" im Mitteilungsverfahren dazu führen, dass die Rechtsverletzung eines Staates zwar nicht verbindlich festgestellt wird, verbindliche völkerrechtliche Rechtsfolgen über mögliche Gegenmaßnahmen im Sinne von Art. 49 ff. ASR als Reaktion auf das festgestellte völkerrechtliche Delikt aber dennoch eintreten.

Insbesondere in Hinblick auf das Mitteilungsverfahren bedarf eine Entscheidung des Ausschusses aber der vorherigen Mitteilung von Individuen, die zudem zuvor auf die vollständige Ausschöpfung des innerstaatlichen Rechtswegs angewiesen sind. Notwendig sind daher die Befähigung und Unterstützung des Kindes zur Inanspruchnahme eigener Rechte bereits auf Ebene des nationalen Rechts. Hilfreich sind nationale Monitoringstellen, unabhängige Ombudsleute oder spezialisierte Parlamentsausschüsse.[75] Die Idee einer nationalen Ombudsstelle ist in Deutschland nicht neu, sondern bereits seit vielen Jahren immer wieder Gegenstand von Diskussionen.[76] Eine solche Ombudsstelle soll auf Beschwerden beratend und überwachend tätig werden, jedoch nicht zu rechtsverbindlichen Entscheidungen ermächtigt sein.[77] Obwohl auch politisch eingefordert, ist bis heute weder eine nationale Ombudsstelle eingerichtet noch eine Ombudsperson für Kinderrechte in Deutschland, nach dem Vorbild anderer Staaten, benannt.[78]

Stattdessen entschied sich die Bundesregierung bereits im Jahr 1988 für die „Kommission zur Wahrnehmung der Belange der Kinder" (Kinderkommission), einem Unterausschuss der Ausschüsse für Familie und Senioren sowie für Frauen

---

[73] 5. Kapitel B. I.

[74] 5. Kapitel B. I. 3.

[75] Ausführlich dazu *Rossa*, Kinderrechtskonvention, 2013, S. 168 ff.

[76] *Jeand'Heur*, Verfassungsrechtliche Schutzgebote zum Wohl des Kindes, 1993, S. 244 ff. Mit umfangreichen weiteren Nachweisen *Rossa*, Kinderrechtskonvention, 2013, S. 168.

[77] *Verschraegen*, Die Kinderrechtekonvention, 1996, S. 72.

[78] Die Einrichtung einer Ombudsstelle für Kinderrechte wurde im Jahr 2013 von der SPD-Fraktion im Bundestag gefordert, BT-Drs. 17/13223, S. 3. Vgl. zu unabhängigen Ombudspersonen für Kinderrechte bzw. vergleichbaren Stellen in Norwegen, Dänemark, Schweden, Frankreich und Luxemburg die Ausarbeitung des Wissenschaftlichen Dienstes des Bundestags vom 27. 6. 2013, WD 9–3000–052/13.

und Jugend.[79] Aufgabe der Kinderkommission ist es, die Rechte und Belange von Kindern gegenüber dem Parlament und der Öffentlichkeit sichtbar zu machen und deren Einhaltung zu kontrollieren.[80] Die Befugnis zur Ergreifung rechtsverbindlicher Maßnahmen ist allerdings auch für die Kinderkommission nicht vorgesehen.

Die Unterstützung von Kindern darf sich zur effektiven Rechtsdurchsetzung aber nicht in der bloßen Information des Kindes über seine Rechte oder in der Aufnahme und Bearbeitung von Beschwerden erschöpfen. Notwendig ist auch eine aktive Unterstützung im Durchsetzungsprozess durch die Beiordnung ausgebildeter Verfahrensbeistände.[81] Dies gilt insbesondere in solchen Fällen, in denen das Kind ansonsten auf die Vertretung durch seine Sorgeberechtigten angewiesen wäre.

Allerdings würde auch die Feststellung einer Rechtsverletzung im Verfahren des jeweiligen Durchsetzungsmechanismus nichts daran ändern, dass die Sanktionierung einer völkerrechtlichen Rechtsverletzung von den Maßnahmen anderer Staaten abhängt. Eine Verpflichtung, Gegenmaßnahmen gegen einen völkerrechtlich deliktisch handelnden Staat zu ergreifen, kennen die Regeln über die Staatenverantwortlichkeit nicht.

III. Die Existenz einer extraterritorialen Schutzpflicht als Mittel zur effektiveren Durchsetzung von Kinderrechten

Mit der Anerkennung universeller Menschenrechte hat das Völkerrecht großen Einfluss auf den innerstaatlichen Bereich gewonnen. War die innerstaatliche Souveränität lange Zeit unantastbar, besteht heute keine Möglichkeit mehr, Menschenrechtsfragen einseitig zu inneren Angelegenheiten zu deklarieren und Einmischungen von außen gänzlich abzuwehren.[82] Menschenrechtsabkommen gelten daher als Teil der sogenannten normbildenden Verträge („traité-lois").[83] Wesentliche Kerngewährleistungen des internationalen Menschenrechtsschutzes gelten zudem als zwingendes Völkerrecht. Die oben genannte Möglichkeit, menschenrechtlichen Vertragsverletzungen erga omnes durch Private mithilfe von Gegenmaßnahmen zu begegnen, knüpft entscheidend an die Pflicht an, Vertragsverletzungen zu vermeiden. Es handelt sich um eine staatliche Unterlassungspflicht. Eine positive völkerrechtliche Pflicht zum Schutz von Kindern und ihren Rechten im Privatverhältnis ist damit nicht zwangsläufig verbunden.

---

[79] Kommissionsdrs. 17/09, 7. Ausführlich zur Geschichte, Zusammensetzung und Auftrag der Kinderkommission *Rossa*, Kinderrechtskonvention, 2013, S. 169 ff.; *Schmidt*, IJCR 1993, 99 f.

[80] *Schmidt*, IJCR 1993, 99, 100.

[81] *Schmahl*, Kinderrechtskonvention, § 4 Rn. 9 m. w. N.

[82] *von Arnauld*, Völkerrecht, § 4 Rn. 311; *Herdegen*, Völkerrecht, § 4 Rn. 16.

[83] Dazu eingehend *Kälin*, in: BDGVR 1994, S. 9 ff.

1. Schutz vor nachteiliger Kinderarbeit als zwingendes Völkerrecht

Eine positive Schutzverpflichtung kann sich aber aus dem Charakter des völkerrechtlichen Rechts des Kindes auf Schutz vor wirtschaftlicher Ausbeutung ergeben. Als Teil des universellen völkerrechtlichen Gewohnheitsrechts beschreibt das zwingende Völkerrecht (ius cogens) solche Normen, die in materieller Hinsicht die unabänderlichen Prinzipien der internationalen Gemeinschaft darstellen.[84] Völkergewohnheitsrecht entsteht stets aufgrund übereinstimmender und konsistenter Normen des zwingenden Völkerrechts, welche als Kernbestandteile des universellen Völkerrechts erga omnes gelten.[85] Die grundsätzliche Existenz von zwingenden Normen ist weitestgehend anerkannt. Deutlich wird dies an Art. 53 S. 2, 64 WVK, die die Nichtigkeit eines im Widerspruch zu einer zwingenden völkerrechtlichen Norm stehenden Vertrages anordnen.

Für die Identifizierung von Normen des zwingenden Völkerrechts existieren keine festgelegten Regeln. Es kommt auf die universelle Akzeptanz und auf das gemeinsame Interesse der internationalen Staatengemeinschaft an einer zwingenden universellen Geltung der jeweiligen Norm an.[86] Ius cogens-Normen sind nach der Rechtsprechung des Internationalen Gerichtshofs jedenfalls solche, die die elementaren Erwägungen der Menschlichkeit darstellen.[87] Nicht alle Menschenrechte sind als ius cogens einzuordnen. Dies liegt zum einen an der unbestimmten Formulierung der allgemeinen Pflicht zur Achtung der Menschenrechte. Zum anderen ist aufgrund der uneinheitlichen Staatenpraxis davon auszugehen, dass nur ein kleiner menschenrechtlicher Kernbereich zwingenden Charakter haben soll.[88] Vor diesem Hintergrund ist es erforderlich festzustellen, ob der Schutz des Kindes vor nachteiliger Arbeit als Teil des zwingenden Völkerrechts einzuordnen ist.

Das Verbot der Kinderarbeit dürfte für sich genommen kein Teil des zwingenden Völkerrechts darstellen. Zwar weisen die entsprechenden Vertragswerke, wie die KRK und die Übereinkommen der ILO, einen nahezu universellen Ratifikationsstand auf, jedoch fehlt es an der notwendigen Staatenpraxis. Kinderarbeit ist in einigen Staaten nach wie vor ein erheblicher Wirtschaftsfaktor. Insbesondere Familien sind auf die Mitarbeit von Kindern zur Erhaltung ihrer Lebensgrundlage angewie-

---

[84] Vgl. Art. 53 S. 2 WVK; *Weatherall*, Jus Cogens, 2017, S. 3 f.; *von Arnauld*, Völkerrecht, § 3 Rn. 291; *Herdegen*, Völkerrecht, § 16 Rn. 25.

[85] *Weatherall*, Jus Cogens, 2017, S. 351 ff.

[86] *Schrader*, Nachteilige Kinderarbeit, 2008, S. 349.

[87] IGH, Urt. v. 9. 4. 1949, Corfu Channel II (United Kingdom of Great Britain and Northern Ireland ./. Albania), ICJ-Rep. 1949, 4, 22; zu den Rotkreuzabkommen Urt. v. 27. 6. 1986, Nicaragua (Nicaragua ./. USA), ICJ-Rep. 1986, 14, 218.

[88] IGH, Urt. v. 5. 2. 1970, Barcelona Traction (Belgium ./. Spain), ICJ-Rep. 1970, 3, 47. Eingehend zum Umfang von Normen des zwingenden Völkerrechts *Schrader*, Nachteilige Kinderarbeit, 2008, S. 346 ff.

sen.[89] Als ius cogens einzuordnen ist aber das Verbot der Sklaverei und sklavereiähnlicher Praktiken. Das Verbot der Sklaverei findet nicht nur in mehreren universell akzeptierten internationalen Vertragswerken Niederschlag, sondern ist auch vom Internationalen Gerichtshof und von der International Law Commission als fundamentales Menschenrecht mit zwingendem Charakter eingeordnet worden.[90]

Dass die Kinderarbeit in den Medien unter Umständen als Sklaverei oder sklavereiähnliche Praktik einzuordnen ist, wurde an anderer Stelle bereits festgestellt.[91] Art. 40, 41 ASR sehen als Rechtsfolge einer ernsthaften Verletzung von zwingendem Völkerrecht eine positive Handlungsverpflichtung der gesamten Staatengemeinschaft gegenüber dem das zwingende Völkerrecht verletzenden Staat vor.[92] Ernsthaft ist eine solche Verletzung dann, wenn dem betroffenen Staat eine grobe oder systematische Nichtbeachtung der völkerrechtlichen Pflicht vorzuwerfen ist (Art. 40 II ASR). Die Unterscheidung im Vergleich zu sonstigen völkerrechtlichen Rechtsverstößen stellt nach Ansicht der International Law Commission auf die besondere Verwerflichkeit staatlichen vorsätzlichen Handelns und die Intensität des Verstoßes hinsichtlich des Schutzzwecks der Norm und seiner Auswirkungen auf die Betroffenen ab.[93] Es obliegt internationalen Institutionen, das Vorliegen der Voraussetzungen einer ernsthaften Verletzung des zwingenden Völkerrechts festzustellen.[94] Erneut bieten sich für eine solche Feststellung die in den menschenrechtlichen Abkommen festgelegten Institutionen, wie der Kinderrechtsausschuss, an.

Sofern sie hinsichtlich ihrer Intensität und Qualität eine hinreichende Nähe zu der beschriebenen Sklavereidefinition aufweist, kann Kinderarbeit in den Medien also als zwingendes Völkerrecht positive Schutzpflichten der gesamten Staatengemeinschaft auslösen.[95]

---

[89] Vgl. den aktuellen statistischen Bericht der ILO, *ILO/UNICEF*, Child Labour – Global Estimates 2020, Trends and the Road Forward, S. 37 ff. Zum systematischen Einsatz von Kindern in indischen Steinbrüchen *Krajewski*, DÖV 2014, 721, 722 m. w. N.

[90] IGH, Urt. v. 5. 2. 1970, Barcelona Traction (Belgium ./. Spain), ICJ-Rep. 1970, 3, 32; *ILC*, Draft Articles on the Law of Treaties with commentaries, Yearbook of the International Law Commission 1966, Bd. 2, S. 261. Vgl. für die Auffassung in der Völkerrechtswissenschaft *Schrader*, Nachteilige Kinderarbeit, 2008, S. 349 ff.; *Krajewski*, DÖV 2014, 721, 722; *Kadelbach*, Zwingendes Völkerrecht, 1992, S. 296 f.; *Sinclair*, The Vienna Convention on the Law of Treaties, 1984, S. 215 ff.

[91] Vgl. 4. Kapitel A. II. 3. b) bb) (1).

[92] Zu den Einzelheiten der möglichen Maßnahmen *Weatherall*, Jus Cogens, 2017, S. 356 ff.

[93] *ILC*, Draft Articles on Responsibility for Internationally Wrongful Acts, with commentaries, Yearbook of the International Law Commission 2001, Bd. 2, Art. 40 Rn. 8.

[94] *ILC*, Draft Articles on Responsibility for Internationally Wrongful Acts, with commentaries, Yearbook of the International Law Commission 2001, Bd. 2, Art. 40 Rn. 9.

[95] So grundsätzlich zur Kinderarbeit auch *Schrader*, Nachteilige Kinderarbeit, 2008, S. 350 f.

2. Extraterritoriale Wirkung der staatlichen Schutzpflicht

Verletzungen von Normen des zwingenden Völkerrechts im Kontext der Kinderarbeit erfolgen regelmäßig im Verhältnis Privater untereinander. Es besteht insofern nach den vorstehenden Ausführungen eine Schutzpflicht der Staatengemeinschaft zur Verhinderung und Sanktionierung solcher Verletzungen. Unklar ist allerdings, ob sich aus diesem Befund auch die staatliche Verpflichtung ergibt, gegen Menschenrechtsverletzungen vorzugehen, die durch Private auf dem Gebiet eines anderen Staates begangen werden. Die Annahme einer solchen Verpflichtung wäre die weitestgehende Durchsetzungsmöglichkeit von internationalen Kinderrechten. Jeden Staat träfe die Verpflichtung, gegen bekannt gewordene Verletzungen, gleich auf welchem Staatsgebiet erfolgt, vorzugehen.

Damit ist die Frage nach der extraterritorialen Wirkung der staatlichen Schutzpflicht angesprochen.

a) Ausdehnung der staatlichen Schutzverpflichtung inter partes

Eine über das eigene Staatsgebiet hinausgehende Verpflichtung zum Schutz von Rechten des Kindes ist völkerrechtlich weder kodifiziert noch völkergewohnheitsrechtlich anerkannt. Das Thema der völkerrechtlichen Verantwortlichkeit für das Verhalten Privater hat allerdings in den vergangenen Jahren zunehmend Aufmerksamkeit erfahren.[96] Für den IPbpR hat der UN-Menschenrechtsausschuss eine solche positive extraterritoriale Schutzverpflichtung grundsätzlich anerkannt. Staaten seien zwar nicht davon befreit, die innerstaatlichen Voraussetzungen zum Schutz ihrer Staatsangehörigen vor Menschenrechtsverletzungen zu schaffen. Insofern bestehe keine unmittelbare Horizontalwirkung. Jedoch könne das Versäumnis eines Staates, Staatsangehörige vor einer Rechtsverletzung durch andere Private zu schützen, selbst eine Verletzung des Paktes darstellen.[97]

Für die KRK hat der UN-Kinderrechtsausschuss eine ähnliche Wirkung festgestellt. Unter Verweis auf die völkerrechtliche Pflichtentrias zur Verwirklichung von Menschenrechten (responsibility to respect, protect and fulfill human rights) sei eine Verpflichtung zum Schutz von Kinderrechten nicht zwingend auf das eigene Staatsgebiet begrenzt. Aus den Garantien und der Präambel der KRK ergebe sich die Notwendigkeit zur zwischenstaatlichen Kooperation und Durchsetzung von Kinderrechten.[98]

---

[96] Vgl. für das Verhalten transnationaler Unternehmen im Ausland *Bernstorff*, AVR 49. Bd., 2011, 34, 35 ff.

[97] *UN Human Rights Committee*, General Comment No. 31 [80], UN-Doc. CCRP/C/21/Rev.1/Add. 13 (26.5.2004), Rn. 8.

[98] *CRC*, General Comment No. 16, UN-Doc. CRC/C/GC/16 (17.4.2013), Rn. 39 ff. Vgl. zur extraterritorialen Anwendbarkeit der EMRK im Kontext transnationaler Unternehmen ausführlich *Bleier*, Die extraterritoriale Anwendbarkeit der EMRK, 2019.

Mit Blick auf die Geschäftstätigkeiten transnationaler Unternehmen hat zudem eine Expertengruppe aus Maastricht eine Handlungspflicht des Heimatstaates dann angenommen, wenn das Unternehmen den Schwerpunkt seiner Tätigkeit im Ausland hat oder wesentliche Geschäftstätigkeiten dort ausübt.[99]

Diese Erwägungen beziehen sich jedoch auf Sachverhalte, in denen sich eine gewisse inhaltliche Verbindung des Staates zu den Aktivitäten Privater, sei es durch die Staatsangehörigkeit oder durch die inländische Unternehmensregistrierung, feststellen lassen wird. In diesen Fällen kann sich eine Ausweitung des staatlichen Schutzpflichtkonzepts ergeben. Nichtsdestotrotz ist das Konzept der Ausweitung eigener staatlicher Schutzpflichten in der Völkerrechtspraxis nicht universell anerkannt. Die Diskussion steht, insbesondere hinsichtlich wirtschaftlicher, sozialer und kultureller Menschenrechte, noch am Anfang. So kann von einer einheitlichen Staatenpraxis im Sinne der Entstehung von Völkergewohnheitsrecht noch keine Rede sein.[100] Zudem beantwortet die Ausweitung eigener Schutzpflichten nicht die Frage nach der Reichweite und dem Umfang der Pflicht zur Durchsetzung universell geltender Menschenrechte. In diesen Fällen existiert gerade keine inhaltliche Verbindung zwischen dem Staat und der extraterritorialen Menschenrechtsverletzung.

b) Staatliche Schutzpflicht aus der universellen Geltung des zwingenden Völkerrechts

Die völkerrechtliche Pflicht zum Schutz vor Verletzungen zwingenden Völkerrechts ist somit im Verhältnis des verletzenden Staates einerseits und der Staatengemeinschaft andererseits zu betrachten. Unabhängig von den Garantien einzelner Menschenrechtsverträge ergibt sich aus der Einordnung einer Norm als zwingendes Völkerrecht eine universelle Schutzpflicht. Diese Schutzpflicht erstreckt sich in erster Linie auf eigene Staatsangehörige und sodann auf die Staatsangehörigen ausländischer Staaten. Eine Rechtsgutverletzung allein löst aber noch keine staatliche Schutzpflicht aus.[101] Sofern der andere Staat bestmöglich alle Maßnahmen trifft, um eine Verletzung zu vermeiden, diese aber gleichwohl eintritt, liegt keine Pflichtverletzung vor.[102] Es handelt sich hier erneut um die bereits angesprochene staatliche Sorgfaltspflicht. Die Einhaltung des zwingenden Völkerrechts wird gegenüber der gesamten Staatengemeinschaft geschuldet. Dies ergibt sich aus der Wirkung dieser Normen erga omnes. Im Gegensatz zur oben beschriebenen staatlichen Schutzverpflichtung inter partes betrifft die Schutzpflicht hinsichtlich der Einhaltung des zwingenden Völkerrechts dogmatisch nicht nur das Verhältnis zu einem anderen Staat. Die Staatengemeinschaft als Ganzes ist verpflichtet, eine

---

[99] Maastricht Principles on Extraterritorial Obligations of States in the Area of Economic, Social and Cultural Rights, 2012, Rn. 25; *Schmahl*, Kinderrechtskonvention, § 36 Rn. 10.

[100] *Bernstorff*, AVR 49. Bd., 2011, 34, 52 ff.; *Schrader*, Nachteilige Kinderarbeit, 2008, S. 350 f.

[101] *Seibert-Fohr*, ZaöRV 2013, 37, 50.

[102] *Seibert-Fohr*, ZaöRV 2013, 37, 50.

Verletzung des zwingenden Völkerrechts zu verhindern und bereits eingetroffene Verletzungen zu ahnden.[103] Diese Verpflichtung ist nicht auf das Gebiet eines Staates begrenzt, sondern erstreckt sich universell auf die Hoheitsgebiete aller Staaten der internationalen Gemeinschaft.

Die in Betracht kommenden Maßnahmen zur Umsetzung der Staatenpflicht im Falle einer eingetretenen Verletzung von zwingendem Völkerrecht lassen sich nicht systematisieren. Insbesondere extraterritorial wirkende Maßnahmen sind abhängig von verschiedenen politischen und rechtlichen Wechselwirkungen, die entscheidend von den jeweils beteiligten Staaten abhängen.[104] Im Kontext der rechtlichen Befassung mit der Situation der Apartheid in Südafrika hat der Internationale Gerichtshof beispielsweise deutlich gemacht, dass geeignete Maßnahmen der internationalen Gemeinschaft unter anderem der Abbruch diplomatischer und wirtschaftlicher Beziehungen sein können.[105]

IV. Fazit

Auf völkerrechtlicher Ebene existieren verschiedene Möglichkeiten, für das Kind nachteilige Kinderarbeit in den Medien zu verhindern und Rechtsverstöße zu sanktionieren. Obwohl das Völkerrecht entscheidend von zwischenstaatlicher Kooperation und Konsens abhängig ist, besteht in Hinblick auf die schlimmsten Formen von Menschenrechtsverletzungen eine universelle Handlungspflicht der Staatengemeinschaft. Zu beachten ist allerdings, dass diese Pflicht zur Reaktion auf Rechtsverletzungen ausländischer Staaten nur in solchen Konstellationen in Betracht kommt, in denen das Kind im Sinne der Definition der Sklaverei oder sklavereiähnlichen Handlungen ausgebeutet wird. Nur in diesen Fällen handelt es sich um einen Verstoß gegen zwingendes Völkerrecht.

Dieses Ergebnis ist hinzunehmen. Eine weitreichende extraterritoriale Schutzpflicht, die potenziell auf Völkerrechtsverletzungen jedweder Art anwendbar sein könnte, würde eine unklare Rechtslage schaffen. Dies birgt die Gefahr, dass Staaten, aus Sorge vor weitreichenden gerechtfertigten Gegenmaßnahmen, von vornherein auf die Eingehung menschenrechtlicher Verpflichtungen verzichten. Auf seinem eigenen Staatsgebiet obliegt es aber jedem Staat, die Einhaltung seiner völkerrechtlichen Verpflichtungen einzuhalten und zu überwachen.

---

[103] *Weatherall*, Jus Cogens, 2017, S. 361.

[104] *Weatherall*, Jus Cogens, 2017, S. 361; *Sicilianos*, in: Crawford u. a., International Responsibility, S. 1140 ff.

[105] IGH, Advisory Opinion v. 21. 6. 1971, Legal Consequences for States of the Continued Presence of South Africa in Namibia (South West Africa) Notwithstanding Security Council Resolution 276 (1970), ICJ-Rep. 1971, 16, Rn. 119 ff.

C. Plädoyer für eine effektivere Durchsetzung von Kinderrechten in den Medien

Die vorstehenden Ausführungen haben Möglichkeiten und Probleme bei der Durchsetzung von Kinderrechten in den Medien im nationalen und internationalen Recht aufgezeigt. Wie an verschiedener Stelle deutlich geworden ist, bestehen die Schwierigkeiten weniger aufgrund fehlender Durchsetzungsinstrumente, sondern auf der Ebene der zur Durchsetzung berufenen Institutionen. Das bereits angesprochene Subsumtionsdefizit bei der Verhinderung und Sanktionierung von nachteiliger Kinderarbeit in den Medien ist nach alledem nicht nur auf nationaler Ebene, sondern auch im internationalen Recht zu beobachten. Während das internationale Recht zu seiner Durchsetzung aber vom Willen und der Kooperation der Staaten abhängig ist, sieht das nationale Recht verbindliche Durchsetzungsregelungen vor. Dass die notwendigen Durchsetzungsinstrumente dort bereits gesetzlich verankert sind, bedeutet nicht, dass eine Reform nicht notwendig wäre. Die im Folgenden aufgezeigten Beispiele aus den Vereinigten Staaten und Frankreich sollen vielmehr verdeutlichen, dass eine gesetzliche Novellierung des nationalen Rechts über die Kinderarbeit erforderlich sein kann, um das Phänomen der Kinderarbeit in Medien, auch im digitalen Raum, adäquat zu erfassen und gesetzliche Schutzmaßnahmen wirksam durchzusetzen.

I. USA: Der „Coogan Act“

Als Sitz vieler großer Technologie- und Unterhaltungsunternehmen sind die USA naturgemäß bei der Betrachtung der Kinderarbeit in den Medien besonders in den Blick zu nehmen. Acht der zehn umsatzstärksten Medienunternehmen waren im Jahr 2021 in den USA ansässig.[106] Auch aus diesem Grund existierten dort schon früh Regelungen zum Schutz von Kindern vor nachteiliger Arbeit.[107]

Die wichtigste gesetzliche Regelung auf Bundesebene ist der „Fair Labour Standards Act“ (FLSA) aus dem Jahr 1938.[108] Der FLSA regelt die Beschäftigungsbedingungen von in den USA arbeitenden Personen. Vergleichbar mit dem deutschen JArbSchG verbietet der FLSA auch die Beschäftigung von Kindern unter 14 Jahren und knüpft die Beschäftigung von älteren Kindern an bestimmte Vor-

[106] Vgl. die Statistik des Anbieters von Markt und Konsumentendaten *Statista*, https://de.statista.com/statistik/daten/studie/182990/umfrage/die-25-groessten-medienkonzerne-nach-umsatz/#:~:text=Die%20Google%2DMutter%20Alphabet%20Inc,110%2C7%20Milliarden%20Euro%20Umsatz [zuletzt geprüft am 24. 3. 2024].

[107] Vgl. zur Entwicklung der Regelungen zum Schutz von Kindern in den Medien in den USA *Masterson*, UPLR 2021, 1, 8 ff.

[108] Fair Labour Standards Act of 1938, 29 U.S.C. §§ 201 ff. Ausführlich zu den Regelungen des FLSA *Podlas*, UCLA ELR 2010, 39, 47 ff.

aussetzungen in Bezug auf die Arbeitsbedingungen.[109] Aufgrund der Fokussierung auf „oppressive child labour" (belastende Kinderarbeit) sieht der FLSA umfangreiche Ausnahmeregelungen vor. Hier besonders relevant ist die gänzliche Ausnahme von Beschäftigungen in den Medien. Das Gesetz solle nach dem Wortlaut nicht auf die Beschäftigung von Kindern als Schauspieler oder Mitwirkende in Film-, Fernseh- und Theaterproduktionen anwendbar sein.[110] Diese umfassende Bereichsausnahme ist zum einen darauf zurückzuführen, dass der US-Bundesgesetzgeber der Dreißigerjahre Kinderarbeit in den Medien nicht als „oppressive", sondern primär als Chance für die Entwicklung von Talenten gesehen hat.[111] Zum anderen bestand die Sorge, dass zum damaligen Zeitpunkt populäre Kinderstars an Auftritten gehindert worden wären.[112] Aus diesem Grund obliegt der Schutz von Kindern in den Medien in den USA dem Recht der Bundesstaaten. Konsequenz dieser föderalen Konzeption ist, dass der Schutzstandard eines in den Medien beschäftigten Kindes davon abhängt, in welchem Bundesstaat es der Tätigkeit nachgeht. So sehen z.B. Kalifornien und New York sehr strikte Regelungen vor, während in Mississippi keinerlei Regelungen in dieser Hinsicht bestehen.[113]

Die föderal divergierenden Schutzstandards erhöhen das Risiko des sogenannten „forum shopping", also der bewussten Ausnutzung von Schutzlücken durch eine Verlagerung der Geschäftstätigkeit.[114] Dies gilt besonders für die Tätigkeit als Kidfluencer, da diese an keinen bestimmten Ort gebunden ist, sondern grundsätzlich aus jedem beliebigen Bundesstaat heraus durchgeführt werden kann.

Der US-Bundesstaat Kalifornien stellt seit jeher ein Zentrum der globalen Medienindustrie dar. Als solches gilt Kalifornien auch als Vorreiter in Bezug auf die rechtliche Ausgestaltung und den Schutz von Kindern bei einer Beschäftigung in den Medien. Ein Meilenstein in diesen Bemühungen stellt das Gesetz über den Schutz von Kinderdarstellern („California Child Actor's Bill"[115]) dar. Das auch „Coogan Act"[116] genannte Gesetz verpflichtet die Eltern eines als Schauspieler tätigen Kindes, 15% der aus der Tätigkeit generierten Einnahmen bis zum 18. Geburtstages des Kindes in einem sogenannten „Coogan Fund", einem treuhänderisch verwalteten

---

[109] Dies ist in 29 U.S.C. § 212 geregelt; *Masterson*, UPLR 2021, 1, 9.

[110] 29 U.S.C. § 213 (c) (3): „[...] shall not apply to any child employed as an actor or performer in motion pictures or theatrical productions, or in radio or television productions."

[111] Cong. Rec. – House 82, 1937, S. 1780.

[112] In Anlehnung an die damals als Kinderstar bekannte Shirley Temple wird diese Bereichsausnahme des FLSA auch als „Shirley Temple Act" bezeichnet, *Podlas*, UCLA ELR 2010, 39, 57f.

[113] *Masterson*, UPLR 2021, 1, 11.

[114] *Masterson*, UPLR 2021, 1, 11.

[115] Cal. Fam. Code § 6750ff.; Cal. Lab. Code § 1700.37.

[116] Die Bezeichnung „Coogan Act" geht zurück auf den berühmten Kinderschauspieler Jackie Coogan, dessen Mutter die aus seiner Tätigkeit stammenden Einnahme sämtlich für sich selbst ausgab und daraufhin von Coogan nach Erreichen der Volljährigkeit verklagt wurde, *Krieg*, UPJLEL 2004, 429, 433f.

Konto, anzulegen. Sofern die Eltern nicht als Arbeitgeber auftreten, sind sie verpflichtet, dem tatsächlichen Arbeitgeber die Einrichtung des Treuhandkontos mitzuteilen, damit dieser die dem Kind zustehenden Einnahmen direkt einzahlen kann.[117] Neben diesem finanziellen Aspekt des Schutzes vor wirtschaftlicher Ausbeutung regelt das Recht des Bundesstaates Kalifornien auch noch weitere Aspekte der Beschäftigung von Kinderschauspielern, wie Arbeitszeiten und Ruhephasen.[118]

Der „Coogan Act" ist allerdings auf die Tätigkeit als Kidfluencer nicht ohne Weiteres anwendbar. Ein entsprechender Reformentwurf aus dem Jahr 2018 sollte die Tätigkeit in sozialen Netzwerken explizit in den Gesetzestext aufnehmen. Die entsprechenden Formulierungen wurden allerdings im Verlauf des Gesetzgebungsprozesses aus dem Entwurf gestrichen, sodass der „Coogan Act" bis auf Weiteres nur auf die Tätigkeiten in den klassischen Massenmedien begrenzt bleibt.[119]

II. Frankreich: Das Gesetz zur Regelung digitaler Kinderarbeit

In Frankreich ist am 19. 10. 2020 das Gesetz zur Regelung der kommerziellen Nutzung des Bildes von Kindern unter 16 Jahren auf Online-Plattformen (Gesetz 2020–1266)[120] in Kraft getreten. Der französische Gesetzgeber erkennt damit ausdrücklich an, dass die kommerzielle Nutzung der sozialen Medien von Kindern unter sozialen Gesichtspunkten problematisch ist und erhebliche Folgen für die Entwicklung des Kindes und seiner Familie haben kann.[121] Erklärtes Ziel war die rechtliche Erfassung des Phänomens der kommerziellen Nutzung sozialer Medien durch Kinder.[122]

Art. 1 Gesetz 2020–1266 stellt die Tätigkeit von Kindern unter 16 Jahren als Kidfluencer in sozialen Netzwerken den übrigen Tätigkeiten in der Medien- und Unterhaltungsbranche gleich. Kinderarbeit, auch im digitalen Raum, ist demnach grundsätzlich verboten. Für eine Ausnahme ist eine Genehmigung seitens der zuständigen Stelle auf Antrag der gesetzlichen Vertreter erforderlich (Art. 1 V Gesetz 2020–1266). Wie im deutschen JArbSchG ist das Vorliegen eines förmlichen Arbeitsvertrages nicht erforderlich, um auch Graubereiche der Beschäftigung zu er-

---

[117] *Masterson*, UPLR 2021, 1, 11 f.; *Guzman*, CFLJ 2020, 85, 100.

[118] 8 Cal. Lab. Code §§ 11755 ff.; *Masterson*, UPLR 2021, 1, 12 f.

[119] Vgl. m. w. N. *Masterson*, UPLR 2021, 1, 13 f.

[120] Loi no. 2020–1266 visant à encadrer l'exploitation commerciale de l'image d'enfants de moins de seize ans sur les plateformes en ligne du 19. 10. 2020, Journal officiel électronique authentifié no. 0255, 20. 10. 2020, https://www.legifrance.gouv.fr/download/pdf?id=ZH19Uvg25Lf1vvwmpeAODXB0La5rYk6ys5dm_FwTPZs= [zuletzt abgerufen am 24. 3. 2024].

[121] *Dannecker*, NZFam 2020, 1093, 1094.

[122] Vgl. den Gesetzentwurf v. 17. 12. 2019, *Assemblée Nationale*, Texte nº 2519: Proposition de loi visant à encadrer l'exploitation commerciale de l'image d'enfants de moins de seize ans sur les plateformes en ligne, https://www.assemblee-nationale.fr/dyn/15/textes/l15b2519_proposition-loi.pdf [zuletzt abgerufen am 24. 3. 2024].

fassen.[123] Nach Art. 3 I Gesetz 2020–1266 unterliegen die gesetzlichen Vertreter beim Vorliegen bestimmter Voraussetzungen hinsichtlich Dauer und Intensität einer Meldeverpflichtung. Zudem gelten spezifische Arbeits- und Pausenzeiten, die von der zuständigen Stelle überwacht werden.[124]

Vergleichbar mit dem Konzept der „Coogan Funds" sind Einnahmen aus der Tätigkeit als Kidfluencer, die eine bestimmte Schwelle überschreiten, gänzlich auf ein Treuhandkonto bei dem staatlichen Finanzinstitut „Caisse des Dépôts et Consignations" einzuzahlen und bis zur Volljährigkeit zu verwalten (Art. 3 III Gesetz 2020–1266). Das Gesetz nimmt auch die Plattformbetreiber in den Blick. Diese sind aufgefordert, ihre Anstrengungen zur Verhinderung und Sanktionierung von Verstößen gegen das Gesetz zu verstärken und Maßnahmen zur Sensibilisierung und Aufklärung über die Risiken der Mediennutzung zu ergreifen.[125] Art. 6 Gesetz 2020–1266 sieht schließlich eine Geltendmachung des Rechts des Kindes auf Löschung seiner digitalen Daten ohne die Mitwirkung seiner gesetzlichen Vertreter vor.

III. Stellungnahme

Die Beispiele aus den USA und Frankreich zeigen, dass eine effektivere Durchsetzung der gesetzlichen Regelungen zum Schutz von in den Medien beschäftigter Kinder möglich ist und gelingen kann. Wie bereits im Rahmen der Ausführungen zum nationalen Arbeitsrecht dargestellt, sieht auch das deutsche Recht die Möglichkeit vor, die arbeitsvertragliche Hauptleistungspflicht durch die wirtschaftliche Anlage des erzielten Einkommens zu erfüllen.[126] Dem Vorbild des „Coogan Funds" folgend, wären aber gleichwohl konkrete gesetzliche Vorgaben zur Art und Weise und zum Umfang der Geldanlage auch im nationalen Recht wünschenswert. So würde die gesetzliche Klarstellung, dass die arbeitgeberseitige vertragliche Hauptleistungspflicht durch die Einzahlung eines bestimmten Vertrages in einen festgelegten, staatlich überwachten Fonds bewirkt wird, für Rechtsklarheit sorgen. Das Kind würde so einen Anspruch auf Auszahlung der in diesem Fonds befindlichen Summe mit Vollendung des 18. Lebensjahres erwerben.

[123] *Assemblée Nationale*, Texte n° 2519: Proposition de loi visant à encadrer l'exploitation commerciale de l'image d'enfants de moins de seize ans sur les plateformes en ligne, https://www.assemblee-nationale.fr/dyn/15/textes/l15b2519_proposition-loi.pdf [zuletzt abgerufen am 24.3.2024].

[124] Dazu ausführlich *Dannecker*, NZFam 2020, 1093, 1094; *Lemmert*, Die Vermarktung des Kindes im Influencer-Marketing, 2022, S. 112.

[125] Die Assemblè Nationale betont, dass die Verwirklichung der gesetzlichen Vorschriften in einer digitalen Welt nur mithilfe der entsprechenden Plattformbetreibern geleistet werden kann, *Assemblée Nationale*, Texte n° 2519: Proposition de loi visant à encadrer l'exploitation commerciale de l'image d'enfants de moins de seize ans sur les plateformes en ligne, https://www.assemblee-nationale.fr/dyn/15/textes/l15b2519_proposition-loi.pdf [zuletzt abgerufen am 24.3.2024].

[126] S. o. 3. Kapitel B. I. 3. c) cc) (3).

Entscheidend für die Umsetzung dieses Vorschlags ist die Berücksichtigung aller in Betracht kommender Phänomenbereiche. Insbesondere hinsichtlich der Kinderarbeit im digitalen Raum fehlt es an der notwendigen Sensibilisierung der notwendigen Stellen, von der zuständigen Arbeitsschutzbehörde, dem Jugendamt bis zum Bundesgesetzgeber.[127] Dieses Problem wird auch am Beispiel des „Coogan Funds" deutlich. Dieser ist bis heute nicht ausdrücklich auf die Arbeit von Kidfluencern anwendbar. Indes sind die Risiken für das Kind mit den im Zusammenhang mit einer klassischen Medientätigkeit bestehenden Risiken vergleichbar und übersteigen diese bisweilen sogar.[128] Diese Gefahren für das Kind sollten daher explizit Berücksichtigung finden.

Das französische Gesetz 2020–1266 ist in dieser Hinsicht als vorbildlich anzusehen.[129] Nicht nur nimmt das Gesetz die Ausprägungen der digitalen Kinderarbeit explizit in den Blick, es trägt auch den besonderen Bedingungen und der Situation, in dem sich das im digitalen Raum tätige Kind befindet, ausreichend Rechnung. Dass die Schaffung einer solchen rechtlichen Regelung notwendig wurde, dürfte dem Umstand geschuldet sein, dass die bestehende französische Rechtsordnung auf das Phänomen der digitalen Kinderarbeit nicht anwendbar war. In Deutschland stellt sich die Rechtslage allerdings anders dar. Sowohl das JArbSchG als auch sonstige auf die Kinderarbeit anwendbaren Vorschriften erfassen die Tätigkeit im digitalen Raum dem Grunde nach. Die Schaffung einer eigenen gesetzlichen Grundlage ist vor diesem Hintergrund entbehrlich. Eine gesetzliche Klarstellung zur Frage der Vergütung und der angesprochenen jugendarbeitsschutzrechtlichen Probleme kann innerhalb des bestehenden Rechtsrahmens erfolgen. Eine solche legislative Klarstellung ist angesichts des bereits mehrfach angesprochenen Subsumtionsdefizits auf Seiten der zuständigen staatlichen Stelle allerdings zwingend geboten, um das Problem der Kinderarbeit in den Medien hinreichend zu adressieren.

---

[127] *Theis*, KJug 2005, 122, 123 f.

[128] So auch *Masterson*, UPLR 2021, 1, 14 ff.

[129] Dies sehen auch *Lemmert*, Die Vermarktung des Kindes im Influencer-Marketing, 2022, S. 113 und *Dannecker*, NZFam 2020, 1093, 1094 so.

6. Kapitel

Zusammenfassung und Schlussbetrachtung

A. Zusammenfassung

Ziel der Untersuchung war eine rechtliche Bewertung der Kinderarbeit in den Medien. Die Analyse hat gezeigt, dass sich die dargestellten Phänomenbereiche der aktiven Partizipation von Kindern an Medienproduktionen in die nationale, völker- und unionsrechtliche Rechtslage einordnen lassen.

Trotz international unterschiedlicher Definitionsansätze ist für die Betrachtung der Kinderarbeit in den Medien als Kind jede Person anzusehen, die das 18. Lebensjahr noch nicht vollendet hat.[1] Medien sind dabei die klassischen Massenmedien einschließlich sozialer Netzwerke.[2] Um einen effektiven Schutz möglichst vieler Kinder zu ermöglichen, ist für den Begriff der Kinderarbeit die weite Definition der ILO anzuwenden, die an die Gefahren einer entsprechenden Tätigkeit für die Gesundheit, Sicherheit oder Wertvorstellungen des Kindes anknüpft.[3] Während aktuelle belastbare Zahlen zum Ausmaß der Kinderarbeit in den Medien fehlen, sind Kinder faktisch in verschiedenen Erscheinungsformen in den Medien tätig. Diese Tätigkeiten reichen von Schauspielleistungen in Theatervorstellungen über die Mitwirkung an Film- und Fernsehwerbung bis zum Influencermarketing.[4] Unabhängig von der jeweiligen Erscheinungsform ist die Kinderarbeit in den Medien ein erheblicher Wirtschaftsfaktor.

Die Medienarbeit des Kindes ist besonders durch eine Abhängigkeit von den Eltern und familienrechtlichen Wechselwirkungen geprägt. Weder die Mitwirkungspflicht nach § 1619 BGB noch die Grundsätze über die Unterhaltsarbeit (§ 1612 BGB) sind allerdings geeignet, als rechtliche Konstruktion die Medienarbeit des Kindes zu erfassen. Sowohl als Darsteller als auch im Influencer-Marketing trägt das Kind entscheidend zur wirtschaftlichen Situation der Familie bei. Die Mitwirkungspflicht aus § 1619 BGB zielt auf tatsächliche Unterstützungsleistungen im elterlichen Haushalt ab und soll familieninterne Rechtsbeziehungen in dieser Hinsicht vereinfachen. Die Medienarbeit ist aber weder dem familieninternen Bereich

---

[1] 2. Kapitel A. I.

[2] 2. Kapitel A. III.

[3] 2. Kapitel A. II.

[4] 2. Kapitel C.

zuzuordnen noch bezieht sie sich auf eine Tätigkeit der Eltern.[5] Eine Unterhaltsbestimmung der Eltern, gerichtet auf die Mitwirkung des Kindes an Medienproduktionen, widerspricht dem Kindeswohl und ist daher unwirksam.[6] Die Medientätigkeit des Kindes kann auch nicht als Beitrag zum Elternunterhalt gem. § 1601 BGB gesehen werden. Das Kind trifft keine Erwerbsobliegenheit, Einnahmen aus der Medientätigkeit sind überobligatorisch.[7]

Für die Eingehung arbeitsvertraglicher Rechtsbeziehungen im Eltern-Kind-Verhältnis ist eine Ermächtigung des Kindes durch die Eltern gem. § 113 BGB erforderlich. Die Medientätigkeit des Kindes stellt ein „Dienst- oder Arbeitsverhältnis" im Sinne von § 113 BGB dar. Einer familiengerichtlichen Genehmigung bedarf es dabei nicht.[8] Das Kind wird durch die Ermächtigung für die Eingehung entsprechender Vertragsbeziehungen geschäftsfähig. Im Einzelfall kann eine Ermächtigung der Eltern aber aufgrund fehlender Rücksichtnahme auf die Eignung und Neigung des Kindes gem. § 1631a S. 1 BGB gegen die Belange des Kindeswohls verstoßen und damit unwirksam sein. Gerade für die Fälle einer Medienarbeit des Kindes in erheblichem Umfang ist ein solcher Verstoß aufgrund der Gefahren für die schulische Ausbildung und die allgemeine Entwicklung des Kindes im Regelfall zu bejahen.[9]

Die Medientätigkeit des Kindes auf vertraglicher Grundlage zu seinen Eltern stellt ein Dienstverhältnis dar. Aufgrund der maßgeblichen zeitlichen Weisungsbindung ist das Kind als Arbeitnehmer der Eltern im Sinne von § 611a I 1 BGB anzusehen.[10] Ein Arbeitsverhältnis kann zudem, z. B. im Rahmen von Theatervorstellungen oder in Fernsehproduktionen, zu Dritten bestehen. Vertragliche Beziehungen zu Dritten können grundsätzlich auch neben einem Arbeitsvertrag zu den Eltern existieren[11] Werden parallel bestehende Arbeitsverhältnisse jedoch nicht auf den jeweiligen Einzelfall zugeschnitten vertraglich geregelt, besteht die Gefahr, dass sich die vertraglichen Beziehungen aufgrund von Verstößen gegen § 1 I 1, 5, 6 AÜG als verbotene Leiharbeit darstellen.[12]

Wirksam geschlossene vertragliche Beziehungen des Kindes über Medienarbeit können aufgrund eines Verstoßes gegen ein Beschäftigungsverbot im Sinne von § 5 I JArbSchG grundsätzlich ex tunc nichtig sein.[13] Ist das Vertragsverhältnis aber bereits vollzogen worden, wird dieses als ex nunc unwirksam angesehen. Das Kind behält alle Vergütungs- und Haftungsansprüche gegen seine Vertragspartner, insbesondere die Eltern, ist aber vor etwaigen nachteiligen Ansprüchen geschützt. Die

[5] 3. Kapitel A. I.

[6] 3. Kapitel A. II. 2.

[7] 3. Kapitel A. II. 1.

[8] 3. Kapitel B. I. 1. b) aa).

[9] 3. Kapitel B. I. 1. b) cc).

[10] 3. Kapitel B. I.

[11] 3. Kapitel B. II. 1.

[12] 3. Kapitel B. II. 2.

[13] 3. Kapitel B. III.

Grundsätze über das fehlerhafte Arbeitsverhältnis können nur zugunsten, aber nicht zulasten des Kindes angewendet werden.[14]

Die Grundsätze über das fehlerhafte Arbeitsverhältnis finden auch Anwendung, wenn die vertraglichen Beziehungen des Kindes (z. B. wegen dessen Geschäftsunfähigkeit) unwirksam sind.[15]

Mit der arbeitsvertraglichen Beziehung zu den Eltern oder Dritten erwirbt das Kind durchsetzbare Vergütungsansprüche für jede Stunde tatsächlich geleisteter Arbeit in Höhe des gesetzlichen Mindestlohns, grundsätzlich aber in Höhe der üblichen Vergütung (§ 612 BGB). § 22 II MiLoG ist verfassungs- und unionsrechtswidrig.[16] Als Inhaber der Vermögenssorge für das Kind haben die Eltern oder Dritte die erzielten Einkünfte wirtschaftlich anzulegen und diese Anlage zu dokumentieren. Einer Auszahlung an das Kind bedarf es nicht. Mit der wirtschaftlichen Anlage erfüllen die Vertragspartner den arbeitsvertraglichen Vergütungsanspruch des Kindes. Mit dem Ende der elterlichen Vermögenssorge, grundsätzlich also mit Vollendung des 18. Lebensjahres, erwirbt das Kind einen Auszahlungsanspruch gegen die Eltern.[17]

Für eine selbstständige Tätigkeit in den Medien benötigt das Kind die Ermächtigung der Eltern (§ 112 BGB). Für diese Ermächtigung bedarf es der Genehmigung des Familiengerichts. Aufgrund der erheblichen Gefahren für das Kindeswohl und den Verstoß gegen § 5 JArbSchG wird das Familiengericht die Genehmigung in aller Regel nicht erteilen können.[18]

Auf völkerrechtlicher Ebene finden sich an verschiedenen Stellen Regelungen, die für den Schutz von Kindern vor schädlicher Kinderarbeit von besonderer Bedeutung sind. Die Erscheinungsformen der Kinderarbeit in den Medien fallen unter den Begriff der wirtschaftlichen Ausbeutung in Art. 32 I KRK, der in Deutschland unmittelbar innerstaatlich anwendbar ist und auch im Horizontalverhältnis unmittelbare Drittwirkung entfaltet.[19]

Auch Art. 10 III IPwskR entfaltet innerstaatlich unmittelbare Anwendbarkeit und erfasst die Kinderarbeit in den Medien als Form der wirtschaftlichen und sozialen Ausbeutung. Als Staatenverpflichtung wirken die Paktrechte jedoch nicht auch unmittelbar zwischen Privaten.[20]

Als Teil der Kernarbeitsnormen gelten die ILO-Übereinkommen Nr. 138 und 182 als fundamentale Rechtsinstrumente im Bereich der Kinderarbeit. Beide Übereinkommen enthalten keine subjektiven Rechte und sind somit auch nicht unmittelbar

---

[14] 3. Kapitel B. III. 3.

[15] 3. Kapitel B. I. 3. c) aa) (2).

[16] 3. Kapitel B. I. 3. a) bb).

[17] 3. Kapitel B. I. 3. a) cc).

[18] 3. Kapitel C. II.

[19] 4. Kapitel A. II. 1. b), c).

[20] 4. Kapitel A. II. 2. b), c).

innerstaatlich anwendbar. Das ILO-Übereinkommen Nr. 138 stellt ein einheitliches Mindestalter für den Zugang zu Arbeit auf und beschränkt gleichermaßen solche Tätigkeiten, die das Wohl des Kindes gefährden. Bei den Erscheinungsformen der Kinderarbeit in den Medien handelt es sich um „hazardous work" im Sinne von Art. 3 ILO Nr. 138. Das ILO-Übereinkommen Nr. 182 beschränkt sich im Gegensatz zu Nr. 138 auf die schlimmsten Formen der Kinderarbeit. Aus der psychisch wirkenden Zwangslage des Kindes, durch die Medienarbeit die wirtschaftliche Existenz seiner Familie sichern zu müssen, kann sich eine „sklavereiähnliche Praktik" im Sinne des ILO-Übereinkommens Nr. 182 ergeben.[21]

Auch verstößt die Kinderarbeit in den Medien gegen Art. 4 II, 8 I EMRK und gegen Art. 7 I ESC. Im Gegensatz zu den Rechten der EMRK des ersten Abschnitts (Art. 2 bis 14 EMRK), die unmittelbar anwendbar sind und mittelbare Horizontalwirkung aufweisen, lässt sich aus Art. 7 I ESC kein subjektives Recht ableiten. Die Vorschrift bindet in erster Linie die Vertragsstaaten, die Rechte des Kindes zu gewährleisten.[22]

Auf unionsrechtlicher Ebene ist zwischen primär- und sekundärrechtlichen Regelungen zu differenzieren. Die Regelungen der RL 94/33 sind durch das JArbSchG nur unzureichend im innerstaatlichen Recht umgesetzt worden. Durch faktisch fehlende Möglichkeiten, gerichtlichen Rechtsschutz bei einer Verletzung von jugendarbeitsschutzrechtlichen Vorschriften in Anspruch zu nehmen, fehlt es an einer effektiven Durchsetzung.[23]

Auf Primärrechtsebene entfalten Art. 32 und Art. 24 I, II GRC innerstaatlich unmittelbare horizontale Drittwirkung. Zielrichtung der Schutzrechte sind in erster Linie Privatrechtsverhältnisse.[24] Bei der Kinderarbeit in den Medien handelt es sich grundsätzlich um unzulässige Kinderarbeit im Sinne von Art. 32 I GRC.[25]

Zur Durchsetzung seiner Ansprüche und für den Schutz vor ausbeuterischer Kinderarbeit ist das Kind auf Hilfe und Unterstützung angewiesen. Entsprechende Mechanismen sieht die deutsche Rechtsordnung zwar vor, eine Inanspruchnahme erfolgt aufgrund der starken Abhängigkeit des Kindes von den Eltern aber nicht.[26] Das Völkerrecht sieht entsprechende Durchsetzungsmechanismen mit weit überwiegend lediglich politischer Bindungswirkung vor.[27] Um ein effektiveres Einschreiten der zuständigen nationalen Stellen zu fördern, bedarf es daher weiterer

[21] 4. Kapitel A. II. 3. b).
[22] 4. Kapitel A. II. 4., 5.
[23] 4. Kapitel B. II. 1. b).
[24] 4. Kapitel B. II. 2. d).
[25] 4. Kapitel B. II. 2. c) aa).
[26] 5. Kapitel A.
[27] 5. Kapitel B.

Instrumente. Ein Blick nach Frankreich und in die USA zeigt, dass effektive Maßnahmen zur Durchsetzung von Kinderrechten möglich sind.[28]

B. Kinderarbeit in den Medien im Spannungsfeld zwischen Kinderschutz und wirtschaftlichen Interessen

Kinderarbeit in den Medien ist für das Kind mit nicht zu unterschätzenden Gefahren verbunden. Dies macht sie mit klassischen Formen der körperlichen Arbeit von Minderjährigen vergleichbar, die üblicherweise als Erstes mit dem Begriff der Kinderarbeit assoziiert wird. Die Arbeit von Kindern in Steinbrüchen, Minen, in der Textilindustrie und der Landwirtschaft ist in unserer westlichen Gesellschaft zu Recht verpönt. Kinderarbeit wird mit ärmeren Gesellschaften ferner Länder in Verbindung gebracht, die in Deutschland keine Rolle spielt. Es wird verkannt, dass sich Kinderarbeit in den Medien, insbesondere im digitalen Raum, häufig unbemerkt vollzieht. Dieser Befund wirkt auf den ersten Blick widersprüchlich, da konstitutives Merkmal der Medienarbeit die Präsenz in der Öffentlichkeit ist. Das Phänomen liegt bei genauerer Betrachtung aber im Spannungsverhältnis der Eltern zu ihrem Kind begründet. Aus dem verfassungsrechtlich garantierten Sorgerecht der Eltern ergibt sich ein abgeleiteter Schutzanspruch des Kindes. Das Sorgerecht der Eltern existiert nur im Zusammenhang mit diesem Schutzanspruch. Dort, wo die Sorgeberechtigten in einer Doppelrolle auch finanzielle Interessen mit dem Kind verfolgen, findet Kinderarbeit häufig in den eigenen vier Wänden mit nur eingeschränkter staatlicher Kontrolle statt. Gleichwohl haben die Ausführungen in dieser Arbeit gezeigt, dass die Auswirkungen einer Tätigkeit in den Medien auf die Psyche und die Entwicklung des Kindes erheblich sein können. Durch eine frühe Medienpräsenz und die damit möglicherweise einhergehende Prominenz kann das Kind in seiner Entwicklung nachhaltig beeinträchtigt werden. Dies gilt hinsichtlich des psychischen, aber auch in Bezug auf den ökonomischen Druck, für die Familie (mit)sorgen zu müssen.

Wirtschaftliche Ausbeutung des Kindes findet nicht nur in von Armut betroffenen Familien statt.[29] Dies mag für die klassischen Formen von Kinderarbeit gelten, ist in dieser Pauschalität aber auf die Kinderarbeit in den Medien nicht übertragbar. Die hier besprochenen Erscheinungsformen spielen sich vielmehr zu einem Großteil in einem Milieu ab, das notwendigerweise Zugang zu entsprechender technischer Ausrüstung hat und ein Verständnis für die Abläufe der Medienindustrie aufweist.

Das zweite Spannungsverhältnis besteht zwischen dem Interesse der Medienindustrie an der Mitwirkung von Kindern einerseits und dem völker-, verfassungs- und

[28] 5. Kapitel C.

[29] Dass die wesentliche Ursache der Ausbeutung von Kindern in der Armut liegt, wird unter Ausblendung der hier besprochenen Aspekte aber nach wie vor vertreten. Vgl. insofern *CRC*, Report on the fourth session, UN Doc. CRC/C/20 (25.10.1993), Annex V, S. 51; *Schmahl*, Kinderrechtskonvention, Art. 32 Rn. 3.

einfachgesetzlich abgesicherten staatlichen Schutzauftrag für das Kind. Wo die Sorgeberechtigten der ihnen übertragenen Personen- und Vermögenssorge nicht in ausreichendem Maße nachkommen, hat der Staat Maßnahmen zum Schutz des Kindes zu ergreifen. Gleichzeitig ist eine Medienlandschaft, die gänzlich ohne die Mitwirkung von Kindern auskommen muss, kaum vorstellbar. Die Arbeit von Kindern in den Medien unter Verweis auf das prinzipielle Verbot der Kinderarbeit pauschal zu verbieten, wird weder der erheblichen wirtschaftlichen Bedeutung solcher Tätigkeiten noch dem Kind selbst gerecht. Nicht jede Mitwirkung von Kindern in den Medien ist von wirtschaftlicher Ausbeutung, Abhängigkeiten und Druck gekennzeichnet. Der grundsätzlichen Normstruktur im internationalen und nationalen Recht folgend kann die Medientätigkeit, sofern sie in einem gewissen Rahmen ausgeübt wird, für das Kind auch förderliche Wirkung entfalten. Wie gezeigt wurde, mangelt es aber an einem ausreichenden Verständnis der Eltern und staatlichen Stellen für die Chancen und Gefahren einer Medientätigkeit. Dies betrifft vor allem die erst später sichtbaren Auswirkungen auf die Entwicklung des Kindes. Insbesondere hier ist aber eine sorgfältige Abwägung aller zu berücksichtigenden Interessen erforderlich. Das alles überragende übergeordnete Ziel dieser Erwägungen ist stets das Kindeswohl.

Gleiches gilt für die finanziellen Belange des Kindes und seiner Familie. Dort, wo sich die Kinderarbeit in dem hier vorgeschlagenen zulässigen Rahmen bewegt, und gleichwohl nicht unerhebliche Einnahmen generiert werden, müssen die Eltern für ihre Rolle als Inhaber der Vermögenssorge sensibilisiert werden. Die Rolle der Sorgeberechtigten beschränkt sich in dieser Hinsicht auf eine treuhänderische Verwaltung des Kindesvermögens. Die Durchsetzung der Wahrnehmung dieses Rollenverständnisses liegt in letzter Konsequenz in der staatlichen Verantwortung. Auch hier bedarf es aber einer umfassenden Aufklärung und Sensibilisierung der zuständigen Aufsichtsbehörden.

C. Gesetzlicher Reformbedarf auf Ebene der effektiven Durchsetzung

Für all das braucht es keine umfassende gesetzliche Reform.[30] Die Grundlagen der in dieser Arbeit besprochenen Erwägungen sind sowohl im nationalen als auch im internationalen Recht bereits vorhanden. Dies gilt sowohl für die Erfassung der arbeitsrechtlichen Rechtsbeziehungen als auch für den Bereich des Kinder- und Jugendarbeitsschutzes. Es mangelt insofern nicht an gesetzlichen Regelungen, die alle hier relevanten Phänomenbereiche adäquat erfassen, sondern an der entsprechenden Durchsetzung. Das vielfach angesprochene Subsumtionsdefizit beginnt beim Gesetzgeber, setzt sich im Eltern-Kind-Verhältnis fort und endet bei den zu-

[30] *Lemmert*, Die Vermarktung des Kindes im Influencer-Marketing, 2022, S. 105 ff. sieht hingegen im Hinblick auf die digitale Kinderarbeit Reformbedarf.

ständigen staatlichen Stellen.[31] Um hier Abhilfe zu schaffen, bedarf es einer Anpassung des bereits vorhandenen Regelungsumfelds. Die aufgezeigten Lösungsansätze ließen sich ohne Weiteres in den bestehenden Rechtsrahmen integrieren. Bereits die Implementierung eines mit dem „Coogan Fund" vergleichbaren Instruments in das nationale Recht erleichtert den handelnden Personen den Überblick über ihre Rechte und Pflichten. Gleiches gilt für die Aufnahme der digitalen Kinderarbeit in das JArbSchG.

Im Völkerrecht muss den Staaten stärker bewusst gemacht werden, welche Instrumente der reziproken Menschenrechtsdurchsetzung zur Verfügung stehen. Auch hier herrscht, insbesondere bei den Industrienationen, die Auffassung vor, dass Kinderarbeit ein Problem von Schwelle- und Entwicklungsländern ist. Im digitalen Raum beschränken sich die Anstrengungen der internationalen Gemeinschaft nach wie vor im Wesentlichen auf den Schutz von Kindern vor Gefahren im Zusammenhang mit der passiven Nutzung des Internets.[32] Auch hier existiert, wie im nationalen Recht, der Bedarf einer stärkeren Adressierung des Problems und der zur Verfügung stehenden Handlungsmöglichkeiten.[33]

Bei der Kinderarbeit in den Medien handelt es sich nicht um ein bloßes Phänomen einer kleinen elitären und damit zu vernachlässigenden Gruppe. Es besteht vielmehr ein systematisch unterschätztes und für die Beteiligten mit erheblichen Gefahren verbundenes Problem, das zwingend einer stärkeren legislativen und exekutiven Ausleuchtung bedarf.

---

[31] *Theis*, KJug 2005, 122, 123 f.

[32] Vgl. *Europäische Kommission*, EU-Kinderrechtsstrategie, COM (121) 142 final, S. 18 ff.

[33] Vgl. auch *CRC*, Report of the 2014 Day of General Discussion „Digital media and children's rights", Rn. 96 f., https://childrens-rights.digital/assets/includes/sendtext.cfm?aus=11&key=1541 [zuletzt geprüft am 24.3.2024].

Literaturverzeichnis

Alberts, Carolin Felicitas, Die rechtliche Bewertung der Tätigkeit von Influencern unter besonderer Berücksichtigung werberechtlicher Problemstellungen, Baden-Baden 2021

Albrecht, Uwe, Die Mitwirkung von Kindern bei Werbeveranstaltungen und bei der Herstellung von Werbematerial nach dem neuen Jugendarbeitsschutzgesetz, 1976, S. 592–596

Alen, André/*Johan*, Vande Lanotte/*Verhellen*, Eugen/*Ang*, Fiona/*Berghmans*, Eva/*Verheyde*, Mieke (Hrsg.), A Commentary on the United Nations Convention on the Rights of the Child, Leiden 2008

Ales, Edoardo/*Bell*, Mark/*Deinert*, Olaf/*Robin-Olivier*, Sophie (Hrsg.), International and European labour law: article-by-article commentary, Baden-Baden 2018

Alston, Philip, The legal Framework of the Convention on the Rights of the Child, Bulletin of Human Rights (BHR), 1991, S. 1–15

Amrhein-Hofmann, Christine, Monismus und Dualismus in den Völkerrechtslehren, Berlin 2003

Anzilotti, Dionisio, Lehrbuch des Völkerrechts, Band 1: Einführung – Allgemeine Lehren, Übersetzung nach der 3. italienischen Aufl., Berlin 1929

Ariès, Philippe, Geschichte der Kindheit, München 1978

Arnauld, Andreas von, Völkerrecht, 5. Aufl., Heidelberg 2023

Aufenanger, Stefan, Kinder im Fernsehen – Familien beim Fernsehen, München 1993

Bacher, Urban/*Bacher*, Andrea, Geldanlage für Kinder nach 1642 BGB: Zu den Grundsätzen einer wirtschaftlichen Vermögensverwaltung beim Phänomen von Nullzinsen, Zeitschrift für Wirtschafts- und Bankrecht (WM), 2021, S. 1821–1829

Baeck, Ulrich/*Deutsch*, Markus/*Winzer*, Thomas, Arbeitszeitgesetz, 4. Aufl., München 2020

Baetzgen, Oliver, Insichgeschäft im Gesellschaftsrecht, Rheinische Notar-Zeitschrift (RNotZ), 2005, S. 193–224

Ballschmiede, Wolfgang, Zur Lohnzahlung an Minderjährige, Arbeit und Recht (AuR), 1956, S. 371–372

Balthasar, Stephan, Die Pfändung des Taschengeldanspruchs des vermögenslosen Ehegatten – zu den Beschlüssen des BGH v. 19. 3. 2004 – IXa ZB 57/03 [FamRZ 2004, 1784] – und v. 19. 5. 2004 – IXa ZB 224/03 [FamRZ 2004, 1279] –, Zeitschrift für das gesamte Familienrecht (FamRZ), 2005, S. 85–88

Banafsche, Minou, Die internationalen Menschenrechte und das deutsche Recht – ein Überblick, in: Banafsche, Minou/Platzer, Hans-Wolfgang (Hrsg.), Soziale Menschenrechte und Arbeit: multidisziplinäre Perspektiven, Baden-Baden 2015, S. 57–87

Bartholomeyczik, Horst, Die subjektiven Merkmale der Willenserklärung, in: Ferid, Murad (Hrsg.), Festschrift für Hans G. Ficker zum 70. Geburtstag am 20. Juli 1967, Frankfurt am Main 1967, S. 51–77

Bartolomei de la Cruz, Hector G., International Labour Law: Renewal or Decline?, in: von Maydell, Bernd/Nußberger, Angelika (Hrsg.), Social Protection by Way of International Law: Appraisal, Deficits and Further Development, Berlin 1994, S. 19–42

Bauer, Hartmut, Altes und Neues zur Schutznormtheorie, Archiv des öffentlichen Rechts (AöR), 113. Bd., 1988, S. 582–631

Baumann, Ruth, Minderjährige in den Medien – Berichterstattung über Kinder mit und ohne Einwilligung unter besonderer Berücksichtigung aktueller Gefährdungspotentiale in der digitalen Welt, Berlin 2019

Beck, Heinrich/*Geuenich*, Dieter/*Steuer*, Heiko (Hrsg.), Reallexikon der Germanistischen Altertumskunde (RGA), 20. Band, 2. Aufl., Berlin 2002

Beigbeder, Yves, Children, in: Weiss, Thomas/Daws, Sam (Hrsg.), The Oxford Handbook on the United Nations, 2. Aufl., Oxford 2018

Beißwenger, Achim (Hrsg.), YouTube und seine Kinder – Wie Online-Video, Web TV und Social Media die Kommunikation von Marken, Medien und Menschen revolutionieren, 2. Aufl., Baden-Baden 2019

Belchaus, Günter, Elterliches Sorgerecht: Kommentar zum Gesetz zur Neuregelung des Rechts der elterlichen Sorge, Köln 1980

Bellwon, Silke, Das Verbot der Kinderarbeit im internationalen und deutschen Recht, Hagen 2017

Benassi, Günter, Deutsche Rechtsprechung vs. UN-Kinderrechtskonvention? – Zur Bedeutung des Art. 3 Abs. 1 KRK für die Verwirklichung der Kinderrechte, Deutsches Verwaltungsblatt (DVBl), 2016, S. 617–621

Bencetic, Martina, Influencer Marketing. Chance für die Unternehmenskommunikation, in: Influencer Marketing als Chance für Unternehmen. Erfolgsfaktoren, Kooperationsformen, Mumpreneurs und Kidfluencer, München 2023, S. 1–12

Bernhardt, Rudolf, Völkerrechtskonforme Auslegung der Verfassung? Verfassungskonforme Auslegung völkerrechtliche Verträge?, in: Steinberger, Helmut/Cremer, Hans-Joachim (Hrsg.), Tradition und Weltoffenheit des Rechts: Festschrift für Helmut Steinberger, Berlin 2002, S. 391–400

Bernstorff, Jochen von, Extraterritoriale menschenrechtliche Staatenpflichten und Corporate Social Responsibility. Wie weit geht die menschenrechtliche Verantwortung des Staates für das Verhalten eigener Unternehmen im Ausland?, Archiv des Völkerrechts (AVR), 49. Bd., 2011, S. 34–63

Bethke, Ralph, Das Übereinkommen der Vereinten Nationen über die Rechte des Kindes und seine Umsetzung in der Bundesrepublik Deutschland, München 1996

Bieber-Delfosse, Gabrielle, Vom Medienkind zum Kinderstar: Einfluss- und Wirkfaktoren auf Vorstellungen und Prozesse des Erwachsenwerdens, Opladen 2002

Bischof, Severin, Stärkung der Kinderrechte als Präventivschutz vor häuslicher Gewalt, Zürich 2016

Bissels, Alexander, Unwirksamkeit des Arbeitsvertrags bei einem Verstoß gegen die Offenlegungs- und Konkretisierungspflicht, Neue Zeitschrift für Arbeitsrecht (NZA), 2017, S. 214–220

Bleckmann, Albert, Der Grundsatz der Völkerrechtsfreundlichkeit der deutschen Rechtsordnung, Die öffentliche Verwaltung, 1996, S. 137–145

Bleckmann, Albert, Grundgesetz und Völkerrecht, Berlin 1975

Bleier, Annika, Die extraterritoriale Anwendbarkeit der EMRK – Zugleich ein Beitrag zur menschenrechtlichen Verantwortlichkeit der Mitgliedstaaten für das transnationale Verhalten im Inland belegener Unternehmen, Berlin 2019

Boecken, Winfried/*Düwell*, Franz Josef/*Diller*, Martin/*Hanau*, Hans (Hrsg.), Nomos Kommentar Gesamtes Arbeitsrecht, 2. Aufl., Baden-Baden 2023

Boerner, Dietmar, Anpassung des Arbeitszeitgesetzes an das Gemeinschaftsrecht, Neue Juristische Wochenschrift (NJW), 2004, S. 1559–1562

Böhmert, Sabine, Das Recht der ILO und sein Einfluß auf das deutsche Arbeitsrecht im Zeichen der europäischen Integration, Baden-Baden 2002

Bönig, Jürgen, Zur Geschichte der Kinderarbeit in Deutschland und Europa, Aus Politik und Zeitgeschichte (APuZ), 2012, S. 3–9

Born, Winfried, „Zeitbombe" Schwiegermutter – Aktuelle Entwicklungen zum Elternunterhalt, Monatsschrift für Deutsches Recht (MDR), 2015, S. 554–560

Brandt, Christina, Minderjährigenschutz in sozialen Netzwerken – Unter besonderer Berücksichtigung von Bildveröffentlichungen, Berlin 2024

Braun, Johann, Der Taschengeldanspruch des Ehegatten, Archiv für die civilistische Praxis (AcP), 195. Bd., 1995, S. 311–360

Brich, Stefanie/*Hasenbalg*, Claudia/*Winter*, Eggert, Gabler Wirtschaftslexikon, C–F, 19. Aufl., Wiesbaden 2019

Brill, Werner, Der minderjährige Arbeitnehmer in der Rechtsprechung, Betriebs-Berater (BB), 1975, S. 284–288

Brors, Christian, Europäische Rahmenbedingungen für den neuen Mindestlohn und seine Ausnahmen, Neue Zeitschrift für Arbeitsrecht (NZA), 2014, S. 938–942

Brost, Lucas, Das Persönlichkeitsrecht von Minderjährigen: Eine verfassungsrechtliche Betrachtung unter Berücksichtigung der besonderen Gefahren des Web 2.0, Hamburg 2016

Brunckhorst, Andreas/*Sterzinger*, Christian, Umsatzsteuerliche Beurteilung von Bloggern, YouTubern und Podcastern, Deutsches Steuerrecht (DStR), 2018, S. 1743–1749

Bruns, Jan-Willem, Der Einfluss der Rundfunkfreiheit auf das Arbeitsrecht, Recht der Arbeit (RdA), 2008, S. 135–141

Bueren, Geraldine van, The International Law on the Rights of the Child, Den Haag 1998

Bürger, Andreas, Die Beteiligung Minderjähriger an Gesellschaften mit beschränkter Haftung, Rheinische Notar-Zeitschrift (RNotZ), 2006, S. 156–180

Burghart, Axel, Die Verfahrensfähigkeit Jugendlicher, Zeitschrift für das gesamte Familienrecht (FamRZ), 2019, S. 1029–1035

Calliess, Christian/*Ruffert*, Matthias (Hrsg.), EUV/AEUV. Das Verfassungsrecht der Europäischen Union mit Europäischer Grundrechtecharta. Kommentar, 6. Aufl., München 2022

Canaris, Claus-Wilhelm, Gesetzliches Verbot und Rechtsgeschäft, Heidelberg 1983

Coester, Michael, Das Kindeswohl als Rechtsbegriff: Die richterliche Entscheidung über die elterliche Sorge beim Zerfall der Familiengemeinschaft, Frankfurt am Main 1983

Coester, Michael, Kindeswohl als Rechtsbegriff, Sechster Deutscher Familiengerichtstag vom 9. bis 12. Oktober 1985 in Brühl: Ansprachen und Referate, Berichte und Ergebnisse der Arbeitskreise, Bielefeld 1986, S. 35–51

Coester, Michael, Kindeswohlgefährdung: Anforderungen an die Gefährdung aus juristischer Sicht, Neue Zeitschrift für Familienrecht (NZFam), 2016, S. 577–580

Coester-Waltjen, Dagmar, Familienrecht, 7. Aufl., München 2020

Coghlan, Niall/*Steiert*, Marc, The Charter of Fundamental Rights of the European Union: the travaux préparatoires and selected documents, Fiesole 2021

Cordes, Albrecht/*Haferkamp*, Hans-Peter/*Kannowski*, Bernd/*Lück*, Heiner/*Wall*, Heinrich de/*Werkmüller*, Dieter/*Bertelsmeier-Kierst*, Christa (Hrsg.), Handwörterbuch zur deutschen Rechtsgeschichte, 2. Aufl., 2004
- Band II, Lieferung 15, Spalte 1736–1746
- Band III, Lieferung 23, Spalte 1678–1680

Craven, Matthew, The Domestic Application of the International Covenant on Economic, Social and Cultural Rights, Netherlands International Law Review, 1993, S. 367–404

Crawford, James, State Responsibility: The General Part, Cambridge 2013

Cremer, Hendrik, Die UN-Kinderrechtskonvention: Geltung und Anwendbarkeit in Deutschland nach der Rücknahme der Vorbehalte, 2. Aufl., Tübingen 2012

Cremer, Hendrik, Menschenrechtsverträge als Quelle von individuellen Rechten: Innerstaatliche Geltung und Anwendbarkeit von Menschenrechtsverträgen am Beispiel der UN-Kinderrechtskonvention, Anwaltsblatt (AnwBl), 2011, S. 159–165

Cunningham, Hugh, Die Geschichte des Kindes in der Neuzeit, Düsseldorf 2006

Daalen van, Edward/*Hanson*, Karl, The ILO's Shifts in Child Labour Policy: Regulation and Abolition, in: Gironde, Christophe/Carbonnier, Gilles (Hrsg.), The ILO @ 100: Addressing the Past and Future of Work and Social Protection, Leiden 2019

Dannecker, Sophie, Kurzer Ausblick nach Frankreich – Französisches Parlament verabschiedet Gesetz zum Schutz von Kinder-Influencern, Neue Zeitschrift für Familienrecht (NZFam), 2020, S. 1093–1094

Dannecker, Sophie, Die Grenze der elterlichen Sorge bei der Veröffentlichung von Bildern und Videos des eigenen Kindes in sozialen Netzwerken und auf Video-Sharing-Plattformen, Trier 2024

Däubler, Wolfgang/*Hjort*, Jens Peter/*Schubert*, Michael/*Wolmerath*, Martin (Hrsg.), Handkommentar Arbeitsrecht, 5. Aufl., Baden-Baden 2022

Deges, Frank, Quick Guide Influencer Marketing: Wie Sie durch Multiplikatoren mehr Reichweite und Umsatz erzielen, Wiesbaden 2018

Detrick, Sharon, A Commentary on the United Nations Convention on the Rights of the Child, Den Haag 1999

Dettenborn, Harry, Kindeswohl und Kindeswille: Psychologische und rechtliche Aspekte, 6. Aufl., München 2021

Deutsches Institut für Jugendhilfe und Familienrecht, Filmen von Kindern als Kinderarbeit; Einstellen von Filmen auf Youtube als Kindeswohlgefährdung. DJuF-Rechtsgutachten vom 28.6.2017 – SN_2017_0405 Ho, Das Jugendamt (JAmt), 2017, S. 426–427

Diederichsen, Uwe, Zur Reform des Eltern-Kind-Verhältnisses, Zeitschrift für das gesamte Familienrecht (FamRZ), 1978, S. 461–474

Doehring, Karl, Völkerrecht, 2. Aufl., Heidelberg 2004

Dörr, Nikolas, 165 Jahre Einschränkung der Kinderarbeit in Preußen: Ein Beitrag zum Beginn der Sozialgesetzgebung in Deutschland, Menschenrechtsmagazin, 2004, S. 141–151

Dorsch, Gabriele, Die Konvention der Vereinten Nationen über die Rechte des Kindes, Berlin 1994

Dose, Hans-Joachim, Elternunterhalt in der Rechtsprechung des Bundesgerichtshofs, Zeitschrift für das gesamte Familienrecht (FamRZ), 2013, S. 993–1001

Dose, Hans-Joachim/*Wendl*, Philipp (Hrsg.), Das Unterhaltsrecht in der familienrichterlichen Praxis: Die neueste Rechtsprechung des Bundesgerichtshofs und die Leitlinien der Oberlandesgerichte zum Unterhaltsrecht und zum Verfahren in Unterhaltsprozessen, 10. Aufl., München 2019

Dreier, Horst (Hrsg.), Grundgesetz-Kommentar, 3. Aufl., Tübingen 2018

Dröge, Cordula, Positive Verpflichtungen der Staaten in der Europäischen Menschenrechtskonvention, Berlin 2003

Duchstein, Michael, Das internationale Benchmarkingverfahren und seine Bedeutung für den gewerblichen Rechtsschutz: Indikatoren und Benchmarks zur Überwachung des Internationalen Pakts über wirtschaftliche, soziale und kulturelle Rechte sowie ihre exemplarische Darstellung für transnationale Pflichten, die einen Bezug zum gewerblichen Rechtsschutz aufweisen, Heidelberg 2010

Dünnweller, Barbara, Kinderarbeit im internationalen Kontext, in: Schorlemer, Sabine von/Schulte-Herbrügge, Elena (Hrsg.), 1989–2009: 20 Jahre UN-Kinderrechtskonvention; Erfahrungen und Perspektiven, Frankfurt am Main 2010, S. 91–104

Dürig, Günter/*Herzog*, Roman/*Scholz*, Rupert (Hrsg.), Grundgesetz: Kommentar, 102. EL, München 2024

Duve, Thomas, Die Bedeutung des Lebensalters im frühneuzeitlichen Recht, in: Brendecke, Arndt/Fuchs, Ralf-Peter/Koller, Edith (Hrsg.), Die Autorität der Zeit in der frühen Neuzeit, Berlin 2007

Düwell, Franz Josef, Die Neuregelung des Kinderarbeitsschutzes, Arbeit und Recht (AuR), 1998, S. 232–234

Eckhardt, Karl August, Die Volljährigkeitsgrenze von 24 Jahren: Ein Beitrag zur Geschichte des Auctor vetus de beneficiis, Zeitschrift der Savigny-Stiftung für Rechtsgeschichte / Germanistische Abteilung, 1941, S. 1–20

Ehlers, Dirk/*Germelmann*, Claas Friedrich (Hrsg.), Europäische Grundrechte und Grundfreiheiten, 5. Aufl., Berlin 2023

Eichenhofer, Eberhard, Wirtschaftliche, soziale und kulturelle Menschenrechte, Frankfurt am Main 2021

Eilebrecht, Johanna/*Gölz*, Leah, Die Individualbeschwerde vor dem Kinderrechtsausschuss der Vereinten Nationen: Ein Instrument zur effektiven Durchsetzung der Kinderrechte?, Menschenrechtsmagazin (MRM), 2020, S. 116–126

Eißer, Georg, Zur Anwendung der §§ 843–845 BGB bei Verletzung oder Tötung der nichtberufstätigen Ehefrau, Zeitschrift für das gesamte Familienrecht (FamRZ), 1961, S. 49–54

Enderlein, Wolfgang, Die Dienstpflicht des Hauskindes als Folge seiner Unterhaltsgemeinschaft mit den Eltern, Archiv für die civilistische Praxis (AcP), 200. Bd. (2000), S. 565–602

Epping, Volker/*Hillgruber*, Christian (Hrsg.), Beck'scher Online-Kommentar Grundgesetz

Erbs, Georg/*Kohlhaas*, Max (Begr.), Strafrechtliche Nebengesetze, 249. EL, München 2023

Erdemir, Murad, Zukunftsfähiger Jugendmedienschutz – Herausforderungen und Perspektiven, Kinder- und Jugendschutz in Wissenschaft und Praxis, 2018, S. 39–44

Erman, Walter (Begr.), Bürgerliches Gesetzbuch: Handkommentar, 17. Aufl., Köln 2023

Evermann, Nils, Die „gelegentliche" Arbeitnehmerüberlassung: Zur Anwendung von § 1 III Nr. 2 a AÜG, Neue Zeitschrift für Arbeitsrecht (NZA), 2018, S. 751–755

Eylert, Mario/*Meyer*, Michael, Rufbereitschaft am Ende – Jaeger reloaded?, Neue Zeitschrift für Arbeitsrecht (NZA), 2022, S. 225–232

Feldkamp, Michael, Der Parlamentarische Rat 1948–1949: Akten und Protokolle, München 2009

Feller, Hans, Die Rücknahme oder Beschränkung der „Ermächtigung" des gesetzlichen Vertreters des Minderjährigen nach § 113 Abs. II BGB, Zeitschrift für das gesamte Familienrecht (FamRZ), 1961, S. 420–421

Fenn, Herbert, Arbeitsverträge mit Familienangehörigen (I), Der Betrieb, 1974, S. 1062–1067

Fenn, Herbert, Die Mitarbeit in den Diensten Familienangehöriger: Grenzbereiche des Familien-, Arbeits-, Steuer- und Sozialversicherungsrechts, Bad Homburg v.d.H. 1970

Fichte, Johann Gottlieb, Der geschloßne Handelsstaat: Ein philosophischer Entwurf als Anhang zur Rechtslehre und Probe einer künftig zu liefernden Politik, Tübingen 1800

Fischer, Lorenz Lloyd, Die Horizontalwirkung der EU-Grundrechtecharta im Arbeitsrecht, Tübingen 2023

Fischer-Lescano, Andreas/*Preis*, Ulrich/*Ulber*, Daniel, Verfassungsmäßigkeit des Mindestlohns, Baden-Baden 2015

Fomferek, André, Minderjährige „Superstars" – Die Probleme des § 1822 Nr. 5 BGB, Neue Juristische Wochenschrift (NJW), 2004, S. 410–412

Forlati, Serena, Reactions to Non-Performance of Treaties in International Law, Leiden Journal of International Law, 2012, S. 759–770

Francken, Johannes Peter, Erforderliche Nachbesserungen im Arbeitnehmerüberlassungsgesetz, Neue Zeitschrift für Arbeitsrecht (NZA), 2013, S. 1192–1194

Francken, Johannes Peter/*Nothelfer*, Nepomuk/*Schlotthauer*, Philipp, Der Arbeitnehmer im professionellen eSport, Neue Zeitschrift für Arbeitsrecht (NZA), 2019, S. 865–870

Frank, Rainer, Familiäre Solidarität im Unterhalts- und Erbrecht, Zeitschrift für das gesamte Familienrecht (FamRZ), 2009, S. 649–656

Frantziou, Eleni, The Horizontal Effect of Fundamental Rights in the European Union: A Constitutional Analysis, New York 2019

Franzen, Martin/*Gallner*, Inken/*Oetker*, Hartmut (Hrsg.), Kommentar zum europäischen Arbeitsrecht, 5. Aufl., München 2024

Frauenrath, Katja, Veröffentlichung von Bildern Minderjähriger – Minderjährigenschutz in der Presse, Der Grüne Bote. Zeitschrift für Lauterkeitsrecht und geistiges Eigentum, 2010, S. 295–307

Fried, Egbert, Rechtsvereinheitlichung im Internationalen Arbeitsrecht: Eine Untersuchung zur Methode der Rechtsvereinheitlichung am Beispiel der Internationalen Arbeitsorganisation, Frankfurt a. M. 1965

Frenz, Walter, Handbuch Europarecht, Band 4, Berlin 2009

Frenz, Walter, Verbot der Sklaverei und Zwangsarbeit nach dem Urteil Siliadin, Neue Zeitschrift für Arbeitsrecht (NZA), 2007, S. 734–736

Funke, Sven-Oliver, Influencer-Marketing: Strategie, Briefing, Monitoring, Bonn 2019

Garbas, Melanie, Kinderarbeit in den Medien – Zwischen Schutzanspruch, Interessenwahrung und Selbstverwirklichung, Diskurs Kindheits- und Jugendforschung, 2009, S. 91–105

Gathen, Lajana von zur, Die konkludente Willenserklärung. Normativ ausgelegtes nonverbales Verhalten, Berlin 2021

Geißler, Nils, Die Rechte der Kinder durchsetzen: Zur Frage der Schaffung einer Individualbeschwerde zum Übereinkommen über die Rechte des Kindes, Humanitäres Völkerrecht – Informationsschriften (HuV), 2001, S. 148–153

Gergen, Thomas, Die Mitarbeit des Ehegatten im Betrieb des anderen, Familie Partnerschaft Recht (FPR), 2010, S. 298–303

Goantă, Cătălina/*Ranchordás*, Sofia, The regulation of social media influencers: an introduction, in: Goantă, Cătălina/Ranchordás, Sofia (Hrsg.), The Regulation of Social Media Influencers, Cheltenham; Northampton 2020

Göppinger, Horst/*Wax*, Peter (Hrsg.), Unterhaltsrecht, 9. Aufl., Bielefeld 2008

Götz, Isabell, Kinderzimmer 4.0 – Ausverkauf der Kindheit?, Zeitschrift für das gesamte Familienrecht (FamRZ), 2019, S. 573–575

Grabenwarter, Christoph/*Pabel*, Katharina, Europäische Menschenrechtskonvention, 7. Aufl., München 2021

Grabitz, Eberhard/*Hilf*, Meinhard/*Nettesheim*, Martin (Hrsg.), Das Recht der Europäischen Union, 80. Ergänzungslieferung, München 2023

Gröhl, Stefanie, Digitale Kinderarbeit – Ein blinder Fleck des Jugendarbeitsschutzgesetzes?, Arbeitsschutz in Recht und Praxis (ARP), 2022, S. 374–377

Grootaert, Christiaan/*Kanbur*, Ravi, Child labour: An economic perspective, International Labour Review, 1995, S. 187–203

Grüneberg, Christian (Hrsg.), Bürgerliches Gesetzbuch, 83. Aufl., München 2024

Grzeszick, Bernd, Rechte des Einzelnen im Völkerrecht: Chancen und Gefahren völkerrechtlicher Entwicklungstrends am Beispiel der Individualrechte im allgemeinen Völkerrecht, Archiv des Völkerrechts (AVR), 43. Bd., 2005, S. 312–344

Gsell, Beate/*Krüger*, Wolfgang/*Lorenz*, Stephan/*Reymann*, Christoph (Hrsg.), Beck-Online Grosskommentar Bürgerliches Gesetzbuch

Günther, Georg, Das Rechtsverhältnis zwischen Bauer und mitarbeitendem Sohn, Berlin 1966

Guzman, Neyza, The Children of Youtube: How an Entertainment Industry Goes Around Child Labour Laws, Child and Familiy Law Journal (CFLJ), 2020, S. 85–115

Haar, Heinrich von der, Kinderarbeit in Deutschland – Dokumentation und Analyse, 3. Aufl., Hamburg 2020

Hager, Johannes, Kindersport und Elternverantwortung, in: Walker, Wolf-Dietrich (Hrsg.), Kinder- und Jugendschutz im Sport, Stuttgart 2001

Hahne, Mea-Micaela/*Schlögel*, Jürgen/*Schlünder*, Rolf (Hrsg.), Beck'scher Online-Kommentar FamFG

Happ, Daniel/*Most*, Marijke van der, Was ist „gelegentlich"? – Die unscheinbare Privilegierung in § 1 Abs. 3 Nr. 2a AÜG, Betriebs-Berater (BB), 2017, S. 2809–2815

Haratsch, Andreas, Die Geschichte der Menschenrechte, 5. Aufl., Potsdam 2020

Haratsch, Andreas/*Koenig*, Christian/*Pechstein*, Matthias, Europarecht, 12. Aufl., Tübingen 2020

Hartwig, Matthias, The Elimination of Child Labour and the EU, in: Nesi, Giuseppe/Nogler, Luca/Pertile, Marco (Hrsg.), Child Labour in a Globalized World: A Legal Analysis of ILO Action, Aldershot 2008

Hau, Wolfgang/*Poseck*, Roman (Hrsg.), Beck'scher Online-Kommentar BGB

Haumer, Tobias, Taschengeld unter Ehegatten – Ein Anspruch ohne Grundlage, Zeitschrift für das gesamte Familienrecht (FamRZ), 1996, S. 193–197

Haupt, Günther, Über faktische Vertragsverhältnisse, Leipzig 1943

Hauß, Jörn, Elternunterhalt: Grundlagen und Strategien, 6. Aufl., Bielefeld 2020

Haußleiter, Martin (Hrsg.), FamFG Kommentar, 2. Aufl., München 2017

Hay, Daniel, Jugendarbeitsschutz im Deutschen und Europäischen Arbeitsrecht, Hamburg 2019

Heink, Peter, Jugendarbeitszeitschutz im professionellen Mannschaftssport, Sport und Recht (SpuRt), 2011, S. 134–137

Heiter, Norbert, Verfahrensfähigkeit des Kindes in personenbezogenen Verfahren nach dem FamFG, Zeitschrift für das gesamte Familienrecht (FamRZ), 2009, S. 85–89

Henning-Bodewig, Frauke, Influencer-Marketing – der „Wilde Westen des Werbens"?, Wettbewerb in Recht und Praxis (WRP), 2017, S. 1415–1421

Henrich, Dieter/*Althammer*, Christoph (Hrsg.), Familienrecht, 7. Aufl., München 2020

Henssler, Martin/*Willemsen*, Heinz Josef/*Kalb*, Heinz-Jürgen (Hrsg.), Arbeitsrecht: Kommentar, 10. Aufl., Köln 2022

Herberger, Marie, Die gesetzliche Vertretung des Kindes durch die Eltern – Grundsätze und Ausnahmen, Juristische Arbeitsblätter (JA) 2023, S. 447–451

Herberger, Marie, Die Welt zu Gast im digitalen Kinderzimmer – ein Orientierungsversuch aus familienrechtlicher Sicht, Juristische Monatszeitschrift (jM), 2020, S. 442–449

Herberger, Marie, Kinder als Influencer – which way to go?, Computer und Recht (CR), 2022, S. 32–38

Herberger, Marie, Kinderarbeit unter digitalen Bedingungen, Recht der Arbeit (RdA), 2021, S. 273–279

Herberger, Marie, Mit arbeitsrechtlichen Fesseln in die Volljährigkeit?, Neue Zeitschrift für Familienrecht (NZFam) 2022, S. 429–433

Herdegen, Matthias, Europarecht, 24. Aufl., München 2023

Herdegen, Matthias, Völkerrecht, 22. Aufl., München 2023

Heselhaus, Sebastian/*Nowak*, Carsten (Hrsg.), Handbuch der Europäischen Grundrechte, 2. Aufl., München 2020

Heuschmid, Johannes/*Klebe*, Thomas, Die Normen der Internationalen Arbeitsorganisation und ihre Bedeutung im Richterrecht des Europäischen Gerichtshofs, in: Däubler, Wolfgang/Zimmer, Reingard (Hrsg.), Arbeitsvölkerrecht: Festschrift für Klaus Lörcher, Baden-Baden 2013, S. 336–352

Hobbs, Sandy/*McKechnie*, Jim/*Lavalette*, Michael, Child Labour: A World History Companion, Oxford 1999

Hoffmann, Stefan, Medienbegriff und Medienwissenschaft, in: Schröter, Jens (Hrsg.), Handbuch Medienwissenschaft, Stuttgart 2014

Hoffmeister, Frank, Die Europäische Menschenrechtskonvention als Grundrechtsverfassung und ihre Bedeutung in Deutschland, Der Staat, 2001, S. 349–381

Honig, Michael-Sebastian, Entwurf einer Theorie der Kindheit, Frankfurt am Main 1999

Honnefelder, Ludger, Christentum und Mittelalter, in: Pollmann, Arnd/Lohmann, Georg (Hrsg.), Menschenrechte – Ein interdisziplinäres Handbuch, Stuttgart 2012

Horn, Claus-Henrik, Die Reform des Vormundschafts- und Betreuungsrechts: fast der große Wurf, Zeitschrift für Erbrecht und Vermögensnachfolge (ZEV), 2020, S. 748–752

Hromadka, Wolfgang, Arbeitnehmerbegriff und Arbeitsrecht: Zur Diskussion um die „neue Selbständigkeit“, Neue Zeitschrift für Arbeitsrecht (NZA), 1997, S. 569–580

Hromadka, Wolfgang, Zur Auslegung des § 611 a BGB: Eine historisch-dogmatische Analyse, Neue Zeitschrift für Arbeitsrecht (NZA), 2018, S. 1583–1586

Hromadka, Wolfgang/*Maschmann*, Frank, Arbeitsrecht. Band 1: Individualarbeitsrecht, 8. Aufl., Berlin 2023

Hübner, Ulrich, Interessenkonflikt und Vertretungsmacht, München 1978

Hueck, Alfred/*Nipperdey*, Hans Carl, Lehrbuch des Arbeitsrechts, 7. Aufl., Berlin 1963

Humbert, Franziska, The Challenge of Child Labour in International Law, Cambridge 2009

Iwasawa, Yuji, The Doctrine of Self-Executing Treaties in the United States: A Critical Analysis, Virginia Journal of International Law (VJIL), 1986, S. 627–692

Jacobs, Antoine T. J. M., Monism in Action. The application of the International Covenant on the Rights of the Child in the law of The Netherlands, in: Däubler, Wolfgang/Zimmer, Reingard (Hrsg.), Arbeitsvölkerrecht: Festschrift für Klaus Lörcher, Baden-Baden 2013, S. 125–133

Jakab, András, Kelsens Völkerrechtslehre zwischen Erkenntnistheorie und Politik, Zeitschrift für ausländisches öffentliches Recht und Völkerrecht (ZaöRV), 2004, S. 1045–1057

Jarass, Hans, Charta der Grundrechte der Europäischen Union unter Einbeziehung der sonstigen Grundrechtsregelungen des Primärrechts und der EMRK, 4. Aufl., München 2021

Jarass, Hans, Voraussetzungen der innerstaatlichen Wirkung des EG-Rechts, Neue Juristische Wochenschrift (NJW), 1990, S. 2420–2425

Jarass, Hans/*Pieroth*, Bodo (Begr.), Grundgesetz für die Bundesrepublik Deutschland, 17. Aufl., München 2022

Jauernig, Othmar (Begr.), Bürgerliches Gesetzbuch, 19. Aufl., München 2023

Jeand'Heur, Bernd, Der Kindeswohl-Begriff aus verfassungsrechtlicher Sicht, 2. Aufl., Bonn 1993

Jeand'Heur, Bernd, Verfassungsrechtliche Schutzgebote zum Wohl des Kindes und staatliche Interventionspflichten aus der Garantienorm des Art. 6 Abs. 2 Satz 2 GG, Berlin 1993

Kadelbach, Stefan, Zwingendes Völkerrecht, Berlin 1992

Kälin, Walter, Menschenrechtsverträge als Gewährleistung einer objektiven Ordnung, in: Kälin, Walter/Riedel, Eibe/Karl, Wolfram/Bryde, Brun-Otto/von Bar, Christian/Geimer, Reinhold (Hrsg.), Berichte der Deutschen Gesellschaft für Völkerrecht, Band 33, Heidelberg 1994

Karpenstein, Ulrich/*Mayer*, Franz (Hrsg.), Konvention zum Schutz der Menschenrechte und Grundfreiheiten: EMRK, 3. Aufl., München 2022

Kaufhold, Karl Heinrich, 150 Jahre Arbeitsschutz in Deutschland: Das preußische Regulativ von 1839 und die weitere Entwicklung bis 1914, Arbeit und Recht (AuR), 1989, S. 225–232

Kees, Alexander, Bricht Völkerrecht Landesrecht?, Der Staat, 2015, S. 63–95

Kelsen, Hans, Reine Rechtslehre: Einleitung in die rechtswissenschaftliche Problematik: Studienausgabe der 1. Auflage 1934, Tübingen 2008

Key, Ellen, Das Jahrhundert des Kindes – Studien, Berlin 1900

Kiel, Heinrich/*Lunk*, Stefan/*Oetker*, Hartmut (Hrsg.), Münchener Handbuch zum Arbeitsrecht Band 1: Individualarbeitsrecht I, Band 2: Individualarbeitsrecht II, 5. Aufl., München 2021

Kielmansegg, Sebastian Graf von, Tücken im Dreieck – Die individualbelastende Richtlinienwirkung im Unionsrecht, Europarecht, 2014, S. 30–62

Klee, Kristina, Die progressive Verwirklichung wirtschaftlicher, sozialer und kultureller Menschenrechte: eine Interpretation von Art. 2 Abs. 1 des Internationalen Pakts für wirtschaftliche, soziale und kulturelle Rechte, Stuttgart 2000

Klein, Eckart, 50 Jahre Europarat, Archiv des Völkerrechts (AVR), 39. Bd. (2001), S. 121–141

Klein, Eckart, Unmittelbare Geltung, Anwendbarkeit und Wirkung von europäischem Gemeinschaftsrecht, Saarbrücken 1988

Klein, Thomas, Unionsgrundrechtlicher Kinderschutz – Praktische Auswirkungen in der Rechtsprechung und Entwicklungspotentiale u. a. im Wirtschafts- und Arbeitsrecht, Soziales Recht (SR), 2023, S. 20–34

Klickermann, Paul, Influencer-Marketing im Fokus des Kennzeichnungsgebots: „Native Advertising" als innovative Werbeform für verändertes Nutzerverhalten – ein Rechtsprechungsüberblick, Multimedia und Recht (MMR), 2020, S. 150–155

Klotz, Klaus-Ulrich, Die rechtstatsächliche und rechtspolitische Bedeutung der Vorschriften über die Anlage von Mündelgeld, Berlin 1966

Kocher, Eva, Europäisches Arbeitsrecht, 2. Aufl., Baden-Baden 2020

Kocher, Eva, Hausangestellte im deutschen Arbeitsrecht – Ratifikation der ILO-Konvention 189, Neue Zeitschrift für Arbeitsrecht (NZA), 2013, S. 292–934

Köhler, Helmut, BGB Allgemeiner Teil: Ein Studienbuch, 47. Aufl., München 2023

Kolbe, Sebastian/*Lasserre*, Carline, Jugendarbeitsschutz und Grundrechtecharte, Vierteljahresschrift für Sozial- und Arbeitsrecht (VSSAR) 2023, S. 117–136

Kollmer, Norbert, Grundzüge der neuen Kinderarbeitsschutz-Verordnung, Neue Zeitschrift für Arbeitsrecht (NZA), 1998, S. 1268–1272

Korczak, Janusz, Wie man ein Kind lieben soll, 4. Aufl., Göttingen 1973

Krajewski, Markus, Kommunaler Menschenrechtsschutz durch Verbote von Grabmalen aus ausbeuterischer Kinderarbeit – Höchstrichterliche Klarstellungen und Handlungsaufträge für den Gesetzgeber, Die öffentliche Verwaltung (DÖV), 2014, S. 721–729

Kramer, Helmut, Elterliches Sorgerecht und Berufsausbildung von Minderjährigen, Juristen Zeitung (JZ), 1974, S. 90–93

Krappmann, Lothar, Entstehung der Kinderrechte als Menschenrechte der Kinder – Menschenrechtliche, sozialgeschichtliche und rechtspolitische Ursprünge und Entwicklungen, in: Richter, Ingo/Krappmann, Lothar/Wapler, Friederike (Hrsg.), Kinderrechte – Handbuch des deutschen und internationalen Kinder- und Jugendrechts, Baden-Baden 2020

Krieg, Jessica, There's no Business like Show Business: Child Entertainers and the Law, University of Pennsylvania Journal of Labour and Employment Law (UPJLEL), 2004, S. 429–449

Kropholler, Jan, Die Rechtsnatur der Familienmitarbeit und die Ersatzpflicht bei Verletzung oder Tötung des mitarbeitenden Familienangehörigen, Zeitschrift für das gesamte Familienrecht (FamRZ), 1969, S. 241–251

Kuhn, Martin, Vollmacht und Genehmigung beim Grundstückskaufvertrag, Rheinische Notar-Zeitschrift (RNotZ), 2001, S. 306–328

Kurz, Gabriele, Die Problematik des § 1822 BGB, Neue Juristische Wochenschrift (NJW), 1992, S. 1798–1804

Lakies, Thomas, Jugendarbeitsschutzgesetz: Basiskommentar zum JArbSchG mit Einleitung und ergänzenden Vorschriften, 9. Aufl., Frankfurt am Main 2022

Lambrecht, Peter, Die Lehre vom faktischen Vertragsverhältnis: Entstehung, Rezeption und Niedergang, Tübingen 1994

Lammenett, Erwin, Praxiswissen Online-Marketing, 8. Aufl., Wiesbaden 2021

Langford, Peter/*Bryan*, Ian, Hans Kelsen's Theory of Legal Monism. A Critical Engagement with the Emerging Legal Order of the 1920 s, Journal of the History of International Law (JHIL), 2012, S. 51–86

Leeb, Christina-Maria/*Maisch*, Marc, Social-Media-Stars und -Sternchen im rechtsfreien Raum?, Zeitschrift für Urheber- und Medienrecht (ZUM), 2019, S. 29–40

Lembke, Mark, Mindestlohngesetz – erste Rechtsprechung und praktische Erfahrungen, Neue Zeitschrift für Arbeitsrecht (NZA), 2016, S. 1–9

Lemmert, Miriam, Die Vermarktung des Kindes im Influencer-Marketing: Kinderrechte in Sozialen Netzwerken, Baden-Baden 2022

Lettmann, Sabine, Schleichwerbung durch Influencer Marketing – Das Erscheinungsbild der Influencer, Gewerblicher Rechtsschutz und Urheberrecht, 2018, S. 1206–1211

Lieb, Manfred, Die Ehegattenmitarbeit im Spannungsfeld zwischen Rechtsgeschäft, Bereicherungsrecht und gesetzlichem Güterstand, Tübingen 1970

Liebel, Manfred, Kindheit und Arbeit – Wege zum besseren Verständnis arbeitender Kinder, 2. Aufl., Berlin 2020

Liebel, Manfred, Protecting the Rights of Working Children instead of Banning Child Labour, The International Journal of Children's Rights (IJCL), 2015, S. 529–547

Linck, Rüdiger/*Preis*, Ulrich/*Schmidt*, Ingrid (Hrsg.), Kündigungsrecht: Großkommentar zum gesamten Recht der Beendigung von Arbeitsverhältnissen, 6. Aufl., München

Löhr, Tillmann, Die Individualbeschwerde zur Kinderrechtskonvention, Menschenrechtsmagazin (MRM), 2011, S. 115–128

Lörcher, Klaus, 50 Jahre UN-Sozialpakt – endlich auf dem Weg zu mehr Bedeutung?, Arbeit und Recht (AuR), 2016, S. 488–493

Lörcher, Klaus, Die Jugendarbeitsschutzrichtlinie der EU, Arbeit und Recht (AuR), 1994, S. 360–364

Lörcher, Klaus, The New Social Dimension in the Jurisprudence of the European Court of Human Rights (ECtHR): The Demir and Baykara Judgment, its Methodology and Follow-up, in: Dorssemont, Filip/Lörcher, Klaus/Schömann, Isabelle (Hrsg.), The European Convention on Human Rights and the Employment Relation, London 2013, S. 3–46

Lörcher, Klaus, Soziale Menschenrechte in Deutschland gestärkt – Bundesrepublik tritt dem Fakultativprotokoll zum UN-Sozialpakt bei, Arbeit und Recht (AuR) 2023, S. 278–284

Lorenz, Luisa, Kinderrechte im Digitalzeitalter – Das Beispiel des Sharenting, Kommunikation & Recht (K&R), 2021, S. 322–329

Lorz, Ralph Alexander, Der Vorrang des Kindeswohls nach Art. 3 der UN-Kinderrechtskonvention in der deutschen Rechtsordnung, Berlin 2003

Lotmar, Philipp, Der Arbeitsvertrag nach dem Privatrecht des deutschen Reiches Band 1, Leipzig 1902

Lunk, Stefan, Der EuGH und die deutschen GmbH-Fremdgeschäftsführer – Auf dem Weg zum Arbeitnehmerstatus?, Neue Zeitschrift für Arbeitsrecht (NZA), 2015, S. 917–920

Maatz, Felix, Influencer Marketing – Eine medien- und lauterbarkeitsrechtliche Analyse, Baden-Baden 2021

Mahlmann, Matthias, Die Grundrechtscharta der Europäischen Union, Zeitschrift für Europarechtliche Studien (ZEuS) 2000, S. 419–444

Maletzke, Gerhard, Kommunikationswissenschaft im Überblick: Grundlagen, Probleme, Perspektiven, Opladen 1998

Mallick, Rani/*Weller*, David, Aktuelle Entwicklungen im Influencer Marketing – Ein Blick aus der Praxis, Wettbewerb in Recht und Praxis, 2018, S. 155–161

Mangoldt, Hermann von (Begr.)/*Klein*, Friedrich/*Starck*, Christian (Hrsg.), Grundgesetz Kommentar, Band 2, 7. Aufl., München 2018

Marthaler, Thomas, Erziehungsrecht und Familie – Der Wandel familialer Leitbilder im privaten und öffentlichen Recht seit 1900, Weinheim und München 2009

Maschmann, Frank, Fremdpersonaleinsatz im Unternehmen und die Flucht in den Werkvertrag, Neue Zeitschrift für Arbeitsrecht (NZA), 2013, S. 1305–1312

Masterson, Marina, When Play becomes Work: Child Labor Laws in the Era of „Kidfluencers", University of Pennsylvania Law Review (UPLR), 2021, S. 1–27

McLuhan, Marshall, Understanding Media: The Extension of Man, London 2010

Meergans, Luise, Spielst du noch oder arbeitest du schon? Ein kinderrechtlicher Beitrag zur Debatte um Kinder-Influencerinnen und -Influencer, in: Deutsches Kinderhilfswerk e.V. (Hrsg.), Zwischen Spielzeug, Kamera und Youtube – Wenn Kinder zu Influencern (gemacht) werden, Berlin 2020, S. 5–11

Mehrhoff, Friedrich, Die Veränderung des Arbeitgeberbegriffs, Berlin 1984

Mersch, Dieter, Medientheorien zur Einführung, 3. Aufl., Hamburg 2013

Merten, Detlef/*Papier*, Hans-Jürgen (Hrsg.), Handbuch der Grundrechte in Deutschland und Europa, Bd. VI/1, München 2010

Meyer, Jürgen/*Hölscheidt*, Sven (Hrsg.), Charta der Grundrechte der Europäischen Union, 5. Aufl., Baden-Baden 2019

Meyer-Ladewig, Jens/*Nettesheim*, Martin/*Raumer*, Stefan von (Hrsg.), EMRK Europäische Menschenrechtskonvention, 5. Aufl., München 2023

Meysen, Thomas, Neuerungen im zivilrechtlichen Kinderschutz, Neue Juristische Wochenschrift (NJW), 2008, S. 2673–2678

Middel, Rebecca, Vergütung durch Sachbezüge im Rahmen des § 107 GewO, Hildesheim 2023

Mnookin, Robert, Was stimmt nicht mit der Formel „Kindeswohl"?, Zeitschrift für das gesamte Familienrecht (FamRZ), 1975, S. 1–6

Moritz, Heinz Peter, Zur Anerkennung eines „Anspruchs auf unentgeltliche Mitarbeit im Geschäft oder Beruf des Ehegatten" sowie die Auswirkungen dieser Diskussion für die Auslegung des 844 Abs. 2 BGB, Versicherungsrecht (VersR), 1981, S. 1101–1104

Moskalew, Julia, Sachbezüge als Arbeitsentgelt, Berlin 2021

Motsch, Richard, Rechtsvergleichende Betrachtungen zur Mitarbeit von Familienangehörigen in Deutschland und Italien, Zeitschrift für das gesamte Familienrecht (FamRZ), 1966, S. 220–226

Mugdan, Benno, Die gesammten Materialien zum Bürgerlichen Gesetzbuch für das Deutsche Reich. I. Band. Einführungsgesetz und Allgemeiner Theil, IV. Band. Familienrecht, Berlin 1899

Müller, Antonia, Kooperationsformen im Influencer-Marketing. Vor- und Nachteile für (kleine) Unternehmen, in: Influencer Marketing als Chance für Unternehmen. Erfolgsfaktoren, Kooperationsformen, Mumpreneurs und Kidfluencer, München 2023, S. 14–34.

Müller-Glöge, Rudi/*Preis*, Ulrich/*Gallner*, Inken/*Schmidt*, Ingrid (Hrsg.), Erfurter Kommentar zum Arbeitsrecht, 24. Aufl., München 2024

Münch, Ingo von/*Kunig*, Philip (Hrsg.), Grundgesetz Kommentar, 7. Aufl., München 2021

Musielak, Hans-Joachim/*Voit*, Wolfgang (Hrsg.), Zivilprozessordnung, 20. Aufl., München 2023

Nagel, Manfred, Familiengesellschaft und Elterliche Gewalt, Tübingen 1968

Nees, Thorsten, Vereinbarkeit von mehrjährigen Vertragsverhältnissen im Fußballsport mit dem Minderjährigenschutz: Eine Untersuchung unter besonderer Berücksichtigung von Arbeits- und Sponsoringverträgen, Rechtswissenschaft (RW), 2018, S. 160–186

Nesemann, Tim, Arbeitsvertragliche Grenzen im professionellen Jugendfußball, Baden-Baden 2012

Neuner, Jörg, Allgemeiner Teil des Bürgerlichen Rechts, 13. Aufl., München 2023

Nikisch, Arthur, Arbeitsrecht I: Allgemeine Lehren und Arbeitsvertragsrecht, 3. Aufl., Tübingen 1961

Noguchi, Yoshie, ILO Convention No. 182 on the worst forms of child labour and the Convention on the Rights of the Child, International Journal of Children's Rights (IJCR), 2002, S. 355–369

Noguchi, Yoshie, Protecting Children Against Economic Exploitation – An Analysis of Public International Law, in: Marauhn, Thilo (Hrsg.), Internationaler Kinderschutz: politische Rhetorik oder effektives Recht?, Tübingen 2005

Ochaíta, Esperanza/*Espinosa*, Angeles/*Calvo*, Elena, Child Work and Labour in Spain: A First Approach, The International Journal of Children's Rights, 2000 (IJCR), S. 15–35

Oetker, Hartmut/*Preis*, Ulrich (Hrsg.), Europäisches Arbeits- und Sozialrecht: Rechtsvorschriften, systematische Darstellungen, Entscheidungssammlung, 232. Aktualisierung, Heidelberg 2024

Pakebusch, Ernst, Die arbeitgeberähnlichen Personen und ihre arbeitsrechtliche Sonderstellung, Köln 1961

Pallasch, Ulrich, Befristung und Kündigung von Filmschauspielern – Zugleich Besprechung des Urteils BAG v. 30.08.2017 – 7 AZR 864/15, Recht der Arbeit (RdA) 2019, S. 61–68

Partsch, Karl Josef, Die Anwendung des Völkerrechts im innerstaatlichen Recht: Überprüfung der Transformationslehre; Arbeiten der 1. Studienkommission der Deutschen Gesellschaft für Völkerrecht; Thesen der Kommission, Karlsruhe 1964

Partsch, Karl Josef, Die Entstehung der europäischen Menschenrechtskonvention, Zeitschrift für ausländisches öffentliches Recht und Völkerrecht (ZaöRV), 1953, S. 631–660

Pauly, Michael/*Nierhoff*, Till Christian, Internationale Konferenzen zur Bekämpfung von Kinderarbeit, Zeitschrift für europäisches Sozial- und Arbeitsrecht (ZESAR), 2022, S. 489–494

Payandeh, Mehrdad, Die Individualbeschwerde zum Kinderrechtsausschuss der Vereinten Nationen: Das Fakultativprotokoll zum Übereinkommen über die Rechte des Kindes betreffend ein Mitteilungsverfahren aus der Perspektive der deutschen Rechtsordnung, Berlin 2014

Payandeh, Mehrdad, Die Internationalisierung der Rechtsordnung als Herausforderung für die Gesetzesbindung, Rechtswissenschaft, 2013, S. 397–417

Payandeh, Mehrdad, Grenzen der Völkerrechtsfreundlichkeit: Der Treaty Override-Beschluss des BVerfG, Neue Juristische Wochenschrift (NJW), 2016, S. 1279–1282

Peschel-Gutzeit, Lore Maria, Zur Geschichte der Kinderrechte, Familie Partnerschaft Recht (FPR), 2008, S. 471–476

Peters, Anne, Jenseits der Menschenrechte: Die Rechtsstellung des Individuums im Völkerrecht, Tübingen 2014

Petersen, Jens, Allgemeiner Teil des BGB, 11. Aufl., Heidelberg 2023

Pisillo-Mazzeschi, Riccardo, The Due Diligence Rule and the Nature of the International Responsibility of States, German Yearbook of International Law (GJIR), 1992, S. 9–51

Plander, Harro/*Schiek*, Dagmar, Forschung als Gegenstand von Werkverträgen, Recht der Arbeit (RdA) 1990, S. 219–230

Podlas, Kimberlianne, Does Exploiting a Child Amount to Employing a Child? The FLSA's Child Labor Provisions and Children on Reality Television, University of California Los Angeles Entertainment Law Review (UCLA ELR), 2010, S. 39–73

Polonko, Karen A./*Lombardo*, Lucien X., Non-Governmental Organisations and the UN Convention on the Rights of the Child, International Journal of Children's Rights (IJCR), 2015, S. 133–153

Polster, Anne-Kristin, Kinderstars 2.0: Junge Medienpersönlichkeiten im Internet Risiken für Entwicklung und Integrität, rechtliche Grenzen und die Rolle elterlicher Verantwortung für das Kindeswohl, Jugend Medien Schutz-Report, 2021, S. 2–6

Polzin, Monika, Reichweite und Grenzen der völkerrechtskonformen Interpretation des Grundgesetzes, Zeitschrift für ausländisches öffentliches Recht und Völkerrecht (ZaöRV) 2023, S. 741–760

Preis, Ulrich/*Sagan*, Adam (Hrsg.), Europäisches Arbeitsrecht, 2. Aufl., Köln 2019

Proelß, Alexander, Bundesverfassungsgericht und überstaatliche Gerichtsbarkeit: Prozedurale und prozessuale Mechanismen zur Vermeidung und Lösung von Jurisdiktionskonflikten, Tübingen 2014

Pürer, Heinz, Publizistik- und Kommunikationswissenschaft: Ein Handbuch, Konstanz 2003

Raab, Klaus, „Miley würde sogar gern viel, viel öfter mit der Kamera reden.", brand eins, 2019, S. 84–88

Rapport, Lisa/*Meleen*, Matthew, Childhood Celebrity, Parental Attachment and Adult Adjustment: The Young Performers Study, Journal of Personality Assessment (JPA), 1998, S. 484–505

Rauscher, Thomas, Das Umgangsrecht im Kindschaftsrechtsreformgesetz, Zeitschrift für das gesamte Familienrecht (FamRZ), 1998, S. 329–341

Rauscher, Thomas (Hrsg.), Münchener Kommentar zum FamFG, 3. Aufl., München 2019

Reiding, Hilde, The Netherlands and the Development of International Human Rights Instruments, Antwerpen 2007

Reimann, Wolfgang, Der Minderjährige in der Gesellschaft – Kautelarjuristische Überlegungen aus Anlaß des Minderjährigenhaftungsbeschränkungsgesetzes, Deutsche Notar-Zeitschrift (DNotZ), 1999, S. 179–208

Reinecke, Gerhard, Arbeitnehmer, Beschäftigte und Selbstständige in Kunst und Unterhaltung – Eine Rechtsprechungsübersicht, NZA-Rechtsprechungsreport (NZA-RR), 2019, S. 57–65

Reinecke, Gerhard, Neues zum Arbeitnehmerbegriff?, Arbeit und Recht (AuR), 2019, S. 55–61

Repgow, Eike von, Sachsenspiegel: Die Wolfenbütteler Bilderhandschrift, abgedruckt in: Schmidt-Wiegand, Ruth (Hrsg.), Der Sachsenspiegel, Berlin 1993, von Staudinger, Julius (Begr.), Kommentar zum Bürgerlichen Gesetzbuch mit Einführungsgesetz und Nebengesetzen Buch 1: Allgemeiner Teil: §§ 90–124; §§ 130–133 (Sachbegriff, Geschäftsfähigkeit, Willenserklärung, Anfechtung, Auslegung), Berlin 2021

Riedel, Eibe, Der internationale Menschenrechtsschutz. Eine Einführung, in: Bundeszentrale für politische Bildung (Hrsg.), Menschenrechte – Dokumente und Deklarationen, 4. Aufl., Bonn 2004

Riesenhuber, Karl, Europäisches Arbeitsrecht, 2. Aufl., Berlin 2021

Röben, Volker, Außenverfassungsrecht: Eine Untersuchung zur auswärtigen Gewalt des offenen Staates, Tübingen 2007

Robson, Eleanor, Happy Experiences of the Child Who Acts, and His Beneficent Influence on Grown-Up Actors Upsets Old-Fashioned Theories, New York Times, 15. 1. 1907, S. X 1

Rodgers, Gerry/*Lee*, Eddy/*Swepston*, Lee/*Van Daele*, Jasmien, The International Labour Organization and the quest for social justice, 1919–2009, Genf 2009

Rodriguez, Ricardo/*Hägele*, Helmut/*Katteler*, Herman/*Panone*, Gianni/*Pond*, Richard, Study on Child Labour and Protection of Young Workers in the European Union – Final Report, Madrid 2008

Rolfs, Christian/*Giesen*, Richard/*Meßling*, Miriam/*Udsching*, Peter (Hrsg.), Beck'scher Online-Kommentar Arbeitsrecht

Rosin, Heinrich, Das Recht der Arbeiterversicherung. Erster Band: Die reichsrechtlichen Grundlagen der Arbeiterversicherungen, Berlin 1893

Rossa, Elisabeth, Kinderrechte: Das Übereinkommen über die Rechte des Kindes im internationalen und nationalen Kontext, Frankfurt am Main 2013

Rossa, Elisabeth, Ein Individualbeschwerderecht für Kinder, Archiv des Völkerrechts (AVR), 52. Bd., 2014, S. 566–581

Rudolf, Walter, Völkerrecht und deutsches Recht: Theoretische und dogmatische Untersuchungen über die Anwendung völkerrechtlicher Normen in der Bundesrepublik Deutschland, Tübingen 1967

Sachs, Michael (Hrsg.), Grundgesetz: Kommentar, 9. Aufl., München 2021

Säcker, Franz-Jürgen/*Rixecker*, Roland/*Oetker*, Hartmut/*Limperg*, Bettina (Hrsg.), Münchener Kommentar zum Bürgerlichen Gesetzbuch Band 1, 9. Aufl., München 2021

- Band 2, 9. Aufl., München 2022
- Band 7, 9. Aufl., München 2024
- Band 10, 9. Aufl., München 2024

Samson, Klaus, The Standard-Setting and Supervisory System of the International Labour Organisation, in: Drzewicki, Krzysztof/Krause, Catarina/Rosas, Allan (Hrsg.), Social Rights as Human Rights: A European Challenge, Turku/Åbo 1994, S. 115–149

Sauer, Heiko, Die neue Schlagkraft der gemeineuropäischen Grundrechtsjudikatur. Zur Bindung deutscher Gerichte an die Entscheidungen des Europäischen Gerichtshofs für Menschenrechte, Zeitschrift für ausländisches öffentliches Recht und Völkerrecht (ZaöRV), 2005, S. 35–69

Schaefer, Jan Philipp, Die Europäische Menschenrechtskonvention als Faktor der europäischen Integration, Europarecht (EuR), 2017, S. 80–106

Schael, Wolfgang, Minderjährige und ihre formelle Beteiligung in Verfahren über Kindschaftssachen nach dem FamFG, Zeitschrift für das gesamte Familienrecht (FamRZ), 2009, S. 265–269

Schall, Herbert, Arbeitsverhältnisse mit minderjährigen Kindern – Einschaltung eines Ergänzungspflegers als Voraussetzung für die steuerliche Anerkennung?, Deutsche Steuer-Zeitung (DStZ), 1989, S. 616–618

Scharl, Anna Ingeborg, Die Schutznormtheorie: historische Entwicklung und Hintergründe, Berlin 2018

Schaub, Günter (Begr.), Arbeitsrechts-Handbuch: systematische Darstellung und Nachschlagewerk für die Praxis, 20. Aufl., München 2023

Schilling, Theodor, Zur Wirkung von EG-Richtlinien. Versuch einer völkerrechtlichen Betrachtung, Zeitschrift für ausländisches öffentliches Recht und Völkerrecht, 1988, S. 637–682

Schlachter, Monika, Beamtenstreik im Mehrebenensystem, Recht der Arbeit (RdA), 2011, S. 341–348

Schlachter, Monika, Soziale Rechte auf supranationaler Ebene: Wirksame Schutzinstrumente?, in: Däubler, Wolfgang/Zimmer, Reingard (Hrsg.), Arbeitsvölkerrecht: Festschrift für Klaus Lörcher, Baden-Baden 2013, S. 302–310

Schlachter, Monika, Minderjährigenschutz bei langzeitbefristeten Arbeitsverträgen im Berufssport, Zeitschrift für das gesamte Familienrecht (FamRZ), 2006, S. 155–160

Schlachter, Monika (Hrsg.), EU Labour Law: A Commentary, Alphen aan den Rijn 2015

Schlachter, Monika/*Heinig*, Hans Michael (Hrsg.), Europäisches Arbeits- und Sozialrecht, Enzyklopädie Europarecht, Bd. 7, 2. Aufl., Baden-Baden 2021

Schlachter, Monika/*Heuschmid*, Johannes/*Ulber*, Daniel (Hrsg.), Arbeitsvölkerrecht, Tübingen 2019

Schmahl, Stefanie, Kinderrechte im internationalen Recht in Geschichte und Gegenwart, in: Richter, Ingo/Krappmann, Lothar/Wapler, Friederike (Hrsg.), Kinderrechte – Handbuch des deutschen und internationalen Kinder- und Jugendrechts, Baden-Baden 2020

Schmahl, Stefanie, Kinderrechte und Medien – Herausforderungen eines modernen Risiko- und Befähigungsmanagements, in: Richter, Ingo/Krappmann, Lothar/Wapler, Friederike (Hrsg.), Kinderrechte – Handbuch des deutschen und internationalen Kinder- und Jugendrechts, Baden-Baden 2020, S. 375–404

Schmahl, Stefanie, Kinderrechtskonvention mit Zusatzprotokollen: Handkommentar, 2. Aufl., Baden-Baden 2017

Schmidt, Wilhelm, The German „Kinderkommission", International Journal of Children's Rights (IJCR), 1993, S. 99–100

Schmitz, Thomas, Die EU-Grundrechtecharta aus grundrechtsdogmatischer und grundrechtstheoretischer Sicht, Juristen Zeitung (JZ), 2001, S. 833–843

Schonhofen, Sven/*Detmering*, Friederike, #AD #SPONSOREDBY #SCHLEICHWERBUNG – Die rechtlichen Voraussetzungen des Influencer-Marketings und ihre Umsetzung in der Praxis, Wettbewerb in Recht und Praxis (WRP), 2018, S. 1171–1177

Schrade, Werner, Die Grundzüge des Verwandten-Unterhalts nach dem Inkrafttreten des Gleichberechtigungsgesetzes, Zeitschrift für das gesamte Familienrecht (FamRZ), 1957, S. 342–349

Schrader, Tobias, Nachteilige Kinderarbeit – Ein Versuch ihrer Definition und eine Analyse internationaler Übereinkommen zu ihrer Bekämpfung, Hamburg 2008

Schubert, Jens, Arbeitsvölkerrecht, Berlin 2017

Schulz, Uwe, Das Ehegattenarbeitsverhältnis, Neue Zeitschrift für Arbeitsrecht (NZA), 2010, S. 75–77

Schulz, Werner/*Hauß*, Jörn (Hrsg.), Familienrecht: Handkommentar, 3. Aufl., Baden-Baden 2018

Schulze, Reiner/*Janssen*, André/*Kadelbach*, Stefan (Hrsg.), Europarecht: Handbuch für die deutsche Rechtspraxis, 4. Aufl., Baden-Baden 2020

Schüren, Peter (Hrsg.), Arbeitnehmerüberlassungsgesetz, 6. Aufl., München 2022

Schwab, Dieter, Mündigkeit und Minderjährigenschutz, Archiv für die civilistische Praxis (AcP), 172. Bd., 1972, S. 266–290

Schwarze, Jürgen (Hrsg.), EU-Kommentar, 4. Aufl., Baden-Baden 2019

Schweitzer, Michael/*Dederer*, Hans-Georg, Staatsrecht III, 12. Aufl., Heidelberg 2020

Seibert-Fohr, Anja, Die völkerrechtliche Verantwortung des Staats für das Handeln von Privaten: Bedarf nach Neuorientierung?, Zeitschrift für ausländisches öffentliches Recht und Völkerrecht (ZaöRV), 2013, S. 37–60

Seifert, Achim, Die Auslegung von Übereinkommen der Internationalen Arbeitsorganisation – zur aktuellen Auseinandersetzung in der IAO um das Streikrecht, in: Devetzi, Stamatia/

Janda, Constanze (Hrsg.), Freiheit – Gerechtigkeit – Sozial(es) Recht: Festschrift für Eberhard Eichenhofer, Baden-Baden 2015, S. 603–620

Seifert, Achim, Zur Horizontalwirkung sozialer Grundrechte, Europäische Zeitschrift für Arbeitsrecht (EuZA), 2013, S. 299–312

Seifert, Achim, Die horizontale Wirkung von Grundrechten, Europäische Zeitschrift für Wirtschaftsrecht (EuZW), 2011, S. 696–700

Seiler, Christian, Unterhaltsansprüche der Eltern gegen das Kind: Der Versuch einer systematischen Darstellung anhand der aktuellen Rechtsprechung und Literatur mit Beispielen, Forum Familienrecht (FF), 2014, S. 136–149

Sicilianos, Linos-Alexandre, Countermeasures in Response to Grave Violations of Obligations owed to the International Community, in: Crawford, James/Pellet, Alain/Olleson, Simon (Hrsg.), The Law of International Responsibility, Oxford 2010

Simitis, Spiros, Die faktischen Vertragsverhältnisse als Ausdruck der gewandelten sozialen Funktion der Rechtsinstitute des Privatrechts, Frankfurt am Main 1957

Simma, Bruno, Das Reziprozitätselement im Zustandekommen völkerrechtlicher Verträge: Gedanken zu einem Bauprinzip der internationalen Rechtsbeziehungen, Berlin 1972

Sinclair, Ian, The Vienna Convention on the Law of Treaties, 2. Aufl., Manchester 1984

Skouris, Vassilios, Der Vorrang des Europäischen Unionsrechts vor dem nationalen Recht. Unionsrecht bricht nationales Recht, Europarecht, 2021, S. 3–28

Skouris, Vassilios, Die Europäische Grundrechte-Charta in der Rechtsprechung des EuGH, Arbeit und Recht (AuR), 2015, S. 294–300

Soergel, Hans-Theodor (Begr.), Bürgerliches Gesetzbuch mit Einführungsgesetz und Nebengesetzen (BGB) Band 2, Allgemeiner Teil 2: §§ 104–240 BGB, 13. Aufl., Stuttgart 1999, Band 19/2: Familienrecht 3/2 §§ 1616–1717 BGB, 13. Aufl., Stuttgart 2017

Stadler, Astrid, Allgemeiner Teil des BGB, 21. Aufl., München 2022

Staudinger, Julius von (Begr.) Kommentar zum Bürgerlichen Gesetzbuch mit Einführungsgesetz und Nebengesetzen Buch 1: Allgemeiner Teil, Berlin 2021
- Buch 2: Recht der Schuldverhältnisse, Berlin 2019
- Buch 4: Familienrecht, Berlin 2020

Stein, Torsten/*Buttlar*, Christian von/*Kotzur*, Markus, Völkerrecht, 15. Aufl., München 2024

Steindorff-Classen, Caroline, Europäischer Kinderrechtsschutz nach dem EU-Reformvertrag von Lissabon, Europarecht, 2011, S. 19–39

Stern, Klaus/*Sachs*, Michael (Hrsg.), Europäische Grundrechte-Charta, München 2016

Stöcker, Hans, Verstärkung der Kinderrechte im Jahr des Kindes: Über die Problematik einer UN-Kinderkonvention, Zeitschrift für die Vereinten Nationen und ihre Sonderorganisationen, 1979, S. 90–94

Stolzenberg, Hendric, ILO und EU: Zum Gebot der Berücksichtigung der Normen der Internationalen Arbeitsorganisation bei der Auslegung des Unionsrechts, Berlin 2021

Stopper, Martin/*Lentze*, Gregor (Hrsg.), Handbuch Fußball-Recht: Rechte, Vermarktung, Organisation, 2. Aufl., Berlin 2018

Stößer, Eberhard, Das neue Verfahren in Kindschaftssachen, Zeitschrift für das gesamte Familienrecht (FamRZ), 2009, S. 656–665

Strätz, Hans-Wolfgang, Elterliche Personensorge und Kindeswohl, vornehmlich in der zerbrochenen Familie, Zeitschrift für das gesamte Familienrecht (FamRZ), 1975, S. 541–550

Streinz, Rudolf/*Michl*, Walther (Hrsg.), EUV/AEUV Kommentar, 3. Aufl., München 2018

Swertz, Christian, Medium und Medientheorie, in: Meder, Norbert/Allemand-Ghionda, Christina/Uhlendorff, Uwe (Hrsg.), Umwelten. Sozialpädagogik/Medienpädagogik/Interkulturelle und Vergleichende Erziehungswissenschaft/Umweltpädagogik. Handbuch der Erziehungswissenschaft Band III/2, Paderborn 2009, S. 751–780

Tebben, Joachim, Das schwebend unwirksame Insichgeschäft und seine Genehmigung, Deutsche Notar-Zeitschrift (DNotZ), 2005, S. 173–179

Theis, Birgit, Kinderarbeit in Medienproduktionen zwischen Jugendschutz und Jugendarbeitsschutz, Kinder- und Jugendschutz in Wissenschaft und Praxis (KJug) 2005, S. 122–124

Thiele, Carmen, Kohärenz von EU-Grundrechtecharta und EMRK, in: Nowak, Carsten/Thiele, Carmen (Hrsg.), Effektivität des Grundrechtsschutzes in der Europäischen Union: Beiträge zum 10. Jahrestag der rechtsverbindlichen EU-Grundrechtecharta, Baden-Baden 2021

Thirlway, Hugh, The Sources of International Law, 2. Aufl., Oxford 2019

Thüsing, Gregor, Europäisches Arbeitsrecht, 3. Aufl., München 2017

Tiedtke, Klaus, Zur Mitwirkung eines Ergänzungspflegers bei Arbeitsverträgen zwischen Eltern und minderjährigen Kindern, Finanz-Rundschau, 1991, S. 313–315

Tiedtke, Sonja, Teleologische Reduktion und analoge Anwendung des § 181 BGB, Münster 2002

Tomandl, Theodor, Der Einbau sozialer Grundrechte in das positive Recht, Tübingen 1967

Tomuschat, Christian, Verwirrung über die Kinderrechte-Konvention der Vereinten Nationen. Zur innerstaatlichen Geltungskraft völkerrechtlichen Verträge, in: Ruland, Franz/Baron von Maydell, Bernd/Papier, Hans-Jürgen (Hrsg.), Verfassung, Theorie und Praxis des Sozialstaats – Festschrift für Hans F. Zacher zum 70. Geburtstag, Heidelberg 1998, S. 1143–1161

Triepel, Heinrich, Völkerrecht und Landesrecht. Unveränderter Nachdruck der Ausgabe von 1899, Leipzig 1958

Trilsch, Mirja A., Die Justiziabilität wirtschaftlicher, sozialer und kultureller Rechte im innerstaatlichen Recht, Heidelberg 2012

Troge, Thorsten, Herausforderung: Influencer-Marketing, Gewerblicher Rechtsschutz und Urheberrecht – Praxis im Immaterialgüter- und Wettbewerbsrecht, 2018, S. 87–89

Uhls, Yalda/*Greenfield*, Patricia, The Rise of Fame: An Historical Content Analysis, Cyberpsychology: Journal of Psychosocial Research on Cyberspace, 2011, S. 1–19

Uhls, Yalda/*Greenfield*, Patricia, The Value of Fame: Preadolescent Perceptions of Popular Media and Their Relationship to Future Aspirations, Developmental Psychology, 2011, S. 1–12

Ulber, Daniel, Personelle Ausnahmen und Einschränkungen im MiLoG, Arbeit und Recht (AuR) 2014, S. 404–408

Ulrici, Bernhard, Arbeitnehmerüberlassungsgesetz: Handkommentar, Baden-Baden 2017

Unseld, Christopher, Zur Bedeutung der Horizontalwirkung von EU-Grundrechten: Eine rechtsvergleichende Studie zur Dogmatik und Rationalität einfach- und verfassungsrechtlicher Durchsetzung und Abwägung von Grundrechten, Tübingen 2018

Vasel, Johann Justus, Regionaler Menschenrechtsschutz als Emanzipationsprozess: Grundlagen, Strukturen, und Eigenarten des europäischen und interamerikanischen Menschenrechtsschutzsystem, Berlin 2017

Veerman, Philip, The Rights of the Child and the Changing Image of Childhood, Dordrecht 1992

Veit, Barbara, Mündigkeit und Minderjährigenschutz im Arbeitsrecht, in: Konzen, Horst/Krebber, Sebastian/Raab, Thomas/Veit, Barbara/Waas, Bernd (Hrsg.), Festschrift für Rolf Birk zum siebzigsten Geburtstag, Tübingen 2008, S. 877–898

Verdoodt, Valerie/*Hof*, Simone van der/*Leiser*, Mark, Child labour and online protection in a world of influencers, in: Goantă, Cătălina/Ranchordás, Sofia (Hrsg.), The Regulation of Social Media Influencers, Cheltenham 2020, S. 98–124

Verdross, Alfred, Die Quellen des universellen Völkerrechts, Freiburg 1985

Verdross, Alfred/*Simma*, Bruno, Universelles Völkerrecht: Theorie und Praxis, 3. Aufl., Berlin 1984

Verhoek, Corinna, Das fehlerhafte Arbeitsverhältnis, Frankfurt am Main 2005

Verschraegen, Bea, Die Kinderrechtekonvention, Wien 1996

Vitzthum, Wolfgang Graf/*Proelß*, Alexander (Hrsg.), Völkerrecht, 8. Aufl., Berlin 2019

Vizcaíno-Laorga, Ricardo/*Martínez* Pastor, Esther/*Ángel Nicolás Ojeda*, Miguel/*Atauri Mezquida*, David, Kid Youtubers in Spain and Their Practices as Toy Marketing Influencers on YouTube, Media Research, 2021, S. 99–124

Voßkuhle, Andreas/*Kaiser*, Anna-Bettina, Grundwissen – Öffentliches Recht: Das subjektive öffentliche Recht, Juristische Schulung (JuS), 2009, S. 16–18

Wagner, Niklas Dominik, Internationaler Schutz sozialer Rechte: die Kontrolltätigkeit des Sachverständigenausschusses der IAO, Baden-Baden 2002

Walker, Wolf-Dietrich, Der Vollzug des Arbeitsverhältnisses ohne wirksamen Arbeitsvertrag, Juristische Arbeitsblätter (JA), 1985, S. 138–149

Walters, Francis Paul, A History of the League of Nations, London 1969

Walz, Gustav, Völkerrecht und staatliches Recht. Untersuchungen über die Einwirkungen des Völkerrechts auf das innerstaatliche Recht, Stuttgart 1933

Wank, Rolf, Bereitschaftsdienst und Mindestlohn, Recht der Arbeit (RdA), 2022, S. 113–120

Wank, Rolf, Der Arbeitnehmer-Begriff im neuen § 611a BGB, Arbeit und Recht (AuR), 2017, S. 140–153

Wapler, Friederike, Kinderrechte und Kindeswohl – Eine Untersuchung zum Status des Kindes im Öffentlichen Recht, Tübingen 2015

Wapler, Friederike, Umsetzung und Anwendung der Kinderrechtskonvention in Deutschland – Eine Untersuchung am Beispiel des Kindeswohlprinzips (Art. 3 Abs. 2 KRK) und der Beteiligungsrechte (Art. 12 KRK), Recht der Jugend und des Bildungswesens (RdJB), 2019, S. 252–273

Weatherall, Thomas, Jus Cogens: International Law and Social Contract, Cambridge 2017

Weilert, Katarina, Transnationale Unternehmen im rechtsfreien Raum? Geltung und Reichweite völkerrechtlicher Standards, Zeitschrift für ausländisches öffentliches Recht und Völkerrecht (ZaöRV), 2009, S. 883–917

Weiß, Claus, Die Europäische Konvention zum Schutze der Menschenrechte und Grundfreiheiten, Frankfurt am Main 1954

Weiss, Manfred, Die Metamorphose der Internationalen Arbeitsorganisation, in: Däubler, Wolfgang/Zimmer, Reingard (Hrsg.), Arbeitsvölkerrecht: Festschrift für Klaus Lörcher, Baden-Baden 2013, S. 21–29

Weiss, Manfred/*Seifert*, Achim, Der Streik im Recht der internationalen Arbeitsorganisation, in: Dieterich, Thomas/Le Friant, Martine/Nogler, Luca/Kezuka, Katsutoshi/Pfarr, Heide (Hrsg.), Individuelle und kollektive Freiheit im Arbeitsrecht – Gedächtnisschrift für Ulrich Zachert, Baden-Baden 2010, S. 130–146

Weiß, Norman, Regionalisierung des Menschenrechtsschutzes – Funktionen, Strukturen und Herausforderungen, Menschenrechtsmagazin (MRM) 2019, S. 38–52

Werba, Ulf, Die Willenserklärung ohne Willen, Berlin 2005

Weyand, Joachim, Jugendarbeitsschutzgesetz, 2. Aufl., Baden-Baden 2016

Wiesbrock, Katja, Internationaler Schutz der Menschenrechte vor Verletzungen durch Private, Berlin 1999

Willems, Constantin, Influencer als Unternehmer: Überlegungen zu § 2 Abs. 1 Nr. 6 UWG und §§ 14, 112 BGB, Zeitschrift für IT-Recht und Recht der Digitalisierung (MMR), 2018, S. 707–711

Winkler, Hartmut, Mediendefinition, MEDIENwissenschaft: Rezensionen, Reviews, 2004, S. 9–27

Wolfrum, Rüdiger, Sources of International Law, Max Planck Encyclopedia of Public International Law, Oxford 2011

Würth, Anna/*Simon*, Uta, Die UN-Kinderrechtskonvention: Der normative Rahmen, Aus Politik und Zeitgeschichte (APuZ), 2012, S. 28–34

Wyttenbach, Judith, Grund- und Menschenrechte zwischen Eltern, Kind und Staat: Schutzpflichten des Staates gegenüber Kindern und Jugendlichen aus dem internationalen Menschenrechtsschutz und der Bundesverfassung (Art. 11 BV), Basel/Genf/München 2006

Wyttenbach, Judith, Übereinkommen über die Rechte des Kindes (CRC), in: Pollmann, Arnd/Lohmann, Georg (Hrsg.), Menschenrechte – Ein interdisziplinäres Handbuch, Stuttgart 2012

Zimmer, Reingard, Internationale Arbeitsorganisation (ILO), in: Schlachter, Monika/Heuschmid, Johannes/Ulber, Daniel (Hrsg.), Arbeitsvölkerrecht, Tübingen 2019

Zimmer, Reingard, Soziale Mindeststandards und ihre Durchsetzungsmechanismen: Sicherung internationaler Mindeststandards durch Verhaltenskodizes?, Baden-Baden 2008

Zimmer, Reingard, Wirkungsweise, Auslegung und Implementierung der Standards der Internationalen Arbeitsorganisation in Deutschland, in: Däubler, Wolfgang/Zimmer, Reingard (Hrsg.), Arbeitsvölkerrecht: Festschrift für Klaus Lörcher, Baden-Baden 2013, S. 29–41

Zimmermann, Andreas, Die Deutsche Rechtsprechung in völkerrechtlichen Fragen 1991, Zeitschrift für ausländisches öffentliches Recht und Völkerrecht (ZaöRV), 1993, S. 360–445

Zmarzlik, Johannes/*Anzinger*, Rudolf (Hrsg.), Jugendarbeitsschutzgesetz, 5. Aufl., München 1998

Zöllner, Wolfgang, Die Verwendung der Einkünfte des Kindesvermögens, Zeitschrift für das gesamte Familienrecht (FamRZ), S. 393–397

Zuleeg, Manfred, Die innerstaatliche Anwendbarkeit völkerrechtlicher Verträge am Beispiel des GATT und der Europäischen Sozialcharta, Zeitschrift für ausländisches öffentliches Recht und Völkerrecht (ZaöRV), 1975, S. 341–363

Quellenverzeichnis

Baklanov, Nick, State of Influencer Marketing in Germany Part 2, https://hypeauditor.com/blog/state-of-influencer-marketing-in-germany-2/ [zuletzt geprüft am 24. 3. 2024]

Bundesministerium der Justiz, Arbeitsgruppe „Familiengerichtliche Maßnahmen bei Gefährdung des Kindeswohls – § 1666 BGB", Abschlussbericht vom 14. 7. 2009, https://opus-hslb.bsz-bw.de/frontdoor/deliver/index/docId/444/file/Anlagen.pdf [zuletzt geprüft am 24. 3. 2024]

Bundesministerium für Arbeit und Soziales, Deutschland übernimmt mehr Verantwortung bei der Bekämpfung von Kinderarbeit, Pressemitteilung vom 10. 6. 2021, https://www.bmas.de/DE/Service/Presse/Pressemitteilungen/2021/deutschland-uebernimmt-mehr-verantwortung-bei-bekaempfung-kinderarbeit.html [zuletzt geprüft am 24. 3. 2024]

Bundesministerium für Arbeit und Soziales, Referentenentwurf eines Gesetzes zur Änderung des Arbeitnehmerüberlassungsgesetzes und anderer Gesetze, https://www.bmas.de/SharedDocs/Downloads/DE/Gesetze/Referentenentwuerfe/ref-aug-werk.pdf?__blob=publicationFile&v=2 [zuletzt geprüft am 24. 3. 2024]

Bundesverband Digitale Wirtschaft (BVDW), Umfrage Influencer Marketing in Unternehmen 2021, https://www.bvdw.org/fileadmin/user_upload/BVDW_Umfrage_Influencer_Marketing_2021.pdf [zuletzt geprüft am 24. 3. 2024]

Committee on Economic, Social and Cultural Rights, General Comment No. 3: The nature of States parties' obligations (art. 2, para. 1, of the Covenant), UN Doc. E/1991/23 (14. 12. 1990), https://www.refworld.org/legal/general/cescr/1990/en/5613 [zuletzt geprüft am 24. 3. 2024]

Committee on Economic, Social and Cultural Rights, General Comment No. 9: The domestic application of the Covenant, UN Doc. E/C.12/1998/24 (3. 12. 1998), https://www.refworld.org/legal/general/cescr/1998/en/53238 [zuletzt geprüft am 24. 3. 2024]

Committee on Economic, Social and Cultural Rights, General Comment No. 12: The Right to Adequate Food, UN Doc. E/C.12/1999/5 (12. 5. 1999), https://www.refworld.org/legal/general/cescr/1999/en/87491 [zuletzt geprüft am 24. 3. 2024]

Committee on Economic, Social and Cultural Rights, General Comment No. 14: The Right to the Highest Attainable Standard of Health (Art. 12), UN Doc. E/C.12/2000/4 (11. 8. 2000), https://www.refworld.org/legal/general/cescr/2000/en/36991 [zuletzt geprüft am 24. 3. 2024]

Committee on Economic, Social and Cultural Rights, General Comment No. 18: The Right to Work (Art. 6), UN Doc. E/C.12/GC/18 (6. 2. 2006), https://www.refworld.org/legal/general/cescr/2006/en/32433 [zuletzt geprüft am 24. 3. 2024]

Committee on the Rights of the Child, Concluding Observations: Germany, CRC/C/15Add.43 (27. 11. 1995), https://www.un.org/depts/german/menschenrechte/crc_c15add.43.pdf [zuletzt geprüft am 24. 3. 2024]

Committee on the Rights of the Child, General Comment No. 5 (2003): General measures of implementation of the Convention on the Rights of the Child (arts. 4, 42 and 44, para. 6), UN Doc. CRC/GC/2003/5 (27. 11. 2003), https://documents.un.org/doc/undoc/gen/g03/455/14/pdf/g0345514.pdf?token=043TvMQTWhtU6yyT79&fe=true [zuletzt geprüft am 24. 3. 2024]

Committee on the Rights of the Child, General Comment No. 14 (2013) on the right of the child to have his or her best interests taken as a primary consideration (art. 3, para. 1), UN Doc. CRC/C/GC/14 (29. 5. 2013), https://www2.ohchr.org/english/bodies/crc/docs/gc/crc_c_gc_14_eng.pdf [zuletzt geprüft am 24. 3. 2024]

Committee on the Rights of the Child, General Comment No. 16 (2013) on State obligations regarding the impact of the business sector on children's rights, UN Doc. CRC/C/GC/16 (17. 4. 2013), https://www2.ohchr.org/english/bodies/crc/docs/crc.c.gc.16.pdf [zuletzt geprüft am 24. 3. 2024]

Committee on the Rights of the Child, General Comment No. 20 (2016) on the implementation of the rights of the child during adolesence, UN Doc. CRC/GC/20 (6. 12. 2016), https://www.refworld.org/legal/general/crc/2016/en/115419 [zuletzt geprüft am 24. 3. 2024]

Committee on the Rights of the Child, Recommendations, Day of General Discussion: Economic Exploitation, UN Doc. CRC/C/20 (25. 10. 1993), Annex VI, https://digitallibrary.un.org/record/194072?v=pdf [zuletzt geprüft am 24. 3. 2024]

Committee on the Rights of the Child, Report of the 2014 Day of General Discussion „Digital media and children's rights", https://childrens-rights.digital/assets/includes/sendtext.cfm?aus=11&key=1541 [zuletzt geprüft am 24. 3. 2024]

Committee on the Rights of the Child, Report on the fourth session, UN Doc. CRC/C/20 (25. 10. 1993), https://digitallibrary.un.org/record/194072/files/CRC_C_20-EN.pdf?ln=en [zuletzt geprüft am 24. 3. 2024]

Council of Europe, Congress of Europe (The Hague 7–11 May 1948), Resolutions, https://www.cvce.eu/en/obj/political_resolution_of_the_hague_congress_7_10_may_1948-en-15869906-97dd-4c54-ad85-a19f2115728b.html [zuletzt geprüft am 24. 3. 2024]

Council of Europe, Committee of Ministers, Resolution on legal and financial consequences of the cessation of membership of the Russian Federation in the Council of Europe, 23. 3. 2022, CM/Res(2022)3, https://rm.coe.int/resolution-cm-res-2022-3-legal-and-financial-conss-cessation-membershi/1680a5ee99 [zuletzt geprüft am 24. 3. 2024]

Council of Europe, Chart of signatures and ratifications of Treaty 005, https://www.coe.int/en/web/conventions/full-list?module=signatures-by-treaty&treatynum=005 [zuletzt geprüft am 24. 3. 2024]

Deutscher Werberat, Verhaltensregeln des Deutschen Werberats für die Werbung vor und mit Kindern und Jugendlichen in Fernsehen, Radio und Telemedien („Kinderregeln"), Berlin 2017

die medienanstalten, Checkliste zur Einordnung von Streaming-Angeboten im Internet, https://www.medienanstalt-nrw.de/fileadmin/user_upload/lfm-nrw/Regulierung/Internet/Checkliste_-_Streaming-Angebote_im_Internet_1_pdf [zuletzt geprüft am 24. 3. 2024]

Dudenredaktion (Hrsg.), Kinderarbeit, https://www.duden.de/rechtschreibung/Kinderarbeit [zuletzt geprüft am 24. 3. 2024]

Dudenredaktion (Hrsg.), Medium, https://www.duden.de/rechtschreibung/Medium_Vermittler_Traeger [zuletzt geprüft am 24. 3. 2024]

Economic and Social Council, Question of a Convention on the Rights of the Child, UN Doc. E/CN.4/L.1366/Rev.1 (14. 2. 1978), https://uvallsc.s3.amazonaws.com/travaux/s3fs-public/E-CN_4-L_1366-Rev_1.pdf?null [zuletzt geprüft am 24. 3. 2024]

Economic and Social Council, Question of a Convention on the Rights of the Child, UN Doc. E/CN.4/1349 (10. 3. 1988), https://www.refworld.org/legal/resolution/unchr/1988/en/16420 [zuletzt geprüft am 24. 3. 2024]

Europäische Kommission, EU-Kinderrechtsstrategie, COM (2021) 142 final, Luxemburg 2021

Faktenkontor, Dies sind Deutschlands erfolgreichste YouTuberinnen – YouTuber-Relevanzindex zeigt: Diese zehn Frauen und Mädchen rocken die Welt der Web-Videos, https://www.presseportal.de/pm/52884/3913305 [zuletzt geprüft am 24. 3. 2024]

Forbes, The Highest-Paid YouTube Stars: MrBeast, Jake Paul And Markiplier Score Massive Paydays, https://www.forbes.com/sites/abrambrown/2022/01/14/the-highest-paid-youtube-stars-mrbeast-jake-paul-and-markiplier-score-massive-paydays/?sh=450c14491aa7 [zuletzt geprüft am 24. 3. 2024]

Goldmedia, Influencer marketing on the way to a market worthing billions, https://www.goldmedia.com/en/news/info/article/influencer-marketing-auf-dem-weg-zum-milliardenmarkt [zuletzt geprüft am 24. 3. 2024]

Guterres, Antonio, X-Beitrag vom 12. 6. 2022, https://twitter.com/antonioguterres/status/1535815148920655873 [zuletzt geprüft am 24. 3. 2024]

Human Rights Commission, Report of the Commission on Human Rights, UN Doc. E/600 (17. 12. 1947), https://documents.un.org/doc/undoc/gen/gl9/900/53/pdf/gl990053.pdf?token=guFAKzp9P2UMxfLpow&fe=true [zuletzt geprüft am 24. 3. 2024]

Human Rights Committee, General Comment No. 31 [80]: The Nature of the General Legal Obligation Imposed on State Parties to the Covenant, UN-Doc. CCRP/C/21/Rev.1/Add. 13 (26. 5. 2004), https://digitallibrary.un.org/record/533996?v=pdf [zuletzt geprüft am 24. 3. 2024]

International Labour Office/United Nations Children's Fund, Child Labour: Global estimates 2020, trends and the road forward, New York 2021, https://www.ilo.org/wcmsp5/groups/public/–ed_norm–ipec/documents/publication/wcms_797515.pdf [zuletzt geprüft am 24. 3. 2024]

International Labour Organization (ILO), Declaration on Fundamental Principles and Rights at Work and its Follow-Ups, ILCon, 86th Session, 1998 and amended at the 110th Session, 2022, https://www.ilo.org/wcmsp5/groups/public/–ed_norm/–declaration/documents/normativeinstrument/wcms_716594.pdf [zuletzt geprüft am 24. 3. 2024]

International Labour Organization (ILO), Ratifications of C182 – Worst Forms of Child Labour Convention, 1999 (No. 182), https://www.ilo.org/dyn/normlex/en/f?p=NORMLEXPUB:11300:0::NO::P11300_INSTRUMENT_ID:312327 [zuletzt geprüft am 24. 3. 2024]

International Labour Organization (ILO), Ratifications of C138 – Minimum Age Convention, 1973 (No. 138), https://www.ilo.org/dyn/normlex/en/f?p=1000:11300:0::NO:11300:P11300_INSTRUMENT_ID:312283 [zuletzt geprüft am 24. 3. 2024]

International Labour Organization (ILO), Ratifications of C029 – Forced Labour Convention, 1930 (No. 29), https://www.ilo.org/dyn/normlex/en/f?p=NORMLEXPUB:11300:0::NO:11300:P11300_INSTRUMENT_ID:312174:NO [zuletzt geprüft am 24. 3. 2024]

International Labour Organization (ILO), Member States, https://www.ilo.org/global/about-the-ilo/how-the-ilo-works/member-states/lang-en/index.htm [zuletzt geprüft am 24. 3. 2024]

International Labour Organization (ILO), Statistical Brief, Child labour in Europe and Central Asia: Prevalence and characteristics, https://endchildlabour2021.org/wp-content/uploads/2021/11/Statistical-profile-ECA-region-281121_SH-.pdf [zuletzt geprüft am 24. 3. 2024]

International Labour Organization (ILO), Website zum Internationalen Jahr zur Abschaffung der Kinderarbeit 2021, https://endchildlabour2021.org/overview/ [zuletzt geprüft am 24. 3. 2024]

International Labour Organization (ILO), Committee of Experts on the Application of Conventions and Recommendations (CEACR), Direct Request Togo, Minimum Age Convention (No. 138), 2013, https://www.ilo.org/normlex-permalink/comment/en/3134195 [zuletzt geprüft am 24. 3. 2024]

International Law Commission (ILC), Draft Articles on the Law of Treaties with commentaries, Yearbook of the International Law Commission 1966, Bd. 2

International Law Commission (ILC), Draft Articles on Responsibility for Internationally Wrongful Acts, with commentaries, Yearbook of the International Law Commission 2001, Bd. 2

Initiative SCHAU HIN!, Kinder-InfluencerInnen: Social-Media-Erfolg aus dem Kinderzimmer, https://www.schau-hin.info/grundlagen/kinder-influencer-social-media-erfolg-aus-dem-kinderzimmer [zuletzt geprüft am 24. 3. 2024]

Kemp, Simon, 5 Billion Social Media Users, 31. 1. 2024, https://datareportal.com/reports/digital-2024-deep-dive-5-billion-social-media-users [zuletzt geprüft am 24. 3. 2024]

Media Smart e. V., Handlungsempfehlungen Kinder-Influencing, https://mediasmart.de/wp-content/uploads/2020/12/Handlungsempfehlungen_Kinder-Influencing.pdf [zuletzt geprüft am 24. 3. 2024]

Medienpädagogischer Forschungsverband Südwest, JIM (Jugend, Information, Medien) – Studie 2022, Basisuntersuchung zum Medienumgang 12- bis 19-Jähriger, https://www.mpfs.de/fileadmin/files/Studien/JIM/2022/JIM_2022_Web_final.pdf [zuletzt geprüft am 24. 3. 2024]

Ministerium für Arbeit, Gesundheit und Soziales des Landes Nordrhein-Westfalen, Statistischer Jahresbericht der Arbeitsschutzverwaltung 2007, https://www.mags.nrw/system/files/media/document/file/jb_nrw2007.pdf [zuletzt geprüft am 24. 3. 2024]

Ministerium für Arbeit, Gesundheit und Soziales des Landes Nordrhein-Westfalen, Statistischer Jahresbericht der Arbeitsschutzverwaltung 2022, https://www.mags.nrw/system/files/media/document/file/nw-jahresbericht_2022_gem_lasi_stand042023.pdf [zuletzt geprüft am 24. 3. 2024]

National Coalition Deutschland, Die Umsetzung der UN-Kinderrechtskonvention in Deutschland – 5./6. Ergänzender Bericht an die Vereinten Nationen, Berlin 2019, https://umsetzung-der-kinderrechtskonvention.de/wp-content/uploads/2019/10/NC_ErgaenzenderBericht_DEU_Web.pdf [zuletzt geprüft am 24. 3. 2024]

O'Reilly, Tim, What Is Web 2.0 – Design Patterns and Business Models for the Next Generation of Software, https://mpra.ub.uni-muenchen.de/4580/1/MPRA_paper_4580.pdf [zuletzt geprüft am 24. 3. 2024]

Osborn, Jacob/*McKimm*, Ben, 10 Highest-Paid YouTubers On the Planet Right Now, https://manofmany.com/entertainment/highest-paid-youtubers [zuletzt geprüft am 24. 3. 2024]

Redaktionsnetzwerk Deutschland, Emma Schweiger: „Von meinem Vater habe ich meine emotionale Seite", 21. 10. 2020, https://www.rnd.de/promis/emma-schweiger-von-meinem-vater-habe-ich-meine-emotionale-seite-RDD7R4K2TJBL3DS6OY2JNC66VI.html [zuletzt geprüft am 24. 3. 2024]

Senatsverwaltung für Arbeit, Soziales, Gleichstellung, Integration, Vielfalt und Antidiskriminierung, Jahresbericht der Berliner Arbeitsschutzbehörden 2017, https://www.berlin.de/sen/arbeit/_assets/beschaeftigung/arbeitsschutz/jahresbericht_2017.pdf?ts=1705017668 [zuletzt geprüft am 24. 3. 2024]

Senatsverwaltung für Arbeit, Soziales, Gleichstellung, Integration, Vielfalt und Antidiskriminierung, Jahresbericht der Berliner Arbeitsschutzbehörden 2022, https://www.berlin.de/sen/arbeit/beschaeftigung/arbeitsschutz/aeltere-beitraege/zahlen-daten-und-fakten-1317614.php [zuletzt geprüft am 24. 3. 2024]

Statista, Umsatz im weltweiten Markt Medien 2024, https://de.statista.com/outlook/amo/medien/weltweit#umsatz [zuletzt geprüft am 24. 3. 2024]

Statista, Ranking der 50 größten Medien- und Wissenskonzerne weltweit nach ihrem Umsatz im Jahr 2022, https://de.statista.com/statistik/daten/studie/182990/umfrage/die-25-groessten-medienkonzerne-nach-umsatz/#:~:text=Die%20Google%2DMutter%20Alphabet%20Inc,110%2C7%20Milliarden%20Euro%20Umsatz [zuletzt geprüft am 24. 3. 2024]

Süddeutsche Zeitung, Wenn Kinder als Influencer Geld verdienen, 22. 7. 2020, https://www.sueddeutsche.de/leben/gesellschaft-wenn-kinder-als-influencer-geld-verdienen-dpa.urn-newsml-dpa-com-20090101-200722-99-879690 [zuletzt geprüft am 24. 3. 2024]

Theobald, Tim, So glaubwürdig sind Influencer aus Sicht der Deutschen, 23. 4. 2020, https://www.horizont.net/marketing/nachrichten/bvdw-studie-so-glaubwuerdig-sind-influencer-aus-sicht-der-deutschen-182550 [zuletzt geprüft am 24. 3. 2024]

United Nations General Assembly, Resolution 217 A (III), Universal Declaration of Human Rights, UN Doc. A/Res/3/217 A (10. 12. 1948), https://www.un.org/en/development/desa/population/migration/generalassembly/docs/globalcompact/A_RES_217(III).pdf [zuletzt geprüft am 24. 3. 2024]

United Nations General Assembly, Resolution 1386, Declaration of the Rights of the Child, UN Doc. A/RES/1386 (XIV) (20. 11. 1959), https://documents.un.org/doc/resolution/gen/nr0/142/09/pdf/nr014209.pdf?token=P9MIY5OzrEMmlsZiBX&fe=true [zuletzt geprüft am 24. 3. 2024]

United Nations General Assembly, Resolution 2200 A (XXI), International Covenant on Economic, Social and Cultural Rights, International Covenant on Civil and Political Rights and Optional Protocol to the International Covenant on Civil and Political Rights, UN Doc. A/6316 (16. 12. 1966), https://digitallibrary.un.org/record/660192/files/A_RES_2200%28XXI%29%5BC%5D-EN.pdf?ln=en [zuletzt geprüft am 24. 3. 2024]

United Nations General Assembly, Resolution 31/169, International Year of the Child, UN Doc. A/RES/31/169 (21. 12. 1976), https://documents.un.org/doc/resolution/gen/nr0/303/52/pdf/nr030352.pdf?token=TxQ4WVKX7OLyvkUeR8&fe=true [zuletzt geprüft am 24. 3. 2024]

United Nations General Assembly, Resolution 41/128, Declaration on the right to development, UN Doc. A/RES/41/128 (4. 12. 1986), https://documents.un.org/doc/resolution/gen/nr0/496/36/img/nr049636.pdf?token=iRGkrTA4dxIzOYAlqm&fe=true [zuletzt geprüft am 24. 3. 2024]

United Nations General Assembly, Resolution 44/25, Convention on the Rights of the Child, UN Doc. A/RES/44/25 (20. 11. 1989), https://www.un.org/en/development/desa/population/migration/generalassembly/docs/globalcompact/A_RES_44_25.pdf [zuletzt geprüft am 24. 3. 2024]

United Nations General Assembly, Resolution 56/83, Responsibility of States for internationally wrongful acts, UN Doc. A/Res/56/83 (28. 1. 2002), https://documents.un.org/doc/undoc/gen/n01/477/97/pdf/n0147797.pdf?token=BUbTwFibHdMoJtImA1&fe=true [zuletzt geprüft am 24. 3. 2024]

United Nations General Assembly, Resolution 63/117, Optional Protocol to the International Covenant on Economic, Social and Cultural Rights, UN Doc. A/RES/63/117 (10. 12. 2008), https://documents.un.org/doc/undoc/gen/n08/477/81/pdf/n0847781.pdf?token=VmCjPWdkgG0lZUC0sw&fe=true [zuletzt geprüft am 24. 3. 2024]

United Nations Human Rights Treaty Bodies, Ratifications of CRC-OP-IC – Optional Protocol to the Convention on the Rights of the Child, https://tbinternet.ohchr.org/_layouts/15/TreatyBodyExternal/Treaty.aspx?Treaty=CRC&Lang=en [zuletzt geprüft am 24. 3. 2024]

United Nations Treaty Collection, Ratifications of the International Covenant on Civil and Political Rights, https://treaties.un.org/Pages/ViewDetails.aspx?src=TREATY&mtdsg_no=IV-3&chapter=4&clang=en [zuletzt geprüft am 24. 3. 2024]

United Nations Treaty Collection, Ratifications of the Optional Protocol to the International Covenant on Civil and Political Rights, https://treaties.un.org/Pages/ViewDetails.aspx?src=TREATY&mtdsg_no=IV-5&chapter= 4&clang=_en [zuletzt geprüft am 24. 3. 2024]

United Nations Treaty Collection, Ratifications of the Optional Protocol to the International Covenant on Economic, Social and Cultural Rights, https://treaties.un.org/Pages/ViewDetails.aspx?src=TREATY&mtdsg_no=IV-3-a&chapter=4&clang=_en [zuletzt geprüft am 24. 3. 2024]

United States Government Printing Office, Congressional Records: Proceedings and Debates of the Second Session of the Seventy-Fifth Congress of the United States of America, Volume 82, Part 2, https://www.govinfo.gov/content/pkg/GPO-CRECB-1937-pt2-v82/pdf/GPO-CRECB-1937-pt2-v82.pdf [zuletzt geprüft am 24. 3. 2024]

Venedig-Kommission, Opinion no. 713/2013, CDL-AD (2014) 005 (24. 3. 2014), https://www.venice.coe.int/webforms/documents/?pdf=CDL-AD(2014)005-e [zuletzt geprüft am 24. 3. 2024]

Wissenschaftlicher Dienst des Deutschen Bundestages, Unabhängige Ombudspersonen für Kinderrechte oder vergleichbare Institutionen in Norwegen, Dänemark, Schweden, Frankreich und Luxemburg, Ausarbeitung vom 27. 6. 2013 – WD 9–3000–052/13

Wong, Julia Carrie, „It's not play if you're making money": how Instagram and YouTube disrupted child labor laws, The Guardian 2019, https://www.theguardian.com/media/2019/apr/24/its-not-play-if-youre-making-money-how-instagram-and-youtube-disrupted-child-labor-laws [zuletzt geprüft am 24. 3. 2024]

Stichwortverzeichnis